Gerard Brozio

**WAS JEDER WISSEN MÖCHTE –
JEDOCH KEINER HÖREN WILL**

Außergewöhnliches Buch für
außergewöhnliche Menschen,
für Andersdenkende

Gerard Brozio

WAS JEDER WISSEN MÖCHTE – JEDOCH KEINER HÖREN WILL

Authentische Wegbeschreibung
vom Schein zum Sein,
vom Ich zum Selbst

Rediroma-Verlag

Bibliografische Information der Deutschen Nationalbibliothek:
Die Deutsche Nationalbibliothek verzeichnet diese Publikation in der Deutschen Nationalbibliografie; detaillierte bibliografische Daten sind im Internet über http://portal.dnb.de abrufbar.

ISBN 978-3-96103-859-6

Copyright (2020) Rediroma-Verlag

Alle Rechte beim Autor

www.rediroma-verlag.de
15,95 Euro (D)

Inhalt

Erster Teil
Selbstergründung

Vorwort..7
Einführung..23
Methode..35
Denken..49
Träumen..77
Suggestion..107
Hypnose..121
Meditation..131
Remotion..145

Zweiter Teil
Selbstfestigung

Diskurs..189
Glaube..217
Evolution..257
Gerechtigkeit..309
Scheinfreiheiten..321
Egozentrik..351
Zusammenleben..365
Lebensspuren..375
Nachwort..391
Denkimpulse...413

Erster Teil
Selbstergründung

Vorwort

Du kannst viele Bücher lesen, die wenig Wahres oder wenige, die viel Wahres enthalten. Du kannst dich zeitverschwendend unterhalten oder zeitnutzend neugestalten. Du kannst glaubend vergehen oder wissend neuentstehen – es liegt an dir!
Wer diese authentische Wegbeschreibung vom Schein zum Sein, von Ich zum Selbst sinnentnehmend lesen wird, der wird das finden, wonach alles Leben seit Anbeginn instinktiv-unbewusst sucht, jedoch erst als Spezies Mensch in der Lage ist rational-bewusst zu finden – **sich selbst.** Und weil wir momentan noch die einzigen Lebewesen auf unserer Erde sind, die über dieses geheimnisvolle Potential zur Selbstfindung verfügen, so wäre es unklug von uns, es NICHT nutzen zu wollen – obwohl wir es könnten. Somit liegt es tatsächlich an uns selbst, ob wir selbstdenkend herausfinden wollen, wer oder wie viele wir wirklich sind, und **warum** wir von uns glauben, diejenigen zu sein, für die wir uns momentan noch halten oder wir werden uns weiterhin fremd-sagen und fremd-führen lassen, ohne zu wissen, von wem wir tatsächlich dominiert und geführt werden.
Momentan leben und funktionieren wir in einer, uns immer weiter entmündigenden Schein-Realität, in einer „Quasi-Realität", die aus uns algorithmisch gesteuerte, weitgehend fremdgelenkte Marionetten macht. Marionetten, die sich fatalerweise selbst für bereits selbstbestimmende Menschen halten. Dabei sind wir immer noch unbewusst Suchende, die nicht wirklich wissen, wonach sie suchen bzw. was der wahre Sinn unseres Lebens ist. Dabei kann jeder von uns in sich kehren und somit etwas verändern, sowohl zum Schlechten als auch zum Guten hin – auch sich selbst. Es kommt ganz und gar darauf an, ob unser Verstand

bereits so weit entwickelt ist, dass er sich selbst objektiv erkennen und verstehen kann. Ob wir bereits intellektuell in der Lage sind, etwas dazuzulernen oder unser restliches Leben lang diejenigen bleiben, die wir zu sein glauben.

Wenn wir glauben, durch Lethargie oder durch Annahme fremder Identitäten, vor uns selbst ewig weglaufen zu können, dann haben wir NOCH nicht erkannt, dass wir mehr sind, als diejenigen, für die wir uns momentan noch halten. Und je früher wir eine Notwendigkeit einer Umkehr von unserem trügerischen Schein zu unserem wahren Sein erkennen, desto eher werden wir in uns gehen und uns umorientieren, umso eher kommen wir dann bei unserem wahren Selbst an. Tragisch wird es für uns nur dann werden, wenn wir unsere ganze Energie für die Flucht vor uns selbst weitgehend sinnlos verschwenden oder wiedermal unvollendet resignieren. Dann werden wir rein physisch gelebt haben, ohne uns psychisch weiter zu entwickeln. Dann werden es elektronische „Führer" sein, die uns ständig führen und richtungsweisend verführen. Sie werden es dann sein, die uns todsicher daran erinnern werden, was wir wann zu fühlen, zu denken und zu tun haben!

Unser weitgehend fremdbestimmtes Leben ist das, was vorwiegend andere daraus machen. Wen das zufriedenstellt, der wird weiterhin den Weg für das Ziel halten und eine authentische, weil langjährig selbsterfahrene Wegbeschreibungen wie die vorliegende, die ihn zunächst lernfähiger, dann zu mehr Selbsterkenntnis hinführen könnten, benötigt er nicht – wozu auch, wenn er doch ganz genau „weiß", wie er wann zu sein hat. Es ist wie mit dem durch Glaswände beschränkten „Fischleben" in einem „Aquarium" – wer nicht in der Lage ist, die unsichtbaren Glaswände seines „Aquariums" rechtzeitig erkennen zu können, der wird sich sehr schnell an sein beschränktes Leben gewöhnen – ohne ein unbeschränktes Leben zu vermissen! Denn wer bereits von Geburt an „weiß", wo der „Hammer" hängt, der wird sich keine Gedanken über den Sinn seines eigenen Daseins machen, dem wird es ganz und gar genügen, wenn Priester, Politiker und andere, Lobbyisten abhängige, „Volksdiener" es für ihn tun, dem wird es weiterhin völlig genügen, eine dauerbeschäftigte, eine fremdgesteuerte, algorithmisch berechenbare Marionette zu sein.

Damit wir die Welt, in der wir gegenwärtig leben, ohne fremde „Hilfe" erkennen können, müssen wir zunächst selbsterkennender werden, was ein neutrales Selbst voraussetzt. Dieses neutrale Selbst, selbst zu finden UND dauerhaft zu werden, bevor uns unsere uns angstmachende Orientierungslosigkeit gänzlich verunsichert oder gar paralysiert, ist das Hauptziel der vorliegenden Rückwegbeschreibung! Alles andere erledigt sich dann zeitnah wie von selbst – durch das Selbst!

Unser Leben ist mehr als Ernährung und hormonell gesteuerte Vermehrung, mehr als Arbeit und Vergnügen und viel, viel mehr als unser physisches Dasein – wir müssen ES „nur" noch werden – es ist zwar anstrengend, jedoch nicht unmöglich! Andernfalls wird unser körperbezogenes Leben, für die meisten von uns mit unserem letzten Atemzug endgültig enden, so, als ob wir nie gelebt hätten, so, als ob unser Leben scheinbar sinnlos gewesen wäre.
Dabei hat jedes Leben und jede Lebensart, sowohl ihren eigenen als auch artenüberschreitenden Sinn, denn **jede** neue Genkombination ist die Fortentwicklung der bereits bestehenden und bringt somit fortlaufend neue Genkombinationen (Mutationen) hervor, allerding sind wir, erst als Spezies Mensch, in der Lage, zuerst unseren und dann den allgemeinen Lebenssinn zu erahnen, schließlich dann zu erkennen und auch zu verstehen – vorausgesetzt, unser Bewusstsein ist bereits so weit entwickelt, dass es sich selbst, selbstbeobachtend, wahrnehmen kann. Falls

nicht, dann könnten wir es im Folgenden lernen. Andernfalls werden wir, wie alle anderen Menschenarten bzw. Menschenkulturen vor uns, immer und immer wieder vergehen – ohne unseren wahren Daseinsgrund wahrhaftig zu verstehen. Schließlich werden wir genauso sterben wie wir gelebt haben – ständig orientierungslos suchend, ohne wirklich zu wissen wonach.

Die neutrale, die nackte Wahrheit ist einfach, obwohl sie nicht von jedermann einfach erkannt oder gar gefunden werden kann, denn dazu bedürfte es einer gewissen Eigen-Reife: Sie heißt Neugier auf unseren wahren Daseins-GRUND, insbesondere jedoch eine faktenbezogene Lernbereitschaft, die dann ehrliche, auf Fakten basierende Denkkorrekturen in unseren Köpfen bewirken könnte. Dazu reicht es manchmal schon aus, sein „Aquarium" zu verlassen, sich auf einen Stuhl zu stellen oder auf einen Fußboden zu legen, denn von außen, von oben oder unten, von nah oder fern, sieht das Gleiche etwas anders aus, ist das Gleiche nicht dasselbe!

Die natürliche Harmonie ist der Feind der Disharmonie, das Böse meidet das Gute, und Lug und Betrug fürchten entdeckt zu werden, wobei die Meisten von uns Angst vor der enthüllenden Wahrheit haben. Also finden wir sie, die scheinbar verborgene, unser Selbst enthüllende Wahrheit, nach der angeblich alle ständig suchen, aber nur wenige wirklich finden bzw. hören **wollen**.

Glücklicherweise macht uns Verborgenes **nur** so lange Angst, wie es geheimnisbedingt im Dunkeln verborgen bleibt, denn „Im Dunkeln lässt sich gut munkeln" – lügen und betrügen, doch „Dunkelheit" oder Unwissenheit, Lügereien oder Betrügereien können durch mutige Klardenker, insbesondere durch Mainstream FREIE Journalisten und honorige, nicht NUR auf Profit bedachte Verleger, ans Licht gebracht und somit offensichtlich gemacht werden, denn nichts ist lehrreicher als die schockierende Konfrontation mit der Lügen enthüllenden Wahrheit und nicht alles ist wahr, was wahr zu sein scheint.

Verhalten wir uns schweigsam, dann trauen wir uns nicht, dann können oder wollen wir nichts sagen. Meistens ducken wir uns unauffällig, dann fallen wir, gefällig gebeugt, keinem auf, nicht einmal uns selbst. Aus Angst vor ungefälliger Wortwahl oder Kritik eloquenter bzw. redegewandter Leute, wägen wir dann jedes Wort sorgsam ab, bevor wir es aussprechen oder gar aufschreiben. Letztlich resignieren wir und sagen dann lieber gar nichts, obwohl wir es laut und deutlich sagen sollten, denn Ungesagtes bleibt unerledigt und Unerledigtes holt uns immer ein – sogar Generationen übergreifend.
 Somit könnten und sollten wir gegenwärtig das lernen, was unsere Eltern bzw. ihre Eltern oder die Vorfahren ihrer Vorfahren usw., usw. in IHRER Gegenwart versäumt haben zu lernen bzw. mangels Wissens und/oder Lernunfähigkeit nicht lernen konnten – selbsterkennend und somit selbstverwirklicht zu werden. Andernfalls werden wir die uns zugedachte Selbsterkenntnis wiedermal unseren Kindern oder Kindeskindern durch unbewusst-instinktive Genweitergabe überlassen – wieder und wieder, Generation für Generation, sogar Arten und Zeitperioden überschreitend. (Siehe 2. Teil: Evolution) Doch zunächst geht es um UNS bzw. darum, ob unser Verstand bereits so weit entwickelt ist, dass er sich selbst verstehen kann und **WILL**, denn fremdgesteuert zu leben ist zunächst leichter als selbstlenkend und naiv zu glauben, ist weniger anstrengend und somit viel bequemer als mühsam zu lernen.

Obwohl einige unter uns viel Wesentliches zu sagen haben, überlassen sie/wir das Reden lieber denen, die es gelernt haben showartig schön und viel zu reden, auch ohne dabei etwas wirklich Wesentliches zu sagen, denn Theoretiker sind keine Praktiker, und wer den inneren Weg vom Ich zum Selbst nicht selbsterfahrend gegangen ist, der kann ihn auch anderen Selbstsuchenden nicht konkret beschreiben.

Es ist wie mit den vielen Reise- oder Koch-Bücherautoren, die selbst noch nie verreist sind oder ein Speise eigenhändig gekocht haben. Es ist wie mit Karl May, der die Indianer, über die er ausführlich „berichtete", nie selbst kennengelernt bzw. erlebt hat. Es ist wie mit den Ghostwritern, wie mit den vier Evangelien-Schreibern, die Jesus persönlich NIE kennengelernt haben. Es ist wie mit den Theoretikern, die alles „besser wissen" und selbst nichts praktisch Brauchbares zustande bringen.

Lügende, auf Effekthascherei und Auflagensteigerungen bedachte Journalisten, heuchelnde Politiker, scheinheilige Kirchenvertreter, lügende Schönschreiber und andere, nicht selbsterfahrene Mehrfachmoralisten oder hochbezahlte möchte-gerne Selbstdarsteller, gibt es mehr als genug unter uns. Was wir jetzt dringender benötigen denn je, sind keine Weg-Schauer oder Heuchler, sondern lernwillige Hin-Schauer, die ehrlich und zivilcouragiert sind, die sich – **nicht eigennützig** – trauen, erst sich selbst und dann uns allen den Spiegel der Wahrheit vorzuhalten, sodass auch wir uns darin unverschleiert erkennen könnten, denn nur unverschleierte Wahrheit ist wahr – wir müssen uns NUR trauen, uns selbst tief in die Augen zu schauen.

Verhalten wir uns ungefällig und sagen oder gar schreiben, was wir denken sagen oder schreiben zu müssen, dann wird uns das viele Antipathien einbringen, denn die meisten Leute wollen nicht wahrhaftig erkannt werden – nicht einmal vom eigenen Selbst. Dann werden wir wegen der poesiearmen, der Zeit nicht angepassten, ungeschminkten Wortwahl oder dem ungeheuchelten, dem Zeitgeist nicht entsprechenden Schreibstil ablehnend kritisiert oder ignoriert, denn heutzutage zählen wahre Inhalte weniger als wohlklingend-gelogene, als gefällig-geheuchelte Worte. Heutzutage kommt es mehr auf die Formulierung als auf den Inhalt an, mehr auf verklärende Unterhaltung als auf aufklärende Haltung, mehr auf die schmackhaften Placebos als auf die bitter schmeckende Medizin, mehr auf die wertlose Verpackung, als auf den wertvollen Inhalt – insbesondere jedoch mehr auf den Bekanntheitsgrad einer Person an und weniger auf das, was sie sagt, doch von dem Schein, von der Verpackung oder dem Bekanntheitsgrad einer Person ist noch keiner „satt" geworden. Dennoch hören und schauen wir gerne zu Personen auf, die im Rampenlicht stehen, die dem momentanen Schönheitsideal entsprechen, die berühmt sind oder über viel Geld verfügen, weil die meisten von uns gerne so wären wie die anderen es bereits sind: berühmt, reich, erfolgreich, schön und begehrt. Selbst minderwertige Produkte, die von den „feinen Leuten" gegen hohe Gagen beworben werden, finden wir kaufenswert. Tja, so lange wie wir noch nicht wissen, WER oder WAS wir wirklich sind, werden wir uns weiterhin an den „feinen Leuten" orientieren – auch wenn wir uns dabei immer mehr verlieren, auch wenn wir dabei ahnen werden, dass wir ständig belogen und betrogen werden, denn was die „feinen Leute" scheinbar gut finden, das kann doch gar nicht schlecht sein! Oder doch? So kommt es, dass wir, von schön geheuchelten Worten und den Erscheinungsbildern der „feinen Leute" geblendet, nicht dasjenige bewusst werden können, was wir bereits latent-unbewusst sind oder im Laufe unseres physischen Lebens werden könnten – nämlich unsterblicher „Geist", denn wir sind mehr als unsere sterblichen Körper. Wir müssen ES „nur" noch „Metamorphoseartig" werden – möglich ist es, allerdings nicht ohne Anstrengung, doch was keine Mühe kostet, das ist meistens auch nichts wert!

Und wer seine „Eischale" nicht mühsam von innen heraus selbst durbricht, der wird das „Ewige Licht" nie erblicken können, der wird spurlos vergehen, ohne dauerhaft neu zu entstehen. Alles andere sind Märchen – an die wir gerne glauben!

Leider werden die meisten von uns so sterben, wie sie gelebt haben – im Dunkel, körperbehaftet, geistlos. Denn was zu unserer Lebenszeit nicht vollendet wird, das wird es auch nach unserem physischen Tod garantiert nicht geben, denn Unvollendetes ist meistens ganz unbrauchbar! Es ist wie mit der Metamorphose; wer seinen Kokon nicht „heute" verlässt, den wird es „morgen" nicht geben. Wer über sein halbfertiges Ei- oder Spermadasein nicht hinauskommt, deren Gene entwickelt sich nicht weiter, der stirbt, bevor er gelebt haben wird. Schließlich werden die meisten von uns halbfertig sterben, unvollendet und somit geistlos, sodass unser körperliches Ende auch unser geistiges Ende sein wird – so, als ob es uns NIE gegeben hätte.

Und sollte uns jemand kurz vor unserem Ableben fragen, ob wir unserer Nachwelt etwas Dauerhaftes, etwas Wegweisendes, etwas Nachahmenswertes hinterlassen werden, dann wird er uns damit sehr verlegen machen, dann werden sich unsere Seelen für uns schämen, denn die einmalige Chance unser Leben unserem genetischen Potenzial entsprechend im Hier und Jetzt vollenden zu können, haben viele von uns – sicherlich auch du!

Somit wäre es töricht von uns, es NICHT nutzen zu wollen oder auf eine zweite Chance zu hoffen, denn so wie es uns heute gibt, so wird es uns NIE wiedergeben. Es wird höchste Zeit, dass wir uns dieser Chance WIRKLICH bewusst werden und sie unverzüglich zu nutzen lernen. HEUTE, nicht erst im „nächsten Leben", denn ein „nächstes Leben" wird es für die meisten von uns NICHT geben! (Siehe 1. Teil: Träumen und 2. Teil: Evolution)

Wem sein Schein, sein fremdbestimmtes Leben ausreicht, der hat NOCH nicht gelernt, die mahnenden Hilferufe des ewig Rufenden bzw. seiner Seele zu hören. Er wird weder in sich kehren, noch anhalten oder umkehren, er wird fortlaufend dem vergänglichen Mammon, den materiellen Reichtümern nacheifern und weiterhin so wertlos leben wie bisher – weitgehend fremdbestimmt, ohne seine einmalige Chance zur Menschwerdung erkannt und genutzt zu haben. Er wird weiterhin viele Bücher lesen, die wenig Wahres enthalten und statt sein Leben selbstbestimmend zu gestallten, wird er es fortwährend NUR verwalten. Er wird sich weiterhin instinktiv ernähren und vermehren und **völlig unwissend** darauf hoffen, dass seine Nachkommen oder die Nachkommen seiner Nachkommen das ihm zugedachte Urvermächtnis (Geistwerdung), realisieren werden. Er wird sein kostbares Leben nur materiell orientiert verwalten und weiterhin „seinen" rasch vergänglichen Besitz für sich selbst halten. Und je mehr er davon glauben wird zu besitzen, desto besessener, desto ärmer wird er werden. Er wird weiterhin einen sehr großen Wert auf seinen Kontostand und sein vergängliches Äußerliches legen und innerlich immer mehr verkümmern. Er wird weiterhin darauf achten, „was andere Leute sagen" statt sich selbst nach dem eigenen Lebenssinn zu fragen. Er wird sich weiterhin auf den uns entmündigenden – algorithmisch gesteuerten – technisch-medialen Fortschritt verlassen und **nicht** bemerken, dass er sich von seinem wahren Selbst immer weiter entfernt –schließlich dann, am Ende seines Lebens angekommen, wird er, völlig verängstigt, geist- bzw. seelenlos sterben.

Wem sein körperbezogenes Dasein NICHT ausreicht, der ahnt ES bereits, den ewigen „Seelen-Geist", der wird seine einmalige Chance zur Selbstfindung OHNE Aufschub nutzen, der wird zunächst in sich gehen, dann schließlich seinen trügerischen Schein erkennen und nach und nach ablegen. Er wird wissend ein Anderer werden und nie wieder zu dem Daseinsstatus zurückkehren können, den er gegenwärtig zu haben glaubt.

Der vorliegenden Wegbeschreibung zur Selbstfindung liegt über ein halbes Jahrhundert intensiver Selbstsuche zugrunde, die auch dein Leben grundlegend verändern kann. Falls du dich wirklich **wahrhaftig** ergründen willst, dann wirst du am Ende dieser

Selbsterkennungsreise nicht mehr der Gleiche sein, der du jetzt zu sein glaubst – noch kannst du dich entscheiden; für das unvergängliche SEIN oder für den rasch vergänglichen Schein, es sollte möglichst deine eigene und keine fremdbestimmte Entscheidung sein, denn zunächst geht es NUR UM DICH!

Und wenn du wirklich, nicht nur lippenbekenntnismäßig, wahrhaftig neuwerden willst, dann darfst du nicht alten Gewohnheitswegen folgen, dann MUSST du neue Wege gehen – auch wenn sie anfangs schwerer und mühsamer zu begehen sind als die alten Trampelpfade, denn wer neuwerden will, der darf nicht altdenken. Und weil die meisten von uns auf existentielle Sicherheit bedachte „Gewohnheitstiere" sind, so werden es nur wenige wagen, aus ihrer „Herde" herauszubrechen, um eigene Wege zu gehen. Warum auch?

So lange wie wir uns in unseren „Aquarien" sicher wohlbehütet und glücklich fühlen, solange werden wir sie nicht ohne vorherige Bewusstwerdung der Glasschranken verlassen wollen und somit nie erfahren, wie groß die Welt außerhalb unserer „Aquarien" tatsächlich ist, denn: Nur wer die Weitsicht begrenzenden „Mauern" einreißt, bekommt einen freien Blick. Ansonsten werden wir, sogar trotz besseren Wissens, weiterhin keine Denk- bzw. Kurskorrekturen in unseren Köpfen vornehmen und uns weiterhin mehr wie fremdgesteuerte Marionetten als wie selbstdenkende Menschen verhalten. Wir werden uns weiterhin führen und verführen lassen, ohne zu wissen, wohin uns unsere Verführer hinführen werden. (Siehe 1. Teil: Suggestion und Hypnose)

Ob meine Selbsterfahrungen auch dir nützlich sein können, das kannst du durch die bald folgenden Exkurse selbst herausfinden. Vorausgesetzt, du wirst oder bleibst unvoreingenommen, wissbegierig und ausdauernd dabei, denn gegen den Strom, der zur Quelle führt, zu schwimmen, ist anstrengender als sich mit dem allgemeinen Mainstream treiben zu lassen, doch wer sich von dem **allgemeinen** Mainstream treiben lässt, der bleibt bis zu seinem letzten Atemzug ein Getriebener und Gefangener zugleich. Es ist wie mit dem „Hamsterrad", wo es scheinbar immer weiter vor- bzw. aufwärts geht!

Auch wenn dir Manches zunächst unglaublich, kurios, skurril oder romanartig vorkommen sollte, die vorliegenden Erörterungen sind **keine** fiktiv erdachten Romane oder andere, leicht verdauliche bzw. leicht zu glaubende, unseren Verstand seit Jahrtausenden in die Irre führenden Phantastereien, sondern konkrete, auf altem und neuem Wissen, sowie auf eigenen, autodidaktischen Studien und Erfahrungen basierende, nachprüfbare Fakten, die, nicht nur dem aktuellen Wissensstand, **weitgehend** Stand halten, sondern auch dem, der noch kommen wird. Die nachstehenden Erörterungen sind zwar keine maßstabgetreuen Wegbeschreibungen, jedoch als praktisch anwendbare Orientierungshilfen durchaus zu gebrauchen. Sie sind wie eine gut gezeichnete Handskizze oder wie eine reale Schatzkarte, die dir den Weg zu deinem NOCH verborgenen Schatz sicher weisen können – **zu dir selbst!**

Auch wenn die meisten von uns, uns das noch nicht so richtig vorstellen können, aber wir sind bereits die „Krone der Schöpfung", die den „Funken" des ewig Rufenden in sich trägt, denn wir sind bereits ein unbewusst-latentes „Teilchen" von IHR – wir müssen ES uns „nur" noch bewusst vergegenwärtigen, uns „nur" noch deren bewusst werden, wer bzw. was wir sind, nämlich ein Teilchen des Ganzen. Denn woraus das Ganze; die Sterne, der Kosmos, die Galaxien oder die dunklen Lebensenergien bestehen, daraus bestehen auch wir – nur etwas kleiner. Der Weg zurück in die Zukunft ist zwar mühsam und voller „Stolpersteine", allerdings wird jeder, der den „Königsweg" gehen wird, für seine Mühe „königlich" belohnt werden.

Für einige unter uns ist es Zeit geworden, in allem was wir tun und denken authentisch zu werden – insbesondere jedoch zu und mit uns selbst, denn solange wie wir unsere vergänglichen Körper für uns selbst halten – den Schein für das Sein – solange werden wir nicht das werden können, was wir nach unserem letzten Atemzug dauerhaft werden könnten – ein unsterblicher „Seelen-Geist". Bis dahin sollten wir uns ernsthaft fragen, ob wir ES wahrhaftig werden wollen, ob wir WIRKLICH zusammenhängend erfahren WOLLEN, wer, wie viele oder was wir sind, womöglich sogar was oder wer wir waren, bevor wir gezeugt wurden und weit, weit davor oder lieber so bleiben, wie wir es gegenwärtig zu sein scheinen. (Siehe 2. Teil: Evolution) Können wir das ohne fremde Hilfe, objektiv, direkt, nur aus eigener Kraft erfahren und schließlich auch werden? Ja, mit den bald folgenden Erörterungen können wir lernen wirklich wahrhaftig zu werden, allerdings NUR ohne zu lügen oder zu heucheln und gerechterweise zunächst NUR jeder für sich selbst – aus sich selbst, durch das Selbst.

Ob wir tatsächlich diejenigen sind, für die wir uns selbst oder für die uns andere halten, das lässt sich NUR selbsterfahrend und wirklich NUR Selbst entschleiernd herausfinden. Was auch der Grund dafür ist, weshalb sich die folgenden, uns herausfordernd-provozierenden Offenlegungen der durch Kluge-Leute-Gier, insbesondere jedoch durch alle Waren-Religionen hervorgerufenen Scheinheiligkeiten, Betrügereien und Heucheleien, das Hauptthema, die Daueranklagepunkte in dieser „Anklageschrift" sind und deshalb aus mehreren Blickwinkeln mehrfach konfrontationsartig offengelegt werden, denn insbesondere religiöse, seit Jahrtausenden andauernde Betrügereien, stutzen die Flügel unserer Seelen – sie machen uns **vorsätzlich** flugunfähig!
Wer die bald folgenden Fakten nicht selbst erfahren will, der kann sich weiterhin fremdfahren lassen – ohne zu wissen, wohin seine Reise gehen wird. Dann werden fremde, meistens algorithmisch vorbestimmte Wege sein Lebensziel sein und voller Angst im Ungewissen enden.

Solltest du jetzt, trotz der o. g. Vorwarnungen, immer noch diese angstbefreiende, nach deinem „Ur-Zuhause" führende Rückwegbeschreibung sinnentnehmend bzw. sinnzusammenhängend bis zum Ende lesen wollen, dann nimm dir so viel Zeit dafür, wie du sie zum zusammenhängenden Einprägen der **gesamten** „Schatzkarte" benötigst und markiere dabei die für dich relevanten Textstellen sowie klärungsbedürftige Begriffe. Die Markierungen können dir dann am Ziel deiner Reise helfen, deinen neuen Anfang zu festigen. Sie können dir helfen, zunächst deine persönliche Lerneffektivität zu steigern und dich somit zu neuen Denkweisen befähigen, denn alte, auf Unwahrheiten basierende Denkweisen lassen sich nicht einfach „mit einem Wisch" wegwischen. Alte, als gelogene „Fakten" festgebrannte, unsere Klarsicht verdeckende Verschleierungen lassen sich erst durch wiederholte Entschleierungsversuche entfernen, doch die Mühe lohnt sich, denn nach der Entschleierung, wenn der „Nebel" sich lichtet, sieht alles klarer, sieht alles anders aus – auch und insbesondere wir selbst – wenn hinter unserem Schein sich unser wahres SEIN, sich unserer Seelen-Geist immer deutlicher zu erkennen gibt. Das können wir nach und nach lernen; alles so zu sehen wie es „unverschleiert" ist und zunächst mit unseren eigenen Entschleierungen beginnen. Es ist wie mit dem „Grauen Star", der unsere Sicht verschleiert, jedoch durch einen operativen Eingriff beseitigt werden kann.

Denn: „SOLL Neues entstehen, MUSS Altes vergehen, erweitert oder gegen Neues ergänzend ausgetauscht werden " – auch unsere vielen, meist fremdbestimmten Ichs. Andernfalls wird unsere Suche nach unserem wahren Selbst nicht wahrhaftig sein – nur eine weitere Fremdbestimmung, nur eine weitere Verschleierung bzw. Verkomplizierung unseres Lebens.

Da es wenig Sinn macht nur „überfliegend", also schnell und viel zu lesen, ohne das Gelesene verinnerlichen zu wollen, so bitte ich dich, sinnentnehmend zu lesen, denn letztlich zählt NUR das, was danach neuronal abrufbar sein wird – z. B. eine, wenn auch nicht sofort vollständige, „Schatzkarte", die dich nach und nach, sozusagen schritt- oder puzzleartig, zu dir selbst, als Teilchen des Ganzen, hinführen kann. Denn Selbstfindung ist wie ein Puzzel, das zuerst mit einer Einrahmung und dann mit einer Farb- oder Mustergruppenbildung begonnen und bis zur Vollendung fortwährend ergänzt wird, sodass das gesamte Puzzel bzw. die gesamte „Schatzkarte" erst am Ende zusammenhängend erkennbar wird.

Auch wenn die Zeit drängt, bitte werde nicht gleich ungeduldig, denn bei unserer Selbstsuche geht es nicht um irgendwelche „geheime" Belehrung oder Besserwisserei, sondern um uns bzw. um unsere Menschwerdung, insbesondere jedoch um dich bzw. um dein NOCH verborgenes Selbst, das bereits geduldig darauf wartet, durch dich entschleiert und schließlich zu dir bzw. zu sich selbst zu werden.

Einerseits, falls wir nicht wirklich wissen wollen wer oder wie viele wir sind, können wir weiterhin so tun, als ob wir uns selbst und andere gut kennen würden, uns mit allen möglichen Lebensrollen unbewusst identifizierend, unser restliches Leben lang geduckt, an was oder an wen auch immer glaubend, human unvollendet, scheinbar glücklich und zufrieden weiterleben. Andererseits fragen wir uns ständig nach dem ALLEM übergeordneten Lebenssinn. Manchmal sprechen wir sogar mit sogenannten „Fachleuten" darüber und erhalten dann viele „kluge" Antworten, die allesamt den aktuellen Konditionierungen, dem Entwicklungsstand, dem Bildungsniveau, insbesondere jedoch, dem Glaubensstatus der Antwortenden entsprechen. Eine neutrale, fächerintegrierend-universelle, das GANZE Leben einbeziehende und somit eine allzusammenhängende Lebenssinnerklärung nennt uns keiner. Weil keiner sie kennt? Es scheint so! Doch der Schein trügt, denn das Potential zur Selbstfindung bzw. zur

„Neugeburt" ist bereits seit Anbeginn in uns Menschen latent vorhanden, wir müssen ES „nur" noch **selbst** finden UND **selbst** werden!

Warum fragen wir, warum suchen wir ständig nach dem allgemeinen Lebenssinn, nach dem **UR-GRUND** des allgemeinen und insbesondere unseres eigenen Daseins, wenn es diesen Daseinsgrund scheinbar gar nicht gibt? Macht es einen Sinn, permanent nach etwas zu suchen, was in der Wirklichkeit gar nicht existieren soll? Oder würdest du etwas suchen was du nie besessen hast und somit auch nie verloren haben kannst? Sicherlich nicht – oder?

Die Tatsache selbst, dass wir bereits seit Urbeginn des Lebens, insbesondere jedoch seit unserer Menschwerdung, also seit mehr als fünfzigtausend Jahren, intensiv nach unserem Daseins-GRUND suchen, ist ein eindeutiger Beweis dafür, dass es dieses Urvermächtnis, dass es diesen UR-GRUND für unser Dasein gibt. Unseren Verwandten, den Tieren, reicht es völlig aus, instinktiv für ihre Arterhaltung zu sorgen. Schließlich macht das auch den Unterschied zwischen uns und den Tieren aus, die sich weder nach ihrem eigenen, noch nach dem ihrer Nachkommen, sowie nach dem allgemeinen Lebenssinn fragen. Für die „Schafe" reicht es völlig aus, wenn sie grasen, sich paaren, geschoren werden und gegenseitig an-blöken können – der Sternenhimmel über ihnen, interessiert sie nicht! Für die Schafe ist das genetisch bedingte Überleben-Wollen-Müssen ihrer Art das **instinktiv** verfolgte Lebensziel. Hierbei handelt es sich um instinktive, um **angeborene,** also um genetischbedingte Handlungen und **nicht** um erlerntes Verhalten. Also um natürliches, ganz und gar unbewusstes, allerdings um zielgerichtetes Verhalten, das der Arterhaltung dient, wie z. B. Ernährung und Vermehrung, oder wie Abwehr- und Fluchtreaktionen in lebensbedrohlichen Situationen. Im Grunde genommen ist alles, was der Lebens- oder Arterhaltung dient, **allen** Lebewesen angeboren – auch uns. Instinktive Handlungen müssen nicht erst mühsam gelernt oder eingeübt werden, sie gelingen auch ohne zu üben – bereits beim ersten Mal! So genügt es den „Schafen", wenn sie sich instinktiv, also völlig unbewusst, ernähren und vermehren können – uns nicht! Oder etwa doch?

Einführung

Das Leben ist seit Anbeginn eine Epochen und Arten übergreifende, intuitiv-instinktive Suche nach dem Sinn des Lebens – nach dem „Wer und Warum bin ich?"

Diese völlig unbewusste Sehnsucht nach unserem Urzuhause, das „wir" aufgrund unserer Gier vor langer, langer Zeit unserer Läuterung wegen als „ungehorsame Lebensenergie", verlasen mussten, ist der Urgrund für das Entstehen des Lebens, ist die treibende Ur-Kraft, ohne die das Leben erst gar nicht beginnen würde und sich bis zum Menschen hin kontinuierlich fortentwickelt hätte bzw. sich weiterhin fortentwickeln wird. Und weil die meisten von uns, trotz Genentschlüsselungen und/oder Algorithmen, immer noch nicht wissen, wer oder was oder wie viele wir wirklich sind, so ist es zuallererst fundamental wichtig herausfinden **zu wollen**, wer wir NICHT sind.

Alles andere sind Scheinversuche, uns selbst dafür zu halten, was wir physisch zu sein scheinen. Wir sind auch nicht die Summe unserer vielen psychischen Scheinidentitäten, denn wir sind seit Anbeginn auch unsterblicher „Geist" – die unsichtbare, alles durchdrängende Lebens-Energie, aus der alles Sichtbare entstanden ist – letztlich auch wir. Dieser, sich selbst bewusster, unsterbliche Energie-Geist **wieder** zu werden, diese **schicksalhafte** Rückkehr in unseren Uranfang, ist unser Urvermächtnis, ist das Ziel des gesamten Lebens, das Epochen übergreifend erst durch uns Menschen verstanden und schließlich auch realisiert werden kann.

Wer ES, die treibende Urkraft, den Ur-Geist, die dunkle Lebensenergie, die kosmische Strahlung, die …, denn das Unbekannte hat viele Namen, bereits erahnt, der wird weitersuchen. Wer ES noch nicht erahnt, der wird ES erst gar nicht anfangen bewusst zu suchen und wer nicht sucht, der wird auch nichts finden – nicht einmal sich selbst. Der wird weiterhin weitgehend fremdbestimmt leben, seine kleine „Aquarium Welt" für die einzige Welt halten, sich weiterhin mit seinem Körper und seinem Verstand identifizieren und somit sein/unser authentisches Selbst nie erfahren können – es sei denn, dass er, „ganz zufällig", eine „Schatzkarte" findet, die eine selbsterfahrene und somit eine authentische Wegbeschreibung enthält.

„Gut Ding braucht Weile" – sagt man. Ich habe etwa 50 Jahre benötig, um alles Wissenswerte über Selbstfindung fächerübergreifend zu lernen und schließlich niederzuschreiben. Ob meine fächerverbindenden Erfahrungen auch dir nützlich sein werden, das wirst du erfahren, wenn du im Folgenden lernst, selbsterfahrener und damit selbstbestimmender zu werden. Und wenn du wahrhaftig selbsterfahren werden möchtest, dann werde ich dich dabei im Folgenden gerne begleiten, denn der Selbsterfahrungsweg ist voller Hindernisse und Gefahren, um jederzeit von ihnen „überfahren" zu werden, dann werden es machtbesessene Leute sein, die dir sagen werden, wer du bist bzw. zu sein hast!

Alle rollenhaften Scheinidentitäten, die wir uns im Laufe unseres Lebens selbst angeeignet, meistens jedoch von anderen angeeignet bekommen haben, sind nicht wirklich wir, sondern nur JEMAND, JEMAND der wir zu sein glauben, und so kommt es, dass die meisten von uns den Schein für ihr Sein halten; den Beruf, den Titel, den Familien- oder den Sozialstatus, den Nachwuchs, den Schmuck, das Auto, das Haus, das Bankkonto, das … Wir SIND das, womit wir uns augenblicklich identifizieren, nur ETWAS, nur JEMAND, der von vielen Scheinidentitäten verhüllt ist, ohne sein wahres Selbst zu kennen, geschweige denn, ES zu sein.

Momentan sind wir viele, sehr viele, die sehr wenig über sich selbst wissen. Woher auch? Solange wir noch kein Selbst sind, solange können wir auch aus uns selbst, über unser Selbst, nichts Konkretes, nichts allgemein Gültiges wissen, geschweige denn, etwas über das Ur-Ende, auf das der Ur-Anfang folgte. (Siehe 2. Teil: Evolution)

Bis dahin sollte es uns genügen zu erfahren, dass es das Eine nicht ohne das Andere gibt, den Anfang nicht ohne das Ende und das Ende nicht ohne den Anfang, das Gute nicht ohne das Böse, das sichtbare Leben nicht ohne den unsichtbaren „Seelen-Geist" bzw. ohne die „Lebensenergie", die Nacht nicht ohne den Tag und den Tag nicht ohne die Nacht. Womöglich ist JEDER Anfang gleichzeitig ein Ende und jedes Ende gleichzeitig ein Anfang, ohne dass das Eine das Andere kennt?

Die Nacht endet, damit der Tag beginnen kann. Es wird Zeit, dass wir aufwachen, denn die Sonne unserer Selbsterkenntnis steht bereits im Zenit, andernfalls ergeht es uns wie den beiden: Der Tag bleibt für die Nacht und die Nacht für den Tag ein Mysterium, das zwar gegenseitig erahnt, jedoch beiderseits unerkannt bleibt, denn um Etwas erkennen zu können, bedarf es eines Erkennenden, beispielsweise der neutralen Nacht-Tag-Nacht-Dämmerungen, die beide kennen, das Ende der Nacht und den Anfang des Tages bzw. das Ende des Tages und den Anfang der Nacht. Es ist wie mit der Metamorphose, wo aus einem Ei zunächst eine Raupe, dann ein eierlegender Schmetterling wird. Es ist wie mit unserer Menschwerdung, wo sich Sperma und Eizelle vereinigen, um dann Sperma bzw. Eizellen hervorbringende Leute zu werden – die schließlich, durch Neu- bzw. Selbstgeburt, Menschen werden KÖNNTEN. Also versuchen auch wir beide zusammenhängend zu erkennen, die Nacht und den Tag, die Lüge und die Wahrheit, die Hardware und die Software, den Körper und den Geist. Finden wir es gemeinsam heraus, warum das Eine das Andere bedingt, warum es das Eine nicht ohne das Andere gibt und weshalb diese Bipolarität grundsätzlich universell existiert.

Es ist wie mit einem Computer, der aus Hardware und aus Software besteht – doch der Geist, der beide erdacht und hervorgebracht hat, ist ein ANDERER.

Es ist wie mit unserem Körper und unserer Psyche, wie mit unserem Gehirn und unserem Verstand. Beide existieren, weil es einen ANDEREN gibt, der sie existieren lässt. Es ist wie mit der Tag-Nacht bzw. wie mit der Nacht-Tag-„**Dämmerung**". Beide existieren, weil es die Dämmerung gibt. Es ist der kurze Moment, der Wimpernschlag, der durch bewusste Achtsamkeit erkannt und ewig gelebt werden kann.

Wie soll der Tag die Nacht und die Nacht den Tag erkennen, wenn sie sich nie eindeutig begegnen? Die einzigen, die beide kennen, sind die kurzen Übergangsphasen der Tag-/Nacht- oder Nacht-/Tag- Dämmerungen – ähnlich wie bei unseren Atemwendepunkten, die sowohl unser Aus- als auch unser Einatmen kennen, und die auch wir im Folgenden bewusst kennenlernen sollten. Vielleicht erzählen sie uns, so „ganz zufällig", etwas über uns selbst oder über den, den wir momentan NOCH für unser Selbst halten.

Also – vergeuden wir nicht unsere kostbare Zeit mit Freizeitstress oder anderen wertlosen Kostbarkeiten die am Ende nichts wert sind und fangen sofort damit an, uns selbst praktisch kennenzulernen, am besten jetzt und sofort, denn auch die längste Reise beginnt mit dem ersten Schritt und wer noch nicht erkannt hat, dass er sich bereits „verlief", der kann es mit den bald folgenden „30-Sekunden-Schrittchen" nach und nach ändern. Andernfalls wird er sein Leben lang orientierungslos auf der Flucht vor sich selbst sein und sein Urzuhause nie praktisch wiederfinden können. Und weil eigene Erfahrung unendlich viel mehr wert ist als theoretisches Gerede "fachkundiger" Leute, so ist eigene Selbsterfahrung die einzige – **nicht fremdbestimmte** – Möglichkeit zum Selbst-Erkennen.

Da Selbsterkenntnis nur durch uns selbst erfahren werden kann, so müssen wir zunächst selbsterfahrener werden, indem wir uns zunächst mental auf das vorbereiten, was wir schon bald praktisch tun könnten – ausdauernd üben.

Eine Betriebsanleitung oder eine Schatzkarte sind nutzlos, wenn sie nicht sinnentnehmend gelesen bzw. praktisch verstanden oder angewendet werden können, denn zuallererst ist es gut zu wissen, wie was funktioniert oder wohin uns unsere Reise führen wird.

Da wir nicht ohne unseren Atem und er nicht ohne uns existieren kann, so ist ER ein Teil von uns und wir ein Teil von ihm. Er funktioniert zwar automatisch, allerdings können wir ihn willentlich beschleunigen oder anhalten – sogar für immer. Somit ist unser Atem der verbindende Teil zwischen unserem Körper und IHM als ER. Auch wenn der Atem den meisten von uns ziemlich unbewusst ist, so ist er doch der „Schlüssel", den wir am Ende unseres Lebens zum Überleben benötigen werden – indem wir freiwillig auf ihn „verzichten". (Wir sprechen noch ausführlich darüber) Allerdings nützt uns ein „Schlüssel" oder ein beliebig anderes Werkzeug gar nichts, wenn wir sein Handhabung nicht rechtzeitig gelernt haben werden zu beherrschen, „zwei linke Hände" haben oder NUR theoretisch wissen, wie es praktisch funktionieren könnte. In diesem Falle hilft nur eins; wir müssen zunächst lernen, lernfähiger zu werden, dann so lange und so oft ausdauernd üben, bis wir die erforderlichen „Handgriffe" sogar im Schlaf beherrschen werden.

Die bald folgende – **glaubensfreie** – Meditation und Remotion sind die geeigneten Lehrmethoden, die uns praktisch lehren können, lernfähiger und somit erkenntnissicherer zu werden. Vorausgesetzt, wir **wollen** ES werden. Wer ES nicht werden will, der kann weiterhin derjenige bleiben, der er zu sein glaubt, andernfalls ist zunächst fleißiges Einüben bzw. Bewusstwerdung durch achtsame Beobachtung der Atemwendepunkte, also der Momente zwischen Ein- und Ausatmen bzw. zwischen Aus- und Einatmen angesagt.

Unsere physischen Körper, unser Erscheinungsbild, unser Schein, für den wir uns momentan noch halten, sind uns mehr oder weniger bekannt. Unser Geist, unsere Psyche und insbesondere unser Atem, der der „Schlüssel" zu Verständnis des Einen und zum Werden des Anderen führt, sind den meisten von uns noch weitgehend unbekannt, somit wird es höchste Zeit, dass wir sie schrittweise bewusst kennenlernen.

Nun bitte ich dich, auf deinen Atem, insbesondere jedoch, auf die Atemwendepunkte zwischen dem Ein- und dem Aus- bzw. zwischen dem Aus- und dem Einatmen zu achten, möglichst ohne dich von deinem Verstand bzw. von irgendwem oder irgendetwas unterbrechen zu lassen – anfangs NUR 30 Sekunden lang. Das wäre für den Anfang schon alles, was uns, unserem Selbst, weichenstellend näher bringen wird, was unseren Verstand Schrittchen für Schrittchen wacher bzw. lernfähiger und somit klarsichtiger werden lässt.

Das klingt zunächst simpel – ist es aber nicht! Probiere es doch bitte einfach gleich aus! Nicht später oder erst morgen, denn je früher du losfährst, desto eher kommst du bei deinem wahren Selbst an. Was die Häufigkeit der Übung angeht, so wären ein paar, wenn auch nur etwa 10 Sek. kurze Male, tagsüber wünschenswert – beim Essen oder Spazierengehen, beim Schlafengehen oder Aufstehen, beim Lesen, Schreiben, Malen oder nachts beim Wachwerden.

Am Anfang der Achtsamkeitsübung werden es oft nur wenige Sekunden sein, bis sich dein Verstand anderen „Dingen" zuwenden wird. Das ist völlig in Ordnung und kein Grund zur Besorgnis oder Resignation. Ferner wirst du feststellen, dass die Beobachtungsdauer mit der Zeit immer länger wird, was dann deine eigene Lernzielkontrolle deines persönlichen Fortschrittes sein wird, denn: „Glauben ist gut, Kontrolle ist besser".

Desweiteren wirst du nach und nach erfahren, wie sich dein Verstand immer weiter entwickelt, indem er dich immer zuverlässiger an deine Achtsamkeitsübung erinnern wird. Ferner wirst du erkennen, dass diese Achtsamkeitsübung keiner, dem Zeitvertreib dienende „Glaubens-Droge" ist, sondern eine konkret funktionierende Lehrmethode, um achtsamer, gelehriger und schließlich um lernfähiger und selbsterfahrener zu werden.

Wer einigermaßen gut gelernt hat, auf seine beiden Atemwendepunkte, **30 Sekunden lang** kontinuierlich zu achten, der sollte sich dem kosmischen Rauschen, der Urknallmelodie, (Siehe 1. Teil: Meditation/Remotion) dem ewigen Ruf des ewig Rufenden zuwenden.

Die Urknallmelodie ist der ewige Ruf des ewig Rufenden, sie ist eine Art kosmisches Rauschen oder Summen, eine Art kosmische Strahlung oder Schwingung, die das ewige, urknallbedingte Urrauschen hervorbring, es ist das **gleiche** Urrauschen das man auch heute noch aus den alten Radios hören und bei den alten Fernsehgeräten hören und als „Schnee" sehen kann. Es ist das kosmische Ur-Signal, nach dem alle Astronomen ständig hörend suchen und „vor lauter Bäume den Wald nicht erkenne können". Es ist wie mit manchen Archäologen, die vor lauter „Steinzeug" die in ihm enthaltenen „Ur-Signale" übersehen, die fossile Knochenfunde für gewöhnliche Steine halten.

Das Urrauschen hört sich an, als ob sich hunderte von Personen in einem geschlossen Saal unterhalten würden – nur wie ein unverständliches „Gebrabbel", das, für sich genommen, aus einzelnen verständlichen Worten besteht. Lernen wir diese einzelnen „Worte" des ewig Rufenden herauszufiltern, dann werden wir ahnend wissen, dass wir mehr sind, als unsere Körper und viel, viel mehr, als unser körperbedingter Verstand.

Um die Urknallmelodie, die in „Stereo" in unseren beiden Hirnhälften „empfangen" wird, „hören" zu können, müssen wir ziemlich still werden, so still, dass unsere Atemströmungsgeräusche in unseren Nasengängen uns immer weniger hörbar bzw. ganz unhörbar werden. Diese kreative Stille kann durch Achtsamkeit deutlich „gehört" werden – bis zum zeitweisen Eins-Werden mit ihr.

Was die Atemströmungsgeräusche anbelangt, so können auch diese, statt der kreativen Stille oder der Urknallmelodie-Beobachtung, als Beobachtungpunkte bzw. Remotionsbasen verwendet werden – wir kommen noch darauf.

Was die kontinuierliche Achtsamkeit auf die Atemwendepunkte oder/und auf die Urknallmelodie angeht, so lasse dich nicht entmutigen wenn sie ständig unterbrochen wird. Dann musst du nach jeder Unterbrechung immer und immer wieder zu den Beobachtungspunkten bzw. Remotionsbasen (Atemströmungsgeräuschen, Atemwendepunkten oder/und Urknallmelodie) zurückkehren – zunächst NUR für zirka 30 Sekunden.

Komm, probiere es doch bitte einfach sofort aus, auch wenn es dir zunächst etwas eigenartig oder sogar ein wenig bedenklich, kurios oder skurril vorkommen sollte. Steige in das Tauchboot der Selbstergründung ein und beginne deine eigene Rückreise (Remotion) von deinen vielen Ichs – zunächst zu deinem persönlichen, dann zu unserem gemeinsamen Selbst.

Ich kann dir zwar eine Wegbeschreibung oder eine Handskizze präsentieren, jedoch NICHT dazu veranlassen, sie selbst realisierend zu erfahren. Mache deine eigenen Erfahrungen, denn wirklich erfahren wirst du erst durch Selbsterfahrung werden können und NICHT durch sich fremdgesteuert fahren lassen. Werde neugierig auf das größte Abenteuer deines/unseres Lebens, auf dich/uns selbst. Denn es ist verwunderlich und wunderbar zugleich, sich selbst, zunächst vorübergehend, als ein Teilchen des Ganzen zu erleben und schließlich dann, ES bewusst ewig zu werden.

Halte bitte JETZT 30 Sekunden kurz an, dann kommst du auch praktisch voran. Denn Theorie und Praxis sind wie die Verpackung und der Inhalt, wie der Schein und das Sein, das eine ist äußerlich nett, das andere dagegen inhaltlich konkret. Das eine lässt uns rasch vergehen das andere dagegen, neu entstehen!

Nun liegt es an dir, ob du unwiderruflich vergehen oder neu entstehen willst, ob du dein latentes Selbst, selbst erfahren und

ES schließlich dauerhaft werden willst oder dich weiterhin fremdgesteuert fahren lässt – **du hast die Qual der Wahl!** Und es ist nicht leicht, sich für etwas zu entscheiden, von dem man nur ahnend weiß, dass es ES gibt, weil es ES schon immer gab.

Es ist zwar leichter und bequemer sich mit dem allgemeinen Mainstream treiben zu lassen, doch was kaum Mühe kostet, das ist meistens nicht viel wert und oft nur von kurzer Dauer bzw. umgekehrt, wer sein körperbedingtes Leben nach seinem letzten Atemzug überdauern will, der muss rechtzeitig ausdauernd lernen dauerhaft zu werden, der muss zu seiner Lebenszeit seinen Atem bewusst kennenlernen, dem muss es bewusst werden, dass sein Körper derjenige ist, der atmet und nicht er, der Beobachter, denn nach dem letzten Atemzug unseres Körpers, wird es der Beobachter sein, der in dem Bewusstsein des Nicht-Atmens ES sein wird.

Bis dahin ist es NOCH ein langer Weg auf dem NOCH viel gelernt, geformt und umgeformt werden muss, denn unser Verstand, für den sich die meisten von uns momentan NOCH halten, ist NOCH nicht so klug, dass er, ohne dazuzulernen, sich selbst verstehen könnte.

Ob du dich zunächst für die Atemwendepunkte, für die Urknallmelodie oder für das leise Atmen als Remotions-Basis entscheidest, ist nicht relevant, wichtig ist nur, dass du jetzt damit beginnst, denn „kannst du es jetzt besorgen, dann verschiebe es nicht auf morgen", weil es durchaus sein könnte, dass es für dich keinen Morgen geben wird. Ergo – lerne JETZT neu zu werden, dann wirst du ES **nach** deinem letzten Atemzug sein können.

Worauf es bei unserer Remotion anfänglich ankommt, ist die Regelmäßigkeit, sind die unzähligen Wiederholungen, die wichtiger sind als deren Dauer. Schließlich soll unser Verstand lernen, zunächst gelehriger, dann erkenntnisfähiger und schließlich neu zu werden, doch darüber werden wir erst später ausführlicher sprechen können – wenn du etwas erfahrener, wenn dein Verstand etwas gelehriger geworden sein wird.

Und damit dein neuronaler „Computer" nicht „heiß" läuft, reicht es für den Anfang völlig aus, wenn du sitzend, stehend oder liegend, dich regelmäßig „nur" auf deine 30 Sekunden kurzen Atemwendepunkte zwischen deinem Ein-/Ausatmen und Aus-/ Einatmen **ununterbrochen** konzentrieren könntest. Alles andere wird sich dann zeitnah wie von selbst, durch das Selbst erklären. Bis dahin sollten wir uns die Atemwendepunkte im Kopf und Bauch vorstellen: Dabei „ziehen" wir den Atem bis zur Schädeldecke herauf und werden uns des Atemwendepunktes, nach dem Einatmen, im Kopf bewusst. Anschließend lassen wir den Atem zum Bauchnabel hin, hinaus fließen und werden uns des Atemwendepunktes im Bauchnabel bewusst. Usw., usw. Dabei versuchen wir möglichst entspannt zu atmen. Ob wir dabei unsere Atemzüge kurz oder lang, schnell oder langsam ausführen, das bestimmt der Sauerstoffbedarf unseres Körpers und darf anfangs auf KEINEN Fall manipuliert werden. Und sollte es erwartungsgemäß nicht gleich auf Anhieb funktionieren, so muss weitergeübt werden. (Siehe 1. Teil: Meditation/Remotion) Also üben wir – bis es funktioniert, bis unser Verstand gelernt haben wird, auf unsere Atemwendepunkte, unsere Atemgeräusche oder auf die Urknallmelodie zu achten. Ich helfe dir dabei und werde dich im Folgenden fortlaufend an das Weiterüben erinnern.

Nun bitte ich dich, alle Remotions-Basen einfach auszuprobieren und dich dann zunächst **NUR für eine** zu entscheiden! Später, wenn du etwas geübter sein wirst, kannst du zwei oder sogar drei Remotions-Basen gleichzeitig verwenden oder dir selbst welche ausdenken. Und weil probieren über studieren geht und Praxis viel mehr wert ist als jede Theorie, so bitte ich dich, es wirklich **zeitnah** zu tun. Andernfalls wirst du dein wahres Selbst nie finden, geschweige denn, werden können, sondern bis zu deinem Ableben nur ein fremdbestimmter JEMAND bleiben, der seinen vergänglichen Körper bzw. seinen Verstand, sein Leben lang, für sich selbst halten wird, sodass sein körperliches Ende auch das Ende seines körperbedingten Verstandes bzw. sein geistiges Ende sein wird, denn wer vorher nicht sein latentes Selbst geworden ist, den wird es auch nach seinem letzten Atemzug nicht geben. Alles andere sind lukrative Glaubensmärchen, die zum Zeitpunkt ihrer Entstehung, aufgrund mangel Wissens, für wahr gehalten wurden – und immer noch werden. Weshalb es auch für die Allgemeinheit sehr gut wäre, wenn ein paar mutige Klardenker das erkennen und öffentlich kundtun würden – auch wenn sie dafür „gekreuzigt", „gesteinigt" oder „verbrannt" werden, denn es ist besser bewusst für die Wahrheit zu sterben, als unbewusst für die Lüge zu leben.

Wer sich wahrhaftig selbst erkennen will, der sollte über einen leistungsstarken aber neutralen, NICHT fremdgesteuerten Verstand verfügen bzw. sich einen solchen aneignen. Die oben genannte Achtsamkeit auf die beiden Atemwendepunkte, ist eine von mir zuverlässige erprobte Übungsmethode, um auch deine eigene Selbsterfahrungsreise zu beginnen. Allerdings ist es leichter gesagt als getan, denn was unseren gegenwärtigen Verstand ausmacht, sind unsere/seine fernen und nahe Ketten der Vergangenheit, sind familiäre und gesellschaftliche, sind kulturelle und konfessionelle Konditionierungen.

Selbsterkenntnis, Selbstergründung, Selbstfindung, Selbsterfahrung, die zur Neugeburt führt, sind Begriffe, die die meisten von uns immer NOCH nicht gelernt haben zu verstehen bzw. zu begriffen – weil wir das in uns latent schlummernde Selbsterkenntnispotenzial NOCH nicht gelernt haben ohne fremde „Hilfe", also selbstbestimmt wahrzunehmen. Folglich lassen wir uns immer NOCH von fremden Leuten, die selbst das Selbst nie persönlich erfahren haben, sagen, wer WIR sind oder wie viele.

Unser Schicksal, unser Urvermächtnis, ist das Erkennen unser Selbst als ein Teilchen des Ganzen, als ein Teilchen des ewig Rufenden. Die Fragen ist nicht ob, sondern wie wir ES erkennen können bzw. womit. Was müssen wir tun, um unser Urvermächtnis im Hier und Jetzt zu erfüllen, um dort anzukommen, wo wir ursprünglich andersdimensioniert beheimatet waren?

Gibt es einen Weg, **eine Abkürzung,** eine zuverlässige Selbstfindungs-Methode, die bereits jemand selbsterfahrend gegangen ist? Eine **Abkürzung,** eine Selbstfindungs-Methode, die auch uns, bei unserer Selbstsuche, hilfreich sein könnte? Keine auf Indoktrinierungen basierenden Betrügereien sowie durch Drogen- und Medienkonsum hervorgerufene Gehirn-„Verneblungen" oder anderer drogenartiger Glaubens-Hokuspokus?

Ja, diese zuverlässige – **nicht käufliche** – Methode zum Selbsterkennen gibt es, allerdings **NUR** für diejenigen unter uns, die wachsen, die mehr werden wollen als sie momentan zu sein glauben, die sie **nicht nur** theoretisch zur Kenntnis nehmen möchten, sondern auch praktisch einüben wollen, denn „Bäume", die stetig weiterwachsen, werden den „Himmel" erreichen!

Es ist wie mit dem im Samen latent vorhandenem Baum, der als Samen jahrelang im Boden liegen kann – ohne zu wachsen. Erst die günstigen Keimbedingungen, die passende Gelegenheit und Zeit sind es, die den Samen zum Keimen und damit den latenten Baum zum realen Baum werden lassen.

Mit uns ist es ähnlich – oft sind es Disharmonien oder aufregende Erlebnisse bzw. andere „Stolpersteine", die uns zum Nachdenken bzw. zum „Keimen" anregen. Und manchmal müssen wir schmerzhaft stolpern oder intensiv geschockt werden, um umzukehren, um aufzuwachen, um zu „keimen", um neugeboren, und schließlich, um andersdimensioniert zu werden.

Methode

Wenn wir etwas erreichen, erbauen, erfinden oder entdecken möchten, dann müssen wir zunächst wissen wonach wir suchen wollen, das Reiseziel kennen, eine Landkarte oder einen Bauplan haben. Wir müssen uns des Problems bewusst sein, das wir lösen wollen sowie über problemspezifische Leistungskapazitäten wie z. B. handwerkliches Können oder über gewisse kognitive Fähigkeiten verfügen.

Um studieren zu können, sollten wir eine Hochschulzulassung haben. Für den Erwerb einer solchen müssen wir lernfähig geboren sein, was wiederum weitgehend von den Genkombinationen unserer Eltern abhängig ist, denn nur lernfähige Genverbindungen unserer Erzeuger bringen auch lernfähigen Nachwuchs hervor. Das war, ist und wird generell immer so bleiben, auch wenn so manche Lehrmethoden den Minderbegabten vorgaukeln, begabt zu sein! Und gerade **weil** Inklusion, Laisser-faire, antiautoritäre oder gar egalitäre Erziehungsmethoden seit Jahren zunehmen, nehmen Respektlosigkeit und Intelligenzverlust in unserer Gesellschaft ebenfalls zu – auch wenn es gegenteilig zu sein scheint, denn ohne Computer und elektrischen Strom, würde unsere Gesellschaft bereits schon jetzt, aus Mangel an praktischem Wissen und Können, binnen kürzester Zeit zusammenbrechen und nicht erst in ein paar Jahren oder Jahrzehnten. Ergo lernen wir respektvoll-geordnet, rückblickend-vorausdenkend zu leben, bevor uns chaotische Anarchie schon bald autokratisch beherrschen wird.

Um eine enthüllende „Anklage-Schrift" wie diese lesen zu können, müssen wir zunächst des Lesens kundig sein. Dann müssen wir noch erkenntnisfähig und bereit sein, uns mit dem GANZEN Inhalt dieser Streitschrift sinnentnehmend auseinandersetzen zu wollen und nicht nur fragmentarisch, denn ein Puzzleteilchen oder Bildausschnitt ist NICHT das ganze Bild.

Um ein Haus erbauen zu können, benötigen wir einen perfekten, also einen fehlerfreien Bauplan. Sind wir intelligenzmäßig nicht in der Lage, einen perfekten Bauplan zu erstellen, dann wird beispielsweise auch das Haus fehlerhaft sein, welches wir streng nach diesem Bauplan erbauen werden. Für die bauplanbedingten Baufehler wären dann nicht wir als Handwerker, die sich exakt an den Bauplan gehalten haben, sondern wir als unfähiger Bauplaner verantwortlich. Als Handwerker mögen wir perfekt sein, als Bauplaner müssten wir uns noch verbessern.

So wie eine Bildbeschreibung nicht das beschriebene Bild selbst sein kann, so weiß jede Rezeptköchin, dass Theorie und Praxis, dass Erdachtes und Gemachtes zwei unterschiedliche „Soßen" sind. Eine erfahrene „Hausfrau" weiß schon beim Lesen eines Rezeptes, ob die Rezeptur das hervorbringt, was sie verspricht. Ein unerfahrener „Hausmann" kocht es einfach rezeptgetreu nach und wundert sich, dass das Gekochte seinen Gästen nicht schmeckt – auch wenn diese, am Tisch sitzend, viel Lobendes von sich geben.

Um etwas Neues entdecken zu können, müssen wir zunächst ein Problem haben und es als solches auch erkennen, denn ohne ein Problem erkannt zu haben, würden wir nie auf die Idee kommen, es lösen zu wollen. Es ist wie mit den Falschfahrern auf einer Autobahn, die sich über die vielen ihnen entgegenkommenden Autos wundern.

Um ein Problem erkennen zu können, müssen wir lernfähig, wach UND intelligent sein, wofür wiederum weitgehend die Genkombinationen unserer Eltern verantwortlich sind. Nur mit guten Genkombinationen ausgestattet, werden wir Probleme rechtzeitig erkennen UND vermeiden können – **auch glaubensbedingte** Unwissenheit, die zum ständigen Anstieg der Weltbevölkerung führt und nur durch wahrhaftige Aufklärung vermieden werden könnte, denn je mehr wahrhaftig Aufgeklärte es geben wird, desto kleiner wird die Zahl der naiv Zeugenden werden. Bis dahin, bis zum Zusammenbruch, werden wir uns weiterhin unbewusst mehren und vermehren – ohne zu wissen, wie es mit uns und unserem Nachwuchs weitergehen wird.

Wir, die Alten, können unsere Fehler von gestern nicht heute wiedergutmachen oder korrigieren, allerdings könnten wir die kommenden Fehler der Jungend, die sie gerade dabei ist zu machen, durch ehrlich aufklärendes, durch auf Fakten basierendes Wissen helfen zu vermeiden. Andernfalls werden wir und unsere Kinder uns auf unserer begrenzten Erde unbegrenzt weitervermehren, so als ob wir, insbesondere jedoch unsere Kinder, **noch nicht** in der Lage wären zu begreifen, dass unsere Erde nur über ein begrenztes Fassungsvolumen verfügt.

Um verwirklichter, um authentischer werden zu können, benötigen wir zunächst eine zuverlässige Lügen-Erkennungs-Methode, denn die allgemeinen Lügereien und Betrügereien sind es, die uns an unserer eigenen – nicht fremdbestimmten – Selbsterkenntnis ständig manipulativ behindern. Diese Lügen-Erkennungs-Methode heißt: **„Erkenne den Baum an seinen Früchten"**, denn ein schlechter "Baum" trägt meistens keine guten Früchte.

Anhand dieser Baum-Früchte-Erkennungs-Methode können wir relativ leicht erkennen, ob wir bzw. unser Verstand und damit auch der Verstand der anderen, lügen oder nicht, denn solange wir Gelogenes nicht vom Wahren unmittelbar unterscheiden können, werden wir keinen Erfolg auf der Suche nach uns selbst haben, denn die Ursachen aller Verblendungen und Verschleierungen sind zunächst kleine Geheimnisse, aus denen dann gewohnheitsbedingt bzw. zwangsläufig schnell große Lügen entstehen. Sogar Kriege!

Wenn uns einer sagt, dass er „Birnen" vom „Pflaumenbaum" gepflückt hat, dann lügt er, oder er kann, aufgrund seines Unwissens, einen Pflaumenbaum nicht von einem Birnenbaum unterscheiden. Wenn ein Nachrichtensprecher Lügennachrichten verbreitet, dann sagt er zwar nicht die Wahrheit, aber er lügt nicht. Er weiß es einfach nicht besser. Ein Lügner dagegen sagt vorsätzlich die Unwahrheit, obwohl er die Wahrheit kennt.

Obwohl ein Lügner weiß, dass beispielsweise der Schnee generell weiß ist, behauptet er, er sei schwarz und schafft es sogar, als Mehrfachmoralist bzw. als Politiker oder Kirchendiener uns dies weis zu machen.

Ein kinderloser Altruist soll bereits vor 2.000 Jahren gesagt haben, dass die Wahrheit uns frei machen wird – das ist wohl wahr, die Frage ist nur: **welche und wann?** Es kommt ganz und gar darauf an, wann Einzelne von uns für die Wahrheit reif waren, sind oder erst in ferner Zukunft sein werden. Die vielen Anderen werden weiterhin so tun, als ob sie die Wahrheit kennen würden und somit weiterhin so bleiben wie sie sind – unwissend, allerdings im Glauben wissend zu sein, denn Leute sind wie die „toten" Computer – unheimlich schlau, jedoch ohne zu wissen, dass sie NUR funktionieren.

Vielleicht sollen wir gar nicht wissend werden wollen, am Freiwerden gezielt gehindert werden, z. B. durch mangelhafte, auf falschen „Tatsachen" basierende Bildung, durch manipulative Fremdbestimmungen durch Propaganda aller Art oder durch mediale Massenverdummung? Durch Betrügereien und Lügereien der Kirchen und Politik? **Finden wir es heraus!**

Geheimnisse und Lügen sind deshalb so gefährlich, weil sie uns unberechenbar machen. Einem Lügner kann keiner dauerhaft vertrauen, und ohne Vertrauen gibt es weder Frieden noch Freiheit – weil Gerechtigkeit fehlt und weil sich dann jeder selbst der Nächste ist.

Weil fortwährend gelogen und betrogen wird, vertraut keiner keinem – wir sind gerade dabei es schrittweise zu ändern. Auch Freundschaften zerbrechen, wenn fortlaufend geheimnisbedingt gelogen wird. Allerdings gibt es einen wichtigen Grund dafür, warum wir fortlaufend lügen oder betrügen sollen, denn wir sollen daraus lernen, lügenfrei zu werden! Allerdings setzt lernen können eine bestimmte, meistens genetischbedingte **Lernfähigkeit** voraus, **Lernfähigkeit,** an der es uns NOCH mangelt!

Wir lügen zwar nicht, wenn wir uns etwas Gelogenes glaubensbedingt als wahr aneignen, dennoch sprechen wir nicht die Wahrheit. Vertraut jemand auf solche von uns ungeprüft weitergegebene „Wahrheit", dann wird er früher oder später von uns enttäuscht werden, obwohl wir, von uns aus gesehen, im guten Glauben gehandelt – nur die „Wahrheit" gesagt haben. Es ist wie mit den unwissend-naiven Kindern, die, „Dank" ihrer sie belügenden Eltern, noch an den „Osterhasen" oder an den „Weihnachtsmann" glauben. Tja, währet den Anfängen, denn es ist das Fundament, auf dem unschuldig geborene Kinder ihre Zukunft aufbauen.

Die Lösung des Lügenproblems ist das unmittelbare Erkennen einer Lüge als solche, auch wenn sie uns andere als reine und nichts als die reine Wahrheit präsentieren. Geben wir so eine „Wahrheit" unreflektiert weiter, dann verwässert sie mit jeder weiteren Tradierung und wird zum unerträglichen Tratsch!

Wie wir einen Baum an seinen Früchten erkennen können, so können wir auch Tiere und Personen an ihren Taten erkennen – am allerbesten in der Not, in der die meisten von uns zuallererst an sich selbst denken. Sonst muss das Gesagte mit den Taten einer Person, die nicht lügt, deckungsgleich sein. Wenn wir jemandem etwas erzählen, dann kann er das von uns Gesagte auf den Wahrheitsgehalt hin überprüfen und somit erkennen, ob wir ihn belogen haben oder nicht und somit feststellen, ob wir eine ehrliche Frucht oder ein verlogenes Früchtchen sind, denn; „Wer einmal lügt, dem glaubt man nicht" und wer andauernd sogenannte Notausreden hat, der redet sich selbst ins Aus.

Warum sollen wir wählen gehen, wenn wir danach immer wieder methodisch betrogen und belogen werden, wenn scheinbar honorige Politiker nach der Wahl nicht das halten, was sie uns vor oder während der Wahl versprechen, wenn aus einem „NEIN" vor der Wahl ein „JA" nach der Wahl wird, dann sind Glaube und Politik dasselbe, denn beide lügen, bis sich die Balken biegen! (Siehe 2. Teil: Glaube) Sind es wirklich nur Versprecher oder steckt eine absichtliche Wähler-Täuschung dahinter, die uns wahlverdrossen machen SOLL? Nach dem Motto „Was kümmert mich mein Geschwätz von gestern!" „Heute wird gelogen und morgen durch eine weitere Lüge, sogenannte Notausrede geradegebogen". Wenn ein Politiker nach der Wahl nicht das hält, was er vor der Wahl versprochen hat, dann hat er absichtlich die Unwahrheit gesagt, dann hat er uns vorsätzlich belogen und somit wiedermal etwas wahlverdrossener werden lassen.

Anhand ihrer Lügen lassen sich nicht nur verlogene Politiker auf ihre Glaubwürdigkeit überprüfen, sondern auch unser eigene Verstand. Wir MÜSSEN uns von dieser animalischen, auf Gier, Lug und Betrug basierenden Stufe der Evolution verabschieden und eine menschliche betreten – die der geistigen Erneuerung. Wir schaffen es, weil das unser schicksalhaftes Urvermächtnis ist, es irgendwann schaffen zu müssen.

Wenn Kirchendiener Keuschheit schwören, dann aber Kinder zeugen, Kinder vergewaltigen und missbrauchen, dann MÜSSEN wir uns als ehrliche Menschen von ihnen sofort lossagen, alles andere ist Heuchelei, es sei denn, dass wir genauso heuchlerisch-verlogene Früchtchen sind wie sie, denn Toleranz bedeutet Duldung, bedeutet Einverständnis.

Angeblich sind Politiker und Kirchendiener Vorbildpersonen. Das sind honorige, redliche Personen, denen wir vertrauen und zu denen wir hinaufschauen. Ehrlich und aufrichtig.

Wären Politiker und Kirchendiener wirklich so, wie sie es vorgeben zu sein, dann würden wir sie als Volk lieben und verehren! Wir würden uns an ihnen orientieren und ihnen für ihre Führung dankbar sein – Utopie? Kurzfristig JA! Langfristig NEIN, denn die Zeiten ändern sich und wir mit ihnen.

Verlogene, Pardon, NUR die aufgrund ihrer Unwissenheit, die Unwahrheit sagenden Politiker und Kirchendiener, warum belügt und betrügt ihr uns fortlaufend? Ihr wollt uns doch damit nicht sagen, dass ihr euch fortlaufend irrt, dass ihr keine Ahnung von dem habt, was ihr sagt oder tut? Dass ihr unterwegs seid, ohne zu wissen wohin die Reise geht? Nach dem Motto: „Der Weg ist das Ziel" bzw. „Vergib ihnen, denn die Blinden sehen nicht wohin sie gehen"? Wäre doch sehr, sehr peinlich – oder? Das wäre denn so, als ob uns blinde Leute oder unerfahrene Kinder führen bzw. uns den Weg zeigen wollen, den wir Sehende gehen sollen.

Oder tut ihr es aus methodisch-taktischen Gründen? Damit wir aufgrund unserer ständigen Enttäuschungen über euch, auf unser Wahlrecht „verzichten"?

Macht Lug und Betrug einen Sinn, wenn ihr dabei NICHT auf euren eigenen Vorteil bedacht wäret? Sollen wir von euch weiterhin lernen, ebenfalls zu lügen und zu betrügen? Oder wofür sollen diese geheimen Lügereien sonst gut sein? Etwa für die Realisierung eurer Machtgier? Sicherlich nicht – **oder doch?** Sind wir für euch oder ihr für uns da? Sind wir immer noch eure „Sklaven", die scheinbar mehrheitlich bestimmen, wer ihre Peiniger sein sollen? Scheinbar, denn bekanntlich sind es zirka 50% der Bevölkerung, die aus Enttäuschung nicht zur Wahl geht, sodass die wahren Wahlergebnisse in Wirklichkeit nur halb so wahr sind, wie sie zu sein scheinen, dann sind 30% in Wirklichkeit nur noch 15% der wahlberechtigten Bevölkerung.

Lügen ergeben keinen Sinn, auch wenn sie den Lügnern kurzfristig einen Vorteil verschaffen, doch ohne Nachteil für die einen gibt es keinen Vorteil für die anderen! Wer diese Lügensinnlosigkeit erkennt, für den sehen Brüderlichkeit, Gerechtigkeit, Freiheit und Nächstenliebe anders aus, wer es nicht erkennt, der wird weiterhin so tun, als ob nur er erkenntnisfähig wäre. Er wird weiterhin an Allem und Allen herumnörgeln, ohne sich selbst wahrhaftig verändern zu wollen, denn Heucheln ist für die Meisten einfacher und viel bequemer als wahrhaftig zu sein. Verehrte Vorbilder, warum könnt ihr nicht aufrichtig und damit wahrhaftig sein. Ihr verliert nichts dabei, sondern gewinnt alles! Warum wollt ihr uns den Weg nicht erhellen? Sollen wir weiterhin fortlaufend stolpern? Uns Prellungen zuziehen, damit ihr euch als Heiler ausgeben könnt, als Retter in der Not, Not, die ihr selbst verursacht habt?

Belügt uns bitte, bitte nicht! Auch politische oder Glaubensprobleme lassen sich ohne Lug und Trug in öffentlichen Dialogen und NICHT in geheimen Sondierungstreffen lösen! Sogar effektiv und nachhaltig. Dann ginge es offensichtlich und ehrlich um das Problem selbst und nicht darum, welcher Waffenhändler, welcher Kriegstreiber oder andere Lobbyist, an welchen Politiker für welchen „Vortrag" wie viel zahlen muss, damit ihm dieser gefällige Politik macht, aus der „selbstlos" spendierende Lobbyisten für sich finanzielle Vorteile ziehen können.

Auch wenn ihr es aufgrund eurer Lernunfähigkeit noch nicht glauben könnt, auch euer „letztes Hemd" wird „keine Taschen" haben und das EINZIGE, worüber eure Nachkommen und die Nachkommen ihrer Nachkommen zukünftig reden werden, sind eure Taten (Weichenstellungen) von heute, denn die zukünftigen Generationen werden die „Früchte" sein, die **ihr** gegenwärtig hervorbringt.

Allerdings: Bevor wir beginnen, andere Personen zu belehren und an ihnen weiterhin herumnörgeln, sollten wir zuallererst unser eigenes Verhalten ehrlich überdenken – auch wenn es leichter ist die Schuld bei Anderen zu finden, als sie bei sich selbst zu suchen. Wir dürfen uns nicht über Unehrlichkeiten anderer beklagen, solange wir selbst noch unehrlich sind. Wenn es geschrieben steht, dass man, bevor man den Span aus dem

Auge eines anderen entfernt, zunächst den Balken aus seinem eigenen Auge entfernen sollte, dann ist damit genau das gemeint: Keiner sollte den „ersten Stein" werfen, solange er andere und sich selbst, betrügt und belügt. Bringen wir zuerst uns selbst ins Reine, bevor wir andere zu reinigen versuchen, denn „Verschmutzte Hände schaffen keine sauberes Ende". Und bevor wir mit unseren Fingern auf andere Personen zeigen, sollten wir erkennen, dass drei Finger derselben Hand auf uns weisen. Mit einem SUV oder per Taxi zur DEMO gebracht zu werden, mit einem Flugzeug zum Umweltkongress zu fliegen, auf einem Kreuzschiff Urlaub zu machen oder unbedacht Kinder zu zeugen, ist das Eine, das Andere ist, sich der daraus resultierenden Klimafolgen wirklich bewusst zu sein und NICHT nur zum Schein.

Im Grunde genommen wissen die meisten von uns, dass wir unehrlich sind. Und wir müssen es **noch** sein, andernfalls würden andere Lügner, die unsere Gutheit für Dummheit halten, uns noch mehr ausnutzen. Solange wir uns DIE Wahrheit NOCH nicht leisten können, sind Lügen die treibende Kraft unserer Evolution. Sie sind es, die uns wach werden lassen, sie sind es schließlich, die uns intelligenter werden lassen und somit irgendwann zur Wahrhaftigkeit ZWINGEN werden. Bis dahin werden wir weiterhin lügen und betrügen müssen und wachsam darauf achten, selbst nicht belogen und betrogen zu werden. Und wer **noch** als Friedfisch unter Raubfischen leben muss, der darf nicht wie ein Friedfisch aussehen. Wir sind NOCH nicht das Endprodukt der Evolution – jedenfalls die meisten von uns sind es noch nicht. Noch sind wir das „krumme Holz", das sich, wenn überhaupt, nur durch einen schmerzhaften Schnitt neuausrichten und neu-verleimen lässt und nicht durch weiteres verbiegen bzw. belügen.

Verlogen zu sein ist nichts Außergewöhnliches, denn Lügen und Betrügen gehören zum **gesamten** Leben UND insbesondere zum Überleben. Ohne Lügen und Intrigen wären wir entwicklungsmäßig nicht dort angekommen, wo wir uns heute befinden. Bereits als Viren, Bakterien, Algen, Pilze und Pflanzen, haben wir verschiedene Überlebensstrategien erfolgreich entwickelt, die auf Lug und Trug basieren, die auf Kosten anderer gehen.

Damit einige Pflanzen ihre Gene weitergeben können, haben sie ihre Geschlechtsteile, die Blüten, insektenähnlich ausgebildet, sodass sie die gewünschten Insekten mit ihrem insektenähnlichen Aussehen „verführen", ohne sie, wie es eigentlich üblich ist, dafür mit Sex oder anderen Leckereien zu belohnen. Beispielsweise gehören die wunderschönen Orchideen zu den Oberbetrügerinnen, die mit ihren Blüten das Aussehen von Insekten imitieren. Die Orchideen spezifischen Insekten landen dann auf den Insekten ähnlich aussehenden Blüten, und bevor sie merken, dass sie getäuscht wurden, werden sie mit Blütenstaub bestäubt, den sie dann brav zur nächsten Blüte transportkostenfrei transportieren. So sind nun mal Parasiten, sie säen und sie ernten nicht, doch das Vertrauen Ehrlicher ernährt sie trotzdem. Natürlich gibt es auch ehrliche Pflanzen. Sie lassen ihre Geschlechtsorgane blühen und duften, oft wunderschön betörend, wobei sie wohlschmeckenden Nektar für die Transporteure bereithalten. Mit ihren Farben und Düften locken sie Insekten an, die sie dann mit ihren Genen bestücken. Für den Transportaufwand entschädigen die gerechten Pflanzen die Insekten mit Nektar. Wir sagen „Eine Hand wäscht die andere" dazu.

Tiere sind im Täuschen und Lügen wesentlich raffinierter als Pflanzen, denn der Verwandtschaftsgrad zu uns ist ja auch wesentlich größer. Wenn ein Dackel z. B. etwas getan hat, was er nicht tun sollte, und Frauchen oder Herrchen ihm laut schimpfend hinterherlaufen, dann kann er plötzlich nur noch auf drei

Beinen hüpfen, wobei er ein tief trauriges Dackel-Gesicht zeigt. Er weiß, „Wehrlose oder Verletzte schlägt man nicht" – zumindest ist es bei den nicht menschlichen Tieren so.

Wenn eine Amsel im Garten plötzlich Warnlaute von sich gibt, dann kann es durchaus sein, dass es sich dabei nicht um einen heranfliegenden Raubvogel oder um eine anschleichende Katze handelt, sondern oft nur um Futter- bzw. „Profitgier", denn „selber essen macht fett".

Ein Wiesel stellt sich „besoffen-dumm an" und torkelt sich „lächerlich machend" an ein verblüfft staunendes Kaninchen so nah heran, dass es sich in die Kehle des Kaninchens verbeißen und es somit töten kann. „Seid wachsam, denn die Schlauen sind nicht so blöd wie sie ausschauen und die Blöden nicht so schlau wie ihre Show".

Eine ungefährliche Wüstenklapperschlange macht sich größer, um gefährlicher und imposanter zu wirken und klappert dabei mit ihrem Schwanz, denn „Klappern gehört zum Geschäft", nicht nur bei den Schlangen. Seid achtsam, denn nicht alle sind freundlich, die freundlich lächeln. Wir haben uns verändert, wir haben gelernt unnatürlich zu lächeln – auch wenn es uns dabei zum Weinen zu Mute ist.

Es wird Zeit, dass wir authentisch werden, denn beides, sowohl das ehrlich-fröhliche Lachen als auch das ehrlich-traurige Weinen, gehören zum scheinfreien Leben. Warum sollen wir den „harten" Mann oder die „weiche" Frau mimen, wenn es uns andersherum zu Mute ist? Weil ehrlich zu sein mehr Mut erfordert als zu lügen oder zu heucheln?

Unser genetischer Befehl **„ÜBERLEBE!"** lässt uns zunächst als Viren, dann als Bakterien, Algen, Moose, Pflanzen, Tiere oder Leute instinktiv täuschen, lügen und betrügen. Wir müssen es auch, insbesondere wenn wir kleiner, langsamer oder schwächer sind als unsere Artgenossen bzw. als unsere Konkurrenz. Nicht Muskeln, „Köpfchen muss man haben!" Und weil wir artspezifische „Köpfchen" haben, so kämpft jeder nach seiner Art, um artenerhaltend zu überleben, wobei die animalischen Lug- und Betrugsmethoden sowie das tierische Imponiergehabe, artenübergreifend dazugehören. Denn Klappern und Plappern, Raufen und Kaufen, Imponieren und Provozieren machen auffällig und „Wer am lautesten brüllt, der wird meisten als Erster gefüttert", der fällt auf, der darf sein Gene als Erster weitergeben, um artenübergreifend zu überleben. So funktioniert nun mal natürliche Evolution – egoistisch, ohne Mitleid, durch besser, schöner, stärker, klüger oder verlogener sein als die Konkurrenz!

Ob ein Baum gute oder schlechte Früchte trägt, das können wir mit etwas Übung schnell erkennen. Wenn ein Baum schlechte Früchte hervorbringt, dann sind es nicht die Früchte, die für ihre Schlechtigkeiten Verantwortung tragen, sondern zunächst der Baum, der sie hervorbringt. Sind unsere Taten schlecht, so sind es nicht die Taten, die für ihre Schlechtigkeiten Verantwortung tragen, sondern wir, die sie hervorbringen. Schon deshalb müssen wir lernen, die Lügner an deren Lügen möglichst frühzeitig zu erkennen und dann öffentlich bloßstellen. Wir dürfen nicht „höflich" lippenbekenntnis**artig** „ja" sagen, wenn wir „nein" meinen, sonst verlieren wir irgendwann unsere eigene Orientierung; wir hören auf, wahrhaftig und authentisch zu sein. Das geht sogar ziemlich rasch, denn wir gewöhnen uns schnell an Vieles – nicht nur an die Lügereien und Betrügereien der Kirchendiener und Politiker, sondern auch an unsere eigenen.

Sollten wir das Pech haben, von sozial benachteiligten, unterprivilegierten, lernschwachen oder schwachvermögenden Eltern geboren zu werden, dann gewöhnen wir uns auch daran recht schnell, denn „Der Apfel fällt nicht weit vom Apfelbaum". Dann werden wir orientierungslose Sozialhilfeempfänger, die **notgedrungen** ein unsoziales Leben fristen werden müssen. Wir werden uns dann als „Harzer" bezeichnen und uns nichts Menschen-Entwürdigendes dabei denken. Nur weil wir keinen lernstarken

Verstand von unseren Eltern vererbt bekommen haben, wird es heißen: „Dumm geboren und nichts dazugelernt", dabei wäre es nicht unsere Schuld, lernschwach geboren zu sein. Das Einzige, wofür wir uns dann als lernschwache „Harzer" interessieren werden, ist unser Recht auf unsere Sozialhilfebezüge oder auf einen Tafelschein, wobei wir auf alle anderen Rechte weitgehend verzichten, selbst auf das Wahlrecht.

Wenn man den Bösen Böses unterstellen würde, dann könnte man durchaus glauben, dass unsere, hauptsächlich durch Lug und Betrug der Verantwortlichen und deren Helfern hervorgerufene Wahlverdrossenheit tatsächlich methodisch gewollt ist. Vor den Wahlen werden von Politikern Versprechungen gemacht, von denen wir erfahrungsmäßig ahnen, dass sie nach der Wahl NICHT eingehalten werden. Um nicht wieder und wieder enttäuscht zu werden, bleiben auf diese Weise die potentiellen Wähler den Wahlurnen fern, was ein demokratisches Ungleichgewicht schafft, denn wer als Dauerenttäuschter – und schätzungsweise ist es etwa die Hälfte der Wahlberechtigten – nicht zur Wahl geht, der findet auch kein politisches Gehör, doch wer gehört werden WILL, der muss zunächst lernen, seine eigene Lethargie zu überwinden, was ihn dann zum Wahlurnengang veranlassen und seiner Stimme ein politisches Gewicht verschaffen würde.

Dann könnten die Schwachen unter uns etwas mehr und die Starken etwas weniger berücksichtigt werden. Dann könnten wir Begriffe wie Brüderlichkeit, Freiheit und Nächstenliebe auch praktisch und nicht nur theoretisch etwas besser verstehen.

Doch zum besseren Verstehen benötigen wir einen klaren, einen unverschleierten Verstand, den die meisten von uns momentan NOCH nicht haben aber am Ende dieser Streitschrift haben können, denn durch fortgesetzte Entschleierungen wird unser Verstand tagtäglich klarer und damit erkenntnisfähiger. Schließlich erkennt er auch das, was ihn augenblicklich noch manipulativ dominiert; es sind Pseudowahrheiten, es sind hauptursächlich Scheinfakten oder Scheinwahrheiten der Kirchen und der Politik, die unseren Verstand vernebeln, die uns, auch heute noch, absichtlich NICHT erkenntnisfähig werden lassen wollen. Wir sind wie die Blinden, die nicht sehen, wohin sie gehen. Wir sind wie die Aquarium-Fische, wie die Schafe, die, von Schäfer-Hunden "behütet", ihren Schäfern „freiwillig" hinterherlaufen.

Akuter Lehrermangel, marode Schulen, Lehrmittelmangel und teure Privatschulen, sind gute Beispiele dafür, dass mangelhafte Bildung der Allgemeinheit und elitäre Bildung den Elitären vorbehalten ist – was sicherlich kein ungewollter Zufall sein kann. Auf diese Weise bleiben die „feinen und all-GEMEINEN Leute" unter sich. Wer, aufgrund seiner intuitiven Zweifel, aus diesem „Teufelskreis" ausbrechen will, der darf kein Engel sein, denn wer sich naiv fügt, über den wird ein Leben lang verfügt. Und weil alles in unseren Köpfen beginnt, sich alles neuronal interagierend in unserem Gehirn abspielt, so sollten wir als Nächstes unser eigenes Denken unvoreingenommen näher kennenlernen, denn zunächst ist es unser neuronales Denken selbst, das uns unsere **geist**bedingte, bipolare Existenz von Mal zu Mal, intuitiv tiefgründiger erahnen lässt – bis schließlich, aus vernebelter Ahnung, klarsichtige Gewissheit wird. Bis aus **noch** algorithmisch gesteuerten bzw. weitgehend fremdbestimmten Leuten, selbstdenkende Menschen werden. Bis dahin werden wir uns weiterhin für die „Endprodukte" der Evolution halten und **dennoch** unser Leben immer und immer wieder neugestalten – weil wir uns immer weiter entwickeln **müssen!** Denn das ist unser Urvermächtnis – die Rückkehr zu dem, was wir waren, bevor wir elementar wurden.

Denken

Über das Denken sind bereits unzählige Bücher geschrieben worden, sodass eigentlich alles darüber bekannt sein müsste. Eigentlich! Eigentlich müssten wir wissen, warum es so funktioniert, wie es funktioniert, doch in Wirklichkeit wissen es die meisten von uns nicht. Warum? Weil das Denken so unterschiedlich ist wie wir Denker es selbst sind – mal mehr und mal weniger entwickelt. Die weniger Entwickelten denken, sie seien „Meier, Müller oder Schulze", dann halten sie ihre fremdbestimmten Glauben, Namen oder vergänglichen Körper bzw. erlernte Berufe für sich selbst; Bäcker, Müller, Schuster, Jäger, Schmied, Fischer...

Die weiter Entwickelten halten ihre Gedanken, also ihre neuronalen Gehirnaktivitäten, für sich selbst. Nach dem Motto: „Denke ich, also bin ich". Denke ich nicht, also bin ich nicht?

Ist es wirklich so einfach? Wer ist denn derjenige, dem es bewusst ist, wenn sein Verstand NICHT denkt, wenn er schweigt? Wer ist denn derjenige, dem das Schweigen seines Verstandes bewusst ist? Einer, der sich außerhalb unseres Verstandes befindet? Einer, von dem wir **noch** ein unbewusstes Teilchen sind? Finden wir es heraus, denn was latent als **wir** bereits vorhanden ist, das können wir auch real im Hier und Jetzt werden – allerdings nicht schlafend!

Denken gehört zu uns und wir zum Denken, doch wir sind **nicht** unser körperbedingtes Denken, sondern seine temporären Beobachter, die zeitweilig über dem Denken stehen und geduldig darauf warten, irgendwann dauerhaft entdeckt zu werden.

Gedächtnis und Denken gehören zusammen. Ohne Gedächtnis gibt es kein Denken und ohne Denken kein Gedächtnis des Gedachten. Es ist wie mit der Hardware und der Software eines Computers.

Unser Gedächtnis speichert alles Mögliche und Unmögliche ab. Alles, was wir sehen oder hören, alles, was wir schmecken oder riechen, wird in unserem Gedächtnis niedergeschrieben. Auch nur das Gedachte, welches mit frisch Erlebtem und bereits Abgespeichertem kombiniert wird, schafft neue Neuronen-Verknüpfungen in unserem Gehirn, die insbesondere nachts automatisch weiterbearbeitet werden. (Siehe 1. Teil: Träumen) Aus elektrischen Impulsen unserer Sinne werden instabile, flüchtige Gedanken und dann stabiles und schließlich dauerhaftes Gedächtnis in Form von einer ständig miteinander kommunizierenden neuronalen Gehirnmasse. Wobei eine einzige impulsgebende Gehirnzelle genügt, um unser Denken in eine andere Richtung zu lenken.

Auch wenn sich der eine oder der andere Richtungswechsel zunächst als falsch erweisen sollte, erstaunlicherweise werden sie im Nachhinein in der Summe richtig sein – so, als ob uns unsere Rückkehr nach unserem „Urzuhause" vorbestimmt wäre, so, als ob unser Urvermächtnis unser Schicksal wäre – oder ist? Auch wenn einzelnen Mutanten, die die Gesellschaft regelmäßig hervorbringt, die Richtung ganzer Gesellschaften impulsartig bestimmen, so ist es letztlich doch die Gesellschaft bzw. die Evolution selbst, die langfristig die Marschrichtung des gesamten Lebens bestimmt, indem sie immer wieder EINEN aussucht, der vorangeht, der sich aufopfert, denn alles was kurz- oder langfristig geschehen „soll", wird geschehen.

Unser Gehirn verhält sich wie eine Bakterien- oder Pilzkolonie, wie ein Fisch- oder Vogelschwarm, wie ein Ameisenvolk oder wie eine Gnu-Herde. Es sind immer die einzelnen, meist erfahrenen Tiere (Gehirnzellen), die die Richtung des Schwarmes oder der Herde beeinflussen, sodass ihnen dann alle anderen Herden-Teilnehmer folgen.

Selbst der Tod funktioniert nach diesem Initialzündungsprinzip. In unserem Gehirn reicht eine einzige Reaktion einer etablierten Zelle aus, damit alle anderen Gehirnzellen ihr folgen.

Dieses Initialzündungsprinzip ist überall gegenwärtig; in Wirtschaft, Kirche und Politik, sogar in der Waffen-Technik, wo kleine Explosionen große auslösen – bis hin zu einer Atombombenexplosion.

Im Ottomotor ist es der elektrische Zündfunke, der das Luft-Benzingemisch zum Explodieren bringt. Im Dieselmotor ist es die durch hohe Verdichtung erhitzte Luft, die den eingespritzten Dieseltreibstoff zündet. Bei uns sind es die durch Gier der Reichen hervorgerufenen Ungerechtigkeiten, die uns zum „Explodieren" veranlassen werden.

In der Partner- oder Freundschaft ist es zunächst eine kleine Streiterei, die explosionsartige Folgen haben kann – bis hin zum Mord! Diese „Funktionsprinzipien" bzw. „Überlebensmuster" haben wir urursprünglich von unseren Urvorfahren, den Viren und dann den Bakterien übernommen und, weil sie sich evolutionär bewährt haben, bis heute beibehalten. Für uns, die Spezies Mensch, bedeutet es: „Vermehret euch!", macht weiter so wie bisher, tut Böses, konkurriert mit- und gegeneinander, führt Kriege, damit ihr Frieden schließen könnt, schließt Frieden, damit ihr euch erneut bekriegen bzw. totschlagen könnt, erkennt wie böse ihr gemeinsam seid, damit ihr irgendwann einzeln als Initialgeber gut werden könnt!

Schwärme und Herden sind Überlebenskünstler, die es seit dem Anfang des Lebens gibt, da kommt es auf einen mehr oder weniger gar nicht an, da zählt nur das Fortbestehen der Art oder Masse, die ab und zu auch richtungsweisende Klasse hervorbringt – einen wegweisenden „Orientierungsstern".

Selbst wenn wir einen Schlaganfall überlebend erleiden sollten, wird unsere restliche, noch intakte Gehirnmasse versuchen, aufgabenübergreifend zu überleben, indem sie nach und nach lernt, sich die Aufgaben der nicht intakten Gehirnareale anzueignen.

Am dauerhaftesten speichert unser Gedächtnis intensiv Erlebtes ab. Je aufregender oder schmerzhafter ein Erlebnis ist, desto schneller und intensiver wird es abgespeichert, desto stabilere synaptische Verbindungen entstehen in unseren Gehirnen, und desto länger bleibt es als etablierte Erinnerung in Form von Gehirnzellen in unserem Gehirn erhalten; wer sich an einer Tisch- oder Bettkante **kräftig** gestoßen hat, der wird es sehr lange Zeit nicht vergessen. Es ist wie mit der Wahrheit; wer sie wahrhaftig erkennt, den wird sie dauerhaft verändern.

Was wir in jungen Jahren intensiv erleben, wird meistens erst in alten Jahren, oft sogar erst auf dem Sterbebett als ein traumartig, immer weiter in die Vergangenheit, bis zu unserer Geburt zurückgehender, im Geiste vorbeiziehender „Film" des eigenen Lebens „gesehen". Als ob es sich um eine Zusammenfassung, um eine Inventur unseres Lebens handeln würde. So, als ob unsere Seele uns ein allerletztes Mal nach dem Sinn unseres Lebens fragen würde. Das sind dann die sogenannten Nahtoderfahrungen, die, insbesondere gläubige Leute, für das Jenseits halten.

Den ersten Kuss oder den ersten Orgasmus vergisst kaum eine/r. An einen schmerzhaften Unfall, an eine Beschneidung oder an einen Missbrauch, erinnern wir uns dann nicht nur im Wachzustand, sondern auch in unseren Träumen. Eine schmerzhafte Beschneidung oder missbräuchliche Vergewaltigung verfolgt uns unser Leben lang und es ist nicht NUR eine physische Verstümmelung, sondern auch eine psychische Erkrankung. Wer davon genesen will, der sollte sich angemessen revanchieren!

Immer wenn Schmerzen und Aufregung, immer wenn große Emotionen mit dem persönlich Erlebten einhergehen, ist die Einprägung bzw. ist ihre Etablierung in unseren Gehirnzellen am stärksten, dann ist selbst mit drei Jahren Erlebtes auf dem Sterbebett erinnerbar. Natürlich lernen wir auch ohne schockartige Begleitungen. In jungen Jahren genügt es, interessiert zu sein oder durch einen Lehrer motiviert zu werden, denn in jungen Jahren sind unsere Gehirnspeicher noch weitgehend leer und deren Speicherkapazitäten unvorstellbar riesig.

Im Jugend- oder im Erwachsenenalter reichen unserem Gehirn ein paar Wiederholungen aus, um das zu Lernende abzuspeichern. In späteren Jahren, so etwa ab dem 30. Lebensjahr, ist es umgekehrt; dann nehmen die lebensrelevanten Speicherkapazitäten unserer Gehirne, z. B. durch die mediale Verdummung und andere „Drogen", ständig ab, desto mehr Speicherplätze sind belegt oder verkümmern ungenutzt und es kommen kaum lernfähige hinzu. Unsere „Computer" werden immer langsamer.

Als Kind können wir uns mehrere Sprachen, ohne zu büffeln, gleichzeitig aneignen. Doch je älter wir werden, desto schwieriger wird es für uns, auch nur eine einzige Fremdsprache zu lernen. Viele Rentner versuchen es, leider mit wenig Erfolg, denn im hohen Alter, so etwa ab dem 65. Lebensjahr oder sogar wesentlich früher, werden nicht nur unsere Körper eindeutig leistungsschwächer, sondern auch unser körperbedingter Verstand. Je älter wir werden, desto lethargischer, desto lernschwächer werden wir. Wir kaufen uns viele „kluge Bücher", doch wir lesen sie nicht zu Ende – oder gar nicht, denn wir lieben den Schein mehr als das Sein. Uns ist die Regalpräsenz der Bücher wichtiger, als deren Inhalt, doch „Imponiergehabe ist keine gute Gabe".

Wir nehmen uns zwar viel vor, doch wir schaffen nur wenig, denn unser Denken wird immer langsamer und wir mit ihm. Irgendwann geben wir nur noch Banalitäten von uns und kommen in unseren Köpfen nicht wirklich voran. Das ist auch der Grund dafür, warum die Zeit mit zunehmendem Alter scheinbar immer schneller vergeht.

Kurz vor unserem Ruhestand machen wir uns viele Gedanken darüber, was wir mit der vielen Ruhestandzeit anfangen werden. Bereits etwa zwei-drei Jahre später wundern wir uns erneut, nur umgekehrt, diesmal über die wenige Ruhestandzeit, die uns persönlich zur Verfügung steht. Dann fragen wir uns oft, wo die Zeit wohl geblieben ist, die wir als junge Menschen noch unbegrenzt zu haben glaubten. Irgendwann geben wir dann auf, weil wir als unsere traurige Geist-Seele erkennen, dass wir unsere Rückkehr nach unserem Urzuhause ohne unser Denken nicht werden realisieren können. Schließlich stirbt unser Körper, seine Gedanken und wir mit ihm, so, als ob wir nie existiert hätten, so, als ob es uns nie gegeben hätte, so, als ob unser Leben völlig wertlos gewesen wäre – es sei denn, dass wir bis dahin MEHR als unsere Körper und viel mehr als unsere Gedanken geworden sind.

Beim Lernen werden neue Nervenverbindungen in unseren Gehirnen gebildet, und je mehr neue Nervenverbindungen in jungen, in kindlichen Jahren gebildet werden, desto leichter werden wir unser ganzes Leben lang lernen können. Daran sollten alle Eltern unbedingt VOR der Nachwuchszeugung denken, denn: „Was Hänschen nicht lernt, das lernt Hans nimmermehr"!

Alles, was unser Gehirn in den ersten Jahren sehr gut kann, ist lernen. Das Lernen selbst muss nicht erst gelernt werden, es muss nur genügend interessante Informationen rechtzeitig bereit gestellt bekommen: Von uns Eltern, den Kindergärten, Schulen und insbesondere von der weichenstellenden, glaubensfreien Bildungspolitik, die einheitlich, also nicht von den Ländern oder gar Gemeinden, sondern vom Bund bestimmt werden sollte. Dann gäbe es Richtlinien, die ALLE einhalten müssten, dann gäbe es weniger Glaubende und mehr Wissende. Dann müssten „Abgasnormen" NICHT den „Abgaswerten" angepasst werden. Dann könnten auch die Ursachen für Terror deutlich erkannt, benannt und verbannt werden; auf eindeutig falschen, auf nachgewiesenermaßen unwahren „Fakten" basierendem Glauben, der in Wirklichkeit nur ein lukrativer Aberglaube ist. Um das verstehen zu können, müssen wir zunächst verständnisvoller und damit unterscheidungsfähiger werden. Unsere Remotion kann uns dabei helfen – vorausgesetzt, wir wollen ES wirklich.

Leider werden auch falsche Informationen, wenn nicht rechtzeitig erkannt, als wahr abgespeichert, was für unser späteres

Leben fatale Folgen haben wird, denn es ist so, als ob wir zwar richtig aber mit falschen Zahlen rechnen würden. Wir werden dann unser Leben lang unterwegs sein aber nirgendwo wahrhaftig ankommen, denn wer Scheinfakten für wahr hält, der rechnet mit falschen Zahlen. Der wird sein Leben lang „rechnen" aber kein lebenswertes Ergebnis erzielen können. Sein Leben wird weitgehend wertlos enden – ohne die einmalige Chance genutzt zu haben, wertvoll werden zu können.

Es ist richtig, dass wir bereits schon im Alter von ca. 25/30 Jahren, unsere Gedächtnisfähigkeit durch showartige bzw. medienbedingte, uns verdummende Informationsüberflutung nach und nach immer mehr verlieren, und dass das Lernen uns mit weiter zunehmendem Alter immer schwerer fällt. Wenn wir in jungen Jahren neunzig Prozent der Informationen noch abspeichern konnten, so sind es im Alter nur noch zehn Prozent oder weniger. Im Alter vergessen wir das Gelernte weitgehend bzw. wir speichern es erst gar nicht dauerhaft ab, es sei denn, wir zwingen unser Gehirn zum Trainieren, TÄGLICH. Denn „wer rastet, der rostet".

Dabei kommt es gar nicht darauf an, es stundenlag zu malträtieren – eine Viertelstunde Remotionstraining täglich würde genügen, doch darüber sprechen wir später. Für den Anfang reichen uns zunächst unsere sich fortlaufend wiederholenden 30-Sekunden-Beobachtungen unserer Atemwendepunkte, unserer Atemströmungsgeräusche oder der Urknallmelodie aus. Auch wenn Lernen zunächst anstrengender ist als unwissend zu glauben, einen anderen Selbsterfahrungsweg gibt es nicht, um bei unserem Neuanfang anzukommen, um neugeboren zu werden.

Was die uns permanent verdummende Informationsüberflutung anbelangt, so betrifft sie insbesondere junge Leute, die sich ständig mit Belanglosigkeiten voll gut und total geil, gegenseitig vollquatschen. Tiefsinniger, auf Fakten basierender Gedankenaustausch findet dabei kaum statt – wozu auch? Ihnen reicht es völlig aus, wenn der elektrische Strom NICHT aus Elektrokraftwerken kommt, sondern aus der Steckdose. Sie wissen zwar wo welche Informationen zu finden sind, jedoch ohne sie praktisch anwenden zu können. Dann werden handwerkliche Fertigkeiten zu unlösbaren Problemen, dann werden einfache Führerscheinprüfungen zu großen Herausforderungen.

Im Alter kann sich unser Kurzzeit-Gedächtnis nicht einmal merken, wo wir unsere „Brille" vor einer Minute abgelegt oder was wir am Vortag gegessen haben. Selbst unser Langzeitgedächtnis wird nach und nach „eingekapselt", so, als ob unsere Lebenserfahrungen, wertlos wären. So, als ob einer mit einem Radiergummi eine nicht gelungene „Lebenszeichnung" ausradieren würde, so, als ob sich unsere Seele aus unserem CHANCENLOSEN Körper zurückziehen und uns aufgeben würde.

Die meisten von uns erleben es, wie unser Gedächtnis nachlässt, allerdings überleben wir es nicht, obwohl wir es könnten, denn das Potential zum dauerhaften Über-Leben haben viele von uns, doch nur wenige nutzen es. Nun ja: „Wie man sich bettet, so liegt man". Und wenn man bereits lebend „tot" ist, wie oder warum solle man dann nach dem Tod „lebendig" werden?

Unser Gedächtnis ist bei unserer Geburt wie ein leeres Blatt Papier. Alle möglichen und unmöglichen Lebenserfahrungen und Lebensphantasien werden dort aufgezeichnet – bis das anfangs leere Blatt irgendwann mit viel Sinn und mit noch mehr Unsinn vollgeschmiert ist! Natürlich wird vieles gelöscht oder überschrieben, einiges ausradiert und anderes integriert. Insbesondere nachts, wenn wir träumen, ist unser Gehirn mit Aufräum- und Integrationsarbeiten sehr beschäftigt.

Da unser Gedächtnis zunächst ein reiner Speicher ist, der nicht zwischen wahr und unwahr, zwischen falsch und richtig unterscheiden kann, so ist es sehr wichtig, dass wir möglichst wenige Indoktrinierungs-, Propaganda- oder Pseudowahrheiten abspeichern, andernfalls kommt unser Gedächtnis spätestens im Alter in Bedrängnis, weil es bis dahin nicht gelernt hat Wahres vom

Unwahren zu unterscheiden, weil es „falsche Zahlen" immer noch für richtige hält. Das Ergebnis sind dann Verdrängungen, depressive Albträume und vorzeitiges Altern – unsere Hardware (Gehirn) erlahmt und unsere Software (Verstand) wird immer leistungsschwächer und damit auch langsamer.

Obwohl über das Denken und das Gedächtnis immer noch geforscht und nachgedacht wird, so ist es doch relativ einfach zu verstehen. Wir müssen NUR lernen, es neutral und unbeschränkt – nicht denkend – zu beobachten! Oder sind wir bereits tatsächlich so beschränkt, dass wir unser EIGENES Denken nicht vollständig selbst verstehen können? Müssen wir wirklich erst ANDERE fragen, oder es uns von anderen „Fach-Leuten" sagen lassen, wer WIR sind und warum wir so sind wie wir sind?

Ist unser Verstand tatsächlich NICHT in der Lage, sich selbst zu verstehen? Wenn ja, dann sollten, dann müssen wir uns fragen, wer ihn daran hindert, welche Gründe, welche Schranken sind es, die uns bzw. unser Denken beschränken und ist es uns selbst möglich, diese Schranken lügenfrei zu erkennen und schließlich niederzureißen? Ist es unserem Denken möglich sich selbst aus sich selbst zu verstehen – ohne fremde „Hilfe"?

Sind wir bereits klug genug, um die Schlauheit unseres eigenen Verstandes zu begreifen oder müssen wir erst klüger werden, beispielsweise durch unsere Remotion, Schritt für Schritt, Bildungs- und Glaubensstatus unabhängig, unserem genetisch bedingten Lernpotenzial entsprechend? Ja, allerdings müssen wir **ES wirklich** wollen!

Unser Denken ist durch politische, religiöse, familiäre, materielle oder genetische Einschränkungen begrenzt und dennoch ist unser Denken anfänglich das einzige uns verfügbare Werkzeug, mit dem wir unseren eigenen „Tempel" selbst erbauen können – lernen wir es und seine Handhabung sinnvoll zu nutzen, dann werden wir mehr sein, als nur ein Schein. (Siehe 1. Teil: Remotion) Eine andere Möglichkeit haben wir nicht, denn sobald wir uns von anderen Leuten sagen lassen, wer WIR sind, werden wir nur eine „Beschreibung", nur eine Reflektion eines Anderen sein, jedoch niemals wir selbst. So wird ein Freund uns anders beschreiben als ein Feind oder als ein „Mützenträger" des Ordnungsamtes, als ein Polizist oder als unsere Kinder, Eltern oder Lebenspartner/in.

Leider identifizieren wir uns mit dem, was wir zu sein glauben, insbesondere jedoch mit UNSEREM Denken, denn etwas anderes, etwas was ÜBER, VOR oder AUSSERHALB unseres Denkens steht, kennen, haben, sind wir NOCH nicht – jedenfalls nicht bewusst. Wir sagen oft „Ich denke ...", allerdings fragen wir uns dabei nicht, wer das „Ich" ist, das denkt oder denken lässt? Leider ist für die meisten von uns das denkende oder denken-lassende Ich mit uns identisch.

Wir sagen zwar „MEIN Fuß, MEINE Hand, MEIN Verstand, MEINE Gedanken usw.", jedoch zwischen dem BESITZER „MEIN" und seinem BESITZ unterscheiden wir noch nicht.

Wenn unsere Körper sterben, dann sterben auch wir als seine Besitzer? Ja, es sei denn, dass wir bis dahin mehr geworden sind als nur unser Körper bzw. unser körperabhängiges Denken, das beim „Stromabschalten" verstummt. Es ist wie mit einem Computer, der von der Stromzufuhr abgeschaltet wird, wie mit einem Leichnam, der seelenlos geworden ist – obwohl sie rein äußerlich existieren, sind sie, „Strom- bzw. Seelen-los" geworden, ohne Funktion!

Für uns ist unser Körper NOCH identisch mit uns selbst. Vor einem Spiegel stehend, sehen wir nur das Spiegelbild, nur eine Reflektion, nur ein Abbild unseres Körpers und nicht den Menschen, der ihn „bewohnt", der davor steht, der in den Spiegel hineinschaut. Geschweige denn, den „elektrischen Strom", die Seele, die ihn **auch** ohne Spiegelbild „leuchten" lässt.

Wir identifizieren uns mit unserem rasch vergänglichen Körper, mit unserem Verstand, mit unseren Phantasien, mit unserem

Denken und Träumen. Wir urinieren nachts ins Bett, nur weil wir träumen, auf einer Toilette zu sein. Nachts haben wir einen Orgasmus, nur weil wir vom Sex träumen. Und wir träumen vom Sex, weil wir längere Zeit keinen Sex hatten oder uns am Vorabend einen aufregenden Liebesfilm angesehen haben – dann ist „Fremdgehen" angesagt.

Genau hier, an dieser Stelle, unterscheiden wir uns von einem Selbst- von einem Geist- bzw. von einem Neugeborenen. Im Gegensatz zu uns weiß ein Selbst- oder Neugeborener, wann SEIN Verstand diesen oder jenen Gedanken denkt, BEVOR er ausgesprochen oder ausgeführt wird, BEVOR er „Gestalt" annimmt, BEVOR er von ihm Besitz ergreifen kann, BEVOR er zum Problem wird.

Eine ständig bewusste Selbstpräsenz gelingt auch einem Selbstgeborenen zwar NICHT immer, aber oft genug, um peinliche Situationen oder unkontrollierte Gedankenausritte seines Verstandes zu vermeiden. Anfangs vereinzelt, dann immer häufiger und länger, bis es schließlich auch anderen eindeutig auffällt. Eigentlich kennen wir das aus eigener Erfahrung, nur umgekehrt, denn viele von uns reden, bevor sie nachdenken, BEVOR ihnen bewusst wird, dass sie gedacht werden, dass es ihr Verstand ist, der denkt und NICHT sie.

Manche Leute rufen andere Leute an und telefonieren dann „stundenlang" miteinander, legen auf und rufen gleich wieder an – ohne einen bestimmten Grund, als ob ihnen die Themen nie ausgehen würden, einfach nur so aus Freude am Tratschen – am liebsten über „sehr wichtige" Lappalien bzw. Alltagsbanalitäten, insbesondere jedoch über „Fehlverhalten" oder Missgeschicke anderer Leute, denn „Schadenfreude ist die größte Freude"!

Am gedeckten Tisch sitzend weiß ein Selbstgeborener, dass eine bestimmte Arm- oder Handbewegung die Serviette oder den vor ihm liegenden Teller um- oder niederwerfen würde. Allerdings ist er in der Lage, die Situation bereits vor der Tat als Gedanken wahrzunehmen und somit die missliche Bewegung zu vermeiden. Wir, jedenfalls die meisten von uns, merken einen „Ausrutscher" meistens erst dann, wenn er ausgerutscht ist, wenn es zu spät ist, wenn das „Porzellan" zerschlagen wurde. Doch „Scherben bringen Glück", denn durch einen Scherben-Schock lernen wir auf blamabel-natürliche Weise, nächstes Mal etwas aufmerksamer zu werden. Und je größer der Schock, je teurer das Porzellan, je blamabler die Situation, desto einprägsamer wird die Lektion sein, desto etablierter bleibt sie in unserem Gedächtnis haften. Bis dahin merken wir solche Peinlichkeiten meistens erst hinterher, wenn wir etwas Peinliches gesagt oder getan haben, wenn uns unsere Gedanken als Sprache hörbar „herausrutschen" oder noch schlimmer; erst wenn uns andere darauf hinweisen. Bis dahin werden wir uns weiterhin für alles Peinliche entschuldigen und je peinlicher es uns sein wird, desto nachhaltiger werden wir lernen müssen auf natürlich-unwissende, auf evolutionäre Art, schrittweise etwas bewusster zu werden.

Man sagt: „Gut Ding will Weile haben" oder: Die Evolutionsmühlen mahlen langsam, denn Evolution kennt weder Zeit, noch „Freud oder Leid", sie ist gleichgültig – aber sehr geduldig.
Sie kennt KEINE Zeit, sie nimmt alles so, wie, wo und wann es kommt und macht, zeitlich und örtlich angepasst, das situationsbedingte Optimum daraus – auch wenn es sich zunächst als falsch erweisen sollte, denn auch schlechte Erfahrungen sind gut, wenn sie lehrreich sind, wenn sie optimierte Hardware hervorbringen, wenn sie zum guten Ende führen, denn „Ende gut, ALLES gut" bzw. „Der Zweck heiligt die Mittel". Selbst der immerwährende Klimawandel wird am Ende gut sein, wenn er die Überlebenden nachhaltig erkenntnisfähiger werden lässt. Und wer glaubt, dass immerwährendes Wachstum oder eventartige Proteste, unsere zukünftigen Probleme lösen werden, der irrt sich! Der hat noch nicht begriffen, dass kein „Ein-Liter-Glas"

mit zwei Litern Wein gefüllt werden kann – es sei denn, dass er an Wunder glaubt oder lernbehindert geboren wurde.

Remotion beschleunigt den natürlichen Selbsterkenntnisprozess unserer Menschwerdung um ein Vielfaches, sodass einige von uns im Hier und Jetzt bereits das erreichen können, was vielen von uns erst in ferner Zukunft möglich sein wird – vorausgesetzt, dass unsere Erde uns bis dahin nicht „zu eng" geworden sein wird, denn Engen machen allgemein aggressiv und somit unberechenbar. Ob wir dann günstigere oder ungünstigere Zeiten für unsere Selbstfindung als unsere Nachkommen oder als die Nachkommen unserer Nachkommen haben werden, das wissen wir HEUTE nicht, weshalb wir die Zeit HEUTE optimal nutzen sollten, denn es ist unsere, es ist deine und es ist meine Zeit, es ist die Zeit, in der wir JETZT leben, es ist die Zeit, die außer uns keiner hatte oder haben wird.
„Nach uns die Sintflut"? Das geht nicht mehr! Jetzt heißt es; eher „MIT" uns! Vergeuden wir nicht UNSERE Zeit. Denn das Morgen wird kommen, das ist ziemlich gewiss. Mit uns oder ohne uns, das ist nicht mehr so gewiss! Es ist zwar wahrscheinlich, doch absolut sicher ist es nicht, dass wir am kommenden Morgen aufwachen und diese Rückwegbeschreibung bis zum Ende lesen werden. Und wenn ja, dann wird es nicht die Zeit von heute, denn heute wird schon morgen gestern sein.

Ein Selbstgeborener denkt nicht, sondern sein Verstand, er ist auch nicht erschöpft oder hungrig, sondern sein Körper. Bei uns ist es umgekehrt: ICH denke, ICH bin erschöpft, ICH habe Hunger, ICH habe Schmerzen – auch wenn es nur der kleine Zeh ist oder eine Nagelbettentzündung, ICH, ICH, ICH – weil wir, weil unser Verstand und unser Körper mit uns **noch** identisch sind.
Ein Selbstgeborener dagegen hat diesen ICH-Bezug nicht, denn er steht über seinem körperbedingten Dasein. Ein Selbstgeborene kann z. B. hungerbedingte Körpersignale bereits in ihren

Anfangsstadien, während der Körper diese Signale zum Verstand sendet, wahrnehmen und für eine gewisse Zeit oder sogar dauerhaft unterdrücken! Er kann Tage oder Wochen, wie beispielsweise die Kaiserpinguine, fasten, ohne zu hungern. Er kann den Hungergedanken seines Körpers bereits im Entstehungsstadium wahrnehmen und rechtzeitig zurückweisen, sodass das Hungergefühl erst gar nicht aufkommt.

Für den Körper selbst stellt Fasten kein Problem dar, denn er hat es bereits vor Jahrmillionen gelernt; seinen Überlebensinstinkt in Notsituationen, ohne dabei gesundheitliche Schäden zu nehmen, zu mobilisieren und es bis heute NICHT verlernt! Im Gegenteil, Fasten kann unseren Körper sogar vom Krebs heilen, denn beim Fasten werden die „Letzten die Ersten sein", also die neuen, oft krankheitsverursachenden Zellen Zwecks Heilung oder prophylaktisch als erste abgebaut, denn was sich Jahrmillionen bewährt hat, das behält das Leben vorrangig bei. Insofern könnte jeder von uns eine mehrwöchige Fastenkur im Jahr durchführen – der körperlichen und geistigen Gesundheit zu Liebe, denn Fasten hat einen meditativen und somit Körper UND Geist gesundmachenden Charakter – allerdings muss Fasten zuerst **in** unseren Köpfen beginnen, **mit Nahrungsverzicht und NICHT mit Nahrungsentzug**, wie es beim Hungern der Fall ist.

Ein Selbstgeborener weiß, dass sein Körper ein Zeitgedächtnis hat, welches SEINEN Verstand zu gewissen Zeiten an Bestimmtes denken lässt. Zum Beispiel um die Mittagszeit an das Mittagessen oder um eine bestimmte Zeit an das Schlafengehen oder Aufwachen. Er weiß, dass sein Körper ein autonomer, weitgehend intuitiv von seinem ***„Bauchverstand"*** gesteuerter „Automat" ist, der in gewissen Situationen bestimmte Verhaltensweisen zeigt, und warum er dies tun MUSS – nicht erst seit Iwan Pawlow und seiner Entdeckung der bedingten Reflexe durch Konditionierungen, sondern weit, weit davor. Unser

„Bauchverstand" ist unser Urverstand, aus Zeiten, als wir noch keinen Kopf bzw. Kopfverstand hatten, er ist derjenige, durch den wir oft etwas „wissen", ohne zu wissen, woher wir es wissen, er ist derjenige, mit dem wir etwas ahnen, ohne real zu wissen, woher diese intuitive Ahnung kommt.

Ein Selbstgeborener weiß, dass sein Körper, unter anderem ein Geruchs-, ein Seh- und ein Gehörgedächtnis hat. Deshalb weiß er auch, dass sein „Computer" an Essen denken muss, wenn sein Geruchsgedächtnis ihm einen bekannten Essensduft signalisiert. Dass es bei einem bestimmten Duft diese oder jene duftspezifische Speise geben wird, sodass sein Körper mit der Vorbereitung der Nahrungsaufnahme beginnen kann, dem Speichelfluss.
Wer diese Signale vor/beim Fasten frühzeitig wahrnehmen und somit rechtzeitig durch Zurückweisung „ausschalten" kann, der kann so lange hungergefühlfrei fasten bis sein Körper stirbt!

Der Hauptunterschied zwischen einem Selbstgeborenen und uns ist noch der, dass wir unsere Gedanken erst dann wahrnehmen, wenn sie eine Zeit lang aktiv sind oder meistens erst dann, wenn sie uns tätig werden lassen. Unser Unvermögen, den ANFANG eines Gedankens wahrzunehmen und dadurch eventuell Taten zu verhindern, nennen wir dann kreative „Spontanität", als ob unbedachtes, oft hormonell bestimmtes, unbewusstes Handeln etwas ganz Besonderes wäre. Dann schlagen oder stechen „wir" zu – ohne uns der Konsequenzen unseres Handelns bewusst zu sein. Wir fahren zu schnell, weil wir es, Adrenalin beeinflusst, „eilig" haben, und wir haben Sex, weil wir, Oxytocin gesteuert, darauf Lust haben MÜSSEN – auch mit uns selbst oder sogar gewaltsam mit anderen.
Entweder wir werden uns unseres Selbst rechtzeitig bewusst oder wir sterben bewusst- und selbstlos. Womit eine weitere 30 Sekunden Bewusstmachungspause angesagt wäre – bitte jetzt, nicht erst später, wenn es zu spät sein wird!

Weil es in uns NOCH kein selbstbewusstes Selbst gibt, das die Konsequenzen unserer unbedachten Handlungen bedenken könnte, so verhalten wir uns, nicht nur von außen, sondern auch von innen heraus, weitgehend fremdgesteuert. Dass wir dabei als lernschwach geborene nur relativ wenig intrazellulär agierenden Verstand in unseren Gehirnen haben können, versteht sich eigentlich von selbst, denn keiner wird wissend geboren, wobei Wissen die einzige Medizin ist, der einzige Schutz, der uns vor naiver Leichtgläubigkeit bzw. durch bestimmte Bildungspolitik absichtlich gewollten Verdummung, schützen kann. So haben sich naive Soldaten der letzten Jahrhunderte, Soldaten, die nicht einmal wählen durften, für ihr „Vaterland", für ihre Herren oder/und ihre Religionen, auf „ruhmreichen" Schlachtfeldern gegenseitig abschlachten lassen. Oder warum werden naive junge Leute – auch heute noch, in Kriegen zu heldenhaften Mördern, die von uns schlauen Alten hinterher für ihre(?) unmenschlichen „Helden-Taten" mit einem Stückchen wertlosem Buntblech ausgezeichnet? Die Erkenntnisfähigen, die durch ihre unmenschliche Taten Menschen geworden sind, werfen ihre Blech- oder Papier-Auszeichnungen in den Müll, die Anderen „Helden-Täter" sind stolz darauf, ein ausgezeichneter „Held" zu sein.

Wenn zwei das Gleiche tun, dann ist es noch lange nicht dasselbe, denn der eine wird zum Mörder und der andere zum Helden oder umgekehrt, es kommt immer auf den eigenen Standpunkt an. Dass Frauen und Männer, Söhne und Töchter, Mütter und Väter der Ermordeten genauso leiden wie WIR beim Verlust eines eigenen Familienangehörigen leiden würden, das scheint uns und unsere Befehlsgeber nicht ernsthaft zu interessieren. SOLLTE es ABER! Denn es ist anständiger, das eigene Leben für das Leben eines anderen Menschen zu geben, als einen anderen Menschen für sein eigenes Überleben zu ermorden. Wir, als Unanständige, tun es, um selbst zu überleben. Aber wozu wollen wir denn als Unanständige überleben? Um nachhaltig noch mehr

Ungerechtigkeiten zu verbreiten? Um nachhaltig weitere potenzielle Mörder „pflichtbewusst" zu zeugen?

All das, nur weil uns das sogenannte Vaterland durch unsere unkontrollierte Vermehrung zu klein geworden ist? Zunächst ja, denn die Masse ist es, die immer wieder einzelne Anständige hervorbringt, welche dann vielen Unanständigen als wegweisend-leuchtendes Beispiel dienen werden. Anständige, die maßgeblich laut und ohne Mehrfachmoral das sagen, was der Zeit angemessen, eindringlich gesagt werden muss – auch wenn es die Unanständigen nicht hören wollen aber sollen! Auch wenn die Unanständigen die Anständigen dafür hassen werden. Für die Anständigen ist es besser eigene Wege zu gehen, als dem weitgehend angeborenen Herdenzwang zu folgen.

Im Zweiten Weltkrieg haben wir, die heldenhaften deutschen Soldaten, uns zuerst in Polen und dann auf der ganzen Welt „verteidigt" und dabei etwa 60.000.000 unschuldige Menschen mit ermordet. Heute „verteidigen" wir uns, die stolzen deutschen Soldaten, und andere heldenhafte stolze Nationen u. a. in Afghanistan oder Syrien und morgen auf dem Mars oder auf?

Einige von uns kommen schließlich verwundet oder als Leichen zurück und werden dann posthum – wenn wir verwundet oder tot sein werden – mit einem Stückchen Buntblech ausgezeichnet, welches andere dann, eine gewisse Zeit lang später, auf einem Flohmarkt für ein paar Cent erwerben werden. Alle sind dann traurig oder stolz, die Frauen, die Kinder, die Eltern und die ganze Nation – je nachdem, auf welcher Seite wir stehen, auf der der Opfer oder auf der der Geopferten. Und wer noch nicht als eine Leiche oder NUR verwundet zurückgekehrt ist, der wird wieder gesundgepflegt, um erneut „Heldentaten" für sein Vaterland im Ausland zu vollbringen! Verstehst du das?

Die Kirchen- und Staatssysteme bezeichnet diese, durch unehrliche Bildung bzw. Abrichtung hervorgerufene Dummheit, als Tapferkeit vor dem „Feind" oder als Märtyrertum. So, als ob fremdbestimmte Abrichtung zum Töten oder zur Selbsttötung etwas mit Tapferkeit oder Heldentum zu tun hätten – etwas Besonderes, etwas Erstrebenswertes wären.

Damit sich heutzutage kein stolzer Vergnügungs-Knopf-Drücker-Soldat als Mörder ein schlechtes Gewissen machen muss, wenn er beispielsweise in Afghanistan oder Pakistan – meistens aus „Versehen" – völlig unschuldige Menschen durch eine von ihm aus Deutschland gesteuerte Drohne ermordet, tut er das per Vergnügungs-Knopf (Joystick) – auf Befehl! („Jawohl mein Führer!") Ohne Eigenverantwortung, **ohne** die geringste Empathie für die Ermordeten zu empfinden? Und wenn doch, dann gibt es heuchlerische „Seelsorger", die die Sorgen der Besorgten mittels Weihwasser o. Ä. Glaubens-Hokuspokus entsorgen. Außerdem werden Raketen, Kanonen u. a. Mordinstrumente bereits vor ihrem Einsatz gesegnet bzw. „geheiligt", sodass die Ermordeten dann sofort in **ihrem** „Paradies" glaubensspezifisch in Empfang genommen werden – geht's noch?

Das sind Fakten, die wir nicht einfach ignorieren dürfen. Andernfalls machen wir uns wegen des Wegschauens mitschuldig – dann wird es wiedermal heißen: „Das haben wir gar nicht gewusst", „Gaskammer oder Konzentrationslager, das gab es doch gar nicht" oder „Gezielt geschossen haben die bösen Okkupierten und nicht unsere guten Okkupanten".

Werden wir von Generation zu Generation, von Jahr zu Jahr schwachsinniger, weniger intelligent, oder sind wir bereits wahnsinnig geworden und merken es deshalb nicht? Warum will mein Verstand diese „Normalität" nicht einfach akzeptieren und für gut befinden wie der von Millionen anderer? Fragt sich denn keiner von uns, wie es den Witwen, den Waisenkindern und den Eltern geht, deren Söhne UNSERE „tapferen-stolzen Soldaten" in sogenannten „Verteidigungskriegen" oder als hirnlose Terroristen leidbringend ermordet haben? Oder warum hört denn keiner von den „tapferen" Mördern die Schmerzensschreie der Hinterbliebenen? Sind wir wirklich so schwerhörig geworden, dass wir laut angebrüllt werden müssen um das zu hören, was wir NICHT hören wollen aber ganz, ganz dringend hören sollen?

Da die meisten von uns NICHT taub geboren wurden, so liegt es nahe, dass wir erst nach unserer Geburt „schwerhörig" geworden sind oder gemacht wurden – und wenn ja, dann durch wen und warum?

Haben wir, die pflichtbewussten stolzen deutschen Zyklon B Lieferanten oder KZ-Gaskammererbauer im Zweiten Weltkrieg die Todesschreie der Vergasten, der qualvoll Sterbenden, wirklich nicht gehört? Sehen wir denn nicht, wie unanständig, ungerecht und unmenschlich wir gemacht werden können?

Wie Kirchendiener, wie alte Politiker, die oft nicht besonders lange zu leben haben, ihrer starrsinnigen „Macht" wegen, junge Soldaten in sinnlosen Kriegen morden und ermorden lassen?

Sehen wir denn nicht wie Systeme unsere Gedanken manipulieren, uns nach IHREN Normen formen und verformen – schließlich dann als uni-**formierte** Soldaten sterben lassen?

Müssen wir erst einen 3. Weltkrieg, der schlimmer sein könnte als der 1. und 2. Weltkrieg zusammen, vereinzelt überleben, um gemeinsam daraus zu lernen, dauerhaft anständig zu werden? Wahrscheinlich, bis das Böse aufhört sich als Gutes zu tarnen. Bis dahin könnten sich anständige Glaubensgeber und anständige Politiker lobbyfrei für einen weltweiten Frieden einsetzen, dann ginge es um einen gerechten Frieden und nicht darum, wer wen wie übers Ohr hauen kann, doch Glaubensgeber und Politiker sind „Mehrfachticker". Wir sollten weniger auf ihre vielen Worte achten und mehr darauf, was sie lautlos sagen bzw. tun. Wir sollten lernen, mehr auf die „Früchte" zu achten, die sie hervorbringen, denn nicht alles ist harmlos, was harmlos zu sein scheint und nicht alles ist wahr, was uns Politiker oder Religionsführer fortlaufend als wahr verkünden.

Meine Mutter, die während des Zweiten Weltkriegs von russischen Soldaten und danach von polnischen Lüstlingen wiederholt vergewaltigt und geschwängert wurde und mein Vater, der von den stolzen deutschen NS-Leuten, mit denen er als Kind zusammen gespielt hatte, für 12 Jahre im Konzentrationslager Auschwitz interniert wurde, haben, weitgehend übereinstimmend, sinngemäß Folgendes gesagt: „Unsere wahren Feinde sind nicht vor uns, sondern HINTER uns. Die uniformierten Priester und insbesondere die nicht uniformierten Politiker, die unser Denken manipulieren, sind die wahren Mörder und Verbrecher, nicht wir, die befehlsbedingt einen Gewehrabzug betätigen! Wenn ein Uniformierter, ein Würden- bzw. ein Mützenträger dir sagt, dass er hinter dir steht, so glaubst du in deiner leichtgläubigen Naivität, dass er deinen Rücken stärkt, dabei missbraucht er dich nur als Schutzschild.

Nicht die unschuldigen, dir **völlig unbekannten** Soldaten vor dir, deren Familien du zu Witwen und Waisen machen könntest, sind deine Feinde, sondern diejenigen, die hinter dir stehen, die hinter dir Schutz suchen.

Wenn deine Vorgesetzten dich zum Schießen zwingen sollten und du keine andere Wahl hast, dann schieße nach hinten, dort triffst du bestimmt die wahren Schuldigen, auch wenn sie dich dafür erhängen oder erschießen sollten. Für deinen Seelenfrieden ist es besser, unschuldig ermordet zu werden, als als Mörder weiter zu leben".

Uns kann ein System täuschen, belügen und betrügen, einen Selbstgeborenen nicht. Uns Leuten kann ein System eine beliebige Autoritätsmütze aufzusetzen oder in eine kollektive Form, sogenannte Uniform stecken und schon sind wir ein stolzer „WÜRDEN-WICHTIG", schon identifizieren wir uns als naive Leute mit der „Mütze", der Uniform, der Kutte, dem Vereins oder dem Hobby T-Short, dem Titel, dem Amt, dem ..., die wir tragen oder inne haben. Dann sind wir – Amts wegen – „wichtige" Respekteinfordere, die sich selbst uns gegenüber respektlos verhalten, denn wahrer Respekt kann nicht durch staatlich autorisierte Machtausübung erworben werden, sondern durch Solidarität bzw. durch Verständnis und Anerkennung des Gegenüber.

Leider denken die meisten von uns nur das, was wir bildungsbedingt denken sollen, denn einen eigenen Willen, ein eigenes Verantwortungsbewusstsein haben wir als uni-formierte Masse nicht. Wir lassen uns gerne dressieren und sind sogar stolz darauf, ein „Stöckchen" apportieren zu dürfen, eine besinnungslosstolze Marionette zu sein. Zur Besinnung gekommen, bleiben wir dann unser Leben lang traumatisiert, wie z. B. viele Kriegs- Ausschwitz- oder Afghanistan-Überlebende!

Ein Selbst- oder Neugeborener lässt sich eher unschuldig ermorden als schuldig zum Mörder machen. Moslems töten „ehrenhaft" Christen, und nur Christen lieben den Nächsten zum Totschlagen gern. Nur lernschwach UND durch falsche „Fakten" lernresistent gemachte Christen und/oder Moslems können HEILIGE Kriege führen, ganz normal begabte Menschen tun so etwas nicht, es sei denn, dass Schwachsinn immer noch für eine ganz normale Begabung gehalten wird, sodass es dann **nicht** normal wäre, an „Grüne Auen" oder „Jungfrauen" bzw. an „Sieg und Heil" NICHT zu glauben.

Alle diese schrecklichen Morde und Verbrechen für die Gerechtigkeit und Nächstenliebe gegen die Menschheit und Natur gäbe es nicht, wenn unser Denken durch selbstsüchtig-gierige Kirchen und Politik nicht manipuliert werden könnte.

Glücklicherweise kann das, was verunreinigt, was konditioniert oder programmiert werden kann, auch **vereinzelt** gereinigt bzw. entkonditioniert werden – wir arbeiten bereits daran.

Entweder wir schaffen die **GIER** der armen Leute mit viel Geld ab oder sie schafft uns alle ab – letztlich auch sich selbst. So könnte das neue Zeitalter der Bewusstwerdung, das gerade begonnen hat, schneller enden als gehofft. Entweder wir ändern unsere Denkweise und werden uns unseres fremdgelenkten

Denkens bewusst, indem wir lernen es distanziert zu beobachten, oder wir bleiben bis zum nächsten Mal, bis zu unserem gemeinsamen Untergang fremdgelenkt bzw. fremdbestimmt – wie bewusstlose Marionetten.

Da nicht manipulierte Demokratien auf Mehrheiten basieren, es aber mehr unwissende Leute als wissende Menschen gibt, so müssen wir darauf bedacht sein, dass den Unwissenden unter uns mehr ehrliches Wissen zukommt. Andernfalls wird es uns so ergehen, wie den Drogen- oder Medienabhängigen, wir werden uns aufgrund unserer schwindenden Intelligenz und Überpopulation selbst zugrunde richten, denn ein grundloses Leben hat keinen sinnvollen Grund, um zu existieren – um sich weiterzuentwickeln. Und weil neutrales Wissen nur durch auf **nicht** gelogenen „Fakten" basierender Bildung erworben werden kann und alles zunächst in unseren Köpfen beginnt, so sollten wir als Erstes darauf achten, dass KEINE falschen „Fakten" unser Denken dominieren bzw. manipulieren, denn WIR sind NICHT nur unser Sinne bedingtes Denken, sondern viel, viel mehr – wir müssen ES „nur" noch werden.

Da wir mehrere Sinne haben, so gibt es logischerweise auch sinnesspezifische Gedanken, deren Ursprünge sich den einzelnen Sinnesorganen zuordnen lassen können. So löst der Tastsinn keinen unmittelbaren Gedanken über den Geschmack aus und umgekehrt, kein Geschmackssinn löst einen unmittelbaren Gedanken über die Beschaffenheit einer Oberfläche aus. Unser Gehörsinn löst keinen Gedanken über die Farbe eines Geräusches aus, und unsere Augen rufen keine Gedanken über ein Geräusch hervor – wenn es blitzt, dann tut es bereits unser konditioniertes Gehirn, denn es hat, aufgrund von Erfahrungen gelernt, dass auf einen Blitz meistens ein Donner folgt, und je kürzer die Abstände zwischen den beiden sind, desto näher sind die Einschläge bzw. die reibungsbedingten elektrischen Entladungen, so etwa 330 Meter pro Sekunde entfernt, sodass die Zeitspanne vom Blitz zum Donner von 3 Sekunden etwa 1 Kilometer Entfernung ergibt.

Wer den Ursprung, den Grund für das Auslösen seiner Gedanken bewusst wahrnehmen kann, (Unsere 30 Sekunden Remotionsübungen machen es nach und nach möglich!) der kann auch deren Ausgang bzw. Ende selbst bestimmen, andernfalls geschieht es automatisch – nachts, wenn unser Verstand träumt. Angenommen unsere Nase signalisiert unserem Gehirn einen bestimmten Duft, doch in diesem Moment sind wir nicht wach genug oder mit anderen Dingen derartig intensiv beschäftigt, dass wir diese Duftinformation nicht bewusst wahrnehmen. In diesem Falle speichert unser „Computer" diese identifizierte Duftinformation ab und „erinnert" uns dann nachts an sie, während wir träumen. Diese unbewusst identifizierten Dufterinnerungen können frisch oder alt, bzw. sogar uralt sein, denn Duftortungen waren in unserer gesamten Entstehungsgeschichte entwicklungsrelevant. Schon als Spermazelle haben wir gerochen wo es zur Eizelle langging – und das ohne Nase und deren Riechrezeptoren! Sogar Pflanzen, Flechten, Algen oder Einzeller haben ihre artspezifische Duftsprache über die sie miteinander kommunizieren – auch mit uns – obwohl wir sie bereits vor langer Zeit verlernt haben als Informationen zu verstehen.

Wir träumen dann möglicherweise von einer Duftwiese, auf der wir uns mit unserer Jugendliebe einen Sonnenbrand zugezogen haben oder bleiben bei diesem uns bekannten Duftgedanken und fügen einen naheliegenden hinzu. Unser „Computer" fragt sich nämlich, von uns unbemerkt, wo und in welcher Situation er diesen Duft bereits wahrgenommen hat, und so erinnert er sich assoziativ-automatisch an jemanden oder an die Situation, in der er diesen Duft irgendwann zum ersten Mal gerochen hat. So kommt es, dass wir dann an jemanden träumend denken, den wir schon seit Jahren nicht mehr gesehen haben oder an jemanden oder etwas, von dem wir nicht bewusst wissen, dass es das gibt oder jemals gab. So können z. B. Parfüm- oder andere Düfte, Gedanken oder Träume auslösen, die irgendwann in der Vergangenheit von uns ignoriert bzw. der Prioritätensetzung wegen, nicht fertig gedacht oder geträumt wurden. Ob Düfte oder Geräusche, ob akustische oder visuelle Signale – irgendwann durch irgendwas oder irgendwen erzeugt, können in uns posthypnotisch duftspezifische Gedanken bzw. Träume auslösen, die nicht nur Duftforschern, sondern auch uns zu denken geben sollten!

Natürlich funktioniert unser Denken mit anderen Empfindungen wie Farb- oder Geräuschreizen genauso. Stellen wir uns vor, wir waren im Urlaub, bei Freunden oder Bekannten, wo ständig ein bestimmtes Musikstück zu hören war. Wenn wir dann nach Hause kommen und dieses bestimmte Musikstück hören, dann werden wir uns ganz automatisch an die bereits posthypnotisch erlebte Situation erinnern. Wir werden schimpfen oder uns erfreuen, je nachdem, was wir damals in dieser bestimmten Situation erlebten bzw. womit sich unser Gehirn automatisch programmiert hat.

Sind wir bzw. unser Gehirn, wirklich so einfach zu programmieren bzw. zu konditionieren – durch Sinneseindrücke, durch Erfahrungen, durch Erlebtes, durch Gelerntes, durch Dressur, Erziehung und insbesondere durch militärischen Drill?
Leider ja! Autogenes Training, Suggestion oder Hypnose beweisen es eindeutig! Diese „Gehirnvernebelung" beginnt bereits kurz nach unserer Geburt und ist in den ersten Lebensjahren sehr intensiv und somit lebensprägend. Die Familien-, Gesellschafts-, Kirchen- und politische Systeme „programmieren" bzw. suggerieren uns, etwas zu sein, was wir in Wirklichkeit gar nicht sind.
 Wir werden zwar identitätsfrei, jedoch nicht geistlos geboren, sodass wir im Laufe unseres Lebens tatsächlich das werden können, was wir bereits bei bzw. weit vor unserer Geburt waren – nämlich unsterbliche Geist-Seele.

Wir glauben zwar alles tun zu können, was wir wollen, allerdings ohne zu wissen, dass WIR es fremdbestimmt nur **wollen sollen** bzw. **tun müssen.** Wir denken dann, was wir denken sollen und nicht selber wollen, denn Wollen setzt einen autonom Wollenden voraus, den es insbesondere im jungen, im unerfahrenen Alter noch gar nicht geben kann. Irgendwann, mit etwa 25 bis 30 Jahren oder sogar wesentlich früher, geben wir uns den Fremdbestimmungen gänzlich hin und werden selbst zu „Dompteuren".

Da die meisten von uns sich mit dem, was wir für das eigene Denken oder Glauben halten, identifizieren, so glauben wir schließlich auch an die religionsbedingten Verschleierungen wie Burkas oder Kippas, „Schützen- oder Feuerwehr-Mützen", die wir tragen. Wir glauben, wir seien unser Gedächtnis bedingtes Denken, die Summe der neuronal abgespeicherten Informationen. Nach dem bereits genannten Motto „Denke ich, also bin ich" stehen wir dann zu dem, wozu uns Politiker und Kirchen gemacht haben – heute sind wir ein *A*nhänger *f*aschistischer *D*enkweisen oder ein scheinheiliger Christ, morgen ein verblendeter Anarchist, übermorgen ein fanatischer Hindu oder Moslem und über- übermorgen ein gewaltsamer Attentäter, Gotteskrieger, Waffen- oder Giftgaslieferant ... Wobei wir jedes Mal glauben, das Richtige zu tun oder zu sein! Das wissen auch die Politiker und Priester und nutzen es manipulativ zu ihrem Vorteil aus, denn wer bereits glaubt zu wissen, wer er ist, der wird „seine", wenn auch fremd aufoktroyierte, Identität nicht anzweifeln. Dann werden wir diejenigen sein, die wir sein sollen und das tun, was Politiker und Priester von uns wollen.

Der große Trick der Systeme besteht lediglich darin, uns möglichst frühzeitig das „richtige" Denken, oder die „richtige" Identität einprägsam einzuhämmern, danach hat man uns schnell dort, wo man uns haben will; auf der „richtigen" Seite, nämlich auf ihrer, also auf der Seite der jeweilig herrschenden kirchlich-politischen Systeme. (Siehe „Colonia Dignidad" oder andere autoritäre Sekten) Wir verhalten uns dann systemkonform, unserer Gehirnverschmutzung bzw. unserer Konditionierungen entsprechend, eben so, wie man es von uns erwartet – marionettenhaft, ohne eine eigene wahrhafte Identität zu haben. Wir sind dann NUR das „krumme Holz" mit wenig Wissen und viel Stolz, das bedarfsorientiert, wo und als was auch immer, zum Wohle der jeweils herrschenden „Götter" oder feinen Leute, „verheizt" werden kann **und wird!**

Wir haben dann viele Gesichter, doch unser wahrhaftiges Gesicht kennen wir leider nicht. Natürlich wehren wir uns instinktiv gegen diese uns aufoktroyierten Identitätszwänge, gegen die System gesteuerte Gehirnverschmutzung, allerdings nicht besonders weit über unsere pubertäre Zeit hinaus, (also über die Zeit hinaus, in der Eltern ihren Kindern Schwierigkeiten bereiten), denn dann übernehmen unsere Sexualhormone weitgehend das Kommando über uns. Mit etwa zwanzig bis dreißig Jahren sind dann die meisten unter uns erwachsen und an Selbstfindung nicht besonders interessiert, denn wir „wissen" ja dann bereits, wer, was oder wie viele wir sind, welchen „Göttern" wir huldigen bzw. welchen Vereinen wir angehören oder welche Vereine unsere Feinde sind und somit bekämpft werden sollen – z. B. in, vor, während oder nach Fußballschlachten.

Tja, „Dumm bleibt krumm, denn zum Geradesein benötigt man **keinen Verein**". Andernfalls sind Menschen, die wir nie gesehen haben, Länder, die wir nie kennengelernt haben, Gläubige, deren „heilige" Bücher wir nie gelesen haben oder gegnerische Fußball-„Freunde", die wir nicht persönlich kennen, unsere Feinde, gegen die wir uns dann, sogar schon VOR den Fußballschlachten präventiv „verteidigen".

Das wäre dann so, als ob ich dir, **rein vorsorglich**, eine Faust ins Gesicht schlagen oder dich mit einem Messer niederstechen würde, nur weil ich der Annahme wäre, dass du eventuell mein Feind sein könntest. Das ist dann so – Tendenz steigend – wenn

Polizisten zunächst schießen und erst danach fragen, ob sie den Richtigen erschossen haben. Verstehst du das?

Träumen wir oder wie gläubig, wie verblendet UND naiv müssen wir sein, dass uns unsere Politiker dermaßen unverschämte Lügen als wahr verhökern können? Damals, in den 60/70 er Jahren gingen wir zu Tausenden auf die Straßen, um gegen einen „drohenden" Krieg oder ein paar Pershing-Raketen zu demonstrieren. Heute gibt es „Tausend" Kriege und „ Abertausende" Raketen, jedoch nur wenige, echte Demonstrationen, bei denen es NICHT um eventartiges Vergnügen geht, denn Konsumieren ist uns wichtiger geworden als Protestieren. Wir konsumieren mehr, als es unsere Körper verkraften können und so kommt es, dass wir keine Kraft zum Demonstrieren oder Protestieren haben, denn „volle Bäuche studieren, protestieren und demonstrieren NICHT gerne". Wir sind mobilisierte Demo-Touristen geworden, die nicht hauptsächlich der Sache, sondern des „Events" wegen "demonstrieren" – mit Imbissbuden und Showbühnen, mit Glühwein, Bier oder anderen Drogen, fröhlich und vergnügt – am liebsten in der Arbeits- bzw. in der Schulpflichtzeit und NICHT an den freien Wochenenden.

Selbst an Selbstfindung sind nur Wenige interessiert, scheinbar genügt es uns, selbstvergnügt statt selbstverwirklicht zu sein. Uns ist wertlose Unterhaltung wichtiger geworden als wertvolles Wissen. So ändern sich die Zeiten und wir mit ihnen. Wir konsumieren statt wahrhaftig zu protestieren. Wir wehren uns nicht, wenn wir tagtäglich auf Schritt und Tritt elektronisch überwacht werden, weil unser Fastfood uns nicht wacher, sondern immer müder werden lässt. Wir wehren uns nicht, weil wir die subtilen, die ausgeklüngelten Überwachungsmethoden der Über-wacher erst gar nicht wahrnehmen, dabei werden wir rund um die Uhr überwacht, insbesondere dann, wenn wir unser Telefon, unsere Computer, unser GPS- gesteuerten NAVIS oder unsere Kreditkarten benutzen. Wir wehren uns nicht, weil unser Verstand denkfaul geworden ist. Und weil wir bereits seit unserer Geburt glauben ganz genau zu „wissen" wer, was oder wie viele wir sind, so wäre es unlogisch nach Jemandem zu suchen, den es bereits gibt – ist doch logisch! Oder etwa nicht?

Diese absichtliche Programmierung mit gelogenen „Fakten" führt dann dazu, dass wir uns unser Leben lang für jemanden halten werden, der wir in Wirklichkeit NICHT sind. Und weil alles interagierend in unseren Gehirnen beginnt und endet so sollten wir vorher wissen, was hinterher herauskommen soll.

Wir müssen lernen unser Lebensziel selbst zu erahnen – BEVOR wir uns auf **den** Weg machen, den uns andere gerne gehen sehen wollen. Wenn wir realistisch denken wollen, dann dürfen wir keine unrealistischen, keine gelogenen, keine unwahren, keine geheuchelten Informationen oder gut gemachte aber tückisch ausgedachte Wegbeschreibungen in unsere Köpfe hineinlassen, denn falsche Wegbeschreibungen sind wie Falschgeld – völlig nutzlos! Wer solchen gelogenen Wegbeschreibungen folgt, der wird sein Lebensziel nie erreichen. Der wird sein Leben lang ein Reisender, ein sich selbst Suchender bleiben – **ohne zu wissen, wonach er sucht!**

Wer das ändern will, der kann nach und nach lernen, authentischer zu werden und mit dem neutralen Beobachten seines eigenen Denkens und Träumens anfangen. Nicht erst morgen oder bei einer anderen „passenden" Gelegenheit, denn der Selbsterfahrungsweg ist keine käufliche, keine geschwindelte Glaubenssache, sondern auf Fakten und Ausdauer basierende Tatsache. Er ist zwar lang und steinig, doch wer ihn bis zum Ende gehen wird, der wird DAS finden, wonach alles Leben seit Anbeginn unbewusst suchen muss und erst als Spezies Mensch in der Lage ist bewusst zu finden – sich selbst.

Wenn unser Denken authentisch wird, dann werden wir es nach und nach auch werden, denn Gedanken sind Taten und Taten sind Gedanken, die **oft** träumerisch beginnen.

Träumen

Träumen ist wie Denken, nur ohne uns als Beobachter. Der Hauptunterschied zum Denken ist der, dass Träumen weitgehend automatisch stattfindet und wir so gut wie keinen bewussten Einfluss auf den Trauminhalt haben. Während wir als Denker auch selbst entscheiden können, worüber wir nachdenken, als Träumender können wir das nicht. Auf der Traumebene sind wir weder der Nach- noch der Vordenkende, im Traum SIND WIR der geträumte Traum, denn während unseres Träumens sind wir als Beobachter nur selten, meistens jedoch gar nicht vorhanden. Es scheint, als ob das Träumen ohne uns stattfinden würde. Und wenn es dem so wäre, wo befinden wir uns, während unser Verstand träumt?

Stellen wir uns vor, jemand würde unseren Körper und damit auch unseren träumenden Verstand während unseres Träumens durch einen Kopfschuss blitzschnell töten. Dann wäre alles so, wie es vor unserer Geburt war. Nichts, denn uns als Beobachter, als den Verstand-Besitzer gab es VOR unserer Geburt nicht sich selbst wahrnehmend. Wir fangen erst etwa mit 3/4 Jahren an zu „existieren", wenn unser Verstand sich selbst mit sich selbst zu identifizieren beginnt und unsere andersdimensionierte Seele uns ab da an unsere Lebenserfahrungen weitgehend selbst erfahren lässt. Dann beginnen wir unser Verstand zu werden, wobei wir uns als unsere andersdimensionierte Seele nach und nach immer mehr zurückziehen. Schließlich werden wir erwachsen und weitgehend nur noch körperlich als unser Verstand existieren. Stirbt unser Verstand, dann stirbt alles von uns Gelernte, dann sterben auch alle unsere neuronal abgespeicherten Lebenserfahrungen, die wir bis dahin wachend und träumend gemacht haben? So, als ob unsere Lebenserfahrungen sinnlos und somit keinem vom Nutzen wären?

Sind es persönliche, ausschließlich in unserem Verstand entstandene Träume, die wir träumen oder gibt es so etwas wie andersdimensionierte, wie kollektive Träume. Träume, die andere Personen an anderen Orten träumend denken? Kann sein, dass wir auch das träumen können, was andere Menschen denken und andere Menschen das träumen können, was wir denken? Dass „unser" Denken auch in den Köpfen anderer Menschen, sogar in den Köpfen anderer Lebewesen stattfindet? Warum können wir träumend fliegen wie die Vögel oder schwimmen wie die Fische? Warum sind wir NICHT wie die Maschinen, die ununterbrochen zig Jahre lang schlaf- und traumfrei funktionieren? Weil wir lernen sollen, dass wir **keine** traumlose Maschinen sind. So kommt es, dass einige unter uns Traumerlebnisse haben, die sie erst irgendwann in Zukunft im Wachzustand real erleben werden. Es sind reale Situationen, von denen wir annehmen, sie bereits zu kennen, sie bereits erlebt zu haben. Diese Déjà-vu Erlebnisse haben viele von uns, allerdings nehmen sie sie nur wenige von uns wahr! Doch was heute NOCH unwahrnehmbar ist, das kann bereits schon in naher Zukunft wahrnehmbar werden. Wir sind gerade dabei, diesbezüglich sensitiver zu werden.

Im Traum, während des Schlafens, „hören, sprechen und sehen" wir, wobei **wir** das Gehörte, Gesprochene und Gesehene sind. Als ob unser Verstand, ohne uns, Rollenspiele mit sich selbst spielen würde. Es ist wie mit den virtuellen Computer-Spielen, die von den Spielern als wahr wahrgenommen werden.

Lernen wir, ein Zuschauer unserer eigenen Träume zu werden, denn es ist mehr als nur interessant zu beobachten, womit sich unser Verstand nachtsüber träumend beschäftigt und insbesondere, WARUM er es tun **muss**.

Unsere 30- Sekunden-Remotion hilft uns nach und nach, ein neutraler Beobachter unserer eigenen Gedanken UND Träume zu werden. Womit eine weitere Übungspause angebracht wäre.

Bitte jetzt, denn jede Remotionspause lässt uns weiterwachsen und somit unserem Selbst näher kommen.

Oder wollen wir unser restliches Leben lang, nur bewusstlose Marionetten bleiben, die sich von irgendwelchen „Wahrsagern" sagen lassen, wer oder wie viele wir sind?

Wer nur der Unterhaltung oder dem Zeitvertreib wegen das Vorliegende liest, ohne dabei zu eigenen Selbsterkenntnissen zu kommen, der kann es unterhaltsamer mit schöneren Texten und wohlklingenderen Worten viel leichter und einfacher haben, auch OHNE dabei über sich selbst nachzudenken bzw. über sich selbst etwas Essenzielles lernen zu wollen, denn Lernen setzt einen Lernen-Wollenden voraus und gerade das wollen die meisten Leute nicht – **lernen selbsterkennend zu werden.**

Die meisten Leute wollen zwar die Wahrheit wissen, jedoch NICHT hören, denn wahre Worte sind meistens entkleidend. Doch was ist schon dabei, „nackt" zu sein? Babys und alle anderen Lebewesen haben keine Angst davor, nackt zu sein, denn sie schämen sich nicht, **nicht verkleidet** zu sein. Sie sind, wie sie sind und nicht wie ein Schein ohne Sein – authentisch.

Leute lassen sich lieber von anderen Leuten sagen, wer sie sind oder sein sollen. Schade! Entweder wollen wir wissend das werden, was wir in unserer Lebenszeit wirklich werden können – Menschen – oder das bleiben, was wir unwissend bereits sind, nur weiter entwickelte Affennachfahren, nur Leute, die sich fatalerweise bereits für Menschen halten.

„Ein bisschen schwanger geht nicht" und „baden ohne nass zu werden", auch nicht. Ein Autoradio lauterzustellen, statt den defekten Auspuff zu reparieren, ist ebenfalls falsch. Also machen wir es richtig und üben unvoreingenommen regelmäßig weiter – auch in den Traumpausen – oder gar nicht, alles andere wäre nur geheuchelt und somit reine Zeitverschwendung.

Es ist wie in der Schule; um rechnen oder lesen zu können, müssen wir zunächst die Ziffern oder Buchstaben kennenlernen. Um unsere eigenen Träume zu verstehen, müssen wir zunächst wissen, **dass wir träumen**, wir müssen zunächst lernen, bewusster Beobachter unserer Träume zu werden. Unsere 30-Sekunden-Achtsamkeits-Übungen helfen uns dabei – vorausgesetzt, wir wollen es wirklich und nicht nur zum Schein. Wer sein körperbedingtes Leben überleben will, der **muss** lernen scheinfrei, der **muss** lernen authentisch zu werden. Alles andere ist nur inhaltslose „Verpackung", nur leeres Gerede, nur Small Talk.

Unmittelbar bevor wir einschlafen sind WIR noch als müder Beobachter vorhanden. Allerdings dauert es dann nur wenige Augenblicke, bis unser Wach-Schlafschalter auf „Wartungsmodus" umgelegt wird und wir zum Träumenden werden, zum unbewussten Traum selbst.

Es ist immer der Moment, wenn unser Verstand anfängt, in Bildern zu denken, wenn wir (manchmal) noch unser eigenes Schnarchen vorübergehend hören, wenn unsere Augen sich nicht bewegen, weil sie stehende Bilder „sehen", dann schlafen wir bereits, auch wenn wir dabei noch einen Moment lang denken, dass wir wach seien.

Der „Wartungsmodus" ist lebenswichtig, weil keiner von uns längere Zeit ohne Schlaf überleben würde, es sei denn, wir könnten, wie unsere fernen Urvorfahren, die Zugvögel, Wale oder Delphine, mal mit der linken und dann mit der rechten Hirnseite, abwechselnd schlafen. Auf unserer Tier-Sein-Ebene können wir das noch. Auf der Mensch-Ebene können wir das nicht. Könnten es aber, wenn auch mühsam, ähnlich wie beim Fasten, wieder reaktivieren, denn unsere Urüberlebensinstinkte sind auch noch nach millionen von Jahren in Notsituationen reaktivierungsfähig. Es klingt zwar unglaublich, doch wer diese reaktivierungsfähige „Urinstinkte" einmal selbst erlebt hat, der wird wissen, worüber ich spreche.

Kurz vor dem Einschlafen – es sind nur Bruchteile einer Sekunde – nehmen wir noch unsere Umgebung sinnesspezifisch wahr – bis der "Einschlafschalter bzw. Sinnesabschaltschalter", von uns unbemerkt, plötzlich von ON auf OFF umgelegt wird. Es ist der Augenblick, wenn wir ausatmen und das Einatmen einige Sekunden lang verzögern, sodass die Kohlendioxidkonzentration der Ausatmungsreserveluft in unseren Lungen und folglich auch in unserem Blut zunimmt. Dann werden die Rezeptoren unserer Sinne und damit unsere sinnesspezifischen Wahrnehmungen abgeschaltet und wir mit ihnen. Wachen wir wenige Sekunden danach wieder auf, dann atmen wir zunächst die kohlendioxidhaltige, uns einschlafen lassende Ausatmungsreserveluft pressend aus und beginnen dann, mit unserer normalen Atemfrequenz von ca. 12 Atemzyklen pro Minute kontinuierlich weiter zu atmen. Wachen wir nicht unmittelbar nach dem Einschlafen auf, dann bleibt der „Einschlafschalter bzw. Sinnesabschaltschalter" unserer Sinne, **uns deaktivierend**, aktiv und wir schlafen dann recht schnell und tief ein. Dann „verreisen" wir in eine Traum-Realität, dann wird unser Posten als Beobachter plötzlich leer, und die beobachterabwesende Traumzeit beginnt. Dann sind „wir" plötzlich woanders – außerhalb unseres Denkens – ohne uns selbst als Beobachter wahrzunehmen.

Manche Traumreisen sind nur kurz, dann sind wir wieder wach und können lange Zeit nicht einschlafen. Es kommt ganz darauf an, wie aufregend oder erlebnisintensiv unsere „Reise" war, wie alt, wie gesund oder wie viele und welche Flüssigkeiten oder Medikamente wir vor unserem Einschlafen zu uns genommen haben, schlafen wir träumend durch, bis auf ein-zweimal pro Nacht, wenn wir auf die Toilette gehen, um unsere Blasen zu entleeren. Es kommt vor, dass wir während unserer nächtlichen „Boxenstopps" unsere Traumreise nicht unterbrechen sondern nach dem Wiederhinlegen ganz einfach fortsetzen.

Viele von uns denken, dass sie während einer Nacht „tausend" Träume geträumt haben. Dem ist aber nicht so, denn schlafend ist unser Verstand nicht so agil wie am Tage. Im Traum spielt sich alles im Zeitlupentempo ab, allerdings bekommen wir es nicht direkt mit, denn wir sind die „Zeitlupe". Es ist wie mit der mit Badewasser gefüllten Badewanne, sobald wir uns hineinlegen, merken wir nicht, dass wir nass sind. Oder wie mit dem kosmischen, urknallbedingtem Rauschen. Wenn wir uns mit ihm vereinen, wenn wir mit ihm eins werden, dann hört es scheinbar auf zu existieren, obwohl es faktisch seit unserem Urknall vorhanden ist. Doch der Schein trügt, nicht das Badewasser oder das Urrauschen lösen sich auf, sondern wir uns mit ihnen vereinigend. Ähnlich wie während einer Ballonfahrt, wo der Wind scheinbar aufhört zu wehen oder wie mit dem Auspuffgeräusch, das bei lauter Musik scheinbar „verschwindet".

Im Angsttraum, wenn uns jemand verfolgt oder bedroht, kommen wir aufgrund unserer nächtlichen Lähmung nicht flott voran, weil unser „Motor" sich im „Schongang", sozusagen im „Leerlauf" oder „Wartungsmodus" befindet. Selbst der nächtliche Hilferuf kommt uns dann nicht flott und deutlich über die Lippen. Es ist ein gepresster, gequälter, meist recht leiser Hilferuf, und wir sind dann froh, wenn wir jemanden neben uns liegen haben, der uns wachrüttelt, unsere Hand liebevoll streichelt und uns versichert, dass wir nur geträumt haben.

Das Träumen selbst erleben wir bzw. unser Verstand sinnesspezifisch, hauptsächlich als Sprechen, Hören und in Bildern. Im Traum sprechen wir grundsätzlich nicht laut, sondern nur gedanklich, allerdings wissen wir das im Traum nicht. Natürlich hören wir im Traum auch anderen neuronal zu, streiten und kommunizieren mit ihnen: essen, trinken, spielen oder haben Sex, der sogar mit einem echten Orgasmus enden kann.

In unserem Wachzustand empfangen unsere Ohrmuscheln alle möglichen Geräusche und lenken dann diese verstärkt zum Innenohr, wo sie letztlich zu elektrischen Impulsen verarbeitet, über Nervenbahnen in unseren Gehirnen unter „Vorbehalt" abgespeichert werden. Während unseres Träumens werden die vorbehaltlich abgespeicherten Geräusch-Impulse, je nach Relevanz, gespeichert oder gelöscht. Für unseren Verstand ist das eine schwere Arbeit, weshalb er im Traumzustand fast die gleiche Menge an Energie verbraucht wie im Wachzustand!

Alles, was unsere Sinnesorgane wahrnehmen, verarbeiten und an unsere Gehirne weiterleiten, wird von diesem „digitalisiert", sortiert, erweitert, reduziert und nach Wichtigkeit eingelagert, sozusagen CD-mäßig gebrannt und somit abgespeichert. Was unser Verstand im Schlaf als „wir" wahrnimmt, sind keine Livewahrnehmungen, sondern bereits bearbeitete „CD-Wiedergaben", die wir dann im Traum für uns selbst – für wahr halten. Es ist wie mit den vielen Fälschungen oder elektronischen, audio-visuellen Spielen, mit denen wir uns identifizieren.

Wir sind dann das Orchester und die Musik, die es spielt, wobei wir uns träumend überhaupt nicht wundern, wenn das Orchester unvollständig gekleidet ist, wenn wir keine Noten lesen können oder falsch spielen. Wir wundern uns auch nicht, wenn wir im Traum heiße Glut anfassen oder uns diese in die Taschen stecken, ohne dabei Feuer zu fangen. Wir legen uns auch in eine, bis zum Rand mit Eiswürfeln gefüllte Badewanne oder gehen nackt im Schnee spazieren ohne dabei zu frieren, wir arbeiten schwer, treiben Sport oder steigen Treppen ohne „aus der Puste zu kommen". Selbst chirurgische Eingriffe, wie das Zahnziehen oder Amputieren eines Körperteiles, sind im Traum schmerzlos. Was dann eine Erkennungsmethode, bzw. die „Früchte" wären, an denen wir erkennen könnten, ob wir die Traumbeobachter oder der Traum selbst sind.

Meistens können wir nur das träumen, was von unserem Verstand bereits erfahren wurde. Träumend kann er vieles miteinander kombinieren und neu verknüpfen, sodass **sogar** etwas real

Nutzbares daraus entstehen kann. Selbst konkrete Denkkorrekturen können träumend vorgenommen werden. Sogar real funktionierende Erfindungen sind möglich – allerdings nur selten, meistens sind es kindesartige Phantasien, die in unserer jetzigen, materiell-körperlichen Lebensdimension nicht funktionieren, wie z. B. ein Perpetuum mobile, Fliegen ohne Flügel oder Sehen ohne Licht.

Auch Andeutungen, welcher Art auch immer, werden nachts fertiggedacht bzw. fertigeträumt. Ob es suggestive Andeutungen in der Werbung sind, in Filmen, in Gesprächen oder durch Aussehen bzw. Kleidung hervorgerufene, sie werden im Traum, meistens unrealistisch, fertiggedacht. Auch tagsüber unbewusst aufgenommene Andeutungen oder Eindrücke werden träumend realisiert. Oft sind es sexuelle Reize, wie schöner Po oder hübsche Beine, ansprechende Figur oder schöne Augen, die wir tagsüber unbewusst oder bewusst als „Andeutungen" aufnehmen und nachtsüber phantasievoll ergänzen, werden unbewusst-träumend realisiert. Dann werden Wünsche wahr, die im wachen Zustand, aus welchen Gründen auch immer, nicht realisiert werden können. Auch verborgene Wünsche, von denen wir nicht mal wissen, dass wir sie hatten oder haben, werden träumend erfüllt. Selbst „geheime", zeitlich weit zurückliegende Wünsche, die ANDERE von uns irgendwann erfüllt haben wollten oder wollen, können uns im Traum offenbart werden. Allerdings ist das eine andersdimensionierte Ebene der Wahrnehmung, von der nur wenige eine konkrete Ahnung haben, geschweige denn ein fundiertes Wissen. Doch „Was nicht ist, das kann noch werden" – wir sind gerade dabei, uns darum zu bemühen.

Hat unser Verstand unrealisierbare Wünsche oder Probleme intensiv abgespeichert, dann werden diese im Traum unreal erfüllt oder gelöscht werden, denn was im Traum NICHT erfüllt oder NICHT gelöscht wird, das „brennt" sich in unserem Verstand fest, was dann langfristig, meistens unbewusst, zu realen

Problemen führen wird, denn je mehr Speicherkapazitäten unseres Verstandes erstarren, desto unbeweglicher wird er. Richtig problematisch kann es für unseren Verstand werden, wenn er Unrichtiges als richtig, Geglaubtes als Wissen, also Unwahres als wahr abspeichert. Dann bekommt er nahezu unlösbare Probleme und wir mit ihm oder wir ALS er, denn dort gibt es NOCH keinen, der seine Probleme erkennen könnte – dazu müssten er bzw. wir erst Selbst sein, ein Selbst, das sich seiner selbst und somit der Aktivitäten seines Verstandes bewusst wäre. Das Resultat sind dann psychologischen Rat suchende Träumer, die es versäumt haben rechtzeitig zu Beobachtern ihrer eigenen Träume zu werden. „Träumer", die es nicht rechtzeitig gelernt haben, zwischen realem, auf Fakten basierendem Wissen und Träumen bzw. unrealem, auf Glauben basierendem Wissen, zu unterscheiden. Es ist wie mit den tiefgestochenen Tätowierungen oder anderen Zugehörigkeits-Brandzeichen – sie werden uns, **wegweisend**, unser Leben lang begleiten bzw. an unserer eigenen Selbsterkenntnis hindern.

So unterschiedlich, so individuell wie wir sind, so unterschiedlich sind auch unsere Träume. Jeder von uns träumt seinen eigenen, ihm spezifischen Traum. Ob Erwachsene, Jugendliche oder Kinder, ob Weibchen oder Männchen, ob Behinderte oder Gesunde, ob Menschen oder Tiere, alle träumen ihren, ihrem Entwicklungsstadium entsprechenden, spezifischen Traum. Da gibt es viel zu deuten, denn je nachdem wie die Inhalte unseres Verstandes miteinander kombiniert werden, es kommt immer etwas anderes heraus, es sei denn, dass wir NICHT der Traum selbst sind, sondern seine neutralen Beobachter. Dann erübrigt sich **jede** Traumdeutung, dann werden wir unmittelbar wissen, was unser Verstand träumt und WARUM er es tut.

Wer seinen Verstand während seines eigenen Träumens beobachten will, der muss zuerst selbst zum Selbst werden, bis dahin werden wir im Traum nur das sein, was wir träumen zu sein – Irgendwer oder Irgendetwas, nur nicht wir selbst, denn träumend sind wir wie die selbstfahrende Autos oder selbstagierende Roboter, die sich des eigenen Daseins nicht bewusst sind.

Manche von uns halten im Traum die Luft VOR dem Ausatmen an und geben dann beim Ausatmen stöhnend-gepresste Angstgeräusche von sich, denn auch Traumprobleme sind oft nicht einfach oder leicht zu lösen und es ist nicht ungefährlich, denn unsere Körper fühlen sich dabei oft lebensbedroht. Die Ursache für unser nächtliches Luftanhalten ist die gleiche Konzentration wie bei Anstrengungen oder in bedrohlichen Angstsituationen allgemein. Unser träumender Verstand ist dermaßen auf die anstrengende Situation konzentriert, dass er das Atmen einfach „vergisst". In Wirklichkeit halten wir die Luft instinktiv, also evolutionsbedingt an, weil wir unseren Körper anspannen und somit kurzzeitig Flucht- oder Kampf bereit machen, denn wir sind immer noch keine friedlichen Lebewesen. In unserem Tierstadium kam es auf Bruchteile von Sekunden an, die über unser Leben oder Überleben entschieden haben. Da blieb uns keine Zeit zum Atmen. Dieses konzentrationsbedingte Verhalten haben wir seit unserer Entstehung nicht „vergessen" und als Urinstinkt sogar nachtsüber beibehalten.

Ferner stirbt man als Unterlegener schneller und schmerzfreier, wenn man aufgrund der Überanstrengung durch Sauerstoffmangel und damit verbundenem Kohlendioxidüberschuss das Bewusstsein rasch verliert. Es handelt sich dabei um eine Art evolutionäre Kohlendioxidnarkose, um eine Art natürliche Sterbehilfe, die schnell aussichtslos gewordenes Leben „human" auf ein Minimum reduziert: Eine vom Löwen gehetzte und somit unter Atemnot bzw. unter Sauerstoffmangel und damit unter Kohlendioxidüberschuss leidende Gazelle, stirbt nach einer durch einen Löwenbiss herbeigeführte Kehlen-Quetschung innerhalb weniger Sekunden – schmerzlos!

Es ist ähnlich wie bei einer Kunststofftasche, die wir uns über unseren Kopf ziehen und am Hals luftdicht verschließen würden. Auch wir würden dann, Sauerstoffmangel bzw. Kohlendioxidüberschuss bedingt, unseren Wachzustand rasch verlieren und schließlich schmerz- und angstfrei dauerhaft „einschlafen" bzw. in eine andere, traumähnliche, **anders reale** Dimension, als reines, körperbefreites Bewusstsein, uns selbst wahrnehmend, dauerhaft „verreisen".

Ob wir jagen oder flüchten, laufen oder kämpfen, meistens atmen wir kurz davor ein und pressen dann unseren Brustkorb zusammen. Dabei entsteht, durch die Kontraktion von Brustkorb und Zwergfell, erhöhter Druck in unserem Brustkorb, was zur kurzzeitig besseren Sauerstoffaufnahme führt und damit zur erhöhten Verbrennung bzw. zu erhöhter Energieproduktion, bei der Wärme freigesetzt wird. Danach transpirieren unsere Körper um nicht überhitzt zu werden, denn durch Schwitzen kommt es zur erhöhten Verdunstung auf unserer Haut und somit zur Abkühlung durch Verdunstungskälte, was wiederum zum Temperaturausgleich unserer Körper führt. So können wir dann über längere Zeit mehr Leistung erbringen – ausdauernd angreifen, jagen, kämpfen, wehren oder flüchten. Die meisten Tiere können das nicht, sie brechen erschöpft zusammen, bevor wir es tun.

Beim intensiven Denken und Träumen ist es nicht viel anders, denn unser Gehirn verbrennt beim Denken oder Träumen fast die Hälfte unseres Gesamtenergievorrates, was jede Menge Wärmefreisetzung bedeutet und somit intensives Schwitzen zur Körperkühlung nach sich zieht. Weil beim intensiven Träumen oder Denken hohe Hirnleistungen erbracht werden, so ist es nicht verwunderlich, dass wir nachts, unbeweglich in unseren Betten liegend, transpirieren oder dass manche Büros unangenehm nach Schweiß duften, obwohl sich die Angestellten dabei kaum bewegungsfreudig anstellen.

Im Traum ist es nicht viel anders als beim Denken, auch hierbei leistet unser Gehirn schwere Denkarbeiten. Im Traum suchen wir nach Worten und Begriffen, die uns per se nicht einfallen wollen, sodass wir uns immer weiter und immer mehr unbewusst anstrengen – bis wir schließlich am nächsten Morgen bewusst wissen werden, wonach unser Verstand nachts unbewusst („ohne uns") gesucht hat. Durch diese nächtliche Anstrengung werden unsere Lungen- und Herzblutgefäße zusätzlich belastet, sodass mancher von uns solch eine traumintensive Nacht nicht überleben wird. Herzinfarkte oder Schlaganfälle ereignen sich oft nachts, wenn unsere Körper scheinbar gemütlich und entspannt träumend in warmen Betten liegen.

Auch einige Kleinkinder und Babys sterben träumend. Der Kindstod ist immer noch ein gefürchtetes Rätsel. Auch Kleinkinder, die in ihrem kurzen Leben noch KEINE eigenen Ängste erlebt haben, haben **fremdgeträumte** Angstträume und halten dabei intuitiv, wie wir Erwachsenen, die Luft an. Da ihr kleines, untrainiertes Herz noch nicht vollständig entwickelt ist und die Brustknochen noch weich sind, so wirkt sich bei ihnen eine Bauchlage druckbelastender als bei uns Erwachsenen aus. So kommt es, dass ein einen Albtraum träumendes Kleinkind, durch die Schlaflähmung bedingt, keine Kraft hat, sich umzudrehen. Das träumende Kleinkind könnte sich einfach umdrehen und alles wäre gut, doch gerade das kann es genetisch bedingt genau so wenig wie wir, nur ein wenig weniger.

Was das im Traum Nicht-Weglaufen- oder sich Nicht-Umdrehen-Können betrifft, so ist auch das urgenetisch festgelegt. Als junger, noch flugunfähiger Vogel würden wir bereits bei unserem ersten Traum-Weglauf- oder Traum-Umdrehversuch aus dem Nest fallen. Als ein im Baum lebender Affe hätten wir bei unserem nächtlichen Traum-Weglaufen oder Umdrehen-KÖNNEN keine guten Chancen, in unserem Blätter- und Äste-Nest am nächsten Morgen aufzuwachen, sondern vermutlich zwischen den Zähnen eines unter dem Baum wartenden Raubtieres – was dann kein Traum wäre.

Auch wenn einige wenige nachts aus dem Bett fallen, so wachen doch die meisten von uns, trotz mehrmaligen Umdrehens, genau an der Stelle auf, an der sie eingeschlafen sind – auch wenn es nur eine schmale Bank ist. Kinder liegen vielleicht mit dem Kopf am Fußende des Bettes, doch allgemein bleiben alle Träumenden im „Nest".

Im Traum ist alles möglich, kein Unsinn blöd und kein Blödsinn unsinnig genug, um widerspruchsbedingt sich wundernd aufzuwachen – weil der Zensor bzw. der Beobachter, der im Wachzustand ab und zu da ist, im Traum einfach gänzlich fehlt – unbewusst „verreist" ist.

Bei einem Selbst- bzw. Neugeborenen ist es anders, oft weiß er, dass er träumt, denn er ist auch der identifizierungsfreie Beobachter und somit Zensor seiner Träume. Wenn sein Verstand im Traum nicht lesen kann, wenn Vergangenheit, Gegenwart und Zukunft gleichzeitig in demselben Traumbild geschehen, wenn aus einem Fahrrad ein Motorrad und dann ein Auto während der gleichen Traumfahrt werden, dann weiß er sogar ganz gewiss, dass sein Verstand nur träumt und nicht ER.

Manchmal, wenn unsere Blase vollgefüllt ist, träumen wir auf einer Toilette zu sein, um zu urinieren. Diejenigen unter uns, die noch gering entwickeltes Selbst haben, wie es bei Kleinkindern der Fall ist, urinieren dann einfach im Bett. Diejenigen unter uns, die bereits ein gewisses Selbst haben, sind dermaßen geschockt, dass sie augenblicklich aufwachen und auf die Toilette gehen um dort traumfrei zu Ende zu urinieren. Mit den nächtlichen „Ergüssen" ist es auch nicht anders. Wir haben träumend Sex, und kommen sogar zum realen Orgasmus, vorausgesetzt wir sind neutral und damit liebevoll aber nicht „verklemmt" für alles offen erzogen worden, andernfalls werden wir kurz davor uns schämend oder/und bedauernd zugleich, aufwachen.

So lange wir nicht selbst geboren werden, werden wir auch nicht Herren unseres träumenden Denkens sein, denn unlogische Widersprüche können nur von bewusst Denkenden erkannt werden. Es ist wie bei den schlafenden Lebewesen im Allgemeinen, die NICHT wissen, dass sie schlafen.

Bis dahin werden wir weiterhin viel Unsinn träumen, ohne uns dabei über seine Unlogik zu wundern. Im Traum können wir unter Wasser atmen und fliegen ohne Flügel, wie wir es im Mutterleib, wie wir es als Fische und Vögel bereits in Urzeiten konnten. Wir stoßen uns einfach ab, überfliegen schwimmhaft fliegend ein Tal oder einen breiten Fluss, wie ein Drachenflieger, nur ohne Drachen.

Im Traum ist sogar Unbekanntes bekannt und ich freue mich vor jedem Einschlafen darauf, es „kennenlernen" zu dürfen. Plötzlich tauchen Namen oder Gegenstände, längst ausgestorbene Pflanzen und Tiere auf, die wir noch NIE(?) gesehen oder gekannt haben, sodass wir uns ernsthaft fragen sollten, ob „Träume wirklich nur Schäume sind" oder auch eine andersdimensionierte, aus Urzeiten und Gegenwart bestehende, nur im Traum erfahrbare, andersdimensionierte Realität, zu der wir wachend keinen direkten Zugang haben.

Es kann durchaus vorkommen, dass wir und eine anderssprachige Person am anderen Ende unserer Erde zugleich mit einer wichtigen Problemlösung aufwachen und sie uns dann gleichzeitig patentrechtlich schützen lassen werden – wie es auch bei mir der Fall war.

Wir sprechen dann von der Duplizität der Ereignisse, wenn an verschiedenen Orten der Welt völlig unbekannte, verschiedene Sprachen sprechende Personen, die gleichen Problemlösungen zum gleichen Zeitpunkt finden. Zunächst scheint es Spionage oder ein Zufall zu sein, wenn z. B. Nobelpreise geteilt werden.

Doch der Schein trügt, denn es gibt einen(?) für uns NOCH mystisch-geheimen, unsere Vorstellungsdimension überschreitenden, andersdimensionierten, **„anders realen Ort"**, wo Träume genauso real sind wie unser jetziges, körper**behaftetes** Dasein. Möglicherweise existieren diese andersdimensionierte „Orte" sogar mehrfach – sogar gegenwärtig zeitüberschreitend, das heißt, dass Vergangenes, Gegenwärtiges und Zukünftiges im demselben Traum geträumt werden kann! Es klingt zwar unrealistisch, allerdings nicht für einen bewusst Träumenden.

Leider ist das – bis jetzt – nur eine Theorie der Quantenphysiker, die die Existenz unserer „Seelen" aus unserer körperbehafteten Dimension heraus, zu erklären versuchen. Dabei handelt es sich um eine andere Realität, die theorienbildend mit Hilfe der Quantenphysik zwar erklärt aber NICHT vollständig verstanden werden kann. Es ist wie mit dem Tag und der Nacht, die sich gegenseitig nicht kennen und dennoch zu beschreiben versuchen. Es ist wie mit den Gegenständen oder Maschinen, die ihre „Schöpfer", ohne **mehr** geworden zu sein als nur Gegenstände oder Maschinen, nie erkennen können. Also werden wir **mehr**, damit wir erkennen können, wie **wenig** wir wirklich sind – dann werden wir **mehr**, dann werden wir unvergänglich werden.

Wer diesen „anders realen Ort" wahrnehmen will, der muss zunächst lernen, sich selbst wahrzunehm – es sind die **messbar**-traumfreien „Träume", die andersdimensionierten Wahrnehmungen, die NICHT assoziativ in unseren Köpfen stattfinden, sondern außerhalb – „wo die Welt noch heile ist", wo ehrlich gelächelt oder geweint wird – **weil** es den Lächelnden oder Weinenden danach ehrlich zu Mute IST. Und es wäre wirklich gut, wenn möglichst viele von uns, den Zugang zu dem „anders realen Ort" schon bald bewusst selbsterfahren könnten, dort lernen und uns dann ihr neues, neuronal etabliertes Wissen mitteilen würden – auch wenn es sehr riskant ist, denn Unglaubliches kann nicht von Gläubigen verstanden werden. Dennoch; manche selbsterfahrene Optimisten sprechen darüber – selbst wenn sie dafür von den naiv gläubigen Leuten belächelt werden.

So lange wie wir uns unwissend in unserer jetzigen Körper-HAFT befinden, werden wir nie wirklich erfahren können, wie wahrhaftig die andersdimensionierte Welt außerhalb unserer „Körper-Haft" existiert. Es ist wie mit einer scheinbar ungerechten Gefängnisinhaftierung; so lange wie wir uns in ihr unschuldig denken, werden wir nicht wirklich resozialisiert werden können.

Manche Personen denken, was andere träumen, und manche Personen träumen, was andere denken. Wir sprechen dann von „gleicher Wellenlänge" bzw. von gleichen Schwingungen, wenn uns andere sympathisch sind, oder uns verstehen – sogar bereits im Mutterleib! So kommt es, dass wir das träumen, was andere denken oder vor unserer Zeit, sogar vor unserer Geburt, gedacht haben. So kommt es, dass manche Babys traumbedingt mehr erfahren sind als andere, die genetischbedingt über ein geringeres „Wellenspektrum", über weniger „Déjà-vu Erlebnisse" verfügen.

Wer was gedacht oder geträumt hat, ist auf dieser Grenzen überschreitenden, andersdimensionierten Ebene existent, auch wenn es die meisten von uns noch nicht real verstehen können. Das kommt erst, wenn unser sich selbst wahrnehmbares Selbst neuentsteht. Wenn aus einer Kaulquappe ein Frosch oder aus einer Larve ein in Kanada geborene Schmetterling wird, der sich, auf NOCH unerklärliche Weise, an den ihm völlig unbekannten, etwa 3.500 Km entfernten, in Mexico wachsenden, Paarungsbaum seiner Eltern erinnert. Es ist wie mit uns – viele von uns ahnen den Weg zurück, jedoch nur wenige sind es, die ihn selbsterfahrend kennengelernt haben bzw. kennenlernen werden, denn Selbsterkenntnis benötigt Eigenerfahrung.

Diese Metamorphose ähnliche Neuentstehung, diese Transformierung vom Körper zum Geist hin, ist gerechterweise **nicht** käuflich und NUR durch Selbsterfahrung von jedem **selbst**, für sich selbst erfahrbar! Auch wenn es, insbesondere die armen Leute mit viel Geld nicht wahr haben wollen, zum Selbst kommt man gerechterweise NUR selbst, durch eigene, auf nichts und niemanden übertragbare Anstrengung, denn der innere Weg zum ewigen Selbst ist weder käuflich, noch vom Glauben oder einem anderen Indoktrinierungssystem abhängig.

Wer das innere Verlangen nach Selbsterfahrung hat, dem wird unsere 30 Sek.-Remotion eine gute Start-Orientierungshilfe sein, dem wird sie helfen, nach und nach neu zu entstehen, vorausgesetzt, er bleibt übend dabei – also üben wir. Immer und immer wieder, bis unserer Verstand es gelernt haben wird, uns aufklärend über seine Aktivitäten unmittelbar in Kenntnis zu setzen und nicht erst mehrere Stationen weiter, wenn aus einem Fußball ein Fußballspiel und dann ein verletzungsbedingter Krankenhausaufenthalt wird.

So ist es nun mal mit Träumen und Denken, so lange wie wir sie nicht beherrschen, beherrschen sie uns und so lange wie wir unsere Träume nicht unmittelbar wahrnehmen, werden auch sie für uns NICHT wahr werden können. Also lernen wir bei unseren Träumen immer öfter bewusst anwesend zu sein, dann wird uns auch bisher Verborgenes offenbart werden, denn nichts ist langsichtig so, wie es kurzsichtig zu sein scheint!

Wenn wir sprachlich träumen, dann kommt es öfter vor, dass wir nach Worten suchen und längere Zeit keine finden. Wir wiederholen das geträumte Wort sinnmäßig, bis sich assoziativ ein anderes, ähnlich klingendes Wort, auch in einer anderen Sprache, dazugesellt, und dann geht es mit Richtungswechsel wieder ein Stückchen weiter. So ein geträumter Satz, ein geträumtes Bild oder auch nur ein einziger Begriff kann einige Minuten lang dauern oder sogar wesentlich länger. Es ist ähnlich wie während unserer Tagesaktivitäten, wo uns immer wieder ein „Ohrwurm", eine Idee, ein Problem o. Ä. in unseren Verstand dazwischen kriecht, wo wir den ganzen Tag an etwas Unerledigt-Ungelöschtes, ständig wiederkehrend denken müssen.

Was die Sprache selbst angeht, so träumen wir meistens in unserer Muttersprache, denn diese beherrschen wir ja am besten. Ferner können die meisten von uns im Traum zwar zeichnen, malen und schreiben, jedoch Geschriebenes lesen, das können wir träumend NICHT, denn dazu müssten wir alles, was wir jemals lasen, in unseren Köpfen „schriftlich" abgespeichert haben. Ausnahmen bilden hierbei NICHT universell begabte Menschen, die teilweise autistisch veranlagt sind oder über ein ausgeprägtes visuelles Gedächtnis verfügen. So soll(?) beispielsweise Thomas von Aquin gewusst haben, wo was geschrieben steht – und auf welcher Seite!

Wir wissen zwar träumend, dass wir keine Analphabeten sind und somit lesen können müssten, allerdings wundern wir uns NICHT darüber, weil es uns im Traum NOCH nicht gibt, und so kommt es, dass die meisten von uns diese Erfahrung des Nicht-Lesen-Könnens nicht machen werden. Schade, doch was nicht ist, das kann noch erarbeitet werden. Es wäre eine durchaus wichtige Lebenserfahrung, beispielsweise im Traum ein fehlerhaft beschriebenes Hinweisschild zu sehen, das du, dich wundernd, NICHT lesen könntest. Einige von uns werden zwar versuchen es zu lesen, aber sie kommen einfach nicht weiter – das sind dann die „Warteschleife-Träume". Auf die Idee aufzuwachen, kommen wir dann auch nicht, denn dazu müssten wir zunächst wissen, dass wir schlafen, doch gerade das wissen die meisten von uns schlafend NICHT. Interessant ist es dabei, dass wir uns in unserem Traum über unseren Analphabetismus NICHT wundern, wo wir(?) doch ganz genau wissen, dass wir(?) lesen können! Oder gibt es da tatsächlich NOCH keinen, der es tun könnte? Keinen, der permanent anwesend ist, auch wenn wir schlafend träumen? Keinen, dem die neuronalen Aktivitäten seines Verstandes bewusst sind? Nun ja, wenn wir im Traum nicht existieren, wenn wir der Traum oder das Denken selbst sind, dann gibt es ja auch keinen, der sich wundern könnte – geschweige denn einen, der es nach seinem körperlichen Tod tun könnte.

Es ist ähnlich wie bei unseren 30 Sek.-Atem-Pausen-Übungen, auch dort gibt es noch keinen, dem der Moment unserer Unachtsamkeit bzw. die unseres Verstandes unmittelbar bei Konzentrationsnachlass auffällt. Das ändert sich, allerdings nicht sofort und nicht ohne eigene Anstrengung. Also bleiben wir dabei und legen eine weitere Remotionspause ein – bitte jetzt.

Und wem das ganze „Selbsterfahrungs-Getue" mit den 30 Sek.-Remotionspausen zu viel wird, der hat noch nicht verstanden, worum es bei unserer Selbstfindung eigentlich geht, nämlich **wirklich** um UNS – um unser bereits latent vorhandenes Selbst, das es als achtsamen Beobachter noch nicht gibt, aber am Ende dieser Wegbeschreibung geben wird! Schließlich sind wir nicht nur zum Vergnügen da, sondern um irgendwann Menschen und letztlich um sich selbst bewusste „Geist-Seelen" zu werden.

„Schlafend" sind wir nur körperlich vorhanden, nur physisch – ohne unseren körperlichen Tod überlebendes, sich selbst dauerhaft wahrnehmendes Selbst. Wer das ändern WILL, der MUSS (nicht sollte, könnte oder wollte) lernen, denn „ohne Fleiß, kein Preis" und „ohne Ausdauer, keine Power" – keine Kraft, die Neues erschafft. Andernfalls bleiben wir unser Leben lang das „krumme Holz" – naiv glaubend und voller Stolz.

Wenn wir als Erwachsener in ein anderssprachiges Land auswandern, wie es bei mir der Fall war, dann wird es sogar Jahrzehnte lang dauern, bis wir unsere Träume nicht mehr in unserer Muttersprache (Polnisch) träumen werden, sondern ausschließlich in der Sprache unserer neuen Heimat. Selbst – merkwürdigerweise – Traumpersonen aus unserer alten Heimat werden dann in unseren Träumen unsere neue Muttersprache (Deutsch) sprechen, obwohl sie sie nie gelernt und somit auch nie faktisch gesprochen haben. Was allerdings im Traum verknüpft wird, das sind die alten Kulissen bzw. die alten Landschafts- oder Orientierungsbilder sowie die neue Mutter- und Landessprache.

Was in unserer frühen Kindheit nach dem Prinzip der konzentrischen Kreise in unseren Gehirnzellen dauerhaft abgespeichert wird, sind Orientierungsbilder – zunächst die der unmittelbaren Nähe, dann sich immer weiter ausdehnend: Kinderbett, Zimmer, Wohnung, Haus, nähere und dann weitere Nachbarschaft ... Es sind stehende Bildkulissen, die unserer Orientierung dienen und ohne die wir nicht ein einziges Mal zum Ausgangspunkt zurückkehren würden. Diese navigatorischen Orientierungsbilder werden aneinanderreihend ergänzend kombiniert, sodass wir immer nach unserem Zuhause zurückfinden – auch wenn es mindestens 14 Mrd. Jahre her sind, auch wenn es noch keiner hören bzw. wahrhaben will, wir werden zu unserem Urzuhause zurückkehren, weil wir es uns selbst zwecks „Resozialisierung" als unser Selbst, als ein Teilchen von IHM, vor unserer eigenen „Vertreibung" urvermächtnisartig, versprochen haben – als „Lebensenergie", als „Dunkle Materie", als „Geist", als ..., denn irgendwann wird alles dort enden, wo es vor langer, langer Zeit mit dem Urknall, mit der Explosion des Geistes begonnen hat – an der „Start-Ziellinie"! Und alles, was sich erfüllen kann, wird sich auch schicksalhaft erfüllen, denn unsere Rückkehr nach unserem „Urzuhause" **ist** unser Schicksal und was als Explosion begonnen hat, das wird als Implosion enden. So wie das Schicksal des gesamten Lebens der Tod ist, so ist der Tod das Schicksal des Lebens!

Oft spielen sich träumend gegenwärtige Ereignisse in den alten Orientierungskulissen ab. Es sind Landschaften, Gebäude und alles Orientierungsrelevante, was unsere Gehirne bereits im Kindesalter bzw. in unserer frühen Jugend abgespeichert haben, mit denen dann neue Träume mit neuer Sprache und neuen Personen geträumt werden. Doch es geht auch reaktivierend: Vor einigen Jahren, als es in Deutschland unentgeltliche polnische TV Dokumentationsprogramme zu sehen gab, da habe ich auf dem Dach unseres Hauses eine Schüsselantenne installiert, mit der ich dann, auch polnische TV-Sender empfangen konnte. Anfangs hatte ich große Mühe, das Gesehene zu verstehen, denn unser Verstand „vergisst" Unbenutztes recht schnell, doch nach etwa einem Jahr änderte sich das merklich. Jetzt ist mein Verstand wieder so weit „reanimiert", dass er das bereits vor 1971 in Polnisch Gelernte gefunden und wieder weitgehend reaktiviert hat. Mittlerweile kommt es sogar vor, dass ich mit Personen aus meiner neuen Heimat, die noch NIE Polnisch gesprochen haben, träumend polnisch kommuniziere. Und ab und zu, wenn mir kein passendes Wort in Polnisch einfällt, bedient sich mein Verstand eines deutschen oder sogar eines englischen bzw. russischen Wortes.

Unsere Traumbilder ändern sich ständig, manchmal ergänzend, manchmal gänzlich und obwohl es vorwiegend stehende Bilder sind, so verändern sie sich doch permanent. Wo eben noch eine blaue Melone lag, da liegt auf einmal ein halber Fußball. Wir, als ein Messer, schneiden ein Stück aus der Melone heraus und trinken „uns selbst" als Apfelsaft. Verrückt? Ja, aber sehr interessant, es träumend „virtuell-real" bewusst zu erleben.
 Manchmal gehen wir im Traum auch zu Sportveranstaltungen, beispielsweise zum Hand- oder Fußballspiel, Pferde- oder Motorradrennen. Wenn wir dann träumend hinter dem Ball herlaufen, als Pferd oder Motorrad um eine Ecke rasen, dann bewegen sich unsere Augen in die angesteuerte Richtung. Manchmal gehen wir im Traum auch zu einem Tennismatch, dann bewegen sich unsere Augen hin und her oder, wie beim Hand- bzw. Fußballspiel, in alle Richtungen, je nachdem in welche Richtung

„wir" uns als Tennis- oder Fußball oder als Torwart, Tänzer oder als Spieler gerade träumend hinbewegen.

Ähnlich dem „Nicht-aus dem-Nest-fallen-dürfen-Prinzip" oder dem konzentrationsbedingten Luftanhalten sind unsere nächtlichen Augenbewegungen uns (und anderen Tieren) angeboren, denn ursprünglich sind wir alle Jäger und Gejagte gewesen, und da machte es schon einen Sinn, die Beute, die Gefahr oder den Feind immer im Auge behalten zu MÜSSEN.

Auch diese evolutionäre Erfindung ist von uns artenübergreifend beibehalten worden und bei den meisten Tierarten bis heute vorhanden. Sie ist dermaßen überlebensrelevant, dass sie sogar nachts, während unser Verstand träumt, nicht deaktiviert wird, denn „Unachtsame (Gutgläubige) werden als erste verspeist".

Wenn wir uns unseren Verstand als eine mit allen möglichen Dingen gefüllte Kiste vorstellen, mit brauchbaren und unbrauchbaren, mit wichtigen und unwichtigen, dann kommen wir dem Verstehen unserer Träume näher. Wenn wir dann noch das Tage, Monate, sogar Jahre zuvor von uns Erlebte unserer „Gedächtniskiste" hinzufügen, dann dürfte sie so ziemlich voll werden, je nachdem wie groß die Kiste ist oder wie alt wir sind, sodass dann nächtliche Aufräumarbeiten angesagt sind. Allerdings passiert das nicht nur nachts, sondern auch während unserer Tagesträume. (Siehe 1. Teil: Remotion – „Leerer-Blick" bzw. „HANS GUCK IN DIE LUFT")

Was auch immer irgendwann in unsere Gedächtniskiste hineingelegt wurde und nicht mehr gebraucht wird, das wird träumend umsortiert, ganz nach „hinten" verschoben oder sogar „weggeworfen" – unwiederbringlich gelöscht oder reaktiviert – wie beispielsweise meine o. g. Polnisch-Kenntnisse.

Unglücklicherweise können auch negativ-unangenehme Erlebnisse durch einen „dummen" Zufall, ein Wort, ein Bild, eine TV Nachricht oder ... reaktiviert werden.

Wurden wir als Kinder oder Jugendliche missbraucht oder an unseren Genitalien beschnitten, dann werden diese negativen Erlebnisse – uns NICHT bewusst – „lebendig", und wir werden diesen Schock dann nie wieder los, denn unser Verstand hängt in den Prägungs-Ketten unserer Vergangenheit. Wir werden dann nachts des Öfteren geängstigt und schweißgebadet aufwachen – ohne zu wissen weshalb und warum, denn Unerledigtes holt uns immer ein, wenn nicht wachend, dann sogar wiederholend im Traum. Die einzige Möglichkeit, so einen Albtraum loszuwerden bzw. dauerhaft aufzulösen, besteht dann darin, sich ihm zu bewusst stellen. Allerdings ist es einfacher gesagt als getan, denn denjenigen, der sich dem Alptraum entgegenstellen könnte, gibt es zu diesem Zeitpunkt NOCH nicht selbstwahrnehmend. Doch was noch nicht ist, das kann schon bald werden. Wir sind gerade dabei, uns unserem Selbst zu nähern. Allerdings nicht ohne Mühe, denn diesen nicht käuflichen inneren Weg vom Ich zum Selbst, kann gerechterweise nur jeder für sich selbst gehen und das kann zunächst ganz schön anstrengend und sogar nervig sein – auch für andere!

Gelingt es unserem Verstand nicht, unbrauchbare oder schmerzhafte Informationen zu löschen oder zu überschreiben, dann bekommen wir spätestens im hohen Alter Probleme damit.

Es ist ähnlich wie mit einem sogenannten Sportlerherz, das bedingt durch seine Größe mehr als ein untrainiertes Herz leisten kann, im hohen Alter aber NICHT leisten darf, weil es damit andere „Körperbewohner", z. B. durch zu hohen Blutdruck überfordern würde. Da es sich nicht wie andere Muskeln einfach zurückbilden kann, erschlafft es, ohne sich vorher gesund zu schrumpfen und verweigert schließlich jegliche Leistung. Auch mit unserem Gehirnmuskel ist es ähnlich. Nervenverbindungen, die nicht gebraucht oder blockiert werden, erschlaffen und werden schließlich zur Last. Wir haben dann zwar immer noch die gleiche Gehirnmasse, gebrauchen aber nur noch einen immer kleiner werdenden Teil davon, und je älter wir werden, desto antriebsschwächer und langsamer werden wir dann. Was sehr bedauerlich ist, denn würden wir alle unsere Gehirnregionen – auch und insbesondere die berufsbedingt genutzten, umfunktionieren und somit alltäglich anwenden, so könnten wir auch noch im hohen Alter in unseren Köpfen jung und damit leistungsstark und beweglich bleiben. So sind sie nun mal, die Prägungs-Ketten unserer fernen und nahen Vergangenheit – selbst rostend, halten sie uns von der Selbstfindung fern.

Unsere regelmäßige Remotion kann uns nach und nach sicher helfen, diese Prägungs-Ketten zu lösen – wir müssen es zunächst NUR ausdauernd wollen. Später sprechen wir ausführlich darüber, jetzt genügt es, wenn wir wiedermal eine 30-Sekunden-Remotionspause einlegen, denn das Selbst erfährt man selbst durch das Selbst – während der Rast und NICHT in der Hast!

In unserer Gedächtniskiste herrscht ein ziemliches Chaos. Nichts ist systematisch oder alphabetisch geordnet. Sie ist wie ein mehrstöckiges computergesteuertes Ersatzteillager einer Fabrik, wo Ersatzteile oder andere Materialteile dort eingelagert werden, wo sich gerade ein nächstliegender freier Lagerplatz befindet.

In unserer Gedächtniskiste liegen Vergangenes oder Aktuelles, Visuelles oder Auditives dicht beieinander. Hinzu kommen noch sinnesbedingte Körperimpulse, sodass unsere Gedächtniskiste von Tag zu Tag immer voller und voller wird. Ob es alte oder neue Informationen sind, schöne oder unschöne, traurige oder fröhliche, gesprochene oder bildhafte, es werden alle möglichen Informationen miteinander und gegeneinander kombiniert und ausprobiert. Was zusammenpassen könnte, das wird automatisch, ohne uns, dem Zensor, vor- und umsortiert, zusammengefügt oder weit nach „hinten" umgelagert und was per se nicht zusammenpasst oder nicht wieder verwertet werden kann, das wird einfach vergessen.

Träume, an die wir uns kurze Zeit nach unserem Aufwachen noch erinnern, sind bereits sortiert und bearbeitet! Informationen, die keine Berührungspunkte haben bzw. keine Assoziationen hervorrufen, die keinen „Spielkameraden" in unserer Gedächtniskiste finden, werden oft platzschaffend eliminiert oder langzeitig konserviert.

Informationen, die unserem Verstand wichtig erscheinen, die einigermaßen gut zusammen passen, präsentiert er uns als einen intensiven Traum, aus dem wir dann meistens erwachen. Anschließend können wir als Zensor bzw. als Beobachter entscheiden, ob das Traumerlebnis für uns wichtig ist oder nicht. Da die meisten Träume uns nach dem Aufwachen unwichtig erscheinen, vergessen wir sie recht schnell und schlafen auch bald wieder ein. Erscheint uns unser Traumerlebnis, nach dem Aufwachen, wichtig oder sogar bedrohlich, dann raubt er uns nicht nur den Schlaf, sondern manchmal auch den ganzen Tag darauf oder sogar Tage danach.

Alles, was wir denken und träumen, befindet sich bereits in unserer Gedächtniskiste, auf unserer Festplatte als Informationen eingebrannt. Unsere Gedächtniskiste beinhaltet jede Menge Bauklötze, aus denen alles Mögliche konstruiert werden kann, je nachdem wie welche Bauklötze zu welchen einigermaßen gut passen.

Es sind keine vorgefertigten, mit Bauanleitung oder Nummerierung versehenen „Bauklötze", auch kein „Malen nach Zahlen" oder Bildpuzzel, sodass nach jedem „Abriss" immer neue und immer verschiedene, sich nicht identisch wiederholende, innovative Konstruktionen oder Bilder entstehen und daher nicht vorhersagbar sind. Wir schlafen ein, träumen, werden von intensiven Träumen aufgeweckt, überdenken sie kurz und schlafen meistens dann wieder ein. Wenn wir dann morgens aufwachen, dann haben wir oft sehr lange Traumreisen hinter uns. Manchmal sind wir nachts soweit „herumgereist", dass wir uns am nächsten Morgen „wie gerädert" fühlen – ohne zu wissen warum.

Sollten wir während unserer Traumreise einen Unfall gehabt haben, dann sehen wir zwar offene Knochenbrüche oder ähnliche sehr schmerzhafte Wunden, wundern uns jedoch NICHT, dass „wir" dabei keine Schmerzen empfinden.

Wenn wir stehende Bilder sehen – zunächst beim Einschlafen, später beim Aufwachen – dann befinden wir uns meistens unmittelbar vor dem Einschlafen oder kurz vor dem Aufwachen. Dabei nehmen wir noch oder wieder unsere Umgebung körperfühlend bzw. sinnesspezifisch wahr. Jetzt können wir bewusst ins Traumland hinübergleiten oder aufstehen, beides ist möglich, allerdings nur, wenn wir den „Leeren-Blick" (wir kommen schon bald darauf) beherrschen oder uns noch nicht auf einer „anders dimensionierten Traumreise" befinden, andernfalls werden wir die sensiblen Übergangsphasen, die sensitiven Umschaltmomente unseres Verstandes, lange, lange Zeit nicht wahrnehmen.

Sind wir eingeschlafen, dann ist Fliegen ohne Flügel, Tauchen ohne Atmen oder schwer verletzt schmerzfrei zu sein, möglich, was dann eindeutige Indizien dafür wären, dass wir uns bereits im Traum befinden. Wir sehen dann irgendwelche Schilder, Zeitungsüberschriften oder Reklametafeln, die voller orthographischer Fehler sind – ohne uns dabei zu wundern. Unser Verstand versucht dann, diese Traumtexte zwar zu lesen, doch was dabei herauskommt sind meistens nur unsinnige Zungenbrecher, die manche Gläubigen gerne als „Zungensprache" übersinnlichen Ursprungs bezeichnen. In Wirklichkeit sind es nur abgespeicherte Wortfragmente, mit denen unser Verstand nichts Konkretes anfangen kann. Ein sinnloses Kindergebrabbel, nicht mehr! Solche neukreierten Wörter können sogar aus verschiedenen, sogar aus Phantasie(?)-Sprachen zusammengesetzt sein, die „natürlich" keinen Sinn ergeben, weshalb sie schließlich platzsparend gelöscht bzw. erst gar nicht abgespeichert werden – was schließlich ein Grund dafür ist, dass wir uns an sie nach unserem Aufwachen nicht mehr erinnern.

Also: Wer wissen will, ob er träumt oder nicht, dem sollte **im Traum** bewusst sein, dass sein Körper atmet, dass seinem Verstand nur im Traum unmögliche Dinge möglich sind, der muss zunächst lernen, ein Zuschauer seiner Träume zu werden, denn Träumen ist wie Denken – nur gänzlich ohne uns als Zuschauer!

Unsere Remotion ist sicherlich nicht die einzige Methode, die uns unserem Selbst näher bringen kann, allerdings kenne ich keine andere, die glaubensfrei an jedem Ort der Welt so effektiv funktioniert wie sie. Sie entfernt uns zwar von unseren vielen fremdbestimmten ICHS, dafür bringt sie uns unserem Seelen-Geist, näher – erkenntnisreich, Schritt für Schritt, bis wir eines Nachts tatsächlich wissen werden, dass NICHT wir, sondern **unser** Verstand träumt und **wir**, die neutralen Beobachter seiner Nachtaktivitäten und somit mehr sind als er!

Wenn WIR beobachten wie unsere neuronalen Verbindungen nachts Sport treiben, Treppen steigen oder anderen körperlichen Aktivitäten nachgehen und unsere Körper dabei NICHT atemlos werden, wenn Wunden NICHT bluten, wenn Zahnziehen keine Schmerzen verursachen, wenn auf Zollstöcken oder anderen Messgeräten Zahlen nicht aufeinanderfolgend, sondern völlig ungeordnet angeordnet sind, wenn wir mit Tieren und sie mit uns in unserer aktuellen Sprache kommunizieren, dann werden WIR wissen, dass UNSER Verstand nur träumend „denkt", dass wir uns auf dem richtigen, auf dem Selbstfindungsweg befinden.

Und weswegen das Ganze? Warum sollten wir lernen bewusst zu träumen? Weil wir schlafend bzw. unbewusst träumend, den Rückweg nach unserem Urzuhause garantiert NICHT finden werden, aber irgendwann werden finden müssen – weil das unser Urvermächtnis, unser Schicksal ist!

Weil uns unsere Zeit nur in **unserer** Zeit zur Verfügung steht, so sollten wir sie effektiv nutzen, oder wir bleiben weitgehend nutzlos, halbfertig - also ganz unbrauchbar. Natürlich bleibt es jedem einzelnen selbst überlassen, ob er sein Urvermächtnis annehmen und somit sein Urversprechen einlösen möchte oder nicht, ob er in absehbarer Zeit, in seiner Zeit, zu seinem/unserem Urzuhause zurückkehren möchte oder, wie seine Eltern es taten, es wiedermal seinen Kindern oder Kindeskindern überlässt – leichter ist es, dafür aber ohne Lohn, mit dem er seine „Rückfahrtkarte" in die ewige Freiheit einlösen könnte. Früher(?), als es noch naiv gläubige Leute gab, hat man den Toten eine Münze in den Mund gelegt – für die Überfahrt ins Jenseits! So, als ob das Andersdimensionierte käuflich wäre!

Wir sind nicht unsere Eltern, nicht unsere Kinder oder unsere Körper, auch nicht unser Gehirn oder unser körperbedingtes Denken oder Träumen, die wir NOCH für uns selbst halten! Wir sind die „Geist-Teilchen" der dunklen Lebensenergie, die das Leben zum ständigen Weiterleben antreibt, die Schwingungen des allgegenwärtigen, des alles ausfüllenden Ganzen. Ururspränglich wurzelten wir in einer anderen Dimension, die NUR in einer anderen Dimension wirklich zu erfahren und zu verstehen ist, doch die Zeit vergeht und manche von uns ahnen ES bereits, denn Ahnungen sind unbewusste Erinnerungen an unsere zukünftige Vergangenheit! Bis dahin sollte es uns zunächst genügen, wenn wir im Folgenden praktisch lernen werden, unser jetziges Denken und Träumen kommentarlos zu beobachten, denn lügend oder glaubend, denkend oder träumend, können wir Viele und Vieles werden, nur **nicht** wir selbst. Wem eine fremdbestimmte Identität genügt, der möge sich weiterhin für den halten, der er zu sein glaubt. Andernfalls ist es sinnvoller, sein einmaliges, latent vorhandenes Potential zu Selbstwerdung nicht zu vergeuden.

Noch können wir uns entscheiden, ob wir wiedermal spurlos vergehen oder für immer neuentstehen wollen. Ob wir uns für unser baldiges Vergehen oder für unser unvergängliches Neuentstehen entscheiden, es wird UNSERE Entscheidung sein, die NUR WIR in NUR UNSERER ZEIT treffen werden oder bereits mit „Hilfe" Anderer unwiederbringlich getroffen haben. Dann werden wir sterben, ohne wirklich sinnvoll gelebt zu haben.

Wer über Suggestion, Hypnose und Meditation mehr oder Ausführlicheres erfahren will, der kann sich entsprechender Informationsquellen bedienen, die NICHTS mit wissenschaftlich unhaltbarem bzw. unbewiesenem religiösen Blödsinn zu tun haben sollten. Andernfalls dürften die folgenden Ausführungen genügen, um darüber ausreichend informiert zu sein. Uns sollte es, zunächst aus Zeitgründen, genügen, wenn wir im Folgenden deren Wirkungsweisen erfahren und damit in die Lage versetzt werden, es auch praktisch selbst auszuprobieren und somit verstehen zu können, denn „was der Bauer nicht kennt, das isst er nicht" und „einfaches Probieren geht nun mal über komplexes Studieren".
Suggestion und Hypnose gehören zusammen, denn Suggestion ist die Vorstufe der Hypnose und Hypnose das Resultat der Suggestion. Da es sich bei Suggestion (Selbstbeeinflussung, Autogenes Training), Hypnose und Meditation NICHT um irgendwelche „geheimnisvolle" Hirngespinste oder Zaubereien handelt, sondern um konkrete Vorgänge, um konkrete psychologische Beeinflussungen unseres Verstandes UND Körpers, so sollten wir deren Funktionsweise einigermaßen genau kennenlernen und verstehen. Andernfalls werden wir unwissend vergehen, ohne unseren wahren Daseinsgrund zu verstehen.

Autogenes Training ist eine Methode der Selbstbeeinflussung bzw. Selbstentspannung, eine Methode des Loslassens, des Lockerns, sowohl des geistigen, als auch des körperlichen. Es ist die Vorstufe und ein Bestandteil der Suggestion, der Hypnose, der Meditation und der Remotion – nur ein neu verpackter „alter Hut" der neuen Psychotherapie aus Zeiten, als es noch keine Psychotherapie gab. Als Menschen noch offen und geheimnisfrei miteinander kommunizierten, als Menschen noch gefühlswarm und nicht gefühlskalt waren, als Menschen **nicht** lächeln konnten, wenn es ihnen zum Weinen zu Mute war.

Suggestion und Hypnose sind Manipulationsmethoden, die unseren Geist und Körper sowohl zum Guten, als auch zum Schlechten hin beeinflussend verändern können – denn „alles hat zwei Seiten". UNSERE glaubensfreie und System neutrale Meditation kann unseren Geist und Körper gesünder und somit leistungsfähiger werden lassen – wohl betont – UNSERE Meditation! Dagegen ist Remotion die aktive Form UNSERER Meditation, sozusagen die Turboversion der geistigen Evolution. Remotion säubert und schärft unseren Verstand (Hardware), sie macht ihn von Mal zu Mall bewusster, denn sie erweitert seine Leistungskapazitäten. Sie macht ihn wesentlich, also merklich klarer und somit auch erkenntnisreicher, sodass wir (Software) schließlich viel mehr erkennen werden, als wir, nach dem Willen „der da oben", erkennen SOLLEN, denn Globuli-Hersteller, Weihwasser- bzw. Weihrauch Händler, Glaubensverkäufer und andere Wahrheitsverdreher, die uns tagtäglich belügen, betrügen und beklauen, lassen sich nicht freiwillig in die Karten schauen.

Weil Suggestionen Täuschungsmanöver bzw. betrügerische Manipulation unseres Verstandes sind, die sogar aus „Wasser Wein oder aus Toten Lebende machen können", so sollten wir sie rechtzeitig etwas genauer kennenlernen – bevor sie unseren Verstand noch „betrunkener" werden lassen als er es ohnehin schon ist.

Suggestion

Autogenes Training, Autosuggestion oder Selbsthypnose sind Beeinflussungen unseres eigenen Verstandes – hauptsächlich durch uns/ihn selbst. Hierbei handelt es sich meistens um unser eigenes Wunschdenken, das durchaus beachtliche körperliche Reaktionen hervorrufen kann und somit eine suggestive Konditionierung nicht nur unseres Verstandes darstellt, sondern auch unseres gesamten Körpers und darüber hinaus. Durch Suggestion können wir jemandem etwas suggerieren, etwas einreden, etwas verkaufen, etwas „andrehen" was er eigentlich gar nicht will, von dem er bis zu diesen Zeitpunkt noch gar nicht wusste, dass er es „dringend benötigt".

Wenn es einem Verkäufer gelingt, uns klar zu machen, dass wir seine Dienste oder seine Waren benötigen, weil wir damit unsere Probleme lösen können, dann kaufen wir sie.

Wenn es einem Dienstleister gelingt, uns zu suggerieren, dass er mit SEINEN Diensten uns unsere Ängste nehmen oder unsere gesundheitlichen Beschwerden lösen kann, dann kaufen wir ihm auch die wirkungslosen Globuli ab. Tatsächliche Heilerfolge sind hierbei ausschließlich dem Dr. Placebo, also unserer eigenen Einbildungskraft und damit NUR uns selbst zu verdanken, denn Selbstheilung ist kein Wunder, sondern nur ein wundersamer Auto-Genesungsprozess bei dem unser Verstand sich selbst beeinflusst und dann, auf wundersame Weise, unseren Körper.

Wollen wir unseren Verstand beeinflussen, dann müssen wir ihm etwas „erzählen", was wir uns von ihm wünschen und was er uns auch **tatsächlich** erfüllen kann. Keine Phantastereien wie Lottozahlen-Vorhersage oder Wetterwünsche, keine Wunder oder Sündenvergebungen, das „können" nur Wahrsager, Astrolügner und andere Glauben- oder Aberglauben Vertreter.

Die Sache mit dem Real- und dem Wunschdenken sowie mit der Selbstheilung sollten wir uns jetzt, bevor wir fortschreiten, etwas praktischer anschauen. Stellen wir uns vor, wir wollen zu einem bestimmten Zeitpunkt an etwas Bestimmtes denken. Irgendwo, vielleicht während wir unterwegs sind, fällt unserem Verstand ein, dass bei uns schon morgen Müllabfuhr stattfindet und wir unsere volle Mülltonne, der Leerung wegen, an die Straße stellen wollen. Damit wir uns auch tatsächlich bei unserer Heimkehr daran erinnern, „sagen" WIR unserem Verstand am besten eindringlich, 2-3 Mal **wiederholend**, sozusagen befehlend, dass er uns bei unserer Heimkehr daran erinnern wird − NICHT sollte oder könnte!

Beispielsweise: „Du wirst mich an der „XY" Stelle an das Herausstellen der Mülltonne erinnern!" Das ist schon alles. Das klingt zwar banal, aber es funktioniert. Probiere es einfach aus!

„Soll, kann oder möchte" sind Begriffe, die unser Verstand nicht eindeutig begreift, weil er dann selbst entscheiden muss, was er wollen soll. Deshalb klare Ansage! Unser Verstand muss von uns **exakt** wissen, was wir GENAU von ihm wollen.

Unser Verstand ist wie ein Kind, wie ein Hund, der seinem Erzieher dann mit Freude gehorcht, auch wenn das Herrchen ein Frauchen ist – dem Hund oder unserem Verstand ist das egal. Er will nur exakt wissen, wie er sich uns gegenüber zu verhalten hat oder was er wann tun soll, andernfalls übernimmt er das Kommando über uns, dann tun WIR das, was ER will. Dann werden wir zum „Hund", mit dem der „Schwanz" wedelt, dann werden wir zu Marionetten, die ihr fremdbestimmtes Reagieren für ihr eigenes Agieren halten.

Natürlich muss es nicht immer eine Mülltonne sein, an die uns unser Verstand erinnern soll. Hierzu kann sich jeder etwas Nützliches ausdenken: Katzen oder Fische füttern, Auto waschen, Brötchen kaufen, den/die Nachbarn besuchen usw. Immer wenn WIR wollen, dass unser Verstand uns zur bestimmten Zeit an etwas Bestimmtes erinnern soll, müssen wir ihm EINDEUTIG sagen, dass er dieses oder jenes an einer **bestimmten Stelle** tun wird, z. B. an einem bestimmten Baum, an einer bestimmten Kurve, an einer bestimmten Straßenkreuzung, an einer **ihm bereits bekannten** Stelle. Mit dem direkten „Erinnern" selbst hat unser Verstand insofern noch Probleme, weil er sich das zu Erinnernde oft nicht so richtig vorstellen kann. Einen bestimmte Stelle, wie einen Baum, eine bestimmte Kurve oder eine bestimmte Straßenkreuzung kennt unser Verstand bereits als ein neuronal gebildetes Orientierungsbild, denn diese bestimmten Bilder sind in unseren Gehirnen als Neuronen-Verbindungen bereits niedergeschrieben, sodass an sie weitere Informationen angedockt werden können – weil unser Verstand assoziativ arbeitet, d. h. er verbindet Gedanken- oder Orientierungsbilder oder Navigationspunkte, die er irgendwann neuronal gebildet und somit in Gedächtniszellen eingelagert hat. Wenn dann unsere Augen die bestimmte Stelle den bestimmten Baum, die bestimmte Kurve, die bestimmte Straßenkreuzung sehen, so teilen sie es unserem Verstand augenblicklich mit, sodass es bei ihm sofort „klingelt" und er uns dann an das erinnert, was wir ihm aufgetragen haben. Meistens passiert es bereits einige Meter davor, denn unser Verstand funktioniert nicht nur durch Bildung von „Eselsbrücken" sondern auch vorausschauend. So kommen wir an unserem Ziel meistens gedanklich eher an, als körperlich.

Angenommen, wir suchen etwas Konkretes, das kann beispielsweise ein bestimmtes Teil in unserer Küchenschublade oder Werkzeugkiste sein. Um dieses bestimmte Teil finden zu können, benötigt unser Verstand ein Phantombild des Gesuchten, welches sich, neuronal abgespeichert, bereits in unserem Kopf befindet und anhand dessen er den gesuchten Gegenstand identifizieren kann. Stimmt das Gesuchte mit dem neuronal abgespeicherten Phantombild überein, dann hat die Suche ein Ende, andernfalls wird er weitersuchen oder aufgeben – eventuell nachts davon träumen. Achten wir zukünftig darauf, denn **Achtsamkeit ist das Werkzeug, mit dem sich unser Bewusstsein tagtäglich**

ein wenig mehr erweitern lässt. Ein gutes Wort oder ein Lob danach, wie „das hast du gut gemacht oder danke", kann nicht schaden, denn unser Verstand und unsere Körper gehören partnerartig zusammen. Ohne unseren Verstand gäbe es uns nicht und ohne unsere Körper gäbe es unseren Verstand nicht. Es ist ähnlich wie mit der Soft- und Hardware eines Computers, sie funktionieren nur, weil sie mit elektrischer Energie (Geistenergie) „verlebendigt" werden – ohne die Elektro- bzw. Geistenergie wären beide „tot" und nur als wiederverwertbarer Schrott bzw. als mineralisierter Leichnam zu gebrauchen.

Damit unser Verstand UNS vertrauensvoll helfen kann, benötigt er klare Regeln. Nicht einmal so und eine Weile später anders. NICHT: „Könntest du bitte, wenn du Lust und Zeit hast, …". Er muss uns vertrauen können und genau wissen, was er wann für uns tun soll und an welcher Stelle bzw. zu welchem Zeitpunkt! Er muss sich darauf verlassen können, dass wir es auch so meinen, wie wir es denken. Wenn wir etwas notgedrungen sagen, es aber anders meinen, dann MUSS ihm diese Lüge sofort bewusst sein. Wir müssen authentisch werden, sonst geht er wieder in den evolutionsbedingten „Automatik-Modus" über und übernimmt selbst die Führung über uns, denn so lange er „klüger" ist als wir, wird er uns nicht ohne Weiteres gehorchen. Mit Kindern oder Hunden ist es nicht viel anders. Immer wenn sie merken, dass sie „klüger" sind als wir, dass wir nicht in der Lage sind, klare Regeln aufzustellen oder insbesondere nicht in der Lage sind, die aufgestellten Regeln einzuhalten, die Situation zu meistern, übernehmen sie die Führung. Wenn wir unsere unerfahrenen Kinder andauernd fragen, was SIE anziehen, essen, trinken, spielen oder gar lernen **möchten**, dann wird es nicht lange dauern, und wir werden, völlig zu recht, nach ihren Pfeifen tanzen. Dann werden unsere unerfahrenen, durch Medien algorithmisch gesteuerten Kinder es sein, die bestimmen werden, wohin der Weg führt, wobei sie und wir dann das fremdbestimmte Unterwegs-Sein irgendwann für unser Lebensziel halten werden, denn wir gewöhnen uns an alles, auch an die „Tricksereien" unserer unerfahrenen Kinder, für die „ihre" Nahrung und Bekleidung aus den Supermärkten, das Geld von der Bank, die Wohnungswärme von den Heizkörpern und der elektrischer Strom aus den Steckdosen kommen.

Diese antiautoritär-egalitäre bzw. ziellose Erziehungsmethode macht uns orientierungslos und somit fremdbestimmbar – auch wenn es gegenteilig zu sein scheint. Solange WIR **noch** nicht ständig „existieren", sondern fortlaufend, sozusagen die meiste Wach-Zeit, unbewusst „schlafen" (Sieh 1. Teil: Remotion, „Der leere Blick" bzw. „Panoramablick"), so lange werden wir von unserem körperbedingten bzw. sinnesimpulsabhängigen Verstand automatisch geleitet und somit geführt und verführt – sogar ignoriert und schließlich degradiert werden. Dann werden wir weitgehend fremden Wünschen entsprechend reagieren und nur selten selbstbestimmend agieren.

Natürlich funktioniert diese o. g. suggestive „Merk-Übung" auch mit dem „Wo ist meine Brille?"-Problem. Dabei genügt es, beim Ablegen unserer Brille unserem Verstand eindringlich zu sagen, dass er sich die Stelle der Brillenablage merken und uns zum gegebenen Zeitpunkt daran erinnern wird.

Dabei machen wir uns ein geistiges, ein „Phantom-Foto" von der abgelegten Brille UND dem Platz, auf dem wir sie abgelegt haben. Hierzu fokussieren wir 2-3 Sekunden lang die Brille UND die Ablagestelle zusammen und geben den klaren „Merkauftrag" an unseren Verstand, uns bei der Aufforderung „Wo ist meine Brille?" an die Ablagestelle zu erinnern.

Allerdings funktioniert diese Übung erst bei etwas Erfahreneren zuverlässig. Bei Einsteigern ist es meistens so, dass sie bereits den Moment des Brillenablegens gar nicht bewusst wahrnehmen. Sie legen ihre Brillen unbewusst ab, ohne zu wissen, dass sie sie abgelegt haben, ohne sich vorher eine geistige Ablageplatzzeichnung gemacht oder eine Eselsbrücke bzw. eine Assoziation (Z. B. durch Anpusten oder Anpfeifen der Ablagestelle) gebildet zu haben – sozusagen im unbewussten Automatikmodus.

Nicht gleich aufgeben, denn wirklich erfahren wird man am effektivsten durch eigene Erfahrungen. Bis dahin genügt es – meistens – beim Ablegen der Brille auf die Brille zu pusten oder zu pfeifen, sodass unser Verstand an diese Eselsbrücken die Brillenablagestelle andocken kann. Beim nächsten Brillensuchen genügt es dann zu pusten oder zu pfeifen oder …, um von unserem Verstand an die Brillenlagerstelle erinnert zu werden. Also: Nicht theoretisieren – ausprobieren! Unser Verstand will gefordert werden, denn das Einzige, was er richtig gut kann, ist kombinieren und assoziieren, ist lernen, sich weiterzuentwickeln, Neues an bereits Bestehendes anknüpfen.

Nach diesem „Andockprinzip" funktioniert die gesamte Evolution. Genau genommen, erfindet Evolution nicht Neues, sie passt NUR zielorientiert Bestehendes an, sodass immer wieder verändertes Altes „Updates" neu entstehen kann. Ähnlich wie bei unserem Lernen, wobei bereits dem Gelernten immer wieder neuer Lernstoff hinzugefügt wird, sodass unsere Wissenskreise immer größer werden. Selbst die Viren-Mutationen und somit die gesamte Evolution, funktionieren nach diesem zielorientierten Anpassungsprinzip – **zwei Mal jährlich, im Frühjahr und im Herbst, wenn die Tage und Nächte gleich lang sind, findet ein „Upgrade" statt.** Sogar epidemisch, denn soll Neues entstehen, so muss Altes verbessert werden oder vergehen bzw. der neuen Situation angepasst werden! Unglaublich? Ja! Aber nur, weil die Meisten von uns ES (sich selbst) noch nicht verstehen.

Kleinkinder, von etwa 3/4 Jahren, lernen ununterbrochen sehr viel und sehr schnell. Bis sie dann bereits ab dem 3/4 Lebensjahr die Bekanntschaft mit Geheimnissen, mit Lügereien und somit auch mit Betrügereien und Drohungen machen. Dann heißt es:

„Es ist nicht so gemeint, es stimmt doch gar nicht, das hast du aber ganz falsch verstanden, du machst uns ganz traurig!" Oder: „Wenn du nicht brav und lieb bist, wenn du nicht gehorchst, dann wird dich der Osterhase bzw. Weihnachtsmann bestrafen, dann gibt es keine Geschenke" – geht's noch?

Ist es wahr, was stimmt nun wirklich, fragt der junge, unerfahrene Verstand und hört auf, uns zu trauen. Er fängt an zu hinterfragen, zu widersprechen, zu misstrauen und schließlich selbst zu lügen, was nicht nur auf Kosten der Lerneffektivität geht, sondern auch unumgänglich zu gewaltigen Lernstörungen führen kann. Unser Verstand ist wie ein Tonband oder wie eine CD, es ist NUR das darauf zu finden, was wir oder andere darauf gespielt oder drauf gebrannt haben! Ob das darauf Gespielte oder Hinzugetane wahr oder gelogen, falsch oder richtig ist, das wissen weder das Tonband noch die CD, noch unser Gehirn.

Im Traum werden dann diese Informationen miteinander assoziativ verbunden. Was dabei herauskommt, ist oft ein unlogischer Albtraum, ein „Kuddelmuddel", mit dem sich unser Verstand im Traum assoziativ beschäftigt. Nachts wird dann Wahres mit Unwahrem und Falsches mit Richtigem zu gemeinsamen Bildern zusammengestellt, die nicht nur Erwachsene, sondern insbesondere unsere Kinder nicht verstehen können. Viele Kinder fragen sich dann, ob es den Osterhasen oder den Weihnachtsmann wirklich gibt und er NUR diejenigen beschenkt, die gehorsam, brav und lieb sind?

Die „Früchte" kennen wir bereits: Glaube bzw. Aberglaube, der als reales Wissen, **als wahr**, in unser Gedächtnis dauerhaft „eingebrannt" wird. Naivität und Leichtgläubigkeit können dann die Folgen von Aufnahmen falscher, gelogener, widersprüchlicher oder **angstmachender** Lerninhalte in frühen Jahren sein, die bis zu unserem Ende in unseren Gehirnen verankert bleiben, denn auf einem verlogenen, **scheinbar stabilen** Lebensfundament, kann kein ehrliches Leben aufgebaut werden. Das sollten alle Eltern bedenken, BEVOR sie neues Leben „schenken".

Lerne durch achtsames Üben, auch wenn nicht jede „Merk-Übung" gleich optimal funktionieren sollte – sie wird funktionieren! Ferner wird es für dich eine Art Lernzielkontrolle sein, anhand welcher du nach und nach den „Baum der Erkenntnis" immer deutlicher erkennen wirst. Wahrscheinlich wird es das erste Mal sein, dass du deinen Verstand als Beobachter direkt wahrnehmen wirst. Auf jeden Fall wird es überraschend sein, denn die Erinnerung kommt wie aus dem Nichts, ganz plötzlich und unerwartet. Sozusagen ohne unser Zutun. So, als ob das uns Erinnernde, unser Verstand, ein anderer, ein Fremder wäre – weshalb wir ihn ohne weitere Zeitverschwendung näher kennenlernen sollten! Bitte jetzt!

Der Zweck dieser realen 30-Sek. Achtsamkeits-Übungen ist die möglichst frühe Wahrnehmung der Aktivitäten unseres eigenen Verstandes durch uns als achtsamer Beobachter. Normalerweise funktioniert unser Verstand automatisch – ohne uns. Sein „Denken" wird tagsüber, hauptsächlich durch unsere Körpersinne beeinflusst – meistens unbewusst hervorgerufen. Es ist das operative bzw. unbewusste Denken, das tagsüber von unseren Sinnesinformationen hervorgerufen und durch unsere bereits abgespeicherten Erfahrungen ergänzt wird.

Wenn unsere Nase einen Orangenduft wahrnimmt, dann denkt unser Verstand an eine reife Apfelsine. Wenn unsere Ohren einen Knall wahrnehmen, dann könnte es durchaus sein, dass unser Verstand an Silvester denken wird. In unserem Verstand angekommen werden Sinneseindrücke mit bereits abgespeichertem, neuronal etabliertem Wissen assoziiert und uns augenblicklich mitgeteilt. Es ist eine Art Post-Hypnose mit nachhaltigem Effekt. Auch diese Gedankenverbindungen funktionieren völlig automatisch und somit für die meisten von uns NOCH ganz und gar unbewusst.

Unsere Aufgabe auf dem Wege zu unserer Selbstfindung muss deshalb unsere eigene Sensibilisierung sein und somit die Schärfung unseres eigenen Verstandes – durch unsere Achtsamkeit. Einerseits müssen wir unseren Verstand etwas „lauter" werden lassen, damit wir ihn früher hören können, andererseits müssen wir selbst etwas „stiller" werden, damit er nicht immer laut schreien muss um von uns gehört zu werden. Unsere Stille-Remotion (Das leise bis nicht hörbare Atmen – bis die Luftströmungsgeräusche in unseren Nasengängen beim Ein- und Ausatmen nicht mehr wahrnehmbar werden.) hilft uns dabei, nach und nach sensibler bzw. achtsamer zu werden. Es ist wie mit dem Schwimmen lernen, wenn wir es JETZT lernen, dann werden wir später NICHT untergehen bzw. das andersdimensionierte Ufer sicher erreichen.

Bevor wir uns auf die Suche nach uns selbst machen, müssen WIR eindeutig wissen, WOMIT wir uns selbst finden wollen. Wer wird das „Urphantombild" erkennen, nach dem wir seit ewigen Zeiten suchen? Unser Verstand? Unser körperbehaftete, automatisierter Verstand mit seinen durch unsere Sinne vernebelten Gefühlsduseleien? Nein? Wer denn?

Wenn wir es ernsthaft herausfinden wollen, dann müssen wir unseren Verstand durch Achtsamkeit schärfen, ihn leistungsstärker bzw. empfindsamer werden lassen. Und damit er die Quelle seiner Aktivitäten, bzw. das andersdimensionierte Ufer erreichen kann, müssen wir ihm rechtzeitig das „Schwimmen" beibringen. Wir müssen ihn schrittweise sensibilisieren, auffällig lauter werden lassen, damit wir ihn rechtzeitig hören können. Den Sensibilisierungsgrad erkennen wir an folgender „Frucht": Nicht wir mit ihm, sondern er muss mit uns „spazieren" gehen. NICHT wir ihm, sondern er muss uns folgen. Er ist der Schlitten und wir die Schlittenfahrer. Er ist das Pferd, das WIR reiten! Er ist der Fußball, deren Flugrichtung WIR bestimmen. Nicht er ist der „Boss", sondern WIR! Das ist Fakt, das müssen WIR lernen und das müssen WIR ihn lehren. Doch zunächst müssen wir unserem Verstand vertrauen und er uns noch viel mehr.

Ferner sollten wir genau wissen, wie wir – und andere – unseren Verstand und unseren Körper durch Suggestion gesund- oder krankmachend, positiv oder negativ beeinflussen können. Deshalb ist es so eminent wichtig, das Vor- und Nachstehende nicht nur theoretisch, sondern auch praktisch zu verstehen.

Echte und eingebildete Kranke gibt es viele. Manche werden aus Angst vor Versagen krank, weil sie ihren beruflichen oder familiären Aufgaben nicht gewachsen sind oder aus Selbstüberschätzung und andere, weil sie keine Lust zum Arbeiten haben und noch andere, weil sie ihre Partner oder Kinder tyrannisieren bzw. sich von ihnen tyrannisieren lassen wollen. Viele Alten beklagen sich zwar, dass sie von ihren Kindern ständig „ausgenutzt" werden, doch sie tun es gern und manche von ihnen erkranken sogar, wenn sie sich um ihre Enkel **nicht** kümmern dürfen. Zunächst ist solch eine „entzugsbedingte" Erkrankung nur eine „vorübergehende" Enttäuschung. Allerdings dauert es dann nicht lange, bis sie durch suggestive Wiederholungen, durch Nachtragungen oder Vorwürfe, zur Realität wird und Einfluss auf die Physis und Psyche nimmt, bis sie schließlich zu trauriger – nicht vorübergehender – Realität mit fatalen psychischen Folgen wird – zur psychosomatischen Erkrankung.

Ein guter Psychotherapeut wäre jetzt von Nöten, andernfalls werden wir nach einer gewissen Zeit auch physisch erkranken: Unsere körperliche Haltung verändert sich, wir gehen dann nach vorn gebeugt und schauen dabei auf den Boden, leiden an Schlaflosigkeit, trinken viel Alkohol, um uns ermutigend aufzumuntern und rauchen suchtartig, um uns zu beruhigen. Dabei fängt alles in unseren Köpfen an, zunächst mit einer unbewussten Autosuggestion bzw. mit einer Enttäuschung, mit winzig kleinen Notlügen oder Selbstrechtfertigungen, die dann sehr schnell intensiver werden. Dann rauchen wir Tabak oder nehmen Drogen, weil es uns beruhigt, wir trinken Alkohol, damit wir nicht zu ruhig werden, letztlich tun wir beides, weil wir süchtig geworden sind. Schließlich, da Sucht als Krankheit anerkannt ist, lassen wir uns krank schreiben.

Auch viele echte Herzinfarkte sind auf Zurückweisungen oder nicht Beachtung zurückzuführen. Zunächst sind es leichte Schmerzen, dann werden sie durch unsere Phantasie potenziert. Bald kommt dann die Angst vor dem Tod hinzu und weitere Angst machende Ratschläge kluger Leute. Plötzlich werden alle zu Gesundheitsexperten, die bereits auch schon so etwas haben oder hatten oder sie kannten jemanden, der so etwas, nur noch viel schlimmer hatte und sogar daran verstorben ist.

Natürlich funktionieren Suggestionen nicht nur krankmachend, sondern auch gesundheitsfördernd, denn „alles hat zwei Seiten" – ist bipolar. Bei leichten Schlafstörungen reicht es oft aus, wenn wir uns vor dem Einschlafen einreden, dass wir sehr müde sind und gleich einschlafen werden. Dieser konkrete Wunschgedanke geht meistens nach wenigen Minuten in Erfüllung. Nachdem wir unsere Schlafposition eingenommen haben, warten wir einige Minuten ab, bis sich unsere Puls- und Atemfrequenz normalisiert haben. Anschließend können wir mit unserem Wunschdenken beginnen, indem wir unserem Körper sagen: „Du entspannst dich jetzt. Mit jedem Ausatmen tiefer und tiefer. Mit jedem Ausatmen wirst du müder und müder."

Sollte das nicht gleich am Anfang auf Anhieb gelingen, dann beginnen wir mit unseren Füßen: „Jetzt entspannt ihr euch, (hierbei visualisieren wir gedanklich unsere Füße), ihr werdet mit jedem Ausatmen entspannter und schwerer, entspannter und wärmer." Als Nächstes sind dann die Waden und andere Körperteile an der Rehe, die Knie, die Oberschenkel, unser Becken, der Oberkörper und die Arme. Wie oft diese Körperteil-Suggestion wiederholt werden sollten, das kann jeder für sich selbst herausfinden. Erfahrungsgemäß reichen zwei bis drei suggestive Wiederholungen pro Körperteil aus, um die erwünschte Wirkung zu erzielen. Natürlich funktioniert diese Einschlafsuggestion nicht immer, denn manchmal ist unser Verstand dermaßen mit einem Problem beschäftigt, dass er keine Zeit zum Schlafen hat. Das sind dann die ungelösten Probleme oder zurückgestellten Entscheidungen, über die wir „eine Nacht lang schlafen wollten".

Der durch Wunschdenken verursachte Gesundungsaspekt funktioniert nach dem gleichen Prinzip. Zunächst bringen wir unseren ganzen Körper in einen entspannten Zustand (ohne Schlafsuggestion), anschließend reden wir der erkrankten Stelle ein, dass sie sich entspannen soll: „Du (die erkrankte Stelle visualisierend) bist mit jedem Ausatmen entspannter.

Unser Ausatmen sollten wir uns dabei als eine Art „Energiepumpe" vorstellen, die bei jedem Ausatmen neue Heil-Energie in die erkrankte Körperstelle hineinpumpt. Auf diese suggestiveentspannende Weise können wir unserem erkrankten Körperteil tatsächlich mehr Genesungsenergie, mehr frische „Luft zum Genesen" zuführen und ihm somit bei seiner Genesung effektiv helfen. **Also: Bis zur Schädeldecke – energieaufnehmend – einatmen und anschließend „durch" die erkrankte Körperstelle – energieabgebend – „ausatmen".**

Dass Reibung Wärmeenergie erzeugt, dürfte den meisten von uns bekannt sein, z. B. durch Handflächenreiben; wenn wir sie gegeneinander gedrückt, schnell hin und her bewegen. Dass dabei auch elektrostatische Reibungsenergie entsteht, dürfte weniger bekannt sein. Durch die Überwindung des molekularen, anziehungskraftbedingten Widerstandes entsteht Reibung, welche Wärme und damit heilende Reibungsenergie freisetzt. Was die heilende Wirkung „heilender Hände" glaubensfrei erklärt. Auch das oft belächelte „Drauf-Pusten" bei Verletzung führt der verletzten Stelle neben der durch Reibung verursachten Verdunstungskälte hauptsächlich Reibungsenergie hinzu, sodass eine kleine Linderung sofort zu spüren ist. Dieses sofortige „Wohltun" wird nicht nur von Kindern, sondern auch von vielen

Erwachsenen wahrgenommen. Sogar durch schmerzbedingtes **eigenes** Drauf-Pusten. Das Ganze funktioniert im Kleinen etwa so wie ein Fahrraddynamo im Nanobereich, wobei die strömende Luft bzw. das fließende Blut den Dynamoanker und die angepusteten Körperstellen bzw. Adern-/Venen-Innenwände die Dynamowicklungen darstellen. Es funktioniert wie ein elektrischer Linearmotor, wo die Magnetfelder nicht kreisförmig sondern streckenartig, eben linear angeordnet sind, wie eine Magnetschwebebahn, nur umgekehrt, NICHT Energie verbrauchend, sondern Energie erzeugend.

Diese reibungsbedingte lineare Energieerzeugung findet überall statt, sowohl bei festen als auch bei flüssigen oder gasförmigen Stoffen – im Kleinen und im Großen gleichermaßen. Der Golfstrom gibt nicht nur Wärmeenergie ab, er erzeugt strömungs- bzw. reibungsbedingt gleichzeitig immer wieder neue. Auch bei Gezeiten oder Brandungen wird Reibungsenergie erzeugt. Über uns in der Luft passiert das Gleiche. Durch gegenläufige Luftströmungen wird Reibung erzeugt, welche in Wärme und elektrostatische Reibungsenergie umgewandelt wird. Bei einem Vulkanausbruch, bei Gewitter oder schon bei Bewegungen bestimmter Kleidungsstücke wird diese Reibungsenergie in Form von Blitzen sichtbar und implosionsbedingt sogar knallartig hörbar. Es handelt sich also um eine durch Reibung erzeugte elektrostatische Wärmeenergie, die wir unserem erkrankten Körper durch entspannende Eigensuggestionen gezielt für seine Genesung zusätzlich zur Verfügung stellen können. Diese zusätzliche „Betriebs- oder Genesungsenergie" ist es dann, die den Heilungsprozess begünstigt.

Das Heilen selbst übernimmt dann eine andere, den meisten von uns NOCH unbekannte, NICHT eingebildete, andersdimensionierte „Instanz". Weder Ärzte noch wir selbst können unsere Körper heilen. Wir können unsere Wunden vernähen oder verbinden, allgemeine Heilungsprozesse medikamentös unterstützen, doch das eigentliche Heilen übernehmen unsere Körper selbst bzw. ihre anders dimensionierten Helfer. Was wir selbst und Ärzte unseren erkrankten Körpern geben können, sind energetische Anreicherungen, beispielsweise durch Berühren durch Streicheln oder durch suggestives Zureden: „Bleib/werde ruhig, entspanne dich, **habe keine Angst**, alles wird gut!" Hierbei handelt es sich um positive Suggestionen, die Heilendes bewirken können – vorausgesetzt wir sind authentisch.

Da unser „verunreinigte" Verstand nicht mehr so richtig zwischen Gut und Schlecht unterscheiden kann, so müssen wir ihm dabei helfen, wieder unterscheidungsfähiger und damit erkenntnissicherer zu werden, denn so wie das Negative sich am Ende selbst zerstört, so können auch wir unsere eigenen Körper durch negative Suggestionen depressiv-krank machen und schließlich pathologisch zerstören. Wessen Körper und Verstand gesund werden oder bleiben soll, der darf nicht krankmachend denken, denn aus Gedanken werden Taten. Und wer hauptsächlich negativ denkt, der wird keine positiven Lebensergebnisse erzielen können.

Werden wir authentisch, dann werden unser Denken und wir es mit ihm auch. Dann wird das, was unser Verstand denkt, wahr sein und sich somit körperlich UND geistig verwirklichen können. Also; wir können unsere eigenen Körper und unsere Geist-Seele durch positive Suggestionen heilen oder durch negative krank machen, denn alles hat zwei Seiten – UND eine schmale, neutrale Atem-Wendepunkt-Mitte, in der WIR uns des Öfteren aufhalten sollten. Womit ein weiteres 30- Sekunden „in sich **kehren**" (säubern, reinigen) angesagt wäre. Bitte jetzt – danke!

Hypnose

Hypnose und Massenhypnose sind Fremdbeeinflussungen unseres Verstandes durch fremde Einwirkungen, also NICHT durch uns selbst. Es handelt sich hierbei zwar auch um suggestives Wunschdenken, allerdings NICHT um unser eigenes, sondern um das der Wunschgeber. Hierbei wird unser Verstand „eingeengt", indem er mittels einer Suggestion von allen Informationen seiner Sinne weitgehend getrennt wird und statt derer nur die Informationsbefehle des Wunschgebers wahrnimmt. Im Hypnosezustand werden wir offensichtlich zu willenlosen Marionetten, an deren Fäden andere ziehen – vorausgesetzt, wir sind hypnosetauglich oder leicht beeinflussbar. Als die zu hypnotisierende Versuchsperson müssen wir uns zunächst loslassend entspannen, also auf unsere Entspannung konzentrieren. Dabei kann der Hypnotiseur mit seinem Befehl „schlafe", „du schläfst jetzt tief und fest" direkt in unseren konzentriert abgelenkten, meistens NICHT zwei Gedanken gleichzeitig denken könnenden Verstand „hinein-dringen" und somit das Kommando über ihn bzw. über uns übernehmen. Im Grunde genommen ist es fast genauso wie im normalen Traum, nur mit dem Unterschied, dass der Hypnotiseur uns sagt, was wir zu „träumen" haben. Anschließend sind wir der Traum, der uns durch den Hypnotiseur suggeriert wird. Wir nehmen dann nur die Stimme des Hypnotiseurs wahr, spätestens jedoch, wenn er es befiehlt: „Ab jetzt hörst du nur noch meine Stimme, nichts stört dich!" Das ist schon alles. Dann hüpfen wir wie ein Kaninchen, bellen wie ein Hund oder lassen uns einfach zum Affen machen. Im Hypnosetraum sind WIR der Hypnosetraum und somit gar nicht uns wahrnehmend vorhanden. Das einzige, worauf wir uns in unserer Hypnose fokussieren und alles andere ausblenden, ist die Stimme des Hypnotiseurs.

Doch wo befinden WIR uns, während oder nachdem man uns hypnotisiert hat? Wo befinden wir uns, wenn wir einen spannenden Film sehen oder eine spannende, uns fesselnde Tätigkeit ausüben? Wir sind gerade dabei, es herauszufinden! Bis dahin können wir mit folgendem Test erfahren, ob wir zu den Personen gehören, die sich leicht hypnotisieren lassen oder zu solchen, bei denen es nicht funktioniert:

Zum Testen benötigst du einen ca. 40 cm langen Faden, z. B. einen Nähgarnfaden, an dessen einem Ende du einen Ring, einen Nagel, eine Büroklammer oder ... anbinden solltest **und** ein Stück Papier auf das du einen Kreis oder einen Strich mit zwei Pfeilrichtungen (←→) aufmalen solltest. Das freie Fadenende halte dann bitte zwischen Daumen und Zeigefinger eingeklemmt so hoch, dass der am anderen Ende befestigte Gegenstand ca. 3cm über der Kreismitte oder in der Mitte vom Pfeile-Strich stillstehend zum Schweben kommt. Jetzt musst du dir nur noch intensiv vorstellen, dass der über dem Kreis bzw. über dem Strich schwebende Gegenstand, hin und her zu schaukeln ODER um den Kreis herum zu kreisen beginnt.

Dazu kannst du als Starthilfe auch deine „Augenkraft" benutzen, indem du versuchst, den Gegenstand mit deinem Blick schwingungsartig oder kreisförmig in die von dir gewünschte Richtung „anzuschieben". Es ist keine Zauberei – probiere es einfach aus, denn „Probieren geht über Studieren".

Übrigens: Auch hierbei lassen sich Lottozahlen oder anderer Hokuspokus NICHT auspendelnd vorhersagen, auch wenn es viele Astrolügner oder andere Betrüger behaupten.

Damit wir wieder aufwachen, sagt uns der Hypnotiseur, dass er jetzt beispielsweise bis drei rückwärts zählen wird und wir dann munter und frisch aufwachen werden, ohne uns an unsere Trance zu erinnern. Rückwärts, weil unser Verstand sich dabei mehr konzentrieren muss als beim gewohnten Vorwärtszählen, das er sogar im Traum auswendig beherrscht und somit, sich wundernd, vorzeitig aufwachen könnte, aber **nicht** soll.

Sollen wir uns nachhaltig an bestimmte Hypnosebefehle erinnern, so ist auch das möglich. Dazu genügt es, wenn uns ein Hypnotiseur während unseres Trancezustandes befiehlt, bei einem bestimmten Schlüsselwort oder Gegenstand („Eselsbrücke") sofort in den Trancezustand zu fallen. Man nennt es dann Posthypnose oder mittelbare Konditionierung – ähnlich wie bei den o. g. Gedächtnisstützen – „Pusten oder Pfeifen" – beim Erinnern an die Brillenablagestelle.

Dass diese Art von Posthypnose sogar lebensgefährlich werden kann, dürfte jedem einleuchtend sein, der einen Sekundenschlaf während einer Autofahrt überlebt hat. Denn während der Hypnose, dem Sekundenschlaf oder dem Leeren-Blick, sind wir zwar körperlich anwesend, allerdings nicht bewusst vorhanden. (Siehe 1. Teil: Träumen) Es ist sehr wichtig es selbst aus sich selbst zu verstehen, denn wer seine Träume selbst – nicht aus „irgendwelcher schlauer Fachliteratur" anderer – selbst erfährt, der wird selbst zum Selbst werden. Mystisch? Nein, nur realistisch – weil Selbsterfahrung und schließlich Selbstwerdung, unser Urschicksal ist. Und weil ohne Selbsterfahrung, es keine Selbstwerdung gibt, so ist Selbsterfahrung die Vorstufe zur Selbstwerdung.

Die Posthypnose wirkt wie eine Einschlafsuggestion bei Kindern – diese kann ein oszillierendes Geräusch, ein Föhnrauschen, eine Melodie, ein Pendel oder Vorlesen sein. Wie wir sehen können, liegen Suggestion und Hypnose gar nicht so weit auseinander. Beide können sowohl Gutes, als auch Schlechtes bewirken – also vorsichtig, insbesondere mit den negativen hypnotischen Suggestionen, die, meistens charakterbedingt, ohne uns als Zensor, viel Negatives bewirken können. Bei einer Massenhypnose wird der Hypnosezustand hauptsächlich durch Emotionen, durch emotionale Reden sogenannter „charismatischer VER-Führer" hervorgerufen.

Was denkst du wohl, warum viele Politiker – auch heute noch – oder andere Propagandisten und Marktschreier sich so aufplustern, sich künstlich dermaßen aufblähend aufregen, dass wir als Zielobjekte den Eindruck bekommen, sie würden jeden Augenblick explodieren? Was denkst du wohl, warum viele Sport-Reporter, TV- oder Radio-Moderatoren, Verkäufer oder andere „Berater" und „Analysten" ohne Punkt und Komma reden?

Selbst das Luftholen erfolgt bei ihnen nicht am Satzende oder nach dem Komma, sondern mitten drin – damit wir interessiert, damit wir gefesselt auf „Empfang" bleiben. Und damit das ganze Show-Gehabe noch effektiver, noch fesselnder wirkt, wird es mit bestimmten, Emotionen hervorrufenden Geräuschen oder Gesten untermalt. Diese raffinierte, uns fesselnd- manipulierende Reden nennen sie dann Rhetorik – oft ein suggestiv wirkendes Propaganda-Geschrei, ein hypnotisierendes Verkaufsgespräch, ein hypnotisierend-angstmachendes „braunes" Gebrüll. Was meinst du wohl, warum Hitler, Göbbels, Himmler und andere Nazis sich ihre braunen Seelen aus der Brust geschrien haben?

Warum blähen sich wohl Politiker und Marktschreier dermaßen künstlich auf? Je emotionaler, je „natürlicher", je fesselnder so ein künstliches Geschrei ist, desto gefesselter wird unser Verstand. Das wissen die rhetorisch geschulten Führer und Verführer, was der Grund dafür ist, dass über suggestiv-hypnotische Manipulationen so wenig gesprochen wird, denn die „herrschenden Schlauen" lassen sich nicht gerne von den „Beherrschten" in die Karten schauen!

Je emotionaler so eine Rede ist, desto nachhaltiger ist das Echo, desto nachhallender die posthypnotische Wirkung, so nachhallend, dass manche Möchte-Gerne-Führer dem Echo vom „Sieg und Heil" auch heute noch folgen.

Die Posthypnose ist sehr gefährlich, da sie schleichend ist und somit von uns nicht bewusst wahrgenommen wird. Ein Phänomen, das seit Jahrtausenden bereits erfolgreich von politischen Herrschern und ALLEN Religionen praktiziert und dennoch, von uns, den Beherrschten, so gut wie NICHT bemerkt wird: Bei den Moslems sind es die Minarette, bei den Christen die Kirchtürme, die mit ihren Gesängen oder Geläuten, als sichtbarhörbare „posthypnotische Schlüsselbefehle" von uns wahrgenommen werden. Fahnen, Gedenktafeln oder Denkmäler gehören auch dazu. Selbst harmlos zu sein scheinende Tätowierungen, Beringungen, Haarschnitte oder andere, meistens religiöse Verschleierungen, üben posthypnotische Wirkung auf unser Denken aus, denn sie lösen, uns unbewusst, symbolspezifische Denkprozesse unseres Verstandes assoziativ aus, denn „Kleider machen Leute" – **nicht Menschen.** Und Leute verkleiden sich gerne, weil sie den äußeren Schein für ihr inneres Sein halten. Dann SIND sie die Verkleidung, die sie voller Stolz präsentieren, **imponierend und provozierend zugleich.**

Müssen wir uns als Christ, Hindu, Moslem oder Jude präsentieren? Warum gelingt es uns **noch nicht,** ohne „Brandzeichen" in Frieden zu koexistieren – **wegen** der „Brandzeichen"! Denn die „Brandzeichen" geben uns das Gefühl, scheinbar etwas „Besseres" zu sein als die Brandzeichenfreien.

Wenn ein Hypnotiseur uns während unseres hypnotischen Zustandes sagt, dass wir bei einem bestimmten Signal, bei einem bestimmten Symbol oder einem bestimmten Orientierungspunkt, an etwas Bestimmtes denken werden, dann werden wir es tatsächlich assoziativbedingt („Eselsbrücken") auch tun.

Allerdings funktioniert dieses assoziative Andockprinzip auch ohne direkte Posthypnose. Bei mir ist es die Zahl „49", die meinen Verstand immer wieder an mein Geburtsjahr denken lässt. Und welche „Schlüsselreize" sind es bei dir, die dich an etwas Bestimmtes automatisch denken lassen? Sind es Essensdüfte,

Geschirrklirren, lange Haare, hübsche Beine oder sinnliche Augen?

Selbst „dumme" Teich- oder Aquarium-Fische können mittels von Klopf- oder Glockengeräuschen oder ... erfolgreich programmiert bzw. konditioniert werden. Immer kurz bevor sie gefüttert werden, wird mit dem Fuß auf den Teichrand oder mit dem Finger leicht an die Aquarium-Wand geklopft oder geläutet oder ... und anschließend gefüttert. Diese Prozedur wird so lange wiederholt, bis die Fische gelernt haben werden, das Futter mit den Klopf- oder Glockengeräuschen oder ... zu assoziieren, bis sie verstanden haben werden, dass bestimmte Geräusche AUCH Speisung bedeuten. So wie Gerüche oder das Klirren des Essgeschirrs bei uns, uns unbewusst, Speichelfluss hervorrufen, so geschieht es auch bei unseren Verwandten, den Tieren, auch ihnen läuft das Wasser im Maul zusammen, wenn sie bestimmte akustische oder visuelle Reize mit Futter in Verbindung bringen. Es ist eine Art Reiz-Reflex-Koppelung, sodass bestimmte Reize bestimmte (gewünschte), uns völlig unbewusste Reflexe hervorrufen. Wie oder wann sich ein posthypnotischer Befehl in unseren Köpfen niedersetzt, ist nicht immer leicht zu durchschauen, obwohl es sehr leicht ist, einen solchen dort zu platzieren: Wenn ich dir jetzt sage, dass du dich bei jedem **30-km-Geschwindigkeitsbegrenzungsschild** an unsere, wiederholend vorausgegangene **30-Sekunden-Remotionsübungen** erinnern wirst, dann wirst du es tatsächlich tun – einfach WEIL ich dir das sage! Selbst wenn du es NICHT willst, du wirst es tun! Achte darauf wie und wann dein Verstand dir es sagen wird, wenn er die kreisförmig rot eingerahmte **30** auf einem Geschwindigkeitsbegrenzungsschild sieht. Es ist keine Glaubenssache, sondern assoziativ hervorgerufene Realität. Du wirst dabei nicht immer an deine **30-Sekunden-Achtsamkeits-Übung** denken, aber oft genug, um dich diesbezüglich zu sensibilisieren. Achte einfach darauf, denn es stellt keine Gefahr für dich dar, denn DU weißt ja bereits, wie und warum es so funktioniert, wie es funktioniert.

Irgendwann wird es schon genügen, wenn du nur die Zahl **30** hören oder sehen wirst, um an deine 30-Sekunden-Remotion zu denken.

Alle Kirchen und Parteien, Firmen und Vereine haben ein eigenes „Logo" und jedes Mal, wenn wir es wahrnehmen, sehen oder denken wir das, was wir unbewusst sehen oder denken SOLLEN! Es handelt sich dabei logischerweise um einen Reizschlüssel, der beim Erklingen oder beim Sehen eines bestimmten Logosymbols die Anhänger sofort an ihre Kirchen, an ihre Partei oder an ihren Verein denken lässt. Selbst Wörter wie „Knirps" oder „Tempo" lassen uns automatisch NICHT an klein oder schnell denken, sondern an einen Regenschirm oder an Papiertaschentücher. Schon ziemlich diabolisch das Ganze und Vieles ist nicht so harmlos wie es zu sein scheint, denn: „Das Böse verkleidet sich gerne"!

Doch Hypnose geht auch viel harmloser und fast jeder kennt sie aus eigener Erfahrung: Angenommen uns gefällt etwas; ein Kleidungsstück, ein Werkzeug, ein Spielzeug, ein „Habe-Ding", das man nicht wirklich benötigt aber unbedingt haben muss, etwas, was uns fesselnd begeistert, sodass wir diesen „Geist" nicht einfach lange ignorieren können. Immer wieder erinnert uns unser Verstand an das Etwas, was uns wiederholend unbewusst verspricht, uns glücklicher oder schöner zu machen – sogar nachts, wenn unser Verstand träumt. Manchmal gewinnen wir und die Posthypnose lässt nach ein paar Tagen nach, meistens jedoch nicht – „Rudel-Tiere" wie Uhren, Schuhe, Hosen, Pullover oder andere Sammelstücke kaufen wir sogar mehrmals, obwohl wir sie wirklich nur einzeln bzw. nur paarweise benötigen.

Ein wichtiger Faktor bei Massenhypnosen ist das kollektive Bewusstsein, denn im Schwarm, im Rudel oder in einer Herde sind einzelne Kreaturen Anpassungszwängen unterworfen.

Wenn einer einen Witz erzählt, dann lachen alle mit – auch wenn sie den Witz NICHT verstanden haben. Die Augen- bzw. Körperspiegelungen sind es, die uns emphatisch ineinander versetzen und somit das Gleiche fühlen lassen können, was Andere empfinden. Bei religiös oder politisch motivierten Propagandaveranstaltungen werden abartige Massenzustimmungen durch kollektive Zwangs-Hysterie erzielt. Dann schreit man zustimmend Heil, will den totalen Krieg haben und ist sich des gerechten Sieges bewusst – wirklich? Sind WIR es wirklich, die da schreien?

Im Schwarm bestimmt meistens NUR ein einzelnes Schwarmmitglied, ein Vorbeter, ein Demo-ANFÜHRER, ein Megaphonschreier, ein „Lach-Schild-Halter" oder ein anderer Agitator, das Verhalten vieler, insbesondere junger Leute, also vorsichtig, denn unbedachte Nachfolgschaften können fatale Folgen haben!

Im 2. Weltkrieg führten sie viele, an „Heil und Sieg" blind glaubende junge Menschen, bis nach Stalingrad, wo sie hungerbedingt sogar zu Kannibalen wurden. Heute führen sie sie z. B. nach Syrien, wo sie hypnotisch berauscht dem fanatischen Idiotismus einer angeblich „menschenliebenden" Religion unschuldig geopfert werden – welcher Religion? Das ist nicht wichtig, wichtig ist nur, dass die lernschwachen Religionsfanatiker IHRE Religion für die einzig wahre halten. Dann sind Jahwe und Allah, sowie unzählige andere Götter, für die sich die „Kleinsten" zunächst sinnlos aufopfern, die Größten – bis sie im fernen Irgendwann (Evtl. erst im kommenden Zeitalter der Implosion) lernen, sinnlosem „Götterglauben" zu widerstehen! Bis dahin werden sie noch viel Böses tun müssen, um gut zu werden – was dann der Sinn solcher fanatischen Sinnlosigkeit wäre, denn **noch** sind wir Suchende – ohne zu wissen, wonach wir suchen.

Auf dem Weg zu uns selbst haben die o. g. suggestiven Wunschdenkmethoden nichts Förderndes. Ich habe sie nur hinweisend erwähnt, weil der Weg zu uns selbst meistens schmal, steinig und voller List schlauer Leute ist. Da gibt es viele gutgetarnte, in „Schafspelze" gehüllte Führer und Verführer! Da kann einem Suchenden schon ein Ausrutscher in die eine oder andere Richtung widerfahren, denn es gibt sehr viele profitorientierte „Reiseführer", aber nur wenige ehrenamtliche „Reisebegleiter". Sie voneinander zu unterscheiden ist gar nicht so einfach, doch mit der „Baum-Früchte-Methode" gelingt uns auch das. Dann werden wir mehr auf die den Worten folgenden Taten achten als auf die emotional-hypnotisierenden Worte selbst, mehr auf das wahre Sein als auf den trügerischen Schein.

Damit wir uns auf dem schmalen Weg zu uns selbst nicht ablenken lassen, müssen wir fit sein und „schlauer" werden als die starrsinnigen System-/Kirchen-Führer oder als andere Manipulierer! Also sensibilisieren und schärfen wir das einzige Werkzeug, das uns auf unserer Suche nach uns selbst momentan zur Verfügung steht – unseren Verstand. Es ist wie im Sport; wer mehr leisten will, der muss leistungsfähiger werden.

Am Anfang unserer Selbstsuche genügen unserer täglichen Remotion-Übungen völlig aus, um zu lernen empfindsamer und damit von Mal zu Mal wacher zu werden. Also, marschieren wir los, auch wenn wir dabei anderen auf die Füße treten sollten, denn stehend oder schlafend werden wir den Weg nach unserem Urzuhause nicht finden können. Unsere glaubensfreien Remotionen ZEIGEN ihn uns, den einzigen neutralen Weg. Einen geraden Weg, der uns geradeaus zu uns selbst, zu unserem Urzuhause führt. Und weil eine Gerade bekanntlich die kürzeste und damit auch die schnellste Verbindung ist, so sollten wir sie unverzüglich begehen, denn Umwege sind zeitraubend, Zeit, die viele von uns nicht haben.

Was wir in unserem Leben zwischen unserem ersten und letzten Atemzug nicht werden, das werden wir auch nach unserem allerletzten Atemzug nicht sein können, denn was es im Hier und Jetzt, sich selbst wahrnehmend nicht gibt, das wird es auch später im Dort nicht selbstwahrnehmend geben. Also werden wir im Hier und Jetzt unser sich selbst wahrnehmendes Selbst, damit wir im Dort, nach unserem letzten Ausatmen, ES für immer sein können! Mystisch? Unerklärlich?

Zunächst ja, bis wir eines Tages unser „Aquarium" (Siehe 2. Teil: Glaube) bewusst verlassen werden, danach wird alles Mystische oder Unerklärliche plötzlich entmystifiziert, erklärbar und erlebbar werden, auch das, was unserem Verstand z. Z. noch mystisch oder unerklärlich erscheint.

Es ist wie mit den Früchten. Die Reifen werden geerntet, die Unreifen dagegen nie! Sie fallen einfach unreif zu Boden und vergehen, so, als ob sie nie existiert hätten. Es ist wie mit den wenigen Lernwilligen, die immer weiter wachsen – bis sie den „Himmel" erreichen.

Entweder wir kehren in uns und vollenden uns selbst, oder wir bleiben weiterhin unvollendet – halbfertig – ganz unbrauchbar!

Meditation

Glaubensabhängige bzw. Glaubens-**abhängig** machende „Meditationen" gibt es viele, jedoch nur wenige, die **ohne** jegliche Glaubenshokuspokus-„Infektionen" auskommen, die Bewusstsein-erweiternd und NICHT Bewusstsein-einengend sind.
Unsere Meditation ist wie bewusstes Träumen, eine Art aufmerksame Beobachtung unseres eigenen Denkens bzw. der Aktivitäten unseres Verstandes, eben ähnlich wie im bewussten Traum, wo wir NICHT unsere Träume sind, sondern seine aufmerksamen Beobachter. **Unser** Meditieren bedeutet so viel wie bewusst „anhalten", bewusst „in-sich-gehen", bewusst „in-sich-kehren", sich bewusst „selbst-entschleiern". Insbesondere jedoch bedeutet sie, unserem Verstand bewusst helfen klarsichtiger, ohne fremde „Hilfe", selbsterkennender zu werden. Dabei müssen wir für die Dauer unserer Meditation, immer wieder versuchen NUR ein passiver Beobachter unserer Meditation zu werden und **kein aktiver Teilnehmer.** Der aktiv Meditierende muss unser Verstand sein bzw. im Laufe der Zeit werden und wir NUR seine Beobachter – „nicht immer aber immer öfter".
Es gibt unzählige Meditationsmethoden und die mentalen und/oder körperlichen Methoden gehören auch dazu. Die körperliche Meditationsmethode ist eine Art konzentrierte Dehnungsgymnastik mit meditativem Charakter. Dabei gibt es viele sinnvolle Übungen, die den Körper beweglich erhalten. Meistens werden sie recht langsam, dafür aber konzentriert und entspanntloslassend am Boden, stehend oder gehend ausgeführt. Im Grunde genommen, kann jede Körperbewegung, die BEWUSST ausgeführt wird, als Meditation bezeichnet werden. Die allgemein bekannteste Übung bzw. Figur der körperlichen Meditation, ist der Lotus- bzw. der Schneidersitz, das Sitzen mit gekreuzten – NICHT „verknoteten" – Beinen, den auch wir üben sollten, denn er ist die bequemste Art, ausdauernd still und un-

beweglich zu sitzen. Allerdings wussten das schon die alten Schneider, bevor sie etwas über Meditation hörten, als sie am liebsten bei ihren Näharbeiten AUF den Tischen mit gekreuzten Beinen im Schneidersitz (Lotussitz) saßen. Dass sie dabei meditiert haben sollten, das wussten sie damals noch nicht. Dabei funktioniert Meditation in etwa so, wie die alten Schneider sie bereits täglich ausübten.

Beim Meditieren sitzt man gerade, aber entspannt und atmet dabei gleichmäßig. Auf einem Stuhl, Sessel, Sofa, Bett oder Boden sitzend achtet man darauf, dass die Wirbelsäule gestreckt bleibt. Eine kleine Rolle aus gerollter Decke oder einem Saunatuch kann bei Bedarf zwischen Stuhllehne, Bettkopfteil oder Wand und Rücken im Lendenbereich platziert werden. Das erleichtert das aufrechte Sitzen über eine längere Zeit. Beim Sitzen auf dem Boden, Sofa oder Bett kann nach Bedarf auch unter das Gesäß eine Nacken- bzw. Badehandtuch-Rolle oder Ähnliches gelegt werden. Probiere es einfach aus und finde DEINE Meditationsposition selbst heraus!

Was die Atmung angeht, so sollte sie zunächst bewusst verlaufen. Ob kurz oder lang, das ist nicht wichtig, wichtig ist NUR, beobachtend zu wissen, dass unser Körper ganz natürlich atmet. Keine Experimente, die den Sauerstoff- oder Kohlendioxidgehalt unseres Blutes verändern und uns dann etwas sehen oder fühlen lassen, was uns zwar drogenartig begeistern könnte, das es aber in Wirklichkeit gar nicht gibt, z. B. Lottozahlen der kommenden Lottoziehung.

Also bitte keine Experimente! Einfach laufen lassen und achtsam zuschauen wie sich das Ganze so entwickelt.

Wem das Sitzen mit gekreuzten Beinen Schwierigkeiten bereitet, weil er aus Altersgründen oder irgendwelchen anderen körperlichen Behinderungen eingeschränkt ist, der sucht sich eine stützende Rückenlehne zum Anlehnen – eine Stuhl- oder Sessellehne, eine Wand oder das Bettkopfteil. Dabei legt man sich ein oder zwei Kissen hinter den Rücken und/oder unter das Gesäß, sodass eine recht bequeme Sitzposition mit aufrecht gestrecktem Rücken ermöglicht wird. Wer ohne Rückenstütze auf dem Boden sitzt, der sollte sich eine Rolle, ein großes gefaltetes Handtuch, ein, zwei, drei Brettchen oder eine gefaltete Decke unter das Gesäß legen, sodass das darauf folgende längere unbewegliche Sitzen keine starken Verkrampfungen verursacht. Es darf ruhig altersspezifisch experimentiert werden – so lange, bis jeder für sich die richtige Sitzposition gefunden hat. Und richtig wird sie sein, wenn sie auch nach einer halben Stunde oder länger keine oder kaum körperliche Verkrampfungen verursacht. „Der Baum wird richtig sein, wenn er schmerzfreie Früchte trägt!"

Auch liegend ist Meditieren möglich und fast genauso erfolgreich wie sitzend, allerdings schlafen wir dabei öfter ein als es wünschenswert wäre, doch ein entspanntes Einschlafen ist auch gut. Wichtig ist nur eins zu wissen, dass wir KEINE religiöse Glaubensangelegenheit aus UNSERER Meditation machen dürfen, denn was Suggestionen bewirken können, darüber haben wir bereits warnend gesprochen. Wir müssen uns daran halten oder wir werden jemand, der wir garantiert NICHT sind. Dann wird Meditation zum Selbstzweck, zum „Hypnotiseur". Also erwarten wir nichts Bestimmtes, dann werden wir es auch nicht werden können. Wir wollen ja UNS selbst finden und nicht jemand anderen! Wir wollen selbsterfahren und NICHT von anderen überfahren werden. Fazit: KEINE Duftkerzen, KEINE Räucherstäbchen, KEINE Götzenbilder, KEINE suggestive Atmosphäre mit irgendwelcher Musik, insbesondere jedoch KEINE posthypnotisch wirkenden Logo-Symbole. Denn je weniger wir abgelenkt werden, desto entspannter wird unser Körper, desto lauter wird unser Verstand werden, und das ist schon „Krach" und Ablenkung genug!

Haben wir unsere Meditationsposition eingenommen, dann richten wir anschließend unsere Aufmerksamkeit auf unsere Körperhaltung und unseren Atem. Der Atem sollte möglichst

NICHT manipuliert werden, denn wer sich das erst einmal angewöhnt, der wird es nur schwerlich wieder losverden können und kommt nicht wirklich voran. Am sichersten ist es, den „Blick" nach innen zu richten- „in-sich-kehren", unserem Körper und Verstand passiv-bewusst zuzuhören. Dabei beobachtet man so ziemlich alles, insbesondere die einzelne Körperteile sowie Gefühle und Gedanken, ohne sich davon binden zu lassen – also passiv. Anfänglich duldet man achtsam alles was kommt, OHNE zu widersprechen, ohne sich vom Denken einbeziehen zu lassen, NUR darauf achtend was wo geschieht. Gutes oder Schlechtes gibt es nicht, alles ist wie es kommt und geht – bis auf die Rückenschmerzen, die sitzpositionsbedingt hervorgerufen werden können und deshalb sofort **während** der aktuellen Meditation **behutsam** korrigiert werden sollten.

Was uns dann im zweiten Schritt merklich weiterbringt, ist Meditation mit einer Meditationsbasis oder einer Meditationsleine. Die Meditationsbasis oder Meditationsleine ist eine Art „Zuhause", zu dem wir bei jedem uns bewusst gewordenen „Verreisen" unserer Gedanken, sofort zurückkehren – genauso wie bei unserer bereits bekannten „30 Sek.-Atem-Wendepunkte-Beobachtung", nur wesentlich länger. Die Meditationsbasis ist so etwas wie ein Anleinen, wie ein Zuhause, wie ein Ausgangspunkt, zu dem wir immer dann zurückkehren, wenn wir uns „verlaufen", wenn wir uns losleinen, wenn unsere Aufmerksamkeit nachlässt, wenn der geheimnisvolle **Um**-Schalter, von uns, dem Beobachter, völlig unbemerkt, von bewusst auf unbewusst **um**-geschaltet wird.

Es ist wie bei einem manuell/autonom gesteuertem Fahrzeug – wenn es manuell gesteuert wird, dann bestimmt der Fahrer das Ziel und nicht die „Algorithmen".

Die Meditationsbasis bzw. Meditationsleine der alten Schneider waren Garn, Nadel und die saubere Naht. Und immer, wenn sie sie verlassen haben, mussten sie ihre „Meditation" korrigieren und zu ihrer „Meditationsbasis", zu Nadel, Garn und sauberen Naht achtsam zurückkehren – ähnlich wie bei unseren außer Acht geratenen Atemwendepunkten.

Immer wenn unsere Gedanken sich während unserer Meditation verselbstständigend losleinen, wenn sie unbemerkt irgendwohin abwandern, wenn sie vagabundierend unterwegs sind, holen wir sie zu unserer Meditationsbasis kommentarlos zurück, bis sie uns aufgrund unserer Unachtsamkeit erneut verlassen. **„Kommentarlos",** andernfalls entsteht daraus eine unseren Verstand fesselnde „Diskussion", eine assoziative Gedankenkette. Doch darauf kommen wir noch ausführlich zu sprechen.

Auch Stricken oder Angeln, Kochen oder Backen, Jagen oder Sammeln, Essen oder Sex, haben eine ähnliche, beruhigende Funktion, nur dass sie nicht Meditation genannt werden, sondern beruhigend angenehmer Zeitvertreib, welcher das vegetative Nervensystem positiv beeinflusst und somit die eigene Entspannung fördert. Derartige natürliche „Meditationen" befriedigen uns zwar, doch sie bringen uns, ähnlich wie bei der natürlichen Evolution, in unserer geistigen Entwicklung nur sehr langsam voran. Selbst das achtsame Staubwischen, Kartoffel- oder Apfelschälen mit **einem** nicht unterbrochenen, also mit einem langen, durchgehenden Schalenstreifen, einem Hobbynachgehen oder einfach ALLEINE Spazierengehen ist eine abgeschwächte Variante der natürlichen Meditation. Denn auch bei diesen Tätigkeiten wird unser Verstand leicht an die Meditations-Leine gelegt, wenn auch an eine sehr, sehr lange. Was der Grund dafür ist, dass die menschliche Entwicklung nur relativ langsam voranschreitet und somit für die meisten von uns unbemerkt bleibt. Es ist wie mit dem Minutenzeiger einer Uhr, der, bei flüchtiger Betrachtung, still zu stehen **scheint**.

Unsere Meditationsleine darf nicht zu kurz und nicht zu lang sein. Eine zu kurze Meditationsleine bewirkt, dass wir uns als Einsteiger zu stark konzentrieren werden, was eine destruktive Einengung statt eine konstruktive Erweiterung wäre. Meditations-Leine bzw. Meditations-Basis bedeutet hierbei, dass unsere Achtsamkeit dem gilt, was wir gerade tun. **Dabei ist es nicht wichtig, was wir tun, wichtig ist NUR, dass wir es wissend und somit bewusst tun!**

Haben wir unsere Meditationsposition vorzugsweise aufrecht sitzend eingenommen, dann sollten wir am Anfang von keinem gestört werden. Also: Tür zu, keine Musik, keine Düfte und Licht aus! Später wird uns nichts und niemand stören können, doch anfangs ist ungestörte Ruhe wichtig, andernfalls könnte es vorkommen, dass wir mittendrin unterbrochen werden, was zum Sich-Erschrecken führen und uns zukünftig eine angespannte Geisteshaltung annehmen lassen würde. Unser Verstand würde dann posthypnotischbedingt eine Zeit lang ständig damit rechnen, überraschend gestört zu werden. Dann würde aus alles beachtenden Achtsamkeit alles ausschließende Konzentration werden und uns mehr schaden als nutzen, denn Meditieren heißt entspannt loslassen und NICHT angespannt festhalten.

Eine BEWUSSTE, harmonisch-ruhige Atmung ist bei unserer Meditation sehr wichtig. Sie sollte möglichst gleichmäßig sein, am besten, ohne an sie zu denken, ohne Hektik oder irgendwelche Atemakrobatik. Kein verkrampftes Luftanhalten, wie wir es von uns kennen, wenn wir stark konzentriert sind. Kein hektisches nach Luft schnappen, wie wir es von uns kennen, wenn wir aufgeregt sind. Also immer schön locker bleiben! NUR ruhig darauf achten, was passiert – das ist anfangs schon Unruhe genug!

Nur betonte Zwergfellatmung ist genauso falsch wie nur betonte Brustatmung. Richtig ist, sowohl das Eine als auch das Andere, jedoch NICHT bewusst betont, also so, wie wir sie bereits seit unserer Geburt praktizieren. Nicht verkrampfen, nicht pressen, nicht übertreiben, laufen lassen, NUR sich des leisen Atmens des Körpers bewusst sein! Dabei genügt es zu wissen, dass NICHT wir, sondern unser Körper atmet. Etwas länger hinaus-

SCHIEBEN bei der Ausatmung und etwas kürzer hereinZIEHEN bei der Einatmung sind nicht nur für den Anfang völlig ausreichend. Das Ein-Ausatmen **kann** bei den Atemwendepunkten leicht verzögert werden. Das Ausatmen **kann** einen Takt länger dauern als das Einatmen – **kann, muss aber nicht**. Als Taktgeber kann eine Sekundendauer oder vorzugsweise die natürliche Herzfrequenzdauer zur Hilfe genommen werden. Das Einatmen 1-2 und das Ausatmen ebenfalls 1-2 oder 1-2-3, also 2 zu 2 oder 2 zu 3 Takte, dabei ist mehr auf die bereits bekannten Wendepunkte ZWISCHEN den Atemzügen zu achten als auf die Atemzüge selbst – wobei wir dann bereits mehr bei der Remotion als bei der Meditation wären.

Beim Einatmen „ziehen" wir die Atemluft durch unsere Nasengänge in unsere Lungen hinein. Beim Ausatmen lassen wir die sauerstoffreduzierte Atemluft AUCH über unsere Nasengänge loslassend hinaus fließen. Geatmet wird grundsätzlich NUR durch die Nase und NICHT durch den Mund.

Wenn wir unseren Brustkorb durch Rippenmuskelkontraktion ausdehnen, schaffen wir Unterdruck in unserem Brustkorb, dann fließt die Atemluft luftdruckdifferenzbedingt und somit luftdruckausgleichend in unsere Lungen wie von selbst hinein, denn wo Vakuum entsteht, dort fließt Luft druckausgleichend nach. Achte darauf, es könnte interessant sein.

Lösen wir die Rippenmuskelkontraktion auf, dann entspannt sich unser Brustkorb, sodass der atmosphärische Luftdruck unseren Brustkorb zusammendrückt. Dabei nimmt das Volumen des Brustkorbes ab und die Kohlendioxid angereicherte Atemluft fließt ebenfalls luftdruckausgleichend hinaus. Dabei sollten wir darauf achten, dass wir möglichst gründlich ausatmen, jedoch OHNE die restliche Ausatmungsreserveluft durch Bauchmuskelkontraktion hinaus zupressen.

Nachfolgend ein Beispiel des Atemzyklus bei UNSERER Meditation: Rhythmus: ein-ein – kurze Pause – aus-aus oder aus-aus-aus – kurze Pause- ein-ein, usw., usw. Der Rhythmus ergibt sich auch hierbei meist automatisch aus der Herzschlagfrequenz. Natürlich sind auch andere Atem-Rhythmus-Konstellationen oder andere, eigene Meditationsbasen möglich. So sollte jeder seinen eigenen, sich fortlaufend seinem eigenen Entwicklungsstand angleichenden Rhythmus finden, denn unser Atemrhythmus wird sich verändern, **weil wir uns verändern werden.** Wer seine Meditationsbasis **nicht** seinem Entwicklungsstand angleicht, der passt sich seiner Meditationsbasis an, dann wird Meditation NUR des Meditierens Willen ausgeübt, denn „wer seinen Hund nicht führt, der wird von ihm geführt werden".

Übrigens, wenn wir während unserer Meditation immer wieder das Gleiche erleben, dann ist dies ein Zeichen dafür, dass wir scheinbar NICHT vorankommen. Dabei muss sich unser bisher erreichte Zustand erst stabilisierend etablieren, unsere neue Hardware mit der neuen Software abgeglichen bzw. ihr angepasst werden – dann geht es wieder ein Stückchen weiter. Es ist wie mit dem Lernen nach dem Prinzip der konzentrischen Kreise, die mit jedem Dazulernen größer werden. Uns müssen erst kräftige Flügel wachsen, bevor wir ausdauernd fliegen werden können. Wir müssen zunächst die einzelnen Buchstaben bzw. Ziffern kennenlernen, um aus/mit ihnen Wörter oder Zahlen bilden zu können. Es ist wie mit den Orientierungsbildern, wie in der Schule, auch dort lernen wir jeden Tag etwas Neues hinzu, sodass unsere Wissenskreise immer größer bzw. immer weiter werden. Also konsequent, kreativ und geduldig üben ist angesagt, und was auch immer während unserer Meditation passiert, nicht zu lange ablenken oder assoziieren lassen, sondern immer wieder zur Meditationsbasis zurückkehren – BEVOR sich unser Verstand verselbständigt und uns somit „überlistet" bzw. in „Diskusionen" verstrickt.

Summ-Geräusche (Urknallecho/Urknallmelodie) oder Lichtpunkterscheinungen, z. B. kleine, weiß, blau bis lila leuchtende Punkte (unsere Sehnerven) oder unseren Kopf-Raum füllendes helles Licht, Körperleichtigkeitsempfinden, Gefühl des Fliegens, den ganzen Raum ausfüllendes Körpervolumenempfinden, Schwitzen, Anschwellen der Geschlechtsteile bis hin zum Orgasmus und Ähnliches sind kein Grund zur Beunruhigung. Im Gegenteil, daran können wir erkennen, dass sich tatsächlich etwas in unserem Gehirn verändert, denn fortschreiten heißt Neues auf- oder Altes abbauen, korrigieren, neugestalten. Was die weiß, hellblau bis lila leuchtenden Leuchtpunkte betrifft, so kommen sie aufgrund der korrigierenden Entspannung unserer Augen zu Stande. Dabei fällt der Augeninnendruck leicht ab, sodass sich die Netzhaut von der Aderhaut leicht deformierend vorübergehend entspannt. Dabei kommt es zu molekularen Verschiebungen (Reibungsenergiebildung), bei denen elektrostatische Impulse bzw. elektrostatische Entladungen entstehen, welche über unseren Sehnerv zu unserem Gehirn geleitet werden, sodass es uns dann als Leuchtpunkte „sehen" lässt.

Nachdem wir unsere Meditationsposition eingenommen haben, unser Pulsschlag und unsere Atmung sich beruhigt bzw. normalisiert haben, beginnen wir auf die beiden Atemwendepunkte zwischen unserem Ein- und Ausatmen zu achten oder, was wesentlich effektiver aber anstrengender ist, der „Urknallmelodie" in „Stereo", also links-rechts-**differenziert,** zuzuhören. **Differenziert,** denn die Urknallmelodie wird von einem großen, mit sehr vielen „Instrumenten" besetzten „Orchester" gespielt, und die Wahrnehmung der einzelnen „Instrumente" ist wesentlich anstrengender, als die des gesamten Orchesters.

Wenn es uns anfangs gelingt 5 Min. – NUR 5 Min. „KURZ" – unseren Verstand an unserer Meditationsleine zu halten, dann dauert es bereits ZU LANGE, dann ist unsere Konzentration zu stark bzw. die Meditationsleine zu kurz! In der Regel wird es anfangs relativ lange dauern, bis wir die „kurzen" 5 Min. des Dauermeditierens erreichen werden. Die Meditationsdauer insgesamt sollte anfangs etwa 15 bis 30 Minuten betragen – nicht länger! Das kann jeder für sich selbst herausfinden.

Wenn während oder nach unserer Meditation leichte Kopfschmerzen oder leichte Schwindelgefühle auftreten, dann ist das kein Grund zu Beunruhigung, im Gegenteil, es ist ein Zeichen dafür, dass unser Verstand angefangen hat zu verstehen, dass er anfängt, sich in der „Mauser" zu befinden, dass ihm „Flügel" zu wachsen begonnen haben. So gesehen sind leichte Kopfschmerzen eine Art Muskelkater im Kopf, eine Art Lernzielkontrolle. Und was hilft bei einem leichten Muskelkater im Allgemeinen am besten?

Genau – weitermachen! Zunächst einmal, dann zweimal, dann dreimal wöchentlich, dann so oft oder so selten, wie es uns gut tut. Anfangs ist Regelmäßigkeit wichtig, doch auch dabei gilt: Macht KEINE Religion oder Fanatismus daraus! Zu viel des Guten kann auch hierbei böse enden. Es ist wie mit der Medikamenteneinnahme; auf die **richtige Dosis kommt es an!**

Während unserer Meditationssitzung werden wir immer wieder und wieder feststellen, dass unser Verstand sich „los-leint" bzw. verselbstständigt – das kennen wir bereits von unseren Atemwendepunkten-Beobachtungen. Dann holen wir ihn wieder und wieder auf unsere Meditationsbasis zurück bzw. leinen ihn erneut an unsere Meditationsleine an.

Wir dürfen nicht enttäuscht sein, wenn unser Verstand anfangs nicht so will, wie wir es uns vorstellen, denn er kannte uns bis dato nur reagierend und nicht selbst agierend. Bis dato war unser Verstand derjenige, der uns sagte wo es lang geht, dem wir gehorcht haben. Er war der Hund, der uns ausführte bzw. „der Schwanz, der mit dem Hunde wedelte". Nun soll er plötzlich sich von uns führen lassen, uns dienen?

Er soll und er wird, nur Geduld. Anfangs wird es für unseren Verstand nicht leicht sein, aber er wird spätestens in unserer neutral-glaubensfreien Remotion lernen müssen, UNS zu gehorchen. Bis dahin dürfen wir zu ihm nicht zu streng sein, denn angemessene Disziplin ist fördernd, Zwang dagegen zerstörerisch. Was WIR dabei beherzigen müssen, ist disziplinierende Geduld und NICHT gewaltsame Überforderung durch falschen, durch destruktiven Ehrgeiz! Habe Geduld, dann wirst du zwar langsam, dafür aber sicher dein Ziel erreichen.

In UNSERER Meditation geht es immer wieder darum, unseren Verstand anzuleinen und somit zu disziplinieren. Egal, mit welcher Meditationsleine wir unseren Verstand in-sich-kehren lassen wollen, sie MUSS **glaubensfrei** und dehnbar – aber reißfest sein. Denn jeder Hokuspokus mit religiösem Hintergrund bringt uns bis zu SEINEM Abgrund, dann stürzen wir in seine beabsichtigte Abhängigkeit hinab. Es gibt genügend „Scheinheilige", die diesen Weg in den „heiligen Abgrund" einfach weitergegangen und abgestürzt sind. Denen sollten wir auf gar keinen Fall folgen, denn die Chance, sich selbst zu finden, ein Selbsterkennender zu werden, haben WIR: hier und jetzt!

Ob wir die Chance, den langen Weg der Evolution bis zur Menschwerdung, noch einmal gehen zu DÜRFEN bekommen, ist sehr fraglich. Wir können diese einmalige Chance jetzt, hier auf UNSERER Erde nutzen oder als Mineralien unserer Asche, als Erdenstaub oder als Wassermoleküle unserer ehemaligen Körper auf die nächste Chance warten, irgendwo und/oder irgendwann, und wenn, dann werden sich die meisten von uns NICHT mehr daran erinnern, dass sie bereits in ferner Vergangenheit die Chance zur Menschwerdung hatten und **nicht** genutzt haben.

Mystisch? Nein, nur eine andere, mit theorienbildender Hilfe der Quantenphysik zu erahnende Realität. Eine andersdimensionierte, für uns **noch** nicht bewusst wahrnehmbare Realität, die nur andersdimensioniert erfahrbar ist. Es ist wie mit der Raupe und dem Schmetterling, die sich gegenseitig nie begegnen und dennoch eine vage Ahnung voneinander haben.

Manchmal, in tiefer Meditation, öffnet sich für Fortgeschrittene einen zeitlosen Augenblick lang – es können Sekunden oder sogar Minuten sein – eine Art „Tür" aus sehr angenehm strahlendem „Licht", die uns Andersdimensioniertes wahrnehmen lässt. Dann setzt der Atem aus, und das Herz hört auf zu schlagen. Wir haben dann keine Gedanken wie sonst, wir hören auch keine Geräusche, wir wissen NUR, Orgasmus-ähnlich verzückt – dass wir existieren.

Diese andersdimensionierte Erfahrung findet außerhalb unseres Verstanden statt, was der Grund dafür ist, dass wir uns in unserer jetzigen, körperbedingten Dimension nur **„echoartig"** daran erinnern können.

Es ist wie mit den zwei Räumen, die durch eine Tür voneinander getrennt sind. Entweder sind wir hier, dann sind wir nicht dort, oder wir sind dort, dann sind wir nicht hier. In beiden Räumen, in beiden Dimensionen dauerhaft gleichzeitig zu sein, ist uns **noch** nicht möglich und ohne Zuhilfenahme der Quantenphysik, auch nicht erklärbar. Solange wir noch einen Fuß über der beide Räume verbindenden „Türschwelle" haben, uns in der neutralen Mitte, in der Atem- und Herzstillstand**pause** befinden, solange können wir uns noch entscheiden – für hier oder für dort. Ähnlich wie bei den Teilchen der Elementarteilchen, die sowohl massehaltig alsdann auch massefrei, an verschiedenen Orten gleichzeitig, sein können. Ähnlich wie bei der Materie und Antimaterie, die sich beim Begegnen scheinbar spurlos auflösen. Ähnlich wie beim Lebensanfang, wie bei den einzelnen RNA-Strengen (Ribonukleinsäure), die auf wundersame Weise zur doppelten DNA-Strängen (Desoxyribonukleinsäure) mutieren und somit immer wieder Neues hervorbringen.

Wer jetzt durch diese unwiderstehliche „Licht-Tür" hindurchgeht, der kommt nicht wieder zurück. Der hört auf, körperlich (als Kaulquappe oder Larve) zu existieren. Also vorsichtig, denn dieses Gefühl ist so unwiderstehlich, so überwältigend schön, dass wir ES leicht für immer sein möchten. Wer diese andersdimensionierte Erfahrung irgendwann mal gemacht hat oder in seinem Leben noch machen wird, der vergisst sie bis zu seinem körperlichen Lebensende und darüber hinaus, nicht. Für den wird sein körperliches Ende NUR ein ewig neuer Anfang sein.

Einerseits, wenn wir alleine leben, dann kann uns nichts Schöneres passieren, dann können wir durch diese hell strahlende Tür hindurchgehen und uns dort selbstauflösend, mit der „schattenlosen Strahlung" für ewiglich vereinigen bzw. ein fortdauernder Teil von ihr werden.

Andererseits sollten wir es nicht sofort realisieren, sondern eine gewisse Zeit lang abwarten, vorzugsweise bis unsere Körper krank oder alt geworden sind, denn „es gibt noch viel zu tun", und bereits selbsterfahrene „Erntehelfer", „Stolpersteinleger", „Schwertschärfer" oder ehrliche „Reisebegleiter" werden derzeit dringender benötigt denn je und manchmal bereits vor ihrer Geburt durch entsprechende Genkombination dazu berufen.

Also sollte diese Gnade einigen von euch widerfahren, und davon bin ich aufgrund meiner eigenen Erfahrung felsenfest überzeugt, dann MÜSST ihr spätestens nach etwa dem fünften Herzschlagaussetzer AKTIV mit eurer Einatmung wieder beginnen, oder ihr werden unumkehrbar dort angekommen sein, wohin alle Suchenden sehnsüchtig hinwollen – im Zeitlosen, im Ewigen Ewig, im Unendlichen, im SEIN, im ..., denn das Namenlose hat viele Namen. Also, achtet auf eure Atempausen, damit ihr eure letzte, die **ewige andauernde** Atempause nicht verschlaft, sonst werdet ihr, ohne es zu wissen, tot sein – körperlich UND geistig. Übrigens: Die andersdimensionierte Seite hinter der „Türschwelle" ist atemlos, frei von Blut- und Atemströmungsgeräuschen und voll sehr angenehmer **schattenloser Strahlung** – es gibt kein Licht und keine Lichtquelle, die schattenwerfend leuchtet, dort gibt es Licht **ohne** Schatten, alles leuchtet strahlend aus sich selbst, sozusagen aus/durch sich selbst in einer sehr angenehmen gelb-weiß strahlenden Farbe. Dort angekommen, werden wir bewusst ein universal-flexibles

Teilchen von dem werden, was wir schon immer unbewusst als Ganzes waren – das „Nichts", denn das Nichtelementare ist, aufgrund der heutigen Erkenntnisse der Quantenphysik, ein „Nichts" – NUR Raum bzw. NUR sich selbst wahrnehmende, Raum bildende, schöpferische Strahlung. Ein wunderbares Nichts, das wir bereits waren, bevor wir elementar bzw. körperlich wurden und, wenn nicht gegenwärtig, dann irgendwann in ferner Zukunft wieder werden!

Wer das andersdimensionierte „NICHTS" erahnen will, der **muss** zunächst das diesseitsdimensionierte „ALLES", insbesondere jedoch sich selbst, glaubensfrei verstehen wollen. UNSERE glaubensfreie Meditation und Remotion sind die geeigneten Selbsterfahrungsmethoden hierfür – wir sollten sie des Öfteren praktizieren – bitte jetzt!

Den Anfang und das Ende unserer Meditation sollten wir ein wenig ritualisieren – was bereits eine leichte Art der Suggestion oder Posthypnose darstellt. Eine leichte, loslassende Körpersuggestion ist am Anfang entspannend und am Ende eine sich sammelnde, eine unseren Körper anspannende durchaus sinnvoll.

Am Anfang unserer Meditation konzentrieren wir uns auf die Ausatmung, indem wir beim Ausatmen loslassen, entspannen und die Atemluft hinaus fließen lassen. Am Ende unserer Meditation konzentrieren wir uns auf das Einatmen, Festigen, Anspannen, dabei ZIEHEN wir die Atemluft „bis zur Schädeldecke" hinauf. Anschließend öffnen wir LANGSAM unsere Augen und werden uns unserer Umgebung bewusst. Der Ein- und Ausstieg in/aus unserer Meditation dauert jeweils etwa eine viertel bis eine halbe Minute.

Remotion

Während in den kommerziellen Meditationen alles weitgehend passiv und somit in unserer „Abwesenheit" geschieht, ist in der Remotion unsere Aktivität und somit unsere achtsame Anwesenheit gefragt. Aus der langen Leine der Meditation wird eine kurze Leine der Remotion. Wunschdenken oder suggestive Selbstbeeinflussung sowie unsere abwartend-abwesende Passivität, wie sie während der kommerziellen Meditationen meistens stattfindet, sollten in der Remotion nicht lang anhaltend vorkommen.

Während die kommerziellen Meditationen – **NICHT unsere vorangehend beschriebene** – irgendwelchen geheimen, heilig-religiösen oder okkulten Ursprung haben und schon deshalb für unsere neutrale Fortentwicklung ungeeignet sind, ist die nachfolgende Remotion eine neutrale Übungsmethode, die der Harmoniesierung und Leistungssteigerung unseres Verstandes dient und somit von jedermann geübt werden kann, der ausgeglichener und lernfähiger werden möchte. Sie ist wie ein „Schwimmmeister", der uns das Schwimmen beibringen und somit vor dem „Ertrinken" bewahren will – ob wir das Schwimmen, mit dem wir das andersdimensionierte Ufer erreichen könnten, erlernen wollen oder nicht, das werden wir, unserem Reifegrad entsprechend, selbst entscheiden. Es wird dann die Frucht sein, an der wir unseren eigenen Reifegrad erkennen werden, denn das Potential zur Selbstfindung haben viele von uns – allerdings NICHT die Reife es auch nutzen zu WOLLEN!

In der vorangegangenen Meditationsbeschreibung habe ich alles „Geheime, Heilige und Religiöse" so weit vermieden, wie es mir nur möglich war. Ich habe selbst lange praktizierend festgestellt, dass echte Meditation nur ohne Gebühren kassierende Gurus wirklich effektiv funktioniert. Auengrasen, Ablasskäufe, Auferstehung, Jungfrauen Belohnung, Meditations-Initiationen und ähnlicher käuflicher Unsinn dienen und nutzen nur den „Initiatoren", denn ALLES, was käuflich erworben werden kann, hat keinen echten Wert und somit eher hinderlich ist als hilfreich!

Unsere Rolle in der Remotion ist die eines achtsamen aber neutralen Beobachters. Hierbei beobachten wir achtsam unseren Verstand bei seinen Aktivitäten. Dabei schauen wir uns selbst beim Denken oder Träumen kommentarlos zu und sind, so oft und so lange wie es eben geht, bewusst bei der Geburt unserer Gedanken anwesend. Denn über Bewusstwerdung zu reden, ist nicht dasselbe, wie bewusst dabei zu sein. Es ist NICHT wie mit den vielen „Sachkundigen", die gerne über Sachen reden, ohne selbsterfahren sachkundig zu sein – ihnen reicht die Verpackung völlig aus, um den Inhalt beschreiben zu können.

So gesehen ist Remotion eine Bewusstsein-Erweiterungs-Lehrmethode, die zunächst unsere eigene Bewusstseinsweiterentwicklung zum Ziel hat, jedoch NICHT der Sinn. **Der Sinn und somit die AUFGABE unserer Remotion ist zunächst die Erweiterung unserer eigenen Erkenntnisfähigkeit bzw. die des unseren Verstandes,** denn je Leistungsstärker unser Verstand wird, **desto erkenntnisfähiger wird er,** desto schneller kommen wir unserem Selbst näher. Was allerdings **nicht ohne** eigene Mühe zu erreichen ist, doch „was keine Mühe kostet, das ist meistens auch nichts wert".

Diese Aufgabe wird **dadurch gelöst**, dass wir unsere Aufmerksamkeit während unserer Remotion, eine gewisse Zeit lang kontinuierlich audiovisuell auf zunächst zwei sinnesspezifische Objekte **gleichzeitig** richten und somit den Schwierigkeitsgrad der Remotion unserem aktuellen Bildungs- und/oder Entwicklungsstand jederzeit bedarfsorientiert selbst anpassen können.

In der Remotion darf unser Verstand NICHT „ungestraft" herumwandern bzw. herumvagabundieren. Sobald er dabei „erwischt" wird, muss er Schritt für Schritt rückwärts an die kurze

Remotions-Leine gelegt bzw. auf die Remotionsbasis, zum Ausgangspunkt „zurückgetragen" werden. Dabei muss er sich anfangs nicht rechtfertigen oder entschuldigen, sozusagen ein schlechtes Gewissen haben. Unser Verstand muss zunächst NUR lernen, dass er nicht ewig ungestraft von uns „zurückgetragen" wird, sondern nach einer gewissen Einübungszeit von selbst zur Remotionsbasis „eigenfüßig" zurückfinden muss – und zwar exakt zu diesem Punkt, an dem er sie verlassen hat.

Es ist ähnlich wie mit kleinen Kindern, die gern weglaufen und dann stur darauf warten, bis sie zurückgetragen werden, meistens von ihren inkonsequenten Eltern oder Großeltern.

Bei der Remotion muss unser Verstand lernen, den Rückweg selbst zu finden UND selbst zu gehen. Keine Kuschelpädagogik oder Inklusion, sondern disziplinierende Konsequenz; wer wegläuft, der muss „an seinem **eigenen** Leib erfahren", dass das nur die halbe Strecke ist.

Bei unserer Remotion geht es um die direkte Wahrnehmung der Entstehungsmomente unserer Gedanken und danach auch um den Grund für ihre Entstehung. Es geht darum, dass wir eines Tages unseren Gedanken an seiner Entstehungs-Quelle, wo er noch rein ist, direkt wahrnehmen. Je weiter sich unser Gedanke von seiner Entstehungs-Quelle entfernt, desto unreiner, desto verwässerter wird er, sodass es dann immer schwerer sein wird, ihn bis zum Entstehungsmoment zurückzuverfolgen. Ferner geht es auch darum, dass wir unsere Gedanken möglichst früh und damit „nicht verunreinigt" bzw. lügen- und somit phantasiefrei erkennen, am besten direkt bei ihrer Geburt, im Moment ihrer „Zeugung".

Eine kurze Remotionspause von einigen Minuten, könnte das Gesagte verdeutlichen. Damit diese Remotionsübung leichter gelingen kann, sollten wir sie, gerade sitzend, also mit gestreckter Wirbelsäule, ausführen. Dabei schließen wir unsere Augen und achten dabei, wie bereits gelernt, auf die beiden Atemwendepunkte zwischen unseren Atemzügen, wobei die Atemwendepunkte gedanklich von 1 bis 12 oder bis 24 „sprechend" UND „sehend", also audiovisuell mitgezählt bzw. „abgelesen" werden. Bist du mehr ein visueller Typ, dann wirst du die Zahlen zuerst „sehen" und dann „ablesen" bzw. umgekehrt. Das wäre für den Anfang schon alles. Probiere es doch bitte gleich aus!

So lange unsere Geist-Seele uns nicht aufgibt, lernt sie sehr schnell dazu, auch die Technik der Remotionstechnik zu beherrschen, sodass unsere Seele es dann sein wird, die immer wieder richtend eingreifen wird. Immer wieder, wenn wir uns losleinen bzw. uns von unserer Remotionsbasis entfernen werden, wird sie das unseren Verstand wissen lassen. Immer wenn unser Verstand die Atemwendepunkte außer Acht lässt oder/und die Zahlen durcheinander bringt, wird sie es sein, die ihn wieder und wieder an die Remotions-Leine legen bzw. zum Ausgangspunkt auf die Remotionsbasis zurückbringen wird – unermüdlich.

Wem die o. g. Remotionsübung zu leicht ist, der zählt von 24 oder von 12 bis 1 rückwärts bzw. hin und zurück – „Treppe rauf und Treppe runter, denn Treppenlaufen macht fit und munter".
   Das Schöne und Praktische an unserer Remotion ist die Tatsache, dass sie sich UNS bzw. unserem Entwicklungszustand entsprechend, fortlaufend anpassen lässt.
   Unsere Remotion holt uns dort ab, wo wir uns gerade gegenwärtig entwicklungsmäßig befinden – allerdings müssen wir unseren gegenwärtigen Entwicklungsstand selbst erkennen – zum Beispiel daran, ob es uns leicht oder schwer fällt zu üben. Wem die o. g. Remotionsübungen zu schwer sind, der fängt dort an, wo er sich bereits auskennt – nur wesentlich länger als 30 Sekunden.
   Anfangs beobachten wir NUR die beiden bereits bekannten Atemwendepunkte zwischen unseren Atemzügen – ohne sie zu zählen. Dabei sollte das Ein- und Ausatmen, wie bereits bekannt, so leise wie möglich geschehen. Schließlich so leise, dass

wir die Luftströmungsgeräusche NICHT hören sollten. Hierbei spielen die Zeitdauer und der Ort keine große Rolle. Anfangs wäre ein Schneidersitz in einem abgedunkelten Raum sicherlich von Vorteil, aber nicht ausschlaggebend. Ein Stuhl, ein Sofa, ein Bett usw. täten es auch. Später, wenn wir die Handhabung, die Technik unserer Remotion beherrschen werden, werden Ort und Übungszeit immer unwichtigere Rolle spielen, bis schließlich auch diese unwichtig werden wie am Ende die Remotion selbst, denn wozu sollen „Gehhilfen" gut sein, wenn wir nach einer gewissen Zeit gelernt haben werden, ohne sie ausdauernd zu laufen.

Ausschlaggebend für unseren Erfolg sind zunächst die unzähligen Wiederholungen, die sich ständig wiederholende, geduldige Rückkehr zu unserer Remotionsbasis. Immer wenn „wir" bemerken, dass unser Verstand sich NICHT auf der Remotionsbasis befindet oder losgeleint hat, holen wir ihn dorthin zurück. Diese Remotionsübung sollten wir so oft üben, bis wir sie gut eine oder mehrere Minuten lang UNUNTERBROCHEN beherrschen werden. Dabei können wir auch das Angenehme mit Nützlichem verbinden: Beim Musikhören können wir selektiv vorgehen, wobei wir das ganze „Orchester" nicht aus den Ohren verlieren dürfen. Dabei stellen wir uns EIN Instrument vor, auf das wir zuhörend achten – ähnlich wie beim Schwarm- oder Wolkenbeobachten, wo wir unsere Achtsamkeit auf EIN Objekt ausrichten, ohne dabei den ganzen Schwarm bzw. die ganze Wolkenformation auszublenden. (Wir erörtern es im bald Folgenden) Sobald unsere Achtsamkeit sich einem anderen Instrument oder einem anderen Schwarmobjekt oder anderer Wolke zuwendet bzw. zuwenden will, muss sie uns darüber VORHER in Kenntnis setzen bzw. unsere Zustimmung oder Ablehnung abwarten. Selbst nachts, wenn wir zwischendurch aufwachen, können wir uns ohne Zeitverschwendung in unserer Remotion geduldig perfektionieren. Auch wenn diese Nachtübungen meistens weniger als zwanzig Sekunden ununterbrochen andauern, nützlich sind sie allemal, denn sie lehren uns, die Anfänge unserer Gedanken/Träume distanziert wahrzunehmen – als neutraler Beobachter, als Zu-schauer unserer eigenen Gehirnaktivitäten. Es ist so, als ob wir jemandem bei seiner Tätigkeit aus einer gewissen Distanziert zuschauen würden.

Die Zeiten ändern sich – mit oder ohne uns – doch wir sind es, die sie sinnvoll nutzen könnten, z. B. können wir die Lebenszeiten raubende TV-Werbezeiten, durchaus sinnvoll für unsere Weiterentwicklung nutzen. Alles was wir dabei tun müssen, ist audiovisuelles zählen in Fünferschritten, in 2:3 Zyklen bis etwa 3 x 100, dann ist meistens ein Werbeblock vorbei. Dabei schalten wir den Fernseher auf „stumm", schließen unsere Augen und zählen einatmend 1, 2, wobei wir uns die Zahlen bildlich in unseren Köpfen vorstellen. Anschließend atmen wir 3, 4, 5, zählend aus. Dann geht es ohne Unterbrechung mit 6, 7, einatmend und mit 8, 9, 10, ausatmend weiter. Also zweistellig in Fünferschritten bis zunächst 100. Später, wenn wir geübter sein werden, können wir dreistellig bis 300 weiterzählen. Für den Anfang reicht es aus, bis 100 (und zurück) audiovisuell zu zählen und dann wieder mit der 1 anzufangen.

Übrigens, mit dieser Werbezeitüberbrückungsmethode kannst du auch deine nächtlichen Wach-sein-pausen wesentlich verkürzen. Probiere es doch bitte einfach gleich heute Nacht aus, denn Selbsterfahrung ist überall und zu jeder Zeit möglich.

Geduld, Geduld, denn gerade die Unterbrechungen sind es, die uns weiterhelfen, von Mal zu Mal ausdauernder zu werden. Immer wieder, wieder und wieder wird unser Verstand nicht bei der Sache sein und seine Remotionsbasis fortlaufend verlassen, um irgendwo vagabundierend mit seinen eigenen Gedanken unterwegs zu sein. Unser Verstand ist nun mal wie ein kleines Kind, das immer und immer wieder auf den Topf gesetzt werden muss, so lange, bis es gelernt hat, diesen ohne vorhergehenden Gebrauch der Windeln zu benutzen.

Remotion hat direkt mit Suggestionen, Hypnose oder den vielen glaubensbedingten Meditationen nur wenig gemeinsam, denn Remotion schließt uns auf und nicht ein. Sie macht uns wachsamer, intelligenter und damit leistungsfähiger, schließlich nimmt sie uns jegliche Angst und lässt uns, uns selbst nach und nach so erkennen, wie wir wirklich sind. Sie macht unseren Verstand scharfsinniger, sodass er sich letztlich selbst erkennen und verstehen können wird. Schließlich führt sie uns auf eine höhere Ebene des Bewusstseins, von der wir dann, klar und deutlich, eine andere Dimension erahnen werden. Leider geschieht das nur selten von heute auf morgen, und damit wir „morgen" weitermachen können, müssen wir heute lernen kräftiger UND wacher zu werden – nicht nur theoretisch, sondern auch praktisch.

Beispielsweise können wir beim Treppensteigen beides üben. Dabei genügt es NUR die Treppenstufen zu zählen und beim Verzählen zum Anfang, zur ersten Etagentreppenstufe zurückzukehren, um neu zu beginnen – sozusagen als „Strafe" für unsere Unachtsamkeit. Diese mental-körperliche Lehrmethode ist zwar anstrengend, jedoch sehr erfolgreich, denn durch Schock oder Anstrengung lernen wir am effektivsten gelehriger zu werden. Bei unserer Meditation und Remotion kommt es weniger darauf an, was wir tun, sondern viel mehr darauf, dass WIR es BEWUSST aber spielerisch-humorvoll tun! Und wenn sich unser Verstand mal „verzählt", dann darf ruhig **gemeinsam** gelächelt werden, denn wer keinen entspannenden Humor hat, der wird langfristig nicht ernst genommen werden können.

Während einer ermüdenden Autofahrt können wir uns durch die o. g. 2:3 Remotionsübung gut wach halten. Alles, was wir dabei tun müssen, ist rhythmisches Zählen bis fünf. Hierbei achten wir NICHT auf die Atempausen, sondern auf das bewusste Ein- und Ausatmen. Wir atmen zwei Sekunden EIN, wobei wir gedanklich „eins-zwei" audiovisuell-rhythmisch mitzählen und atmen gleich anschließend aus, indem wir gedanklich weiterzählen „drei-vier-fünf". Also locker anspannend einatmend 1-2 und sofort entspannend loslassen und ausatmend 3-4-5 mitzählen. Wem der 2- zu 3-Takt nicht zum Munterwerden ausreicht, für den gibt es noch den „Turbomodus" der muntermachenden Remotionsmethode mit dem 2- zu 4 bis 5- Rhythmus: 1-2 aktiv einatmend und 3-4-5-6 bzw. bis 7 aktiv ausatmend usw. Der Unterschied der muntermachenden Remotion zu der Turbo-Remotionsversion besteht darin, dass bei der Turbo- Remotionsversion aktiv ein- UND aktiv ausgeatmet wird, wobei ein Teil der Einatmungsreserveluft und ein Teil der Ausatmungsreserveluft miteinbezogen werden.

Beim Einatmen ziehen sich unsere Nasenflügel so zusammen, als ob wir einen schönen Duft einsaugen würden und beim Ausatmen kontrahiert unsere Bauchmuskulatur, um die restliche Atemluft hinaus zupressen. Da der Turbomodus unser Blut zusätzlich mit Sauerstoff und Reibungsenergie anreichert, so müssen wir UNBEDINGT darauf achten, dass wir NICHT zu viel des Guten abbekommen, dass wir NICHT hyperventilierend zu viel Reibungsenergie erzeugen. Deshalb ist es SEHR ratsam, zuerst NICHT hinter dem Steuerrad eines Fahrzeuges zu üben, sonst könnte das unsere letzte Muntermacher-Übung und damit unsere letzte Autofahrt werden.

Wie lange diese Turbo-Remotionsübung andauern soll, das muss jeder für sich selbst herausfinden. Auf jeden Fall darf damit NICHT hinter einem Lenkrad oder bei einer verantwortungsvollen oder gefährlichen Tätigkeit experimentell begonnen werden.

Wenn wir diesen Turbomodus öfter anwenden, dann können wir so manchen Schnupfen oder Erkältungskrankheit gänzlich vermeiden oder eine bereits bestehende deutlich verkürzen, und mit unseren Nasennebenhöhlen werden wir dann auch keine Probleme bekommen. Dadurch, dass wir zwei Takte aktiv einatmen und vier oder fünf Takte aktiv ausatmen, erzeugen wir beim Einatmen einen leichten Unterdruck in unserem Brustkorb. Um vier oder fünf Takte ausatmen zu können, benötigen wir eine entsprechende Menge Atemluft. Allerdings steht uns für das Luftholen nur die halbe Zeit zu Verfügung, was durch einen schnelleren Luftfluss ausgeglichen wird. Dabei entsteht zwangsläufig ein erhöhtes Vakuum in unserem Brustkorb, das sich dann bis zu den Nasenschleimhäuten hin und darüber hinaus fortsetzt. Dadurch wird unser gesamter Kopf, einem leichten Innenvakuum während des Einatmens ausgesetzt. Hierbei entsteht eine Luftdruckdifferenz zwischen innen und außen von etwa 0,5mb. Das ist zwar nicht viel, doch ein Naturgesetz, dem auch unsere Körper gehorchen, besagt, dass die Elemente, wie Wasser, Wind und Feuer – auch elektrischer Strom – immer dem Weg des geringsten Widerstandes folgen. Auf das Atmen bezogen bedeutet das, dass auf der gesamten Innenoberfläche, von den Nasenlöchern über die Luftröhre bis zu den kleinsten Luftbläschen unserer Lungen, den Alveolen, ein geringes Vakuum entsteht, sodass Körperflüssigkeiten samt Keimen in das Vakuum eindringen und beim Ausatmen in Richtung Rachen transportiert werden. Wenn auch nur gering, so wird doch unser gesamter Kopfinhalt, bis zur Schädeldecke hin, diesem reinigenden Vakuum ausgesetzt, sodass viele überflüssige, auch im Epithel eingenistete Keime, Bakterien und andere Körpersubstanzen von innen her in die Atemwege hinaus gedrückt werden. Dass es so ist, erkennen wir daran, dass wir während unserer Remotion im Turbomodus öfter Flüssigartiges schlucken müssen als sonst und nach der Remotion oft mehrmaliges Nasenputzen angesagt ist. Schließlich werden wir auch bemerken, dass wir nach der Übung wacher sein werden und leichter Luft bekommen als davor.

Die bei der aktiven Einatmung erzeugte Reibungsenergie erhöht das Energiepotenzial im gesamten Körper und damit auch seine Leistungsfähigkeit. Die Asthmakranken unter uns dürfte diese Übung besonders erfreuen, denn auf jeden Fall schafft sie Linderung. Konsequent angewendet, sogar Heilung! Diese reinigende

Muntermacher-Remotion können wir immer dann anwenden, wenn wir müde werden oder erkältet sind oder einfach so zum sinnvoll munter oder gesund machenden meditativen Zeitvertreib. Im Bett übend, sollten wir immer die Seitenlage einnehmen und dabei darauf achten, dass die verstopfte Nasenöffnung sich oben befindet.

Die Dauer dieser Muntermacher-Übung kann etwa zwei bis fünf Minuten betragen oder mit Unterbrechungen auch länger, je nachdem, wie oft wir unterbrochen werden.

Unterbrochen? Von wem? Von unseren Gedanken, von unserem überforderten Verstand, denn für ihn bedeutet es: lernen, sich zu konzentrieren, achtsam bei der Sache zu bleiben, uns schrittweise als geduldig-resoluten Herrn kennenzulernen. Auch wenn es sich jetzt merkwürdig anhören sollte, aber gerade diese störenden (bösen) Unterbrechungen sind es, die uns zu UNS (zum Guten) schrittweise führen werden. Somit ist jede Unterbrechung ein Fluch und Segen zugleich. Fluch, weil wir unterbrochen werden, weil wir immer wieder zu unserer Remotion auf unsere Remotionsbasis zurückkehren müssen, um fortzufahren. Segen, weil wir unserem Selbst bei jeder Unterbrechung ein kleines Stückchen näher kommen werden bzw. unsere Geist-Seelen uns, denn selbst kleine, jedoch zielorientierte Schritte führen irgendwann zum Ziel!

Bis jetzt, wenn wir unterbrochen wurden und den aktuellen Gedanken, den „Störenfried", wahrnahmen, kehrten wir zunächst SOFORT – kommentarlos – auf unsere Remotionsbasis zurück. Andernfalls, wenn wir NICHT SOFORT – kommentarlos – zu unserer Remotionsbasis zurückkehrten, trickste uns unser Verstand aus, indem er uns einfach „spaßsuchend" davonlief aber ab jetzt NICHT mehr davonlaufen darf. Andernfalls werden wir für eine gewisse Zeitlang zum Beobachteten selbst – OHNE uns als bewusster Beobachter, was NICHT das Ziel unserer Remotionsübungen wäre. Ab jetzt kommen wir nur rückwärts voran, was heißen soll, dass wir vom aktuell wahrgenommenen Gedanken ausgehend zu vorherigen Gedanken zurückgehen, usw. bis wir zu dem ersten, die Unterbrechung auslösenden Gedanken kommen. Danach kehren wir wieder zu unserer verlassenen Remotionsbasis zurück, ohne zu richten oder zu rechtfertigen, ohne zu urteilen oder zu verurteilen. Diskussionslos, keine rechtfertigende Stellungnahme oder Erläuterung, denn sobald wir uns auf eine Diskussion mit unserem Verstand einlassen, wird er uns überlisten – garantiert!

Unser Verstand ist derartig entzweit, derartig unwissend und misstrauisch, dass es ihm anfangs sehr schwer fallen wird, uns zu gehorchen. Uns, die er noch nie kennengelernt hat, weil es uns noch nie permanent gab. Wem sollte unser Verstand gehorchen, wenn wir bis dato selbst noch der Verstand waren/sind. Ein Verstand, der Jahrzehnte lang von Kind an glaubensabhängig dressiert wurde automatisch-autonom FÜR uns zu denken, zu lügen und zu betrügen, kann nicht von heute auf morgen geändert werden, denn „Gut Ding braucht Weile". Das sollten wir wissen und verstehen, also nicht ungeduldig werden, sondern einfach reisefortsetzend weiterfahren, denn auch die längste Reise endet erst am Ziel – es sei denn, das wir kein selbstbestimmtes Lebensziel haben, dass wir fremdbestimmt und damit weitgehend sinnlos unterwegs sind und somit nirgendwo ankommen werden – geschweige denn bei uns selbst. Irgendwann werden wir dann unwissend sterben, ohne zu ahnen, warum wir gelebt haben.

Unser Verstand hat Jahrzehnte lang gelernt, nach bestimmten Verhaltensmustern wie Lob und Tadel, wie Sitte und Moral oder Gesetz und Recht funktional zu reagieren, und jetzt soll er still werden? Einfach so, weil wir es so wollen? Wer sind wir denn, dass wir von ihm Gehorsam verlangen? Soll er plötzlich nur die zweite Geige spielen? Ja und nein – er wird sich sehr lange und sehr erfolgreich wehren, bis er schließlich lernen wird, uns zu respektieren.

Je älter wir sind, desto schwerer wird es ihm fallen, sich neu zu strukturieren, sich neu zu organisieren. Unser Verstand hängt an den Ketten seiner Vergangenheit und wir mit ihm; an seinen Gewohnheiten, an seiner Bildung, an seinen Glaubensbrillen und anderen Lügen, die durch ständige Wiederholungen zu SEINER und somit auch zu unserer Wahrheit wurden. Alle Verformungen, insbesondere durch die der Glaubensmärchen, die wir und andere unserem Verstand als Wahrheit, als Grundlage seines Denkens beigebracht haben, sollen plötzlich unwahr werden? **Sie sollen!!** WEIL SIE UNWAHR SIND! Das lernend herauszufinden und zu eliminieren, sich von den Fesseln der Vergangenheit zu befreien, damit wir bzw. unser Verstand für unsere Weiterentwicklung frei werden kann, ist das Schicksal, ist der Grund unseres Daseins und das Hauptziel unserer Remotion. Entweder wir überwinden unser Affen-Dasein und werden Menschen, oder wir bleiben noch lange, lange Zeit unseren nächsten Vorfahren, den Schimpansen-Affen, genetisch und verhaltensmäßig sehr ähnlich.

Es geht nicht darum, sich von allen Zwängen zu befreien, sondern sich aller Zwänge bewusst zu werden, denn es gibt keine absolute Freiheit, außer der **Erkenntnis,** dass es KEINE absolute Freiheit gibt. Wer in der Lage ist das zu erkennen, der wird paradoxerweise für immer frei werden!

Bevor wir uns so kennenlernen können, wie wir wirklich sind, müssen wir die konditionierenden, die uns programmierenden Verformungen unseres Verstandes erkennen und begradigen – uns der Ketten der Vergangenheit entledigen. Ohne ein Wenn und Aber, mit all unseren Stärken und Schwächen, authentisch! Egal wie viele „Kleidungsstücke" wir übereinander tragen, wir müssen sie ausziehen – alle! Egal mit wie vielen „Tapetenlagen" wir oder andere unseren Verstand zugekleistert oder übertapeziert haben, wir müssen sie entfernen – alle! Unsere Remotion wird uns dabei schichtweise helfen. Allerdings kommt es jetzt wirklich darauf an, ob wir den Weg zu uns selbst weitergehen oder resignierend verlassen werden. Unsere eigene Ernsthaftigkeit bei unserer Selbstsuche wird dann die Frucht sein, an der wir unseren aktuellen Entwicklungsstand bzw. Reifegrad erkennen werden.

Wer die Suche nach sich selbst vorzeitig aufgibt, der wird fortlaufend viele fremdbestimmte Scheinidentitäten annehmen. Dann werden es andere, unbekannte „blinde Führer" sein, die ihn irgendwo hinführen werden, nur NICHT zu ihm selbst.

Bei unserer Remotion werden wir immer wieder feststellen, dass der wahrgenommene Gedanke sich bereits mehrere Stationen vom Initialgedanken entfernt befindet. Also nehmen wir unseren aktuell wahrgenommenen Gedanken auf und verfolgen ihn stationsweise zurück, sozusagen Schritt für Schritt rückwärts voran! Am Anfang unserer Remotion (Rückbewegung) werden wir nur selten bis zu unserem Initialgedanken, bis zu unseren Gedankenquellen zurück vordringen können. Oft wird es nicht einmal eine einzige „Flussbiegung" sein, doch Geduld, denn die Zeit des Erfolges kommt bestimmt, dessen kannst du dir gewiss sein. Die beharrlichen Rückführungen werden es dann sein, die nicht nur Hunde oder Kleinkinder, sondern auch unseren Verstand lehren werden, gelehriger zu werden.

Wer gerne, vorzugsweise ALLEINE wandert, walkt oder joggt, der kann seine Atmung rhythmisch an seine Schrittabfolge anpassen. Zwei bis drei Schritte einatmen und drei bis vier Schritte ausatmen. 1-2 Schritte einatmen und weiterzählend 3-4-5 Schritte ausatmen. Hierbei fängt an und endet jeder Zyklus mit dem gleichen Bein. Wie beim Atemrhythmus, wird es auch hierbei nicht lange dauern, bis sich der 2:3 Rhythmus etabliert. Dabei zieht sich unser Verstand etwas zurück und die Kette der Gedanken wird immer kürzer, d. h., dass wir immer früher, immer näher an der Quelle einen Gedanken wahrnehmen werden, bis schließlich der Moment kommt, wo wir unsere Gedanken unmittelbar im Moment des Entstehens wahrnehmen werden. Wir werden dann unmittelbar quellenrein wissen, warum UNSER Verstand diesen oder jenen Gedanken denkt. Es wird dann UNSERE Entscheidung sein, ob wir einen Gedanken verwerfen, weiterdenken oder realisieren lassen. WIR werden dann weitgehend selbst bestimmen, womit sich unser Verstand zu beschäftigen hat und womit nicht, ob er agierend tätig werden soll oder auch nicht. Und nicht nur das, wir werden dann auch oft **augenblicklich** wissen, was andere denken, sogar ohne, dass die anderen es selbst wissen werden. Es wird eine sehr interessante Erfahrung sein – zunächst etwas unheimlich, dann die Gewissheit bringend, dass wir mehr sind, als nur unsere Körper bzw. viel mehr als nur unsere Gedanken. Unglaublich? Für die Meisten NOCH ja, allerdings weiß ich aus eigener Erfahrung, wovon ich spreche. Es ist das paradoxe Geheimnis des Lebens, das nur den erntereifen „Früchten" offenbart wird und NICHT denjenigen, die sich selbst bereits für reif bzw. für allwissend halten. Paradoxerweise müssen wir **zunächst** unsere eigene Unreife bzw. unsere Unwissenheit bewusst erkennen, um dann „erntereif" bzw. wissend zu werden, denn so lange wie wir uns selbst für „reif" oder bereits für „allwissend" halten, sind wir ES nicht!

Etwas schwieriger wird es werden, wenn für unsere Remotion-Unterbrechungen NICHT die durch Sinneswahrnehmungen hervorgerufenen Gedanken verantwortlich sind. Hierbei geht es oft um reine neuronale Aktivitäten oder auch nur um erinnerbare Gefühle bzw. um traumhafte Déjà-vu-Erlebnisse, nur darum, was in unseren Gehirnen bereits vorhanden ist und assoziativ verarbeitet wurde oder gerade verarbeitet bzw. geträumt wird. Auch hierbei gilt es, sich des aktuellen Unterbrecher-Gedankens bewusst zu werden, um dann rückwärts (remotierend) voranzukommen. Dabei fragen wir uns, welcher Gedanke den letzten wahrgenommenen Gedanken ausgelöst hat, und welcher den davor und welcher wiederum den davor usw. So kommen wir schließlich, wenn wir Glück haben, zu dem allerersten Gedanken, der die „Kettenreaktion" ausgelöst hat, zu dem Initialgedanken.

Danach wird dann der Zeitpunkt gekommen sein, wo wir öfters **klare Träume** haben werden. Wo wir unserem Verstand beim Träumen zuschauen werden. Das wird dann der Zeitpunkt sein, wo wir NICHT nur unser Traum sein werden, sondern auch seine Beobachter. Doch seid bitte NICHT ungeduldig, denn bis dahin könnte noch viel Zeit vergehen, Zeit, die unreife Früchte zum Reifen benötigen.

Sollten wir keine Zeit zum Üben oder keine Ausdauer haben, aus welchen Gründen auch immer, dann ist auch das keine Tragödie, denn unsere Remotion macht uns nicht süchtig oder in irgendeiner anderen Weise abhängig, denn sie ist evolutionskompatibel – nur wesentlich schneller! Gut, wir werden bereits nach einer relativ kurzen Zeit leistungsfähiger und damit erkenntnisfähiger in unseren „Bäuchen" und Köpfen werden, doch das sollte zunächst nicht unser Problem sein – allerdings könnte es zum Problem für andere werden, und zwar dann, wenn wir uns weiterentwickeln, wenn wir den Weg der Remotion bis zum Ende, bis zu unserer „Kokonbefreiung" gehen werden. Denn es bleibt nicht dabei, dass wir nicht nur ein wenig schneller und leistungsfähiger in unseren Köpfen werden. Die Folge wird dann sein, dass viele Mitbürger uns nicht immer verstehen und/oder uns für Besserwisser oder Klugscheißer halten werden. So ist es nun mal im allgemeinen Leben. Wer NICHT mit der Herde rennt oder mit den Wölfen heult, der wird von ihr überrannt oder niedergeheult werden. Wer sich zu weit von seinem „Affendasein" entfernt, der wird oft allein sein – allerdings ohne dabei zu vereinsamen.

Wer der „Herde" nicht folgt, der wird ignoriert bzw. zurückgelassen. Wer zu früh kommt, wer sich zu weit aus dem Fenster lehnt, der fällt aus dem Rahmen – sogar unfreiwillig, den belohnt das Leben, indem es ihn „judasartig" Heim holen lässt, denn die reifen Früchte werden als erste geerntet. Auch das möchte ich der Vollständigkeit halber an dieser Stelle gesagt haben. Doch es geht zunächst um UNS, um UNSERE Zukunft und nicht um das was andere sagen, deren Entwicklungsstand dem unseren NOCH nicht entspricht. Leute reden nun mal viel und gern – auch ohne dabei etwas Wesentliches zu sagen.

Menschen reden nicht um des Redens Willen – weil sie etwas Substantielles zu sagen haben; sie agieren, sie gehen spurenlegend voran, sie handeln, statt ewig zu verhandeln, damit auch diejenigen, die sie heute ablehnen, ihren Spuren irgendwann folgen können.

Es ist wie mit dem Mond: "Was kümmert es den Mond, wenn ihn ein Hund anbellt?" Der Mond scheint einfach unbekümmert weiter, sodass er schließlich auch den ihn anbellenden Hunden den Weg erhellt, sodass diese dann mehr erkennen werden, als sie momentan NOCH in der Lage sind zu sehen.

Es ist wie in der Schule, wo einige trotzige Schüler ihre Lehrer ablehnen und trotzdem von ihnen lernen, gelehriger zu werden. Das Paradoxe an schlechten Erfahrungen ist, dass sie oft zukunftsweisend sind, denn die Weiterentwicklung der lernwillig Vorangehenden basiert auf den Erfahrungen unserer Vergangenheit. Und wer nicht freiwillig lernen will, der wird belehrt, der wird dazu „gezwungen" werden: Durch einen gemeinsamen Feind oder Klimawandel, durch Überpopulation oder Epidemie und der daraus resultierenden weltweiten Solidarität. Vielleicht, denn mehrheitlich denken die Leute zunächst an sich selbst.

Remotion heißt NICHT, den Teufel durch den Satan und den Satan durch den Luzifer oder einen Gott durch einen anderen, Jahwe durch Allah und Allah durch Brahma oder Buddha zu ersetzen. Es geht auch NICHT darum, eine „Peitsche" gegen eine andere zu tauschen, z. B. die katholische gegen die evangelische und schon gar nicht um Gründung einer weiteren Sekte, also um Ketten- oder Kerkerwechsel. Bei der Remotion geht es um Neutralität, es geht darum, so zu werden, wie wir es bereits latent sind – wie wir waren, bevor wir durch irgendwen oder irgendwas „gläubig" gemacht wurden. Es ist wie mit der altruistischen Liebe, die nicht gibt und nicht nimmt, die einfach da ist, die einfach Freude macht – ohne religions- oder moralbedingte Gewissensbisse.

Es ist wie mit der wärmenden Sonne, die ihre Strahlen KEINEM verwehrt – weder den Schlechten, noch den Guten. Das bedeutet, dass wir uns nach unserer „Kokonbefreiung" oder Neugeburt mit KEINEM solidarisch erklären werden. Bei unserer Selbstwerdung gilt es auch dieses zu bedenken, denn nach unserer Selbstwerdung werden WIR weder Freunde noch Feinde haben. Remotion schließt alles ein, ohne irgendwas zu verschließen und sie schließt auch alles aus, um sich selbst nicht einzuschließen, und somit grenzt sie auch nichts aus oder ein, denn alles ist wie ES ist – grenzenlos!

Was den Remotionstakt angeht, so sollte er, auch wenn es nicht auf Anhieb glückt, MINDESTENS dem Schlagrhythmus unseres Herzens entsprechen. Eine Silbe, eine Ziffer, ein Buchstabe, ein Tag oder ein Monat bedeuten einen Herzschlag-Takt. NUR so wird UND bleibt unser Verstand leistungsfähig, kreativ und jung, auch wenn unsere Körper mit der Zeit älter und langsamer werden. Auf jeden Fall werden wir nicht vorzeitig vergreisen oder uns wundern, dass uns die Zeit „wegläuft" und uns am Wochenende fragen, wo die Woche wohl geblieben ist. Dabei liegt es NICHT an der Zeit, dass wir keine Zeit haben, es liegt an uns, es liegt daran, dass wir, insbesondere aber unser Verstand, im Alter permanent langsamer wird.

Remotion hilft uns, verstandesmäßig schneller zu werden, was insbesondere die Älteren unter uns erfreuen dürfte. Die Älteren unter uns werden am Anfang ihrer Remotion bemerken, dass ihr Verstand regelrecht „Aussetzer oder Durchhänger" in Form von Denkpausen oder stehenden Denkbildern hat. Diese Denkblockaden, oft mitten in einem Wort, oder stehende Denkbilder sind für das Langsamer-Werden unseres alternden Verstandes mitverantwortlich bzw. umgekehrt. Es ist unser langsamer gewordene Verstand und nicht die Zeit, die uns von Jahr zu Jahr, von Monat zu Monat langsamer denken lässt. Die Herzschlag-Takt Beobachtung stellt so etwas wie eine Lernzielkontrolle dar, ein Parameter, an dem wir erkennen können, ob unser Verstand schneller oder langsamer wurde. Ist unser Verstand anfangs langsamer als unser Herzschlagrhythmus, dann werden das unsere regelmäßigen Remotionsübungen ändern, womit eine gründliche „Entrümpelung" unseres Verstandes gemeint ist. Durch das „Aufräumen" unseres Verstandes werden wir Neues aufdecken und erkennen – unser uraltes neues Selbst. Dann werden Selbsterkenntnis oder Selbstverwirklichung, Selbstgeburt oder Neugeburt keine leeren, keine theoretischen Begriffe sein, sondern Realität, sodass es ab da an nichts mehr zum Aufräumen oder Neuentdecken geben wird und wir fortan „ohne" Remotion leben werden, denn unser neues Leben WIRD fortdauernd eine einzige Remotion sein. Was dann die „End-Frucht" sein wird, an der wir uns/unser SELBST durch/als unser Selbst erkennen werden.

Da unsere Remotion ein Novum darstellt, so werde ich sie im Folgenden anhand von praktischen Beispielen zu verdeutlichen versuchen und hoffe, dass es mir einigermaßen gut gelingen wird. Denn je mehre von uns sie verstehen, desto mehre werden sie auch praktizieren – weil es nichts Sinnvolleres, nichts Schöneres gibt als die Erfüllung unseres Urversprechens, als die „schuldenfreie" Rückkehr nach unserem Urzuhause. Es ist so, als ob man die letzte Rate eines lästigen Kredites zurückgezahlt bzw. sich jeder Angst entledigt hätte.

Wer sich ausdauernd in seiner Remotion üben wird, der wird sich garantiert verändern, der wird sich besser konzentrieren können, in Gesprächen NICHT unbewusst die Themen wechseln, sich wesentlich besser Zahlen merken oder Zusammenhänge erkennen können, was wiederum auch anderen auffällt. Sie werden neugierig und/oder neidisch werden, wobei Neu-GIER und Neid wichtige Antriebsfedern der Evolution sind, denn sie spornen an, so zu werden, wie die Beneideten es bereits sind. Auf jeden Fall wird unsere Remotion zunächst uns selbst helfen, angstfrei zu werden und für immer angstfrei zu bleiben – selbst der Tod wird uns dann willkommen sein! Des Weiteren werden wir dann bewusst versucht haben, die Welt ein wenig gerechter und friedlicher werden zu lassen, als wir sie bei unserer Geburt unbewusst vorgefunden haben. Dann hätten wir mehr getan als nur fremdbestimmt zu leben, dann würden wir wegweisende „Stolpersteine" bzw. Lebensspuren hinterlassen, an denen sich auch andere Suchende orientieren könnten. Denn manchmal muss erst ein großes Unglück weltweit passieren, damit wir ein wenig solidarischer, damit wir ein wenig menschlicher werden.

Nun folgen einige Beispiele, die des Gesamtverstehens wegen durchaus hilfreich sein könnten: Der leere Blick, der **Panoramablick**, das Schauen ins Leere, das situationsbedingt sogar überlebensrelevant sein kann. Nicht nur Kinder schauen oft ins Leere, sondern auch Erwachsene. „HANS GUCK IN DIE LUFT" werden sie im Volksmund genannt. In der Schule oder beim Essen heißt es dann „Wach auf, du Träumer!" oder „Jetzt wird nicht geschlafen!" oder „Geschlafen wird im Bett!". Die Meisten kennen solche Situationen – sicherlich auch du. Wir schauen ins Leere, weil wir nicht bei der Sache sind, weil unser Verstand sich mit anderen Dingen beschäftigt, weil er träumt. Da wir während des Träumens, auch tagsüber, der Traum selbst „sind", so sind wir nicht dort, wo wir eigentlich sein sollten, im Hier und Jetzt. Diese Tagträume sind nicht wesentlich anders als unsere Nachtträume. Auch hierbei schaltet unser Gehirn unsere Sinnesempfindungen vorübergehend auf Aufräum-Automatik. Dann sind wir zwar körperlich anwesend, aber geistig nicht bewusst vorhanden und somit von unseren Umweltwahrnehmungen weitgehend abgeschaltet. Also im Automatikmodus. Wir träumen dann nicht, wir SIND der Traum. Tragisch kann es für uns nur dann werden, wenn sich dieser Zustand während einer Autofahrt oder bei der Arbeit einstellen sollte. Dann heißt es, dass ein Sekundenschlaf die Ursache für einen tragischen Unfall gewesen sei. (Siehe 1. Teil: Träumen)

Beim Panoramablick ist es wie vor einem gewöhnlichen Einschlafen. Unser Blick entspannt sich und wird weitwinklig, eben panoramaartig, sodass Anwesende unsere „Abwesenheit" sofort erkennen können. Was wir jetzt „sehen" bzw. träumen, sind NICHT reale, sondern die durch/in unserem Gehirn abgespeicherten, erdachten, phantasierten, – eben geträumten Bilder. Wir haben dann einen Panoramablick, einen Blick ins Leere, ohne bewusste Wahrnehmung dessen, was sich vor unseren Augen abspielt. Unsere Augen schauen zwar vor sich hin, doch sie sehen nichts, was sonst wacherweise unseren Verstand erreicht.

Kurz vor unserem Panoramablick, nimmt unsere Atmungsintensität ab und damit auch die Luftströmungsgeschwindigkeit in unseren Atemwegen. Die Atemluft-Reibung in unserem Atmungssystem wird geringer und damit auch die Flussintensität der Reibungsenergie. Die Brustkorbkontraktionen werden schwächer, die Sauerstoffaufnahme verringert sich, was zur Verlangsamung der Herzfrequenz führt und schließlich zum Einschlafen.

Doch „wo es Schatten gibt, dort gibt es auch ein Licht", denn dieser Vorgang funktioniert erfreulicherweise auch umgekehrt. Durch bewusst erhöhte Atemintensität nimmt auch die Luftströmungsgeschwindigkeit in unseren Atemwegen rasch zu und damit auch die Reibungsenergieintensität. Ferner nimmt dann auch die Sauerstoffaufnahme des Blutes zu und die Kohlendioxidkonzentration ab, was uns letztlich vor ungewolltem Einschlafen schützt. In solchen „Müde-Werdens-Situationen" sollten wir sofort an den vorhergehend besprochenen Turbomodus unserer Remotion denken, um ihn dann im Moment des unerwünschten Müde-Werdens SOFORT anzuwenden, nicht erst später hinter der nächsten Kurve oder ähnlich, denn SOFORT heißt SOFORT. Es ist ähnlich wie bei unseren nächtlichen Toiletten-Boxenstopps, die wir manchmal so lange verzögern bis … Das Problem dabei ist, dass die meisten von uns diese „Gefahr" NICHT rechtzeitig wahrnehmen, um SOFORT dagegen ansteuern zu können. Es ist ähnlich wie mit dem Ablagemoment bei unserer Brille, den wir meistens NICHT wissend wahrnehmen. Doch fast „gegen alles Übel ist ein Kraut gewachsen", auch gegen den Panoramablick bzw. gegen den Tages- oder den Sekundenschlaf. Denn: „Kannst du deine Feinde nicht besiegen, so verbünde dich mit ihnen und übernimm dann die Führung".

Wenn wir ein Bild betrachten, dann fokussieren unsere Augen dabei einen bestimmten Bildausschnitt, welchen wir dann auch recht scharf, also kontrastreich und detaildeutlich sehen. Der Rest des Gesamtbildes ist dabei recht unscharf und bleibt uns weitgehend verborgen, denn wir konzentrieren uns hierbei tunnelartig auf das für UNS Wesentliche – worauf es uns wirklich ankommt bzw. was wir als schön empfinden oder was unseren Verstand besonders interessiert. Der Unterschied zum Detailbild ist das Gesamtbild, das Panoramabild eben. Dann sehen und nehmen wir das ganze Bild wahr. Wir können dann, z. B. als Jäger auf einem Hochsitz jede Bewegung im gesamten Beobachtungsareal wahrnehmen, ohne unseren Körper oder unsere Augen dabei zu bewegen. Fällt uns in einem Abschnitt des Panoramabildes eine Bewegung auf, dann wird unser Verstand sie automatisch durch unsere Augen fokussieren lassen und den Rest des Panoramabildes instinktiv ausblenden bzw. auf unscharf stellen, denn wir waren und sind immer noch „Fokussierungsjäger". Und Bewegungen, welcher Art auch immer, fallen sofort auf, den Jägern UND den Gejagten- (sogar auf der Tanzfläche einer Partie). Allerdings gibt es auch Ausnahmesituationen. So wird in lebensbedrohlichen Angstsituationen sogar unser Panoramablick blitzschnell auf „scharf", auf fokussieren gestellt. Unser Gehirn „schaltet" dann blitzschnell auf so etwas wie auf einen Überlebensmodus um. Wir bekommen dann augenblicklich, der lebensrettenden Überschaubarkeit wegen, einen scharfen Panoramablick in ZEITLUPE – nicht weil alles um uns herum plötzlich langsamer geworden ist, sondern weil unsere Seele für den Moment der lebensbedrohenden Gefahr die unmittelbare Regie über die Sondersituation übernimmt. Sie präsentiert unserem Verstand augenblicklich, sozusagen durch schnelleres Sehen, **mindestens** doppelt so viele Bilder pro Sekunde wie es normalerweise der Fall ist, also wesentlich mehr als 42. Alles um uns herum wird scheinbar langsamer, damit wir als unser Verstand mehr Zeit zum Reagieren bekommen. Scheinbar langsamer, denn normalerweise werden unserem Verstand etwa 21 Bilder pro Sekunde übermittelt, und wir sehen dann alles um uns herum im gewohnten Tempo. Sind wir in echter Lebensgefahr, dann erhöht sich die Bilderzahl wesentlich und blitzschnell, sodass wir relativ mehr Reaktionszeit bekommen und sogar während eines Sturzes von einer Leiter Körperhaltungskorrekturen durchführen können, die, ähnlich wie bei einer Katze, uns auf unseren Füßen landen lassen.

Oder wie beim Stolpern; bevor das „Stolper-Signal" unser Kopf-Gehirn erreicht, reagiert unser Körper bereits mit einem Ausfallschritt in Gegenrichtung und verhindert somit reflexartig, dass wir unser Gleichgewicht verlieren und umfallen (Kraft = Gegenkraft – Isak Newton lässt grüßen). Bei Fang-, Greif-, Abduck- oder Ausweichreflexen ist es ähnlich. Dann übernimmt kurzzeitig ein ANDERER das Kommando, um unseren Körper vor eventuellen Verletzungen zu schützen.

Eine Fliege würde andauernd gegen irgendein Hindernis fliegen oder einer Fliegenklatsche NICHT ausweichen können, wenn sie nicht wesentlich mehr Bilder pro Sekunde sehen würde als wir. Sind wir alt, alkoholisiert oder stehen unter Drogen, dann empfängt unser Verstand weniger als ca. 21 Bilder pro Sekunde, geht aber davon aus, dass es eine „normale" Bilderzahl ist und rechnet entsprechend, sodass situationsbedingte Gegenmaßnahmen bei einer Gefahr nicht ergriffen werden können. Wir fahren dann vor eine Wand oder laufen vor ein Hindernis, ohne sie vorher gesehen zu haben, denn bevor diese verringerte Bilderzahl in unserem Verstand ankommt, ist es meistens schon zu spät.

Es ist wie mit dem Blitz und Donner: Wenn es blitzt, dann knallt es auch, auch wenn wir den Donner entfernungsabhängig erst später, so etwa eine Sekunde pro etwa 330 m Entfernung hören. Wenn es blitzt und wir den Donner erst ca. 3 Sek. später hören, dann befindet sich das Gewitter etwa 1 Km weit von uns entfernt. Es vergeht also eine gewisse Zeit, bis ein Signal unser Gehirn erreicht, reaktionsfähig verarbeitet und als Reaktion erkennbar wird.

Da wir am Anfang unserer Remotion den Moment des Beginns unseres Sekundenschlafes – meistens – nicht wahrnehmen können, so können wir es einfach schrittweise lernen und damit anfangen, was wir bereits kennen und können. Wir müssen lernen schneller zu reagieren, den Moment früher wahrzunehmen, in dem unser Panoramablick entsteht, um ihm dann sofort durch unsere Turbo-Remotion entgegenzuwirken ODER, was viel sinnvoller ist, ihn zu unserer neuen Remotionsbasis machen.

Wir müssen lernen, während des Sekunden-Schlafes unseres Verstandes wach zu bleiben: Dazu fokussieren wir zunächst einen Bildausschnitt. Das kann eine Fliege an der Wand sein oder ein Musterteil auf der Tapete oder dem Teppich, ein Buchstabe auf dieser Textseite oder ein Bildausschnitt eines an der Wand hängenden Bildes, ein Vogel auf einem Ast oder ein Hase auf einer Waldlichtung. Das „X", auf das deine Augen gerade geschaut haben, kann es auch sein. Jetzt heißt es achtsam aber NICHT krampfartig eine Weile lang beobachtend beim „X" zu bleiben. Anfangs wird es nur wenige Augenblicke dauern, bis sich dein Blick von "X" abwendet. Auch gut! Dann kehre zu deinem Beobachtungspunkt, zu deiner neuen „X"-Remotionsbasis zurück, wobei du die rückwärtige Gedankenverfolgung zunächst außer Acht lassen kannst. Es könnte durchaus sein, dass du nach einer Weile zwei langsam auseinandergehende „X" sehen wirst, lass es bewusst beobachtend ruhig eine Weile zu und sei dir dabei bewusst, dass DU der Beobachter und NICHT das Beobachtete bist!

Hast du meiner Bitte entsprochen? Wenn nicht, dann tue es bitte jetzt, denn mit „so tun als ob" ist es **nicht** getan! Also: Fokussiere das „X" so lange, bis dein Blick sich erweitert und dabei auch den umliegenden Text panoramaartig wahrnimmt. Nun bleibe einige Sekunden dabei. Anschließend kehre zum „X" zurück usw. usw., bis dein Verstand gelernt haben wird, auch während des „Sekunden-Schlafes" bewusst als Beobachter dabei zu sein.

Lernen wir das Detail- und das Panoramabild bewusst wahrzunehmen OHNE dabei „einzuschlafen". Später, wenn wir die Panoramabildfokussierung beherrschen, werden wir, insbesondere in der freien Natur, auch die Dynamik des gesamten Panoramabildes sogar audiovisuell wahrnehmen. Auf einmal wird das stehende Bild lebendig. Die Baumkronen geraten durch den leichten Windzug von hinten, den wir in unserem Nacken und an den Haaren spüren, in Bewegung, eine Taube kündigt ihren Anflug von links mit einem Ruf an, und eine rechts stehende Duft-Rose macht uns mit ihrem Duft auf ihre Existenz aufmerksam. Jetzt wird es heißen, mit allen Sinnen genießen, bis hin zur teilweisen Verschmelzung mit dem Gesamtbild, zum kurzen Einswerden.

Es ist wie mit dem Wassertropfen, der, im Ozean angekommen, selbst zum Ozean wird. Diese Übung des leeren Blickes bezieht sich zunächst auf unseren Seh-Sinn, doch wir haben auch andere Sinne, mit denen diese Übung auch funktioniert, schließlich sogar mit allen Sinnen gleichzeitig – insbesondere, wenn wir in lebensbedrohliche Gefahr geraten.

Ursprünglich dienten unsere paarigen Sinnesorgane der fokussierenden Ortung. Damit wir Geräusche, Düfte, Wärmequellen oder andere Objekte wahrnehmen und deren Richtung richtig einschätzen können, benötigen wir zwei Sensoren, die nebeneinander angeordnet sind oder eine gespaltene Schlangenzunge. Je spitzer dann der Winkel zum Objekt ist, desto weiter entfernt ist es und umgekehrt, je breiter der Winkel, desto näher ist das wahrgenommene Objekt.

Zur Duftortung setzen wir unsere beiden Nasenlöcher ein. Aufgrund der paarigen Anordnung unserer Nasenlöcher erkennt unsere Nase, aus welcher Richtung der Duft kommt. Kommt der Duft von uns aus gesehen von rechts, dann wird er von unserem rechten Nasenloch intensiver wahrgenommen als von dem linken und umgekehrt. Ist die Wahrnehmung ausbalanciert, dann befindet sich die Duftquelle geradeaus vor uns. Auf der Tierebene konnten wir aufgrund der Duftintensität sogar ziemlich genau die Richtung UND Entfernung des Beobachtungsobjektes einschätzen, was für den Erfolg oder Misserfolg durchaus lebenswichtig war. Diese paarige Anordnung, nicht nur der Sinnesorgane, sondern auch anderer Körperteile, kommt bei allen weiterentwickelten Tieren überall vor – auch im All. Und sollte unsere Erde Widererwarten einen körperbehafteten Besuch aus dem All bekommen, dann werden auch deren Körperteile paarig angeordnet sein, denn auf der materiebedingten, Schwerkraft abhängigen Evolutionsebene kommt man nur PAARIG gut voran.

Wenn es um unseren Gehörsinn als Remotionsbasis geht, so werden wir uns dabei anfangs sehr schwer tun. Hinzu kommt, dass wir die Remotion nach Gehörsinn für unser Weiterkommen nicht wirklich benötigen. Das Gleiche gilt auch für unseren Geruchssinn. Allerdings sind sie wegen des besseren Gesamt-Verständnisses der Remotion durchaus erörterungswürdig – wenn auch NICHT relevant. Bei der Geruchs- und Gehörsinn-Remotion kommen wir am schnellsten und sichersten zum Erfolg, wenn wir uns zunächst nur auf eine Seite konzentrieren. Zunächst konzentrieren wir uns auf das, was wir links hören oder riechen, dann wechseln wir nach rechts. Es ist nicht leicht, altes Können wieder zu reaktivieren. Allerdings benötigen wir dieses Können als Mensch kaum und was die Evolution nicht direkt benötigt, das verkümmert – unser Immunsystem wird ständig unterfordert; durch Sterilität unserer Umgebung, insbesondere jedoch, durch voreilige Einnahmen von Antibiotika, sodass es immer leistungsschwächer wird. Dann werden einfache Allergien schnell zu asthmatischen Dauerproblemen.

Als Neandertaler waren wir noch auf unsere differenzierten, richtungsangebenden, ortenden Sinneswahrnehmungen angewiesen, denn sie waren oft lebensentscheidend, sowohl zum Beutemachen als auch um selbst nicht zur Beute zu werden, denn wer als Erster gehört oder gerochen wird, der fällt auch als Erster auf – sowohl den Jägern als auch den Gejagten. Insofern ist es überlebensrelevant ständig fit und wach zu sein.

Unser Urvermächtnis ist die natürliche Triebfeder der gesamten Evolution, wobei Remotion zunächst unserer persönlichen Selbstsensibilisierung dient. Je sensibler und damit wacher wir werden, desto klarer werden unsere Gedanken sein, die wir wahrnehmen, desto näher kommen wir an die andersdimensionierte Quelle heran, die ALLE mit ihrer Lebensenergie versorgt. Für uns wird dann eine andersdimensionierte Lebensphase bereits zu unserer Lebenszeit beginnen und unseren körperlichen Tod angstfrei überdauern.

Unglaublich? Ja – weil es **keinen** Glauben voraussetzt, denn wer an Glaubens-Märchen o. Ä. glaubt, der wird das reale, auf Fakten basierende Leben nie verstehen können.

Es ist wohl wahr, ohne unseren Verstand wären wir nichts, doch ohne uns würde unser Verstand erst gar nicht existieren. Unser Verstand existiert, damit wir wachsen und schließlich uns selbst durch/über ihn erkennen können. Ich weiß, einerseits klingt es nach Schizophrenie, nach Persönlichkeitsspaltung, nach Verrücktwerden, andererseits sind wir Gefangene unseres eigenen konditionierten Verstandes und davon, womit er sich stets identifiziert bzw. woran er fortlaufend glaubt zu sein. Gelingt es UNS nicht, sich von unserem Verstand zu distanzieren, ihn aus einer gewissen Ferne zu betrachten, ihn zu kontrollieren, dann werden wir gleichermaßen nur solange existieren, wie es ihn/uns gibt. Stirbt unser Körper, dann sterben auch die Aktivitäten unseres Gehirnes (unser Verstand) und WIR mit ihnen als abgespeicherte Informationen. Es sei denn, dass wir mehr sind als nur unser Verstand, mehr als die Aktivitäten unseres Gehirnes, sozusagen seine „Besitzer" und er nur der Vermittler, der uns auf unsere Existenz aufmerksam macht, der uns auf uns neugierig macht, der uns kontinuierlich, immer und immer wieder urvermächtnisbedingt auf unser Dasein hinweist bzw. uns permanent nach unserem Daseinsgrund fragen lässt. Der Rufende ruft uns ständig, auch wenn wir seinen Ruf (die Urknallmelodie bzw. das kosmische Rauschen) aufgrund unserer „Lethargie" bzw. „Denaturierung" NOCH nicht wahr haben wollen können.

Tja, manche Rätsel sind rätselhaft, jedoch nicht unlösbar! Es ist zwar eine kniffelige Angelegenheit, jedoch eine durchaus lösbare, denn du wärest nicht der Erste, der sich selbst aus/durch sich selbst verwirklichen könnte. Es ist der letzte unlösbare „Gordische Knoten" auf dem Wege zu uns selbst, den **wir** noch lösen müssen. Andernfalls bleiben wir, trotz besseren Wissens, „Gefangene" unseres eigenen konditionierten Verstandes. Wir werden weiterhin über alle möglichen und unmöglichen an uns übermittelten Informationen aus zweiter Hand reden und diskutieren, jedoch nichts direkt Lebendiges dabei fühlen oder erahnen. Wir werden dann über „Etikettierungen von Flaschen" reden. Wir werden über Belangloses ernsthafte Gespräche führen; über die Kleidung, den Modeterror, das Aussehen, das ... Wir werden das Benehmen anderer Leute selbstsicher kritisieren ohne sie zu kennen oder uns über einen Schreibstil ereifern, ohne den ganzen Inhalt kennengelernt zu haben. Wir werden weiterhin über Bewusstseinserweiterung reden, ohne selbst zu erfahren, was Bewusstsein ist. Wir werden uns für den Maßstab aller Dinge halten und von Tag zu Tag immer mehr vergreisen. Unser „Gehirnmuskel" wird immer schwächer werden – weil er nicht kreativ beansprucht wird!

Wer den Weg zu sich selbst bis hierher selbstkostend mitgegangen ist, der dürfte genügend motiviert und „erfahren" sein, um auch den nächsten Schritt zu vagen. Wer bereits im Vorhergenannten geübt ist, wer es verinnerlicht, also auch praktisch ausprobiert und verstanden hat wie Autosuggestionen, Suggestionen, Hypnosen und Meditationen funktionieren, der kann jetzt gefahrlos weiterüben. Wer die vorausgegangene, sich mehrmals wiederholende „30 Sek. Remotionsbitte" ignoriert hat, wer das Vorhergenannte nur oberflächlich gelesen, nur oberflächlich zur Kenntnis genommen hat, der hat den Ernst seiner Lage noch nicht verstanden, für den ist es noch zu früh, um mit der eigentlichen, mit der uns verändernden Remotion zu beginnen. Der **sollte** zunächst den ersten Teil (Methode bis incl. Remotion) dieser Wegbeschreibung verinnerlichend wiederholen – wenn es nötig ist, sogar öfter. Denn was nützt einem eine Wegbeschreibung, die er sich NICHT gemerkt hat? Was nützt einem ein Navigationsgerät, deren Funktionsweise er NICHT beherrscht oder ein Stadtplan, den er nicht lesen kann? **Nichts!**

Während ich das vorliegende Buch schrieb, da habe ich oft das Gefühl gehabt, „abwesend" zu sein, sozusagen, sich im „Leeren-Blick-Modus" zu befinden, sodass ich mir das Geschriebene erst im Nachhinein, durch mehrfache Wiederholungen, also autodidaktisch durch **Selbsterarbeitung,** verinnerlichen bzw. bewusst machen konnte.

Remotion kann uns das Lesen-, das Handhaben-, das Merken-**Können** beibringen. Ob wir es dann **wollen werden** oder halbwissend aufgeben, das werden wir dann unserem Entwicklungsstand, unserem Reifegrad entsprechend selbst entscheiden. Entweder oder, entweder mühelos aber angstvoll Vergehen oder mühevoll aber angstfrei Neuentstehen – wir haben „die Qual der Wahl" und es ist nur eine Frage der Zeit, wann wir uns für unsere „Rückkehr" entscheiden werden **müssen.**

Wer meint, sich die „Schatzkarte" einigermaßen gut eingeprägt zu haben, der kann seine Selbsterfahrungsreise fortsetzen. Der sollte zunächst vorsichtig, aber nicht ängstlich reisen und dabei unbedingt auf die körperlichen Warnsignale achten; auf die aufkommenden Kopfschmerzen. Denn sobald sich Kopfschmerzen bemerkbar machen, MÜSSEN wir unsere Remotionsübung unterbrechen und uns zunächst leichteren „Gegnern" zuwenden, beispielsweise der bereits bekannten „Urknallmelodie", der „Ur-Basis" dem oszillierenden Urknallgeräusch in unseren Köpfen, das uns permanent an unsere ferne Heimat, an unsere „Vertreibung", an unser Urzuhause seit mindestens 14 Mrd. Jahren ständig erinnert UND – das **gesamte Leben** permanent zur Weiterentwicklung antreibt.

Schließlich ist es die aus unzähligen „Noten bzw. Tönen" bestehende Urknallmelodie die treibende Kraft, die kontinuierlich, auf altem Leben aufbauend, genkombinierend ständig neues Leben erschafft – bis es schließlich dort endet, wo es angefangen hat – im Nichts – an der „Start-Ziel- Linie".

Wir sollten zunächst lernen, diese **Orientierungsmelodie** genauer zu hören und sie dann zu unserer wichtigsten Remotionsbasis machen. Wer das NOCH nicht kann, der sollte so leise atmen, dass er dabei keine strömungsbedingten Atemgeräusche hört – NUR ein melodisches, „tinnitusartiges" Rauschen und immer wenn seine Achtsamkeit nachlässt, dort zurückkehren.

Kopfschmerzen sind in diesem Falle mit einem Muskelkater zu vergleichen. Wenn wir unsere Körpermuskeln übermäßig strapazieren, dann werden sie durch Übersäuerung „sauer" und tun uns dies kund durch Schmerzen, denn wo mehr Leistung abverlangt wird, dort wird auch mehr Energie verbraucht bzw. verbrannt, sodass zunächst Kohlendioxid, dann Muskelkather verursachende Kohlen- Milchsäure entstehen.

Ferner sind es neue neuronale Verknüpfungen, die zunächst weh tun, die unser Gehirn erst einfahren bzw. anlernen muss, bevor es wieder voll belastet werden kann. Es ist wie mit unseren Muskeln allgemein; je mehr sie wachsen, desto leistungsfähiger werden sie, und solange wie die Wachstumsphase unserer Muskeln andauert, so lange dauert auch der Muskelschmerz an. Nach einer Rekonvaleszenz-Zeit, nach einer Genesungspause, können wir dann unbesorgt weiterüben. Nur etwas vorsichtiger, denn durch den natürlichen „Muskelkater" signalisiert uns unser Körper: „Halt, nicht weiter, sonst könnte ich überfordert werden".

Wenn das „Eis" zu knacken beginnt, dann ist es NICHT einbruchssicher, dann kann es gefährlich werden. Und was für das dünne Eis, für unsere Körpermuskeln gilt, das gilt auch für unser Gehirn. Bei aufkommenden Kopfschmerzen müssen wir unsere Remotion sanft unterbrechen und uns dabei bewusst loslassend entspannen. Auf keinen Fall verkrampfen oder hochkonzentriert weitermachen! „Heißer Kopf" und kalte Ohren, sind akzeptabel, kalte Füße und kalte Hände auch, aber NICHT intensive, lange Zeit anhaltende Kopfschmerzen, sonst hört der „Spaß" definitiv vorzeitig auf. *(Was die Kopfschmerzen verursachende Über-*

säuerung angeht, so kann diese durch Calcium/Magnesium Einnahme im Verhältnis 2 Ca zu 1 Mg minimiert werden).

Durch Remotion wird unser Gehirn ziemlich gefordert und manchmal auch leicht überfordert. Man sagt zwar, dass das Gehirn selbst keine Schmerzen verursacht, nichts-desto-trotz, einen „Gehirnkater" gibt es trotzdem, denn aufgrund unserer Remotion entstehen in unseren Gehirnen neue Nervenverbindungen, neue Nervenwege, die uns zu neuen Ufern führen werden und zunächst „stabilisiert" werden müssen. Erst danach, wenn unsere Kopfschmerzen nachlassen, wenn die „Reparaturen" ausgeführt sind, kann es weitergehen. Bis dahin sind Pausen von einigen Tagen oder länger angesagt. Nimm dir ruhig Zeit, denn was ist schon Zeit im Hinblick auf die Ewigkeit.

Zu Abrahams, Buddhas, Moses', Jesus' oder Mohammeds Zeiten sind Leute in die Einsamkeit gegangen, um Menschen zu werden. Um Läuterung, Neugeburt bzw. Selbsterkenntnis zu erlangen, haben Selbstsuchende oft für einige Wochen die stille Einsamkeit der Wüsten aufgesucht oder sich in Einsiedeleien niedergelassen, um die leise, tinnitusartige Urknallmelodie zu hören, den Ruf des ewig Rufenden. Viele von ihnen sind NICHT zurückgekehrt, weil sie bei sich selbst/IHM angekommen sind. Viele von ihnen haben der Tür aus strahlendem Licht nicht widerstehen können. Sie sind mit der Urknallmelodie ewig eins geworden – für uns ein Verlust, für sie ein ewiger Gewinn.

Nun gehe ich davon aus, dass wir genügend vorbereitet, dass wir ausreichend erfahren sind, um endlich mit den finalen Remotionsübungen gefahrlos aber erfolgreich beginnen zu können. Und weil jeder von uns sich auf einer anderen Entwicklungsstufe befindet, so sollte auch JEDER von uns auf seiner und nicht auf einer anderen Entwicklungsstufe „abgeholt" werden. Manche von uns sind mehr praktisch oder theoretisch veranlagt, andere mehr visuell als auditiv und noch andere mehr musikalisch als verbal. Möge jeder die zu ihm optimal passende Remotionsübung finden oder sich selbst eine ausdenken.

Einer der schnellsten und sichersten Wege zu uns selbst ist die folgende audiovisuelle Remotionsübung, die mehrere Sinne gleichzeitig anspricht und von jedem bedarfsorientiert modifiziert werden kann: Im Schneidersitz bequem sitzend stellen wir uns die Buchstabenreihe des Alphabetes in Großbuchstaben IN unseren „transparenten" Köpfen an der Innenseite der Schädeldecke erscheinend von A bis Z nacheinander vor und benennen sie dabei gedanklich. Unsere Betrachter-Position befindet sich dabei hinter unserem Kopf, leicht außerhalb also, sodass die Buchstaben an der inneren Schädelecke am Hinterkopf spiegelbildlich „zu sehen" sind, sozusagen von hinten.

Haben wir die ganze Alphabet-Runde einmal aufgesagt, dann fangen wir wieder von vorne an. Dabei, um der Gewohnheit entgegenzuwirken verändern die einzelnen Buchstaben mit jeder Runde ihre Positionen. Wo noch in der Vorrunde ein „A" stand, kann in der nächsten Runde ein „O" stehen usw. „Runde", weil die Buchstaben rund herum auf der Innenseite der Schädeldecke visualisierend abgelesen werden. Die Farbe der Buchstaben ist zunächst farblos, undefinierbar. Wer Schwierigkeiten mit der bildhaften Buchstabenvorstellung hat, der „zeichnet/schreibt" sie gedanklich vor. Als „Schreibgeräte" können Finge oder Zehen zuckend zur Hilfe genommen werden. Wer es als zu leicht empfindet, der gestaltet die Buchstaben ein- oder sogar mehrfarbig. Natürlich können wir uns die „Buchstabenrunde" auch als auf ein transparentes Stirnband geklebte Buchstaben denken, dann sind die Stirnbuchstaben spiegelbildlich von hinten zu sehen. Auf diese Weise wird unsere Remotion nicht zur Routine. Ferner behalten WIR die Kontrolle über unseren Verstand, der sich fortlaufend wehren wird. Immer und immer wieder wird er die Buchstaben-Remotionsbasis in bereits bekannter Weise verlassen und irgendwelchen Geräuschen, Bildern, Körperempfindungen oder Gedanken nachlaufen. Unsere Aufgabe ist es dann, ihn immer wieder auf die Remotionsbasis zurückzuholen und zwar immer zu dem Buchstaben, bei dem er uns entwischt ist, oder an den er sich eindeutig erinnert. Das geschieht immer und immer wieder, bis unser Verstand tatsächlich gelernt haben wird, dass er VON UNS fortlaufend „bestraft" wird, wenn er sich von der Buchstaben-Remotionsbasis entfernt. Diese Remotionsübung wird so lange geübt, bis unser Verstand sie einigermaßen gut beherrschen wird. Der Zeitpunkt wird dann gekommen sein, wenn unser Verstand das ganze Alphabet ununterbrochen mindestens zweimal hintereinander audiovisuell vortragen können wird.

Haben wir das „Krabbeln" gelernt, dann können wir mit dem „Gehen" beginnen. Hierbei kehren wir nicht sofort zu unserer Buchstaben-Remotionsbasis zurück, sondern fragen uns, wer den zuletzt wahrgenommenen Stör-Gedanken ausgelöst hat, bis wir letztlich zu dem Initialgedanken kommen, der das erste Glied der Gedankenkette bildet und kehren dann kommentarlos zum zuletzt „gesehenen und gehörten" Buchstaben unserer Buchstaben-Remotionsbasis zurück.

Am Anfang, an der Gedankenquelle angekommen werden wir auch den Verursacher bzw. Auslöser des Initialgedankens erkennen. Meistens sind es die in unseren Köpfen abgespeicherten Bilder und Geräusche sowie Emotionen aller Art, dieselben die wir auch nachts wahrnehmen, wenn wir träumen oder zur Orientierung benötigen. Hinzu kommen noch aktuelle Sinnesimpulse der Umgebung, wie Geräusche oder Gerüche, Wärme oder Kälteempfindungen und schmerzliche Körperverspannungen, die wir bereits aus unserer Meditation kennen und die sofort durch korrigierende Veränderungen der Körperposition behutsam gelöst werden sollten. Die Buchstaben-Remotion wird bis zu leichten Kopfschmerzen geübt, aber KEINEN Schritt weiter. Es kommt durchaus auf den „Ehrgeiz", auf die Übungsintensität und das Energiepotenzial des jeweilig Übenden an. Effektiver ist es, öfter kurz, aber regelmäßig zu üben, als selten lang oder unregelmäßig – jedenfalls so lange bis sich unser Verstand daran gewöhnt, uns über sein Vorhaben avisierend zu informieren. Schließlich wird er uns über das Verlassen-Wollen der Remotionsbasis unmittelbar oder sogar vorher in Kenntnis setzen. Und je früher wir solche Gedanken-Wechsel wahrnehmen, desto eher werden wir die Ursache ihrer Entstehung begreifen und damit auch uns selbst. Selbst unsere Träume werden dann klar und kreativ werden. Selbst Probleme, z. B. handwerklicher, sportlicher oder anderer Art, werden dann nachts träumend durch selbstständiges, autogenes Training unseres Verstandes automatisch gelöst! Am nächsten Tag werden wir dann wissen, wie was zu lösen sei, als ob unser Verstand, nachts lernend, Zugang zu einer geheimen Informationsquelle gehabt hätte. Das werden dann u. a. die Früchte sein, an denen wir unseren Remotions-Fortschritt auch praktisch erkennen werden.

Haben wir uns an EINE Remotionsbasis erst gewöhnt, dann wird es Zeit, sie zu verlassen und sich der nächsten zuzuwenden. Denn Gewohnheiten sind Bremsen des gesamten evolutionären Fortschritts, was auch ein intuitiver Grund dafür ist, dass die Kreativen unter uns, ständig nach etwas Neuem suchen MÜSSEN! Das wissen z. B. auch die sogenannten Mode-SCHÖPFER und schöpfen uns aufgrund unserer Desorientierung, erbarmungslos ab, denn solange wir noch nicht bei uns selbst angekommen sind, werden wir weiterhin nach jedem Strohhalm greifen, der uns scheinbar ehrlich, aber trügerisch verspricht, ein Lösung auf unserer Suche nach uns selbst zu sein.

Bekanntlich heißt unser evolutionäre Befehl ÜBERLEBE! Passe dich an, suche, bis du dich selbst findest, sei achtsam Allem gegenüber, denn Lethargie lauert überall! Genau genommen ist unser ganzes Leben eine einzige Remotion, allerdings im „Automatikmodus", denn das allgemeine Leben kennt keine

„Zeit". Es schreitet zwar fortwährend voran, doch ES hat Zeit, die wir als „Etappen-Reisende" nicht haben.

Also beschleunigen wir unseren eigenen Entwicklungsprozess, indem wir auf den manuellen „Modus" umschalten und somit unsere persönliche Entwicklungsgeschwindigkeit, unserem latenten Potential entsprechend, weitgehend selbst bestimmen, denn unser Urvermächtnis ist NICHT, ob wir zurückkehren WOLLEN, sondern MÜSSEN, denn alles, was geschehen muss, um das Urvermächtnis, um das Urschicksal zu erfüllen, das wird auch geschehen!

Noch haben wir scheinbar die Wahl, denn noch können wir uns scheinbar selbst entscheiden, ob wir den unserem Lernpotenzial entsprechenden Erkenntniszustand selbst realisieren werden oder als unsere Nachkommen ... realisieren werden müssen. Und wir müssen ihn realisieren, weil wir es uns bereits vor unserer selbstveranlassten Vertreibung als „Geistwesen" selbst versprochen haben irgendwann geläutert zurückzukehren und was man sich selbst als andersdimensioniertes Geistwesen verspricht, das muss man irgendwann einhalten – egal wo und egal wie lange es dauert! Ob wir unsere Rückkehr selbst oder erst als eine andere Spezies realisieren werden, das hängt von jedem selbst und seinem Reifegrad ab. Als aufrichtig Suchende verfügen wir über dieses latent-geheimnisvolle Potential zur Selbstwerdung und es wäre töricht von uns, wenn wir es NICHT nutzen, wenn wir vor unserem Reiseziel aussteigen würden.

Bei den nachfolgenden Remotionen sind die Wochentage die Remotionsbasis: Dabei werden die Wochentage gedanklich gesprochen und gleichzeitig visuell mitgezählt.

Der Montag hat die 1, der Dienstag die 2 usw. Der Sonntag schließlich die 7 und wieder von vorne, der Montag die 1, der Dienstag die 2 usw. ... Dabei sprechen wir in Gedanken die Wochentage deutlich artikuliert aus und beziffern sie fortlaufend visuell bis sieben und fangen dann wieder gedanklich sprechend mit Montag und der visuellen Eins an.

Sobald wir diese Wochentageremotion beherrschen, gehen wir einen Schritt weiter: Der Montag hat die 1, der Dienstag die 2 usw., der Sonntag schließlich die 7. Bis jetzt läuft alles wie eben gehabt, doch ab jetzt, beim Sonntag und der 7 angekommen, wiederholen wir diese rückwärts, Sonntag die 7, der Samstag bekommt dann die 6 und der Freitag die 5 usw., der Montag schließlich die 1. Dann wiederholen wir das Ganze. Wochentage-Treppe rauf, Wochentage-Treppe runter, Treppe rauf, Treppe runter, denn „Treppenlaufen hält fit und munter." Bis sich andere Aktivitäten unseres Verstandes dazwischen drängen. Dann geht es wieder in bereits bekannter Weise rückwärts voran bis zum Initialgedanken und dessen Auslöser. Anschließend kehren wir zu unserer Wochentag-Remotionsbasis zurück, um mit unserer Remotion fortzufahren, und zwar mit dem Wochentag, den unser Verstand zuletzt bewusst wahrgenommen hat. Andernfalls beginnen wir, unseren Verstand strafend, wieder audiovisuell mit dem Montag und der 1, also mit der ersten „Treppenstufe".

Wie lange die gesamte Sitzung andauert, das sollte jeder für sich selbst entscheiden, denn wer es bis hierher erfolgreich geschafft hat, der kann bereits selbstständig „gehen", der hat das „Krabbeln" bereits hinter sich gelassen – herzlichen Glückwunsch! Und wer bereits „gehen" kann, der kann auch „Laufen" lernen, denn Laufen ist wie Gehen, nur etwas schneller: Der Montag hat die 1 und der Dienstag die 2 usw. ..., der Sonntag vorübergehend schließend die 7. Nun geht es NICHT zurück, sondern mit dem auf den Sonntag folgenden Montag weiter. Der folgende Montag hat dann die 8 und der Dienstag die 9 usw., bis Sonntag, der vorübergehend mit der 14 schließt. Der nächste Sonntag hat dann die 21 und wiederum der nächste die 28 usw. bis 70. Dann dürfte es fürs Erste ausreichend sein. Doch auch hier gilt: Nicht übertreiben – maximal bis zu leichten Kopfschmerzen üben, dann muss die Remotionsübung mit einem lockernd loslassenden Urknall-Melodie-Zuhören beendet werden – loslassend, so als ob sich unser Kopf beim Ausatmen in alle Richtungen ausdehnend entspannen und dabei an Volumen zunehmen würde.

Wer bis hierher gelernt hat fehlerfrei mitzugehen, der weiß bereits, dass die Remotionsübungen NICHT das Ziel sind, sondern lediglich nur die „Gehhilfen", die uns den langen Weg zum Ziel erleichtern können.

Nach der Wochentage-Remotion kann mit der Monate-Remotion geübt werden, die nichts anderes ist als die Wochentage-Remotion, nur um fünf (7 + 5 = 12) Stationen erweitert. Wie bei der Wochentage-Remotion werden auch bei dieser audiovisuellen Monatenamen-Remotion die Monatsnamen im Geiste (im Herzrhythmus) DEUTLICH ausgesprochen, wobei visuell eine weitere, gleichzeitige mit den Zehen oder den Zeigefingern andeutungsweise geschriebene Nummerierung erfolgen kann – wenn sie sich nicht bereits automatisch von selbst dazugesellt hat. Es sind die kleinen „Zuckungen" unserer Zehen, Finger, Augen oder...

Der Januar erhält die 1, der Februar die 2 usw., der November die 11 und der Dezember die 12. Auf den Dezember mit der 12 folgt dann der Januar mit der 13 und der Februar mit der 14 usw., der November mit der 23 und der Dezember mit der 24 usw., bis zum Dezember mit der 60, 120, 180, 240 oder 300, je nach Zielsetzung, die WIR VORHER festlegen und die unser Verstand grundsätzlich **IMMER** einhalten SOLLTE. Es ist wie mit der Kindererziehung: klare – NICHT überfordernde – Zielsetzungen, die dann auch erreicht werden MÜSSEN! Wir dürfen die „Messlatte" NICHT höher legen, als das Kind oder unser Verstand springen kann, denn Frustration ist ein schlechter Lehrmeister. Kleine Erfolge dagegen sind wesentlich motivierender als Niederlagen, und kleine aber kontinuierliche Schritte führen auch zum Ziel – mit Freude!

Nicht nur Kinder freuen sich über Erfolgserlebnisse, sondern auch unser Verstand, und loben ist motivierender als tadeln. Doch wir dürfen unseren Verstand nicht überfordern, holen wir ihn stets dort ab, wo er sich gegenwärtig befindet. Lehren wir ihn, wozu er seinem Entwicklungsstand nach in der Lage ist zu lernen. Da beides, Unterfordern und Überfordern, zu Desinteresse führt, sogar zur Arbeitsverweigerung, so sollten wir schnell lernen, das rechte Maß der Mitte zu finden, sodass unser Verstand sich nicht überfordert oder gar unterfordert fühlen darf.

Auch hierbei gilt: Keine „Kuschelpädagogik", hierbei sind Lob und Tadel die Taktik der Didaktik. Und wer nicht aufpasst, der muss nachsitzen bzw. in den kleineren Wissenskreis zurückversetzt werden, den er UNWISSEND, also unbewusst verlassen hat. Und wer aufpasst, der sollte dafür ordentlich „gezuckert" werden. Tja, die natürliche Lehrmethode „Zucker und Peitsche" ist zwar uralt, jedoch sehr effektiv, denn „leichte Kopfschläge oder Streicheleinheiten fördern das Denkvermögen"!

Unser Verstand ist zwar ein „schlaues Kerlchen", allerdings lässt er sich durch vorliegende Remotionsmethoden gut kontrollieren UND erziehen. Es ist wie in der Schule, wo die Lernenden schlauer zu sein glauben als die Lehrenden, doch glauben ist nicht wissen. Die ständige und immer wiederkehrende Rückführung auf die Remotionsbasis wird unser Verstand eines Tages als lästig empfinden und dem Naturgesetz „Weg des geringsten Widerstandes" folgen, dabei „übersieht" er, dass er sein „Versteck", die Geburtsquelle seiner Aktivitäten, nach und nach häppchenweise preisgibt.

Ab hier wird es dann zwischen ihm, seiner Informantin und uns keine Geheimnisse mehr geben, ab jetzt wird er uns vertrauen und wir ihm. Dann wird auch der Zeitpunkt gekommen sein, wo unsere „Geist-Seele" – und NICHT nur unsere – durch unseren Verstand zu uns direkt sprechen wird. Und immer wenn unsere Gedanken sich von der Remotionsbasis entfernen, wenn wir „einschlafen", wenn wir unachtsam werden, wird sie es sein, die das als erste bemerkt und uns „weckt", die unserem Verstand die neue Position sofort mitteilt und ihn an die vorherige Position erinnern wird.

Unser körperbedingtes Endziel, unsere Selbstgeburt, wird uns dann ahnend sichtbar werden, denn wir werden dann bereits ahnend WISSEN, dass WIR der neutrale Beobachter, das geistige „Kind" beider, unserer Geist-Seele und unseres Verstandes sind. Wir werden dann die Frucht, das neu-, das selbstgeborene Kind sein, das die Vereinigung beider als Resultat hervorbringt, das neutrale Selbst. Dabei werden wir JEDEN Glauben wissensbedingt tolerieren – allerdings NICHT akzeptieren, die Welt wird kleiner und die kosmischen Weiten kürzer – schließlich werden wir uns selbst als Teilchen des Ganzen erkennen.

Utopie? Nein, nur eine anders dimensionierte Realität! Als „Frucht" werden wir erkennen, dass der neue „Baum" sich verändert hat und somit fortan veränderte „Früchte" tragen wird. So funktioniert Evolution und nicht anders – nicht durch Glauben oder Aberglauben, nicht durch Astrologie oder Wahrsagungen, sondern durch Situation bedingte Anpassung!

Das passiert nicht plötzlich, sozusagen mit einem Knall, sondern nach und nach, jeden Tag ein wenig mehr. Wer rechnen oder lesen lernen will, der muss zunächst Ziffern oder Buchstaben kennenlernen. Wer sein Zuhause wiederfinden will, der muss lernen sich schrittchenweise an den Rückweg zu erinnern. Wobei der Rückweg ganz anders aussieht als der Hinweg – wie unsere, beispielsweise auf einem transparenten Stirnband befestigten Buchstaben, die, von rückwärts betrachtet, ganz andere zu sein scheinen.

Wessen Verstand bei der Monats-Nummerierung-Remotion bis 1.200 unterfordert ist, wessen Verstand aus „langer Weile auf Reisen" geht, der kann im Herzrhythmustakt üben: ein nummerierter Monat dauert dann einen Herzschlag lang. Die Takteinhaltung hat den großen Vorteil, dass wir nicht verlangsamen, was allerdings meistens nur die Älteren unter uns betrifft. Die

Jüngeren unter uns dürften mit der Herztakteinhaltung keine größeren Schwierigkeiten haben. Ferner ist die Zeitrhythmus-Einhaltung eine Art Lernzielkontrolle anhand welcher wir unseren Fort- oder Rückschritt objektiv überprüfen können.

Die Dauer dieser „Zwölfhundert Remotion" beträgt REIN THEORETISCH, also wenn unser Verstand 100%ig auf der Remotionsbasis bleibt, nur etwa 20 Minuten (1.200 Sek. geteilt durch 60 Sek. = 20 Minuten). Sonnst, muss alles was wir tun, überprüfbar sein und verständlich. Wir müssen alles, was wir tun, auch verstehen, andernfalls wird alles, was wir unverstanden tun, mechanisch und damit weitgehend nutzlos sein, denn nur wer „mit Leib und Seele" achtsam dabei ist, lebt und nutzt die Zeit sinnvoll – **egal was er tut!** „Vertrauen ist gut, Kontrolle ist besser", denn kontrollieren heißt überprüfen, und so lange wie wir unseren eigenen Fortschritt fortlaufend überprüfen, werden wir NICHT mechanisch oder naiv glaubend werden können, sondern lebendig werden UND lebendig bleiben. Dabei werden wir uns fortwährend proevolutionär weiterentwickeln, denn Evolution, wozu auch wir gehören, steht nie still. Genau genommen ist unsere persönliche proevolutionäre Weiterentwicklung nicht nur ein Fortschritt für uns selbst, sondern gleichzeitig auch der der gesamten Menschheit, denn wer sich wegweisend selbst verändert, der wird zunächst zum „Schwarm- oder zum Herdenführer" mutieren, schließlich dann, zum leuchtenden Teilchen (Orientierungspunkt) im GANZEN werden.

Momentan leben wir NOCH in einer für uns **realistischen Scheinwelt**, die wir schon bald für immer verlassen werden. Unbewusst oder bewusst, unwissend oder wissend – NOCH können wir uns entscheiden, für unser Vergehen oder für unser Neuentstehen – es liegt tatsächlich an uns selbst. Bis dahin müssen wir lernen zu unterscheiden zwischen dem was wir wirklich sind und dem, was wir zu sein glauben. Ein paar Male „Sieg Heil" zu schreien, „Hare-Hare" oder „Ave Maria" zu singen bzw. „Allah hu Akbar" zu rufen, reicht nicht aus, um neu zu werden, denn Selbsterkenntnis ist kein Glaubenshokuspokus, wie ihn Kirchen gerne mit naiv glaubender Jugend eventartig veranstalten, (Siehe 1. Teil: Suggestion/Hypnose; darin insbesondere „Massenhypnose") sondern eine ernsthafte Angelegenheit, die nur jeder selbst – für sich selbst – bewerkstelligen kann und NICHT in manipulativen Massenveranstaltungen.

Eine gute Freizeitremotion ist die achtsame Beobachtung von Schwärmen. Es können Fisch-, Vogel-, Tier- oder Menschenschwärme sein, Wolken oder Sterne. Dabei fokussieren wir ein bestimmtes Schwarmobjekt, ohne dabei das Gesamtbild auszublenden, („X" plus Text) und bleiben so lange an dem Einzelobjekt „kleben", bis unser Blick sich davon automatisch abwenden will – was ein paar bewusste Augenblicke lang zu vermeiden gilt. Normalerweise erfolgen diese Blickwechsel völlig automatisch und ständig. Sie dauern dann nur wenige Sekunden oder kürzer an. UNSERE Aufgabe ist es jetzt, eine bewusste Wahrnehmung durch Verzögerung des Blickwechsels. Unser Verstand darf jetzt nicht, ohne uns vorher „gefragt" zu haben, sozusagen ohne einen von uns ausgestellten Passierschein, von einem zum anderen Beobachtungsobjekt wechseln. Jetzt gilt es, den Augenblick vor dem Objektwechsel so lange zu verzögern, bis WIR unserem Verstand bewusst das O. K. zum Wechsel geben. Durch kontinuierliche Ausübung unserer Remotion behalten WIR die Kontrolle über unseren Verstand, und wir gewöhnen ihn daran, bei der Sache zu bleiben und immer wieder zu diesem Punkt zurückzukehren, den er UNERLAUBTERWEISE verlassen hat. Anfangs ist es nicht leicht für ihn zu gehorchen, aber unser Verstand ist lernfähiger als wir es annehmen. Auch für uns ist es leichter, einfach ziellos herumzulaufen, statt an die „Leine" genommen zu werden, ziellos zu Quatschen, als themenorientiert zu sprechen.

So wie wir uns an unsere Pflichten gewöhnen, so können wir auch unseren Verstand an seine Pflichten gewöhnen, bis er dann, nach einer gewissen „Einarbeitungszeit", es gerne FÜR UNS tun wird. Bis dahin heißt es: üben, loben und tadeln, belohnen und bestrafen, aufmerksam sein oder nachsitzen lassen bzw. bei Unachtsamkeit bedingtem „Weglaufen" immer und immer wieder zur Remotionsbasis zurückkehren lassen, bis das „Kind" schließlich gelernt haben wird, uns zu respektieren.

Was meine Remotionsbeschreibungen angeht, so denke ich, dass ich das Meiste, was dazu zu sagen ist, sogar mehrmals gesagt habe. Was jeder Einzelne von euch daraus macht oder auch nicht, das muss jeder für sich selbst entscheiden. Seid kreativ und lasst euch von niemandem und nichts binden oder beschränken – auch NICHT von eurem eigenen Verstand. Habt ihr eine Idee, wie ihr etwas abändern könnt, so tut es, jedoch NICHT, um uns gleich „davonzufliegen". Denn je höher ihr zu fliegen lernt, desto weiter wird euer Horizont werden, bis ihr schließlich die „Türschwelle" zum schattenfreien Licht endgültig überqueren und selbst zum Licht werdet. Sich selbst NOCH in der „Türschwelle" befindend, könnt ihr all denjenigen den Weg erhellen, die bereits perspektiv- bzw. orientierungslos geworden sind oder euch NOCH „anbellen", obwohl sie nichts dringender benötigen als eure Initialhilfe, denn wer den inneren Weg vom Schein zum Sein blitzartig* selbst erfahren hat, der vergisst ihn nicht, der sollte seine Erfahrungen nicht „unter den Scheffel stellen", sondern an andere weitergeben bzw. anderen Suchenden den Weg erhellen.

(Blitzartig bedeutet, dass es durchaus möglich ist, „wie vom Blitz getroffen zu werden", um fortan ein anderer zu sein. Das geschieht vom unteren Teil der Wirbelsäule aufwärtsverlaufend bis zur Schädeldecke hin und „schüttelt" uns kräftig durch, so, als ob wir einen Elektroweidenzaun mit unserem Gesäß berühren würden, so, als ob unser Bauch- und Kopfverstand sich vereinigen bzw. miteinander verschmelzen würden.)

*WAS VIELE GERNE WISSEN MÖCHTEN,
JEDOCH NUR WENIGE GLAUBENSFREI VERSTEHEN
KÖNNEN, IST DIE WAHRHEIT ÜBER UNS SELBST.*

*WER SIE TROTZDEM WAHRHAFTIG VERSTEHEN
WILL, DER WIRD ZUNÄCHST VERUNSICHERT
WERDEN, SCHLIESSLICH DANN,
SELBST ZUR WAHRHEIT WERDEN.*

**Zweiter Teil
Selbstfestigung**

Diskurs

Was vor UNSEREM Urknall, vor dem Vergehen des Alten und dem Entstehen des Neuen, vor der „Vertreibung aus dem Urzuhause", vor der Energieumwandlung in Materie war, das bleibt den meisten von uns unbegreiflich, außer der geheimnisvollen Sehnsucht nach uns selbst, nach unserem Urzuhause: Wenn wir nachts, eine Zeit lang schweigend, in den klaren Sternenhimmel schauen, dann spüren wir, dass wir irgendwie dazugehören, dass der Himmel unser Urzuhause war, ist und wieder sein wird. Geheimerweise ahnen wir ES – ohne zu wissen, WARUM wir ES ahnen. Es ist unsere Ursehnsucht nach der unendlichen Freiheit, die wir durch unsere eigene Urgier verloren haben und die uns immer und immer weiter, sogar zeit- und artenübergreifend, nach uns selbst suchen lässt. Entweder wir schaffen es, anteilig das Ganze zu werden, oder wir bleiben weiterhin unvollendet – halb fertig – sozusagen ganz unbrauchbar. So, als ob wir NIE existiert hätten? So, als ob die Mineralisierung unserer Körper unser Lebenssinn wäre?

Wo beginnt und wo endet unser Lebenskreis? An welchem Punkt des Kreises befinden wir uns heute, und an welcher Stelle des Kreises werden wir sein, wenn unsere Körper sterben?

Werden wir SEIN, wenn unsere Körper aufhören zu atmen? Ja – diese Chance, dieses Potential zur Selbstwerdung haben viele von uns, und es liegt tatsächlich an jedem von uns selbst, ob wir es zu unserer Lebenszeit nutzen werden oder nicht! Wir müssen uns NUR eindeutig entscheiden: Für das von Lügen geprägte, zeitbegrenzte Körperleben oder für unsere geistige Neugeburt und damit für das zeitunbegrenzte, „traumhafte Geistleben", in dem wir auch ohne Wahrnehmung unserer Körper existieren.

Wenn unsere Körper sterben, dann entstehen andere Körper daraus: Viren, Bakterien, Algen, Pilze, Flechten, Moose, Pflanzen, Mikroorganismen, Tiere und schließlich auch Menschen. Wir könnten sogar schnell zu Kannibalen werden, wenn wir mit der Asche der Verstorbenen unsere Gemüsegärten düngen oder Äpfel von Apfelbäumen essen würden, unter denen zuvor menschliche Leichen vergraben worden wären. Doch wie wird es mit uns, mit dir und mir weitergehen? Werden wir nach unserem körperlichen Tod genau das sein, was wir bereits vor unserer Geburt waren? Falls ja, was hätte unser Leben dann für einen Sinn? Leben wir nur der tödlichen Profitgier wegen, nur, um andere zu belügen und zu besiegen? Nur, um zu essen und zu trinken? Nur, um uns, hormonell gesteuert, unbedacht instinktiv fortzupflanzen und schließlich, um nichtwissend, um unbewusst zu enden wie die meisten Tiere? Das SOLL der Sinn des Lebens, unser Schicksal, unser Urvermächtnis sein? Das Endziel der Epochen und Arten übergreifenden Evolution? Nein, denn wir Menschen sind bereits auch geistige Wesen. Wir SOLLEN unser Urvermächtnis bewusst erkennen und nicht nur so tun als ob wir es bereits kennen würden, es annehmen und schließlich selbsterkennend zurückkehren – WEIL das unser Schicksal, WEIL das unser Urvermächtnis ist. Wir müssen aufhören uns etwas vorzumachen, denn wir sind viel mehr als unsere Körper. Wir sollen lernen, unseren Daseins-GRUND scheinfrei zu erkennen, auch wenn es anstrengend ist, auch wenn es anfangs peinlich, sinn- und/oder wertlos erscheint, doch der Schein trügt, weil er lügt! Weil er vorgibt, jemand zu sein, der er NOCH nicht ist, denn nicht alles ist Gold, was, oberflächlich betrachtet, nach Gold ausschaut.

Es klingt paradox, aber der Sinn einer scheinbar sinnlosen Anstrengung ist die Erkenntnis ihrer Sinnlosigkeit. NOCH müssen wir, sogar generationenübergreifend, scheinbar sinnlos nach Macht und materiellem Reichtum streben, um an unserem körperlichen Ende erkennen zu müssen, dass all unsere Mühe sinnlos war, was dann der Sinn unseres scheinbar sinnlosen Lebens wäre. Doch so lange wie wir hier und jetzt die Sinnlosigkeit unseres körperbedingten Urungehorsams nicht wirklich real erkennen, werden wir weiterhin nach Macht und materiellem Reichtum streben, in Unfrieden leben und Generationen bzw. Epochen übergreifend unbewusst nach unserem Daseinsgrund suchen und weiterhin lernen MÜSSEN Sinnloses NICHT zu wiederholen.

Warum gibt es NOCH keine Weltkriege mit atomaren oder biologischen Waffen? Die Antwort ist einfach, weil es dann kaum gesund Überlebende gäbe, die sich bekriegen könnten. Und so verrückt sind die alten, wenn auch oft starrsinnigen Befehlshaber nicht, denn sie haben die Sinnlosigkeit eines solchen Krieges, der auch ihnen, den Befehlshabern und ihrem Nachwuchs das Leben kosten würde, erkannt! Jedenfalls bis dato. Allerdings haben die Atom-Mächtigen auch erkannt, dass atomares „Säbelrasseln" paralysierende Angst erzeugt, Angst, die uns an unserer Menschwerdung behindert, denn wer Angst hat, der hält still und genau das ist es, was jeder Machthaber will.

Was die Geister der Gift-Waffen anbelangt, so sind diese nicht so leicht wie anfangs geglaubt zu vertreiben – auch nicht durch Versenkungen in den Weltmeeren. Wir sollten daraus langfristig lernen! Die kurzsichtigen Politiker haben zwar die meisten Giftgranaten der letzten Weltkriege weltweit in den Meeren massenhaft versenken lassen, doch jetzt, wo die „Haftzellen" zeitbedingt durchrosten, erwachen die „bösen Gift-Geister" wieder zum Leben und erinnern uns, UNS MAHNEND, Sinnloses NICHT zu wiederholen, wie z. B. ein billiges Atommüllendlager zu finden, das kommende Generationen sehr teuer zu stehen kommen wird oder unsere **„Mutter Erde"** weiterhin durch

Pflanzen-„SCHUTZ"-Mittel zu vergiften, sodass zunächst die Insekten, dann die Vögel, dann das Niederwild und schließlich auch wir aussterben werden – ein Szenario, das wir uns momentan noch nicht vorstellen können aber sollten, denn Unerledigtes holt uns immer ein, denn was WIR säen, das werden spätestens unsere Nachkommen oder die Nachkommen unserer Nachkommen ernten müssen! Allerdings wird UNS das nicht besonders tangieren, denn bis dahin werden wir durch Umweltgifte wie Kohlendioxid, durch Pflanzen-**„Schutzmittel"** wie Glyphosat, durch Plastikmüll, durch Abfall aus der radioaktiven Energiegewinnung und insbesondere durch den uns süchtig machenden Medienkonsum jeglicher Art dermaßen verdummen, dass wir unser schleichendes Ende gar nicht erkennen werden. Denn Gifte, welche auch immer, werden uns immer weniger intelligent werden lassen. Unser zukünftiges Leben wird dann von leblosen Maschinen algorithmisch bestimmt und dort enden, wo alle Maschinen enden – auf dem Schrottplatzfriedhof! Wir werden zwar als Körper, zunächst von Bakterien, recycelt, doch wir werden nie wieder diejenigen werden, die wir bereits heute latent sind – unvergänglicher Geist.

Es hat **mindestens** 14 Mrd. Jahre gedauert, bis wir uns von der „dunklen Lebensenergie" über Elemente, Vieren, einzellige Bakterien und Pflanzen bis zum Menschen hin entwickelt haben, nun wollen wir uns, durch wen oder durch was auch immer, kurzfristig selbst vernichten – WARUM?
Weil wir in unserem jetzigen Entwicklungsstadium des Menschseins noch nicht würdig sind? Weil wir noch nicht in der Lage sind, unsere Situation lügenfrei zu erkennen? Weil wir uns noch für intelligenter, für schlauer halten als wir es in Wirklichkeit sind? Weil wir mangels Klarsichtigkeit noch nicht in der Lage sind, unsere aktuelle Situation glaubensfrei zu erkennen?
Ja, denn noch sind wir **nicht** diejenigen, für die wir uns bereits halten. Noch fehlt uns die Intelligenz, mit der wir uns selbst

erkennen und somit rechtzeitig retten könnten. Noch spielen wir das scheinbar sinnlose Spiel des Lebens instinktiv mit, weil wir das Ziel des gesamten Lebens NOCH nicht bewusst erkannt haben – die Rückkehr zu dem „Aggregatzustand", der wir waren, bevor wir elementar wurden.

Ein Spiel, das man nicht gewinnen kann, scheint zunächst sinnlos zu sein, es sei denn, wir lernen rechtzeitig daraus und spielen es **nicht** mehr – was dann der Sinn JEDER scheinbar sinnlosen Tat wäre. Was uns noch fehlt, ist die rechtzeitige Erkenntnisfähigkeit der Folgen unseres **Nichthandelns,** denn NOCH reagieren wir nur, statt auch selbst zu agieren. NOCH müssen wir „geprügelt" werden, um zu lernen lernfähiger zu werden. Und manchmal müssen wir zuerst Schlechtes erfahren oder tun, um gut zu werden. Denn Manches, was uns zunächst als schlecht oder böse erscheint, erweist sich am Ende oft als gut, denn „gute Ziele, rechtfertigen böse Mittel". Somit ist die Gier der Superreichen, sind die Lügen und Intrigen der Politik und Kirchen gut, denn durch deren Gier, deren Lügen und Intrigen, werden sie uns und sich selbst zum Erkennen unseres/ihres scheinbar sinnlosen Handelns verhelfen und schließlich irgendwann menschlicher werden – was dann der Sinn einer solchen Gier bedingten Sinnlosigkeit wäre.

Hätten „wir" damals vor X Mrd. Jahren die Sinnlosigkeit „unserer" Urrebellion erkannt, dann gäbe es keine „Vertreibung aus unserem Urzuhause". Nun MÜSSEN wir, ob wir es wollen oder nicht, den langen Weg zurückfinden. Und weil auch die längste Reise irgendwann zu Ende geht und meistens dort endet, wo sie angefangen hat, so wäre es sicherlich sinnvoll, zunächst anzuhalten und in sich zu gehen, schließlich dann den Rückweg (Remotion) anzutreten.

Es ist nur eine Frage der Zeit und wir könnten uns Zeit nehmen, allerdings nur so lange wie UNSERE Zeit NOCH existiert und wir NOCH lernfähig sind. UNSERE Zeit, deine und meine

Zeit, Zeit, die niemand außer uns selbst haben und sinnvoll nutzen kann.

Auf **unserer** Erde haben wir Menschen die einmalige Chance SELBST-erkennend und damit SELBST-beständig zu werden! Z. Zt. sind wir zirka acht Mrd., meist nichtwissend, instinktiv-unbewusst lebende Leute, die noch nicht in der Lage sind, sich menschenwürdig zu verhalten, sich selbst zu läutern, die **Ursache der meisten Probleme zu erkennen – sich selbst!** Weshalb Selbsterkenntnis so eminent wichtig ist, denn ohne Selbsterkenntnis bleiben wir weiterhin nur unwissende Leute – auch wenn wir uns dabei für bereits wissende Menschen halten.

Wir, du und ich, sind die erblich bedingten Mitverursacher der meisten Probleme – doch tröstender Weise sind wir gleichzeitig auch deren latente Lösung! Machen wir uns auf den Rückweg und helfen uns gegenseitig das zu werden, was wir waren, bevor wir unser Ur-Zuhause verlassen haben, bevor wir elementar, bevor wir Materie, bevor wir körperlich wurden – Gier frei koexistierende, kreative „Lebensenergie".

Nun ist es für einige unter uns Zeit geworden, unsere Zeit zu überdauern und schließlich heimzukehren. Jeder, der den Funken der Sehnsucht nach unserem „Urzuhause" in sich spürt, kann aus eigener Kraft lügenfrei werden und somit seine eigene Remotion (Rückreise) zu sich selbst beginnen und sogar anderen bei ihrer Selbstfindung wegweisend helfen. Das ist Fakt – weil es bereits für einige unter uns Realität geworden ist und für viele Selbstsuchende unserer Zeit noch Realität werden wird!

Es kommt ganz und gar darauf an, ob wir **noch** lernfähig und lernwillig sind oder bereits verlernt haben, selbst lernen zu wollen. Ob unsere trivialen Unterhaltungsmedien uns wichtiger geworden sind als wir uns selbst. Ob wir **noch** in der Lage sind, selbstbestimmend denken zu wollen oder es aufgrund unserer abgestumpften Erkenntnisunfähigkeit es wieder- und wiedermal unseren Kindern oder anderen überlassen werden, die uns dann irgendwo hinführen werden, nur NICHT zu uns selbst.

Unser Leben ist wie ein nie endend scheinender Staffellauf, in dem erst der letzte Staffelläufer den Stab ins Ziel bringen wird. Doch die Mühe lohnt sich, denn „die Letzten werden die Ersten sein", die in unser gemeinsames Urzuhause zurückkehren und nie wieder an einem „Staffellauf" werden teilnehmen MÜSSEN. Was allerdings nicht heißen soll, dass die Ersten die Letzten sein werden, denn ohne die Ersten (Viren) und die unzähligen Vorläufer würde ein Staffellauf erst gar nicht stattfinden. Doch was wird aus den unzähligen „Verlierern", den Epochen übergreifenden Vorläufern?

Nun, sie haben ihr Ziel erreicht, wenn sie ihren Staffellaufstab erfolgreich an die nächste lernwillige Läufergeneration wegbereitend übergaben, denn ohne den Teilerfolg eines JEDEN Staffelläufers ist der finale Zieleinlauf des Erstletzten nicht möglich, denn Kontinuität setzt permanentes Vergehen und Neuentstehen voraus. Es sind so viele Staffelläufer, dass es unmöglich ist zu sagen, wer der Erste, der Hundertste oder der X… war. Genauso unmöglich ist es zu sagen, wann und wo genau, mit welchem Virus oder mit welcher Bakterienart unser Staffellauf in unserem elementaren Kosmos begann, oder wie er chronologisch mit welchen Läufern an welchem Abschnitt stattgefunden hat. Doch das ist auch nicht wichtig. Wichtig ist **nur**, dass wir UNSEREN „Staffellaufstab" während UNSERES Lebens an unsere, hoffentlich lernfähig geborenen Kinder übergeben, **vorzugsweise jedoch selbst ins Ziel bringen.**

Eins sollte allerdings nach dem Vorangegangenen unstrittig sein, nämlich die Tatsache, dass wir uns NICHT an einem Tag erschaffen haben und unser „Lebensstaffellauf" NICHT mit unserer leiblichen Geburt begonnen hat. Und weil alles zeitenüberschreitend und artenübergreifend zusammenhängt, so sollten wir uns selbst **auch** zusammenhängend als Teilchen des Ganzen kennenlernen. Andernfalls kommen wir unserer Selbsterkenntnis kaum näher, denn wer sich selbst ausgrenzt, bzw. fremdbestimmen lässt, der bleibt sein ganzes Leben lang begrenzt bzw. fremdbestimmt. Und es ist gleichgültig, welche Grenzen es sind; Gene unserer Eltern, unsere Bildung, Verdummung durch Weltanschauungen oder insbesondere durch Religionen, Beeinflussung durch unsere Freunde, Unterdrückung durch unsere Lebenspartner oder durch gierige arme Leute mit viel Geld. Es sind die uns verschleiernd-begrenzenden Beeinflussungen, denen wir uns noch NICHT entziehen können, derer wir uns aber ohne ein WENN und ABER, bewusst werden müssen! Dabei dürfen wir uns nicht verlaufen oder auf kraft- und/oder zeitraubende Glaubens- bzw. Detaildiskussionen einlassen.

Wollen wir uns wahrhaftig verstehen, dann müssen wir lernen, unser Gesamtbild glaubensfrei zu sehen und dabei unwichtige Details „übersehen" bzw. zeiteinsparend ausklammern. Andernfalls läuft uns UNSERE Lebenszeit davon, bevor wir uns „totdiskutiert" haben werden. Wenn wir nicht unverzüglich, also sofort, mit unserer Selbstsuche beginnen, dann wird die Zeit das Einzige sein, was uns an unserem Lebensende unwiederbringlich fehlen wird! Die Zeit können wir nicht ändern, allerdings können wir uns selbst ändern, sodass die Zeit an unserem körperlichen Ende für uns zeitlos werden kann!

Zur Selbsterkenntnis kommt man SELBST, und damit wir uns nicht verlaufen, wäre es von großem Nutzen, wenn uns ein Ortskundiger eine konkrete Wegbeschreibung, eine zeitsparende Abkürzung, einen Staffellaufstab oder eine praktisch erprobte „Gehhilfe" anbieten würde, die uns schließlich zu uns selbst rechtzeitig hinführen könnte. Ganz ohne fremde Hilfe zu sich selbst zu finden, ist in unserer rastlosen Zeit nahezu unmöglich geworden und schon gar nicht unter Zuhilfenahme von Glaubensgehhilfen, denn keine Kirche der Welt ist daran interessiert, ihre „Schafe" NICHT zu scheren.

Durch eine Kirche hat noch kein einziger Gläubige real-objektiv zu sich selbst gefunden, sondern immer nur SEINE, andere Glaubensrichtungen ausschließende Kirche! Wer das NOCH nicht erkannt hat, der könnte es NOCH ändern! Glauben war gestern, als die meisten von uns noch unwissend waren. Heute wissen wir, dass die Erde sich um die Sonne dreht oder wir machen uns wissend, denn das Wissen selbst ist bereits offensichtlich vorhanden, allerdings NICHT zusammenhängend oder fachübergreifend zusammengetragen, denn es ist auf sehr viele „Dateien" verteilt. Diese fachspezifischen „Dateien", die meistens in „Fachchinesisch" geschrieben und damit für die große Mehrheit unverständlich sind, werden hauptsächlich von Fachleuten gelesen – von den sogenannten „Fachidioten", die über ganz viel Wissen über ganz wenig verfügen. Es ist wie mit den Ausschnitten einer Schatzkarte, wie mit den einzelnen Puzzel Teilen, wie mit dem Wald, der vor lauter Bäumen nicht erkannt wird.

Im Zeitalter der elektronischen Vernetzung muss keiner von uns glauben, dass die Welt in sieben Tagen erschaffen wurde, dass eine Romanfigur wie Noah, von jeder Tierart ein weibliches und ein männliches Tier vor der Sintflut im selbstgebastelten Holz-Boot (Arche), vierzig tage- und nächtelang mit Nahrung und Wasser versorgend, vor dem Ertrinken gerettet hat. Geht's noch? Dass Maria durch einen heiligen „Geist" geschwängert wurde, dass Jesus von den Toten auferstanden ist oder Homosexualität eine Krankheit sei.

Dass wir vom Küssen schwanger, bzw. als „Gottesgeschenke" vom Storch gebracht oder NUR als sich naiv vermehrende Ablasskäufer bzw. Kirchensteuerzahler in den UNSEREM Glauben entsprechenden Himmel kommen werden.

Tja, Brüder und Schwestern, seid felsenfest im Glauben dann wird euch die „böse" Wahrheit nichts anhaben können!
Halleluja, Hare-Hare und Alla hu Akbar – wem das ausreicht, der möge mir meine „bösen" Worte verzeihen. Dankeschön!

Sicherlich klingt es provokant, aber unsere Kinder haben uns NICHT gebeten, gezeugt oder geboren zu werden. Insbesondere diejenigen, die ihr Leben lang unter dem Down-Syndrom leiden werden. Kein Kind auf der Welt kann etwas dafür, wenn es drogenabhängig oder behindert, wie, wo oder als was geboren wird, das sind wir, die Eltern. Auch wenn es Wunschkinder sind, unsere Kinder tragen keine Verantwortung für unsere Wünsche bzw. für unsere Unaufgeklärtheit – es sind Kirchen, Staaten und andere Erbaristokraten, die es „leider" versäumt haben, uns wahrhaftig und somit **angstfrei** aufzuklären. Leider hat es eine neutral-wahrhafte Aufklärung mangels Aufrichtigkeit noch niemals gegeben, denn Kirchen, Staaten sowie andere machtbesessene Erbaristokraten und arme Leute mit viel Geld, sind auch heute noch nicht im Geringsten daran interessiert, wahrhaftig aufgeklärte Bürger zu haben. Es wäre ihr Untergang! Kein wahrhaftig aufgeklärter Bürger würde sich heutzutage wehrlos besitzen, betrügen und belügen lassen, wenn er sich der angstmachenden Machenschaften der Machthaber WIRKLICH bewusst wäre – wenn er mehr wissen und weniger glauben würde. So gibt es sogenannte Tabuthemen, über die man, wenn überhaupt, nicht direkt, offen und ehrlich spricht – was sich hiermit ein wenig ändern könnte. Denn es soll alles tabu- und glaubensfrei gesagt werden, was schon längst präventiv-aufklärend gesagt werden sollte aber meistens aus Existenzängsten der Mächtigen nicht gesagt wurde, denn ungeschminkte Wahrheit verkauft sich wesentlich schlechter als Hoffnung, als geheuchelte Lügen, als auf Glaubensmärchen basierende „Wahrheit". Und wohlklingend-geheuchelte Komplimente hören wir lieber, als aufrichtige Kritik oder bittere Wahrheit!

Und wer Existenzängste hat, der hält meistens still. Dennoch – die Konfrontation mit der ungeschminkten, mit der bloßstellenden Wahrheit ist die einzige Methode, die einige Lernwillige zum Aufwachen zwingen könnte. Allerdings ist es leichter gesagt als getan, denn: „Wer unter den Wölfen leben muss, der darf kein Schaf sein".

Unser leiblicher Lebensanfang begann nicht mit unserer Geburt, sondern mit unserer Zeugung, und wir können uns glücklich schätzen, wenn wir verantwortungsvoll und in Liebe gezeugt wurden, denn Zeugung geht auch weniger romantisch vor sich, oft spontan, mal im Auto, mal im Büro und mal auf einem Klo oder anderswo. Tragischer Weise, oft von „heißen" Erzeugern mit hormonell vernebeltem Verstand oder aus sogenannter ewiger Liebe, die nur kurze Zeit hält, gezeugt, werden so einige unter uns ihr Leben lang, erblich bedingt, vernebelt leben und ihre Gene mit sämtlichen geistigen und körperlichen Behinderungen ahnungslos an ihre unschuldigen Kinder nachhaltig weitergeben. Dabei gibt es ausreichend viele medizinische Voruntersuchungen, die es durchaus präventiv verhindern können, denn wer nicht geboren wird, der verursacht auch keine Umwelt- oder Klimaschäden, keine Kriege oder Hungersnöte, keine überbevölkerungsbedingten Probleme wie Energie-, Raumknappheit oder immer weiter fortschreitende Klimaveränderungen.

Als unzählige Sperma- und Eizellen, die nicht die geringste Chance hatten, zu einer Einheit zu verschmelzen, existieren wir im weitesten Sinne fort, in Form organischer Moleküle, als Bakterien, Algen, Pilze, Flechten und Moose, Pflanzen, Würmer oder Tiere – es kommt ganz und gar darauf an, wohin man uns als Spermium oder Eizelle entsorgt und wer sich „UNSER" einverleibend angenommen hat. Es sind unzählige Ei- und Spermazellen, die keine, nicht die geringste Chance hatten und jemals haben werden, ein menschliches Lebewesen zu werden. Wir, du und ich, haben die unvorstellbar große Chance bekommen, als Spermium in eine Gebärmutter entlassen zu werden. Dann hatten wir noch die Kraft und das riesige Glück, als Spermazelle die Eizelle als erste zu erreichen und in sie einzudringen. Liebevoll, als Ei- und Spermazelle vereint, im Mutterleib behütet, wuchsen unsere Körper neun Monate lang heran. Bis alles Gemütliche plötzlich vorbei war, denn es wurde „Licht". Dieser durch Licht-, insbesondere jedoch durch Luftreizung verursachte Geburtsschock, löste unsere erste Atemzugreaktion mit aus, die wiederum zu unserer ersten Lebensenergieaufnahme führte – zu unserer Genkombination abhängigen, „hardwarespezifischen" Beseelung.

Diese geheimnisvolle dunkle Lebensenergie ist überall die gleiche, sie macht AUCH uns Menschen NICHT unterschiedlich, bei uns sind es die Genkombinationen (Hardwarekomponenten) unserer Erzeuger, die uns gesünder oder kränker, lernschwächer oder lernstärker, dicker oder dünner, krummbeiniger oder sehbehinderter, schiefzahniger oder fettleibiger, schwerhöriger oder drogenabhängiger als andere nach unserer Geburt werden lassen!

Wir als Kinder haben keinen Einfluss darauf, mit welchen Intelligenzpotenzialen wir geboren werden oder für welche Vor- oder/und Nachnamen wir uns als Kinder schämen oder unser Leben lang rechtfertigen werden. Wir als Eltern tragen die Verantwortung dafür, ob unsere Kinder im Leben gut zurechtkommen werden oder nicht – es sei denn, dass wir als Eltern unsererseits von lernschwachen oder drogensüchtigen Eltern gezeugt wurden, dann werden – präventiv vermeidbare – genetisch bedingte Probleme aller Art, uns unser Leben lang begleiten. Denn wer als „Ente" geboren wird, der wird nie fliegen können wie ein „Adler".

Die mysteriöse Lebensenergie ist wie der elektrische Strom, sie selbst ist neutral, sie ermöglicht zwar jegliches Leben, wo irgendwelches Leben möglich ist, doch sie bestimmt NICHT die Richtung, in die sich das Leben entwickeln SOLL, das MUSS zunächst das Elemente, dann das Genkombination bedingte Leben selbst herausfinden, bzw. das leisten, wozu es potential- und situationsbedingt in der Lage ist zu leisten, denn der für alles Leben geltende Ur-Befehl heißt: **ÜBERLEBE!** Kämpfe, sei in der Lage dich deiner Situation anzupassen und mache das für **dich** Optimale daraus – auch wenn es auf Kosten der Anderen geht. Schließlich verlasse deinen „Kokon" und lerne „fliegen", denn du bist mehr als nur eine kriechende „Larve" – entwickle dich weiter und werde der, der DU bereits latent bist, ein wunderschöner „Schmetterling".

Alles Lebensnotwendige, was wir an unserem körperlichen Anfang hatten und konnten, war der intuitive Greif-Saug-Schrei-Reflex. Alles, was wir heute wissen und können, haben wir seit unserer Geburt, seit unserem ersten Atemzug gelernt – **weil wir** LERNFÄHIG gezeugt wurden, alles, nur nicht wahrhaftig zu sein, um in Wahrheit leben zu können. Leider verlieren die meisten von uns schon sehr früh den Zugang zur Wahrhaftigkeit und damit auch zur Gerechtigkeit, den wir als Kleinkind noch hatten. Als Kleinkind wussten wir ganz genau, was ungerecht und was gerecht war. Wir weinten dann oder waren lange Zeit traurig – manchmal sogar bis ins Erwachsenenalter hinein – wenn wir uns als Kinder ungerecht behandelt fühlten. Auch Lügen oder Täuschungen waren uns als Kleinkinder fremd. So etwas wie eine Freimachung durch die Wahrheit benötigten wir als Kleinkinder NICHT, denn als Kleinkinder waren wir noch unschuldig, rein und frei – was wir wieder werden müssen, wenn wir unsere unschuldige kindliche Seele wiederfinden, mit ihr wachsen und mit ihr dauerhaft in Harmonie wieder leben und unseren körperlichen Tod überleben wollen.

Damit unsere Seelen uns wieder erreichen können, müssen wir zunächst anhalten und in uns gehen, denn wir haben uns bereits verlaufen. Es wird höchste Zeit, dass wir unseren Seelen-Geist wiederfinden bzw. uns von ihm finden lassen und schließlich mit ihm Eins werden!

Unsere intuitiven „Bauchverstände", unsere Seelen-Geister stehen uns zwar jederzeit schützend bei, doch sie zwingen uns zu nichts! Sie lassen uns unsere eigenen Erfahrungen selbst machen – egal welche – die liebevoll-schmerzlichen Methoden; „vor die Wand laufen lassen" oder „Zuckerbrot und Peitsche", gehören auch dazu. Doch solange wir den Kontakt zu ihnen nicht bewusst suchen, werden sie sich uns nicht aufdrängen und uns, unsere Erfahrungen weiterhin selber machen lassen – bis wir durch unsere eigenen Erfahrungen gelernt haben werden, nachhaltig zu lernen. Bis dahin werden wir viele lehrreiche Lebensfehler machen müssen, um zu lernen, gelehriger zu werden. Wir werden uns selbst – urvermächtnisbedingt – weiterhin dazu zwingen müssen, nach der „Schatzkarte" zu suchen, die uns unsere Seelen seit Anbeginn bereit halten, denn das ist unser Schicksal, unser Urvermächtnis: Die Rückkehr zu der grenzenlosen Freiheit, die wir vor Urzeiten waren und wenn nicht jetzt, dann irgendwann in ferner Zukunft wieder werden, denn ALLES Leben entwickelt sich ständig hoffnungsvoll weiter – auch wir als Spezies Mensch. So wie es beispielsweise verschiedene Pflanzen-, Fisch-, Reptilien-, Katzen- und Hunde- bzw. Affenarten gibt, so gib es auch uns in verschiedenen Ausführungen. Manche von uns haben sich bereits von Leuten zu Menschen hin weiterentwickelt, andere dagegen sind weitgehend affenähnlich geblieben. Sie belügen und betrügen sich, sie führen Kriege gegen die eigene Artgenossen, sie machen keine Gefangenen – sie fressen sie auf, so wie die „Stolzen Deutschen Soldaten" hungerbedingt die toten russischen UND deutschen Soldaten in Stalingrad gegessen haben!

Es scheint, dass es sehr viele sogenannte Wahrheiten gibt. Unsere Eltern haben uns oft gelehrt, dass wir nicht lügen und immer die Wahrheit sagen sollen, was uns als Kleinkind noch selbstverständlich, jedoch für unsere Eltern oft sehr peinlich war. Dann, etwas später, kamen die dicken Lügen hinzu, eben zu diesem Zeitpunkt als unsere Eltern uns lehrten, IHRE Wahrheit zu sagen. So wurde die Wahrheit unserer Eltern zu unserer Wahrheit – auch wenn sie oft gelogen war. Sogenannte „Notlügen sind nicht nur erlaubt, sondern erforderlich, insbesondere Fremden gegenüber", sagten sie uns, unsere vorbildlichen Eltern. Ab diesem Zeitpunkt haben wir immer dann notgelogen, wenn uns das einen Vorteil brachte – auch ohne Notlage! Im Laufe der Jahre kamen dann weitere gelogene Notwahrheiten hinzu: die der Verwandten und Bekannten, die der Freunde und Feinde, die der Glaubens- und Aberglaubens-Lehrer, die der Priester, Gurus und Politiker, die der kirchlichen und politischen Systeme, die der Anwälte und Gerichte. Unsere Köpfe sind voll gelogener Wahrheiten – ein einziger Lügensumpf, aus dem es für die meisten von uns kein Entkommen mehr gibt und nach dem Willen der Mächtigen auch zukünftig nicht geben soll, denn Wölfe finden Schafe toll.

Bleiben wir also interessiert und versuchen, wissentlich so zu werden, wie wir es bereits als lernfähig geborene Kleinkinder unwissentlich waren – wiss- und lernbegierig – allerdings ohne dabei naiv leichtgläubig zu werden. Lasst uns gegenseitig unterstützen, motivieren, Mut machen, denn einige unter uns werden den schmalen Weg, der zur Wahrheit führt, finden und sie werden es sogar schaffen, wegweisend voranzugehen. Warum sollten wir nicht diejenigen sein, die den Weg ins Zeitlose aus sich selbst herausfinden? Wir wurden ungefragt, völlig unschuldig und NICHT verlogen geboren. Finden wir zu diesem unschuldigen Zustand bewusst zurück, dann wird uns auch unsere Umkehr vom Schein zum Sein gelingen.

Leider sind die bewussten und unbewussten Lügen unserer Eltern das Fundament, auf dem unser Leben basiert. Diese anfängliche Programmierung in unseren ersten Lebensjahren durch unsere Geschwister, Eltern und Großeltern wird viele von uns bis zu unserem Tod bzw. bis zu unserer eigenen Selbstfindung begleiten und dabei unser Leben maßgeblich mitgestalten.

Das Tragische dabei ist, dass viele Eltern an ihre eigenen Lügenwahrheiten glaubten bzw. immer noch glauben. So glauben viele Eltern, dass es NICHT egoistisch bzw. NICHT verantwortungslos sei, beliebige Menge an Nachwuchs zu zeugen, denn: „Wo fünf satt werden, da wird auch das sechste nicht verhungern". Und sechs Kinder bringen mehr Kindergeld ein als eins. Diesen hormonellbedingten Vermehrungsdrang oder Erkenntnisunfähigkeit, nennen sie dann Verantwortung gegenüber der Gesellschaft und kein Egoismus. Egoistisch sind dann die kinderlosen Altruisten, die ihren ungeborenen Kindern keine Kriege, keine Krankheiten, kein Glaubensunsinn, kein Elend oder andere, Überbevölkerung bedingte Probleme hinterlassen, denn **Ungeborene haben keine Probleme** – weder mit Nahrung- noch mit Wasserknappheit oder Klimawandel.

Dabei wäre mehr Klasse und weniger Masse, mehr ehrliche Bildung und weniger heuchlerische Einbildung, **die Lösung der meisten Probleme**, die wir z. Zt. auf unserer Erde haben, denn **vier** Milliarden Leute benötigen von **ALLEM** nur halb soviel wie **acht** und **zwei** nur halb so viel wie **vier**.

Und wer nicht geboren wird, der benötigt gar nichts!

Es ist eine einfache Rechnung, die bereits nach etwa 30 Jahren aufgehen könnte, doch wer glaubt schon an einfache Rechnungen, wenn es auch kompliziert geht, wenn von „klugen", teuer bezahlten Gutachtern oder Politiker-Beratern ständig nach profitablen Lösungen erfolglos gesucht wird?

Es wäre wirklich schön, wenn möglichst viele von uns diese einfache Tatsache verstehen und somit durch Geburteneinschränkung beenden würden. Auch wenn es die meisten von uns mangels Wissen NOCH nicht begreifen oder wahrhaben wollen, es ist unsere letzte Chance, gemeinsam menschlicher zu werden. Auch wenn es die meisten von uns NOCH nicht hören wollen, es ist der letzte Aufruf zu unserer gemeinsamen Selbstbesinnungsfahrt.

Andernfalls werden sich ständig neue, scheinbar „demokratisch" legitimierte, uns manipulierende, Diktaturen bilden und uns den Weg weisen, den wir brav zu gehen haben werden. Siehe dazu insbesondere die Kapitel „Suggestion" und „Hypnose", denn es ist existentiell wichtig zu verstehen wie einfach Manipulationsmethoden funktionieren, andernfalls werden wir weiterhin unsere Wunschkinder für uns selbst halten und nie diejenigen werden können, die wir bereits latent wirklich sind: ALLES erfüllender Geist oder die geheimnisvolle dunkle Lebensenergie oder ..., denn das Namenlose hat viele Namen. Bis dahin werden wir weiterhin weitgehend fremdbestimmt leben und schließlich spurlos sterben, so, als ob wir nie existiert hätten. Und wer immer noch glaubt, dass die Parole: „Mehret euch und seid fruchtbar", immer noch gilt, der hat seine Gegenwart unrühmlich verschlafen, denn wir sind nicht mehr dieselben Narren, die wir vor etwa 3.700 Jahren waren. Als die Erde noch eine Scheibe und der Mond Luna eine römische Göttin war.

Unsere Eltern sind in ihrem Lügensumpf geboren und aufgewachsen. Noch bevor sie denken oder sprechen konnten, hat IHRE Kirche ihnen ihre unsichtbaren Brandzeichen bei der Taufe auf ihre Stirn geschrieben oder ihre Genitalien sichtbar verstümmelt. Wen wundert es, wenn unsere lernunfähigen Eltern an und mit uns fortwährend das Gleiche tun.

Wenn wir unsere Kinder nicht fragen können, ob sie gezeugt und geboren werden wollen, dann sollten wir zumindest es ihnen selbst überlassen, ob, wann und von wem sie getauft oder beschnitten werden möchten – oder auch nicht! Es wird dann ihre eigene Entscheidung sein und NICHT die der sie „liebenden" Eltern. Wenn wir unsere Kinder nicht um unser, sondern um ihretwillen lieben, warum tun wir ihnen das an? Warum geben wir ihnen UNSERE falschen Identitäten? Nur weil die meisten von uns immer noch nicht wissen, wer sie sind? Deshalb?

Warum verstümmeln wir ihre unschuldigen Körper und Seelen? Weil wir sie ihretwegen(?) lieben? Wirklich ihretwegen?! Warum lassen wir sie nicht „brandzeichenfrei" erwachsen werden und dann selbst entscheiden, an was oder an wen sie glauben wollen oder nicht? Weil es schon immer so war? Weil die Erde und die gesamte Evolution bis Darwin, Kopernikus und Galileo „still" stand und für viele lernresistente Leute von heute immer noch still steht? Weil glaubend zu vegetieren einfacher und leichter ist, als wissend zu existieren. Weil zu glauben leichter ist als zu lernen?

Allerdings sind nicht nur unsere Eltern für unsere Entwicklung wichtig und prägend, sondern auch das Land und das soziale Umfeld in denen wir aufwachsen. So sollte sich jeder glücklich schätzen, der in einem demokratischen Land geboren wurde, welches er persönlich in seinem Leben noch ein wenig demokratischer, ein wenig ehrlicher machen kann. Wenn es uns gelingt, die Welt ein wenig ehrlicher zu verlassen, als wir sie bei unserer Geburt vorgefunden haben, dann hätte unser Leben einen Sinn! Dann würden wir eine wichtige Lebensspur (Siehe Kapitel Lebensspuren) hinterlassen, die viele Selbstsuchenden für eigene Orientierung nutzen könnten.

Bereits vor etwa zweitausend Jahren hat uns ein kinderloser Altruist spurenlegend gesagt, dass wir ihm der Wahrheit willen folgen sollten. Als sogenannte Christen tun wir so, als ob wir ihm folgen würden, allerdings nur BIS zum Kreuz und keinen

Zentimeter höher. Nur so weit, wie es sich für uns lohnt, denn für unser Verhalten sind weitgehend nur unsere persönlichen Wünsche maßgebend. Meistens sind wir darauf bedacht, den größten Nutzen nur für uns selbst zu ziehen, denn „selber essen macht fett". Die Idee, bei unserem egoistischen Handeln auch an andere Menschen, insbesondere an die Zukunft unserer Wunschkinder oder an unsere Umwelt allgemein zu denken, ist ziemlich bescheiden und kommt eher selten vor – zumindest bei den armen Leuten mit viel Geld, insbesondere jedoch bei den lernschwach geborenen, was durch wahrhaftige Aufklärung, medizinische Prävention und Bildung in ferner Zukunft eliminierbar wäre.

Selbst wenn durch unser egoistisches Handeln ein Schaden für andere entstehen sollte, verzichten wir nicht auf unseren persönlichen Vorteil – insbesondere diejenigen unter uns, die große Vorbildfunktionen haben wie die vielen heuchlerischen Erbaristokraten, Banker, Konzernbosse, Politiker oder Kirchendiener.

Doch was ist mit uns? Mit dir und mir? Heucheln und lügen wir nicht auch? Warum fühlen wir uns schlecht, wenn wir lügen? Weil unsere Seelen sich für uns schämen? Tja, Lob und Tadel sind auch hierbei die Logik der Pädagogik. Das Zeitlose ist es, das über unser schlechtes Gewissen an unseren inneren Richter, an den Spiegel unserer Seelen unaufhörlich appelliert, wahrhaftig und authentisch zu werden, und immer wenn wir uns beim Lügen schlecht fühlen, dann hat SEIN Appell uns erreicht. Dann sollten wir anhalten und ein paar Sekunden lang stillschweigend in uns gehen und somit uns des eigenen Lügens bewusst werden, denn Bewusstwerdung ist der erste Schritt zur Wahrheitsfindung.

Wenn „Lügen", wenn Fehler am Ende zur Wahrheit führen, wenn wir aus ihnen lernen, dann sind sie durchaus sinnvoll. Vorausgesetzt, wir vergessen die Fehler nicht und erinnern uns beispielsweise auch noch nach der Wahl daran, was uns „ehrenhafte" Politiker VOR der Wahl versprochen haben.

Auch wenn es anstrengend ist, wir müssen alle Vorurteile überwinden und uns von unseren vielen Scheinidentitäten, insbesondere von den glaubensbedingten, durch selbstbewusste Aufklärung selbst befreien, denn welche Identitäten auch immer, sie sind meistens der Grund für Unfrieden und somit für Probleme aller Art. Machen wir identifizierungsfreie Lebens-Rollen daraus, denn mit Rollen, die wir in unserem Leben zu spielen haben, müssen wir uns NICHT identifizieren. Durch Identitätslügen fühlen wir uns zwar als wichtige Persönlichkeiten, doch in Wirklichkeit schaden sie uns nur, denn sie hemmen und behindern uns bei unserer weiteren Selbstentwicklung. Dann sind wir Maurer oder Tischler, Lehrer oder Schüler, „Mützen" oder berufsbedingte Autoritäten – nur nicht wir selbst!

Wer durch eine Identitätslüge zu wissen glaubt, wer er ist, der hat seine vielen Ichs noch nicht aufgegeben bzw. sein wahres Selbst noch nicht gefunden, denn um etwas Bestimmtes finden zu können, muss man bereits VORHER wissen bzw. zumindest ahnen, wonach man suchen will. Und warum soll man nach Etwas oder Jemand suchen wollen, von dem man bereits glaubt, es oder ihn gefunden zu haben – von dem man denkt, es bereits zu kennen, es bereits zu sein?

Warum sollten wir Menschen werden wollen, wenn wir uns bereits für Menschen halten – auch wenn wir uns dabei weltweit mehr tierisch als menschlich verhalten. Auch wenn viele von uns es immer noch nicht glauben wollen, so wissen einige von uns, dass Affen unserer Vorfahren sind, doch Affen wissen NICHT, dass wir ihre Nachfahren sind. Manche Affen ahnen es vielleicht derartig, wie wir es ahnen mehr zu sein, als nur unser Schein.

Auch Wahrheiten, die wir nicht kennen oder wahrhaben wollen, existieren für uns nicht, obwohl sie faktisch da sind. Ob Gilgamesch, Buddha, Jesus, Mohammed, du oder ich sie sagen, die Wahrheit bleibt Wahrheit. Vorausgesetzt, es handelt sich dabei um DIE Wahrheit und nicht nur um profitable „Wahrheiten" bzw. um Meinungen verlogener Leute die sie uns als „reine Wahrheiten" verhökern! Und wenn wir die Wahrheit **noch** nicht erkennen können, dann liegt es **nicht** an der Wahrheit!

Auch wenn Kopernikus und Galilei dafür die Sonne anhalten und statt ihrer die Erde in Bewegung setzen mussten, die Wahrheit setzt sich immer durch, auch wenn es etwas länger dauert, denn nicht alle „Früchte" reifen gleichzeitig.

Leider ist die Wahrnehmung der Wahrheit so unterschiedlich wie wir selbst. So kommt es, dass die Wahrheit in dieser Wegbeschreibung zur Selbstfindung des Öfteren aus verschiedenen Blickwinkeln, sozusagen als Variationen des gleichen Grundthemas, mehrmals auf unterschiedlichen Lehr- und Lernebenen wiederholt wird, denn jeder sollte möglichst dort erreicht werden, wo er sich entwicklungsmäßig gerade befindet – was leichter gesagt als getan werden kann. Denn die Meisten, insbesondere die sogenannten „Helikopter-Eltern", halten nicht ihre Kinder oder gar sich selbst für lernschwach – es sind grundsätzlich die „schlechten" Schulen, die „unfähigen" Lehrer oder die „falschen" Lehrmethoden, die die „Prinzen- und Prinzessinnen-Werdungen" ihrer Kinder verhindern, denn Schuld sind generell **immer** die Anderen und **weil** es einen „Schuldigen" woanders zu finden wesentlich leichter und bequemer ist als ihn bei sich selbst zu suchen.

So wird diese Rückwegbeschreibung für die meisten naiv Gläubigen eine Hetzschrift, eine Kuriosität oder eine Lügenschrift sein, denn „was der Bauer nicht kennt, das isst er nicht". Für diejenigen, die sich selbst für intellektuell oder für eloquent halten, wird die Rückwegbeschreibung zu krass, zu persönlich, zu direkt, zu bloßstellend sein, denn „wahre Worte tun meistens weh", und **alles,** was versteckt wird, soll nicht gefunden bzw. nicht aufgedeckt werden. Für die Gewöhnlichen unter uns, die meistens von sich selbst auf andere schließen, wird diese Rückwegbeschreibung ein Fake oder ein Plagiat sein – auch wenn es

garantiert authentisch und somit kein Diebstahl eines fremden geistigen Eigentums ist. Was der Grund dafür ist, dass ich keine Literatur- oder Quellenangaben machen kann, denn Selbsterfahrung erfährt man selbst, aus/durch sich selbst. Für die wenigen Außergewöhnlichen unter uns, die aufrichtig an Selbstfindung interessiert sind, wird diese Rückwegbeschreibung eine sichere Orientierungs**hilfe** sein.

Schon als Kinder haben wir nicht sofort etwas dauerhaft – meistens aufgrund Überforderung, Motivationsmangel oder Unterforderung – gelernt, sodass Wiederholungen durchaus geeignete didaktische Mittel sind, um unsere neuronalen Verbindungen zu stärken und neue zu erschaffen, um etwas dauerhaft zu lernen. Und wenn wir uns an einer Wiederholungsstelle der Wiederholung bewusst werden, dann wird es KEIN ungewollter Zufall sein, sondern **deine persönliche Lernzielkontrolle,** denn nur das bereits neuronal Abgespeicherte ist bewusst erinnerbar – vielleicht sogar die Buchseite, auf der es geschrieben steht? Achte eine Zeit lang darauf, bevor du dann weiterliest, denn die Wahrnehmung der Wiederholung kommt völlig automatisch – OHNE dich. Doch DU wirst es sein, der sich des Abgespeicherten, des Gedachten deines Denkens als neutraler Beobachter von Mal zu Mal bewusster wird.

Es ist sicherlich richtig, dass es in der persönlichen Wahrnehmung nur die variationsreiche Wahrheit gibt, obwohl sie als Essenz, als „Grundthema" variationslos ist. Doch wie fühlt sie sich an, die einzige, die variationslose, die absolute Wahrheit, und ist sie für uns alle die gleiche? Was passiert mit uns, wenn wir sie, die absolute Wahrheit, tatsächlich finden? Bleiben wir die gleichen wie vor der Suche nach ihr oder wird sie uns Metamorphose-Artig verändern?

Nun ja; eine Larve ist kein Ei, eine Kaulquappe keine Larve und ein Frosch keine Kaulquappe. Ob es einem „Frosch" bewusst ist, dass er das Potential zur „Prinzwerdung" hat? Sicherlich nicht. Ob es uns bewusst ist, dass wir das Potential zum Geistwerden haben? Sicherlich nicht allen, aber einige unter uns ahnen ES. Es sind diejenigen, denen es NICHT genügt nur vergnügt zu sein! Es sind diejenigen, die bereits schweigend gelernt haben, ihren Seelen-Geist zu erahnen, den ewigen Ruf des ewig Rufenden zu hören, die mehr geworden sind, als nur ein rasch vergänglicher Schein, es sind diejenigen unter uns, die ihre „Kokons" bzw. „Aquarien" bewusst verlassen haben um frei zu werden, denn wer sein eigenes Selbst von den vielen „Verschleierungen" befreit, der wird selbst zum Selbst, zur grenzenlosen, alles durchdringenden Wahrheit (Lebensenergie) werden.

Bis dahin sollten wir das tun, wozu wir bzw. unser jetzige Verstand situationsbedingt in der Lage ist zu tun – sich, sich selbst reinigend, weiterentwickeln.

Wer ein reinigendes Bad nimmt, der wird zwar nass werden, kommt aber gereinigt daraus hervor. Nein, wir werden nicht die gleichen sein, dafür aber ALLE GLEICH. Nach unserer Selbstfindung werden wir ALLE unsere Scheinidentitäten erkennen und angstbefreiend ablegen. Wir werden diejenigen werden, die wir bereits latent sind und **nicht** nach dem Willen der Mächtigen sein sollen – „dumm und krumm, verlogen und verbogen".

Wir werden nicht als jemand **WICHTIG** existieren, sondern uns als Bestandteilchen des Ganzen wahrnehmen und uns somit in Alle und Alles augenblicklich, also empathisch, hineindenken- bzw. hineinversetzen können. Unsere Lebensrollen werden wir zwar weiterhin erfüllen, sogar schneller, gewissenhafter und genauer als je zuvor, jedoch ohne sich mit ihnen zu identifizieren!

Wir werden NICHT persönlich beleidigt sein, wenn wir geduzt oder ohne Titel angesprochen werden, wenn jemand unsere Kinder, unser Haus oder was auch immer, was wir als „unser" bezeichnen, berechtigt oder unberechtigt kritisieren wird, denn wir werden augenblicklich wissen, **warum er es tut.** Uns wird es dann völlig genügen „nackt" zu sein, ohne zu lügen und zu betrügen – auch wenn uns viele Leute dafür hassen bzw. insgeheim beneiden werden.

Für uns wird sich das zunächst so anfühlen, als ob wir unsere unbequemen Lügenkleider und die der anderen ausgezogen hätten, jedoch ohne dabei ein Schamgefühl zu empfinden, denn es gibt nichts, wofür sich ein „Neugeborener" schämen könnte. Und manchmal werden wir uns wie Zoobesucher fühlen, die die Verschiedenartigkeit ihrer Verwandten ergründen.

Bis auf wenige Ausnahmen, die „blitzartig" andersdimensioniert wurden oder werden, werden wir **ES** nicht von heute auf morgen werden. Bei uns kommt es viel mehr darauf an, wie lange es dauert, bis wir uns von unseren Jahrtausende langen Verschleierungen und Konditionierungen befreien können. Und als Erstes kommt es darauf an, ob wir bereits in der Lage sind, unsere verfahrene Situation bewusst erkennen **zu wollen**. Möglich ist es, denn jeder von uns trägt den Funken des Zeitlosen in sich, weil jeder und jedes, weil alles den gleichen gemeinsamen Uranfang hat. Weil weltweit eins und eins zwei ergibt, weil DIE Wahrheit überall die gleiche ist.

Was die Wahrheit (Lebensenergie) anbelangt, so ist sie in jedem von uns latent vorhanden, doch nur wenige sind sich ihrer bewusst. Jeder von uns kann den Sinn des eigenen und somit des allgemeinen Lebens erkennen und verstehen. Möglich ist es – allerdings nicht lernunfähig Geborenen oder Schlafenden – also versuchen wir aufzuwachen und werden uns ernsthaft unseres Schlafes bewusst. Verschlafen wir die einmalige Chance zur Selbstfindung NICHT, denn eine zweite Chance wird es für uns sicherlich nicht geben. Lernen wir jetzt, denn später, nach unserem letzen Ausatmen, wird es garantiert zu spät sein.

Aus Zeitgründen, denn unser Erdenleben ist kurz, könnten wir auf unserer Wahrheits- bzw. auf unserer Selbstsuche ein paar „unwahre Wahrheiten" einfach weglassen – aber welche?

Zunächst ALLE, denn bis jetzt hat noch keine, nicht eine einzige sogenannte „Wahrheit" zu unseren Gunsten, zugunsten der

Wahrheitssuchenden funktioniert. Oder ist die Welt durch bereits unzählig bestehende „Wahrheiten" etwas friedlicher, etwas gerechter, etwas ehrlicher geworden? Ganz im Gegenteil!

Trotz Geboten, wie z. B. „Du sollst nicht lügen" – ganz offensichtlich nicht, denn „wir lügen, bis sich die Balken biegen". Trotz Grundgesetzen wie „Gleichheit und Gerechtigkeit für Jedermann" – ganz offensichtlich nicht. Wir quatschen und tratschen uns tot, bevor wir sterben!

Reißen wir zunächst mittels Negation unseren eigenen Lügenschleier herab, damit wir sehend werden. Indem wir uns zunächst selbst negieren, lernen wir uns selbst und andere so zu sehen wie wir wirklich sind. Begründete Verneinung zwingt uns, neue Wege zu suchen, Akzeptanz dagegen lässt uns gewohnheitsmäßig alte Lügen-Wege beschreiten, weil alte, ausgetretene Pfade sich wesentlich leichter begehen lassen als neue.

Versuchen wir zunächst selbst zu reifen, unser eigenes „Licht" zum Leuchten zu bringen, dann fallen wir auch anderen Suchenden auf, die uns dann folgen könnten. Versuchen wir es nicht, dann wird sich weiterhin nicht viel ändern. Oder würde eine Virus-Bakterie Mensch werden können, wenn sie in unserem Sonnensystem vor ca. 5 Mrd. Jahren NICHT versucht hätte sich weiterzuentwickeln? Hätte die gesamte Evolution einen Sinn, wenn Lebewesen auf dem gleichen Entwicklungsniveau sterben würden, auf dem sie geboren wurden? Wenn Tierarten (und auch wir) sich nicht ständig weiterentwickeln würden? Wenn Menschen Leute und Leute „Schimpansen" oder „Bonobos" geblieben wären? Sicherlich nicht – oder?

Unser Urvermächtnis ist die geläuterte Rückkehr zum/ins Zeitlose und ALLES benötigt eine gewisse Reifezeit, um seinem Potential entsprechend reifen zu können. UNSERE Reifezeit ist für einige wenige unter uns jetzt gekomen, deshalb sollten wir sie auch JETZT nutzen! Es ist UNSERE Zeit, Zeit, die kein anderer außer UNS haben und nutzen kann!

Wir freuen uns zwar über unsere erreichten Lebensziele und sind sogar glücklich darüber, doch über das wichtigste Ziel unseres Lebens, für dessen erreichen wir unzählige Lebensspannen unzähliger Lebensarten benötigten, sind wir ganz und gar nicht glücklich – im Gegenteil! Wir freuen uns zwar über die Geburt, die den Tod zum Ziel hat, doch über den Tod, der die Ewigkeit zum Ziel hat, sind wir traurig und voller Angst, denn alles, was wir nicht kennen, macht uns Angst, insbesondere unsere eigene Vergänglichkeit, unser Tod.

So wie der Tod zum Leben gehört, so gehört auch das Leben zum Tod, weil das Eine das Andere bedingt, weil es das Eine nicht ohne das Andere gibt. Oder würden der Tod ohne das Leben bzw. das Leben ohne den Tod existieren?

Nur wer das fremdbestimmte Leben vermeiden kann, der wird auch seinen körperlichen Tod vermeiden können, denn Geistgeborene sterben nie, weil sie bereits lebend für ALLE Fremdbestimmungen „tot" sind. Um unser marionettenhaftes Leben vermeiden zu können, müssen wir zunächst persönlich erfahren, was UNSER Leben ist. Entdecken wir es aus erster Hand – aus uns selbst, durch uns selbst. Alles andere werden nur wertlose Kopierversuche sein – nur wertloses „Falschgeld"!

Bis dahin dürfen wir uns nicht für bereits vollendet halten, denn wir sind es NOCH nicht. Solange unser Verstand noch lernfähig ist, kann er seine Verschleierungen erkennen, dann wird es von „Wisch zu Wisch" heller, auch wenn unser Lebensabend beginnt.

Auch wenn wir im Moment NOCH nicht wissen, wer oder wie viele wir wirklich sind, so sollten wir zumindest wissen, wer wir NICHT sind oder es mindestens herausfinden **wollen**, dann werden wir, im Falle des Scheiterns, uns nicht den Vorwurf machen können, dass wir nicht ernsthaft versucht haben ES zu finden!

Lasst uns zuerst die Identitäten beobachtend kennenlernen, mit denen unser Verstand konditioniert ist, so objektiv wie es eben geht, denn nur als passiv-achtsamer Beobachter können wir unseren Verstand kommentarlos wahrnehmen, NICHT analysierend, NICHT diskutierend – nur achtsam beobachtend! Dazu müssen wir unseren operativen Verstand zunächst neutral zu beobachten lernen, um dann herauszufinden, ob er wirklich derjenige ist, für den er sich hält, oder ob es eventuell andere sind, die ihn dominieren, die ihn ständig manipulativ formen und verformen, die ihn maskieren und deformier. Wir sollten unmaskiert, lügenfrei und ehrlich darüber sprechen, denn solange wir unsere rollenbedingten „Kleider, Mützen und Masken" nicht ablegen, so lange werden wir nie erfahren, wie wir und die anderen wirklich sind, denn wir sehen immer nur die „Kleider, Mützen und Masken" – unsere und die der anderen und nicht diejenigen, die sie tragen.

Die „Kleider und Masken", die „Mützen", die wir tragen, geben uns eine Art Schutz davor, ein Niemand zu sein. Wobei wir durch sie weiterhin weitgehend verschleiert und damit unerkannt bleiben, denn wir haben Angst davor, von anderen erkannt zu werden, uns vor anderen zu „entblößen", dabei sind wir nicht anders als sie und sie nicht anders als wir.

Wir gehen oft aus und sind gerne unter Leuten, doch wir begegnen uns nicht wirklich. Wir haben „tausend" Freunde im Netz, doch persönlich kennen wir keinen einzigen von ihnen. Wir witzeln über den Tod und werden, insbesondere nachts, von Todesängsten, von Albträumen geplagt. Wir sprechen dann gefällig unauffällig über Belangloses. Keiner mag das schwachsinnige Geschwätz des anderen und doch machen alle mit, höflich und humorvoll – verlogen! Alles ist cool und easy, alles ist voll gut und total geil, und jeder ist der Größte – wirklich?

Niemand von uns will ein Niemand sein. Allerdings sind wir NICHT diejenigen, für die wir uns momentan noch halten: Unsere Verkleidung, unsere Bildung, unser Glaube oder Aberglaube, unser Verstand, unsere Familie, unser Konto oder unser Auto, wir sind nichts von diesem, sondern viel, viel mehr!

Finden wir es heraus, es lohnt sich! Für die wahrhaftig Suchenden unter uns wird es Zeit, höchste Zeit, dass wir uns unserer Lügereien bewusst werden, dass wir unsere Lügenkleider nach und nach ablegen, unsere Marionettenschnüre, an denen wir hängen, kappen und lernen, richtungsbestimmend selbst zu gehen – auch wenn wir dabei die vorliegenden „Gehhilfen" für einen gewissen Zeitraum in Anspruch nehmen. Es ist keine Schande, „gehbehindert" zu sein, es nicht zu wissen schon, denn wer sein Handicap nicht erkennt, der wird weiterhin seinen Schein für das Sein halten und sich selbst nie wahrhaftig kennenlernen können, denn das **Wesen des Scheins ist es, dass er lügt, weil er trügt** – er lässt uns äußerlich anders erscheinen, als wir es innerlich sind, denn er ist wie ein schön duftendes Parfüm, das unseren natürlichen Körperduft überdeckt und wir dann **in Wirklichkeit** anders duften als wir uns bzw. uns andere Mitbürger riechen. Er ist wie bunte Schminke, die uns anders erscheinen lässt als wir es **in Wirklichkeit** sind. Er ist wie hochhackige Schuhe, die unsere kurzen Beine länger erscheinen lassen als sie es **in Wirklichkeit** sind.

Unser innerliches Zuhause ist uns bereits abhanden gekommen, es wird höchste Zeit, dass wir in uns kehren und ES wiederfinden. Es wird Zeit, unseren eigenen Verstand erkenntnisfähiger werden zu lassen, denn solange er sich fortlaufend fremdbestimmen, insbesondere durch Glaubensketten jeglicher Art, fesseln lässt, bleiben wir es auch – angekettet, in Haft. Und weil unser Verstand momentan NOCH der Einzige ist, der uns helfen kann, sich bzw. uns selbst zu erkennen, so müssen **wir** zunächst **ihm** helfen, objektiv erkenntnisfähiger zu werden – durch ehrliche, auf Fakten basierende Aufklärung, denn eine andere, auf Glaubensmärchen basierende Möglichkeit zur Selbsterkenntnis gibt es leider nicht.

Glaube

„Glaube oder Wissen, das ist hier die Frage", die sich Selbstsuchende seit Jahrtausenden stellten und bis heute NICHT wahrhaftig beantwortet bekamen – insbesondere NICHT von den für Glaubensfragen zuständigen Glaubensführern **aller** Religionen, denn solange wie wir uns von Fremden sagen lassen, **wer WIR sind**, werden wir NIE diejenigen werden können, die wir bereits seit Anbeginn unbewusst sind. Also finden wir ES bewusst selbst heraus, „wer wir sind", dann werden wir es Fakten basiert wissen und NICHT Märchen bestimmt glauben müssen!

Z. Z. existieren unzählige Glaubensmärchen auf unserem Planeten, die mit Fakten nicht das Geringste zu tun haben, dennoch glauben wir an sie, weil naiv zu glauben – auch heute noch – leichter ist als mühsam zu lernen, doch „wer nicht lernt zu reifen, der wird unreif sterben" und somit nicht geerntet werden, denn unreife Früchte mag der „Himmel" nicht.

Je unwissender, je orientierungsloser wir sind, desto leichter glauben wir, desto naiver ist unser Glaube oder Aberglaube, desto leichter lassen wir uns führen bzw. verführen und umgekehrt, je stärker unser Wissen wird, desto schwächer wird unser Glaube werden.

Unser naiver Glaube kommt grundsätzlich dann zustande, wenn unser Verstand sich selbst, eine bestimmte Naturerscheinung oder Unerklärliches nicht rational erklären kann. Und da es zu glauben wesentlich leichter ist als zu lernen, so kommt es, dass es wesentlich mehr Lernunwillige als Lernwillige gibt – Tendenz steigend. Hinzu kommt noch, dass es bereits viele elektronische Medien gibt, die uns drogenähnlich süchtig machen, die uns systematisch entmündigen, die für uns denken, die uns von Jahr zu Jahr dümmer werden lassen, die uns glauben lassen, dass Illusionen „wahr" sind: Es war einmal ein Fisch, der von seiner Geburt an in einem Aquarium glücklich und in Frieden lebte, bis eines Tages der Aquarium-Besitzer einen bis dahin frei im Meer lebenden Fisch zu ihm setzte, sozusagen zur Unterhaltung, zum friedlichen Gedankenaustausch. „Träume ich? Wer bist du? Woher kommst du so plötzlich? Kannst du mich kneifen?", fragte der seit seiner Geburt an im Aquarium lebende Fisch. „Ich bin ein Fisch wie du und komme aus dem Meer", antwortete der Meeresfisch. „Wie bitte? Du sagst, ich soll ein Fisch sein? Woher willst du das wissen? Mir hat noch keiner gesagt, dass ich ein Fisch bin. Auch nicht was oder wer ein Fisch ist. Aber gut, ich will dir sehr gerne glauben, dass ich ein Fisch bin, dann weiß ich endlich WER ich bin! Doch wenn ich ein Fisch bin, wer bist dann du? Du siehst nicht so aus wie ich, du bist schwarz und ich weiß, du hast Schuppen und ich nicht, du bist dick und klein, ich dagegen schlank und lang, du hast schleierhafte Flossen, die ich nicht habe, und da ich ein Fisch sein soll, so kannst du logischerweise kaum AUCH ein Fisch sein", sagte der Aquarium-Fisch, womit er aufgrund seiner Unwissenheit zwar nicht gelogen, aber auch nicht die Wahrheit gesagt hatte – er wusste es einfach nicht besser. Doch der Aquarium-Fisch ließ nicht locker und fragte neugierig weiter: „Was ist das, ein Meer, und wie groß ist es?" „Ein Meer besteht aus unglaublich viel Wasser, und da es keinen Anfang hat, so hat es auch kein Ende, es ist unendlich groß, so groß, dass du dein Leben lang *(wie in einem Hamsterrad)* geradeaus schwimmen könntest, ohne ein Ende zu erreichen", erklärte der Meeresfisch und fügte sehnsüchtig hinzu: „Im Meer gibt es unzählige Fische, in allen Farben, Formen und Größen, viele von ihnen sind so groß, dass sie in deine Aquarium-Welt nicht hineinpassen würden, sie sind sogar größer als dein Herr." „Du lügst, du bist ein gemeiner Lügner, neben meinem Herrn gibt es keinen der größer und allmächtiger ist als er", konterte der Aquarium-Fisch wutentbrannt und schwer beleidigt. Seit diesem Tag sprechen die beiden Fische nicht mehr miteinander, was sehr bedauerlich ist, denn ein ehrliches, ein aufklärendes, ein auf Fakten basierendes Gespräch hätte Klarheit schaffen können. Und so bleibt alles beim Alten; der unerfahrene Aquarium-Fisch wird weiterhin nichts dazulernen wollen und der erfahrene Meeres-Fisch seine Erfahrungen nicht weitergeben können. Schade, denn im Dialog hätten sie sich näherkommen können – eventuell sogar einander schätzen und lieben lernen.

Da wir keine dummen Aquarium-Fische sind, so sollten wir vorurteilsfrei miteinander reden, denn konkrete Erfahrungen, die andere bereits irgendwann oder irgendwo gemacht haben, müssen von uns nicht selbsterfahrend wiederholt werden.
 Bei uns Leuten gib es viele Aquarianer-Gruppen, die **nur ihr** Aquarium für das einzig wahre halten. Eine besonders gläubige Aquarianer-Gruppe nennt sich Christen. Das sind naiv glaubende Leute, die Glaubensmärchen für real, die nicht beweisbaren Glauben für wahr und auf Fakten basierende Wahrheiten für unwahr halten. Ihr ursprüngliches Logo war ein Fisch, heute ist es ein Kreuz; mit einem waagerechten und einem etwas längerem senkrechten Balken; mit zwei waagerechten oder zwei waagerecht-schiefen Balken, mit Hacken oder als Schwerter oder … Es sind diejenigen Christen, die sich PROVOKANT ein Fischsymbol oder ein Kreuz auf ihre Haut tätowieren lassen oder als Aufkleber ans Auto kleben. Die Kreuze, die sie an Goldkettchen um ihre Hälse tragen, sind meistens aus Silber oder Gold gefertigt und oft mit Diamanten oder anderen teuren Edelsteinen besetzt und sollen ihre „bescheiden-geheuchelte" christliche Gesinnung symbolisieren. Ihnen reicht es nicht aus, NUR einfache Christen zu sein. Sie nennen sich evangelische, katholische oder orthodoxe, mormonische oder mennonitische Christen, Calvinisten, Lutheraner oder …, wer weiß welche Christen noch? Es gibt so viele verschiedene Aquarien-Christen, dass sie nicht einmal untereinander ihre eigenen Unterschiede kennen, allerdings „wissen" sie ganz genau, was sie wollen und die Anderen sollen – wen sie im Namen „ihres einzig wahren(?) Gottes" zu belügen und zu bekriegen haben.

Obwohl alle Christen angeben, an den einzigen wahren Gott zu glauben, so meinen sie doch IHREN, den katholischen oder den evangelischen Gott, den ... Gott. Selbst Moslems und Juden glauben an den christlichen Gott, allerdings nicht an den der Christen.

Wenn alle Religionen den gleichen Gott verehren, warum gibt es denn so viele? So naiv kann doch keiner, der lernfähig geboren wurde, sein – oder doch? Wenn ja, dann könnten und sollten wir es durch ehrliche Aufklärung unverzüglich ändern. Warum mussten Luther oder Calvin die alte Kirche entzweien bzw. eine neue gründen? Weil er als Mönch eine Nonne heiraten wollte aber lt. der katholischen Kirche nicht dürfte? Aus persönlichen, hormonell bedingten Gründen? Nicht nur, denn wir entwickeln uns fortlaufend weiter, und sobald uns unsere alten Glaubenskleider zu eng werden, suchen wir nach neuen Zwangsjacken, die zunächst nicht ganz so eng zu sein scheinen wie die alten!

Immer wieder werden neue Herdenanführer geboren, die ihre „Schäflein" vor der Wahrheit behüten, indem sie sie verbieten! Allerdings ist Verbotenes interessanter als Erlaubtes, denn verbotene Früchte schmecken zunächst besser als die eigenen. Das „wussten" Adam und Eva bereits vor X Tausenden von Jahren. Denn Verbotenes macht uns neugierig, und Neugier wirft Fragen auf, die uns schließlich nach eigenen Antworten suchen lassen werden – vorausgesetzt, wir sind **noch** entwicklungsfähig.

Sind Selbstsucht oder Machtgier der Herdenanführer denn so groß, dass sie kein friedliches Neben- und Miteinander mehrerer Herdenanführer dulden? Dann wäre ein Super-Herdenanführer, der alle Erdbewohner führen würde, sicherlich die richtige Lösung. Dann würde ein einziger durch das Volk legitimierte Gott-König, eventuell Gott-Kaiser genügen, um die weltlichen und kirchlichen Angelegenheiten aller Völker zu regeln?

Es heißt auch: "Proletarier aller Länder vereint euch" – warum eigentlich nicht? Warum kann sich Polen, warum können sich Deutschland und Frankreich, warum kann sich ganz Europa und schließlich die ganze Welt NICHT Russland oder wem auch immer loyal anschließen? Warum dürfen wir des besseren gegenseitigen Verstehens wegen nicht eine einzige Weltsprache sprechen und schließlich neutral werden? Weil wir als neutrale Erdbewohner ohne Staats- und ohne Kirchenzugehörigkeit identitätslos bzw. feindfrei wären aber in unserem jetzigen Tierstadium ohne Feindbilder noch nicht leben können? Weil es uns NOCH NICHT genügt, NUR friedliebende Menschen zu sein – oder weil wir aufgrund unserer 98% Affen Gene NOCH keine friedfertigen Menschen sein **können**? Nur Leute, nur eine menschenähnliche Primatenart im Übergangsstadium von Leuten zum Menschen, die sich mangel Wissen bereits für Menschen hält?

Wie der unerfahrene Aquarium Fisch, der sein kleines Aquarium für die ganze Welt hält? Nur weil wir zuerst „größer" bzw. wissender werden müssen, um zu erkennen wie „klein" wir sind? Ja, denn zuerst müssen wir erkennen wie klein wir als „Große" und wie arm wir als „Reiche" sind, um menschlich zu werden, um das Gute durch das Böse, um das Menschliche durch das Tierische in uns zu erkennen. Und solange wie wir noch nicht erkennen können, dass wir immer noch keine Menschen, sondern immer noch Gewalt, Lug und Betrug liebende Primaten sind, solange werden wir nicht menschlich werden können, denn niemand wird seine Meinung revidieren, von der er glaubt, sie sei richtig. Und niemand wird umkehren, wenn er nicht wüsste, dass er sich verlaufen hat, wenn er **glauben** würde, auf der richtigen „Autobahnspur" zu sein.

Doch wer stark im Glauben ist, der ist schwach im Wissen. Weshalb auf Fakten basierende Aufklärung so eminent wichtig ist, weshalb aus Fakten bestehendes Wissen wichtiger ist, als auf Märchen basierender Glaube oder Aberglaube. Leider wird es noch sehr lange dauern, bis wir im Kollektiv erkennen werden, dass wir mehr sind, als wir zu sein scheinen.

Als „Aquarianer" denken wir von uns selbst, dass nur wir AUSSCHLIESSLICH die einzig wahren Gläubigen sind und alle anderen uns nur etwas vorlügen. Was nur bedingt stimmt, denn alle Gläubigen kennen ja NUR IHR Aquarium und das ist durch unsichtbare Wände sehr eingeschränkt, sehr eng begrenzt. Solche Aquarium-Gläubigen sagen zwar nicht die Wahrheit, aber sie lügen nicht, denn in ihrem Unwissen halten sich ALLE „Aquarium-Gläubigen" für die einzig wahren Fische und wer andere „Schuppen, andere Farben, andere Flossen oder andere ... hat, der MUSS „logischerweise" etwas Anderes sein als ein Artgenosse!

Die meisten sogenannten Christen nehmen ihren „Aquarium-Glauben" sehr ernst. Sie besuchen NUR IHRE Kirchen und NUR IHRE Gebetshäuser regelmäßig, bezahlen NUR IHRE Kirchensteuern und spenden NUR frei und NUR willig. Ferner glauben sie fest daran, NUR den einzig wahren Glauben vertreten und verbreiten zu MÜSSEN – auch mit Gewalt, denn ihr Gott vergibt ihnen alles, was seine ihn vertretende Sippschaft größer, bunter und einflussreicher macht.
 Die Kreuzritter durften sogar ethikfrei morden, vergewaltigen, brandschatzen und vieles mehr. „Und wollte mal einer nicht ihr Bruder sein, so schlugen sie ihm den Schädel ein". Viele archäologische Ausgrabungen beweisen es eindeutig und GLAUBENSFREI! Dieser „ewige" Blödsinn ist nicht einfach zu verstehen, denn, selbst heute noch, gibt es viele lernresistente Leute, die an ihre „Gurus", die an den „Sieg und das Heil" glauben – weil sie ihre Unwissenheit immer noch nicht überwunden haben. Sie glauben immer noch, dass nur sie diejenigen „Auserwählten" sind, die Andersdenkenden, insbesondere aber, Andersgläubenden ihren Glauben oder ihre Ideologien aufzwingen müssten.

Dabei berufen sich Juden, Christen, Moslems und deren Ableger auf den gleichen Kultgründer bzw. Glaubensstifter Abraham, der, ganz grob geschätzt, etwa 1.700 v. Chr., nomadisierend, aus Mesopotamien nach Palästina kam. Vielleicht flüchtete er vor weiteren Überschwemmungen, die, geologisch nachweisbar, regelmäßig zwischen den Flüssen Euphrat und Tigris stattfanden – vielleicht. Vielleicht berichtete er Moses darüber, sodass Moses eine weltweite Sintflut daraus machen konnte, an die alle o. g. drei Religionen, auch heute noch glauben. Und wenn sich Juden, Christen und Moslems darüber einig sind, dass Abraham der Urvater ihrer Religionen ist, warum bekriegen sie sich dann, warum sollte denn ein Jude NICHT an Christus und Mohamed, ein Christ NICHT an Jahwe und Allah und ein Moslem NICHT an Christus und Jahwe, also an alle drei Götter GLEICHZEITIG glauben? Und was wäre, wenn du an ALLE Religionen dieser Welt gleichzeitig glauben würdest? Du würdest multiverrückt, also gleichzeitig mehrfach schizophren werden! Und was wäre, wenn du an **keine** Religion dieser Welt glauben würdest? Dann würdest du dich auf deinen gesunden Verstand verlassen und somit völlig natürlich-normal sein – was dann in den Augen der Normalglaubenden nicht normal wäre!

Warum dürfen Kinder NICHT am Konditionierungsunterricht aller Glaubensrichtungen abwechselnd teilnehmen? Weil sie dann einsehen müssten, dass jeder Mensch „seinen" eigenen Gott hat, der wiederum nur ein Teilchen des allgemeinen Gottes ist und somit AUCH nur ein Teilchen des Gottes des Anderen? Warum dürfen wir NICHT GLEICHZEITIG mehrere Glauben haben? Weil wir uns dann selbst für verrückt erklären müssten? Warum gibt es keine Multikulti-Gotteshäuser in die dann ALLE Glaubenden gemeinsam hingehen und ihren persönlichen Gott anbeten könnten? Weil wir dann unter einem Dach unsere nächsten Freunde und Feinde antreffen und streitbedingt uns gegenseitig totschlagen würden?

Dann müssten wir uns nicht weltweit ständig gegenseitig missionieren oder terrorisieren, dann könnten wir uns an Ort und Stelle gegenseitig umbringen und dabei ein fröhliches „Halleluja" singen! Wenn wir schon glauben müssen, warum glauben wir dann nicht an einen einzigen, neutralen bzw. namenlosen Gott?

Warum können nicht alle Welt-Religionen, die die Ware Wahrheit verhökern, ein gemeinsames Vertriebssystem haben? Weil wir dann NICHT wissen würden, wer unsere nächsten oder gemeinsamen Feinde sind und wir ohne **gemeinsame** Feinde NOCH nicht gemeinsam in Frieden leben können? Dann wäre eine außerirdische Aliens oder Virus Invasion die richtige Lösung, um uns zum Zusammenhalt, zu mehr Menschlichkeit zu **zwingen.** Bis dahin werden wir uns weiterhin GLEICHZEITIG selbst lieben, hassen und bekriegen **müssen.** Wir werden uns weiterhin selbst, einmal auf die linke, dann auf die rechte Backe schlagen **müssen** – jedenfalls so lange, bis wir schmerzlich erkennen werden, dass der ganze religiöse Unsinn reine „Geschäftemacherei" ist und somit nur im Erkennen seines Unsinns einen Sinn ergibt! Was dann die Frucht wäre, an der wir die verlogenen „Glaubens-Bäume" erkennen könnten. Bis dahin werden wir weiterhin NUR das glauben, was wir seit unserer Geburt an, durch Taufe oder Beschneidung, glauben sollen.

Nur weil es immer mehr Religionsführer gibt, so muss auch die Zahl der Kirchensteuerzahler ständig wachsen und die Geburtenkontrolle-Diskussion weiterhin ein Tabuthema bleiben? Zunächst ja – bis wir selbsterkennend zu werden beginnen! Bis aus bauchgesteuerten Leuten kopfgesteuerte Menschen werden. Bis aus „Jeder für sich selbst", „Alle für uns alle" wird.

ALLE Christen haben uralte, fremdausgedachte jüdische Gebots-Regeln – zehn an der Zahl. Die Gebots-Regeln sind für sie auch heute noch heilig und somit verbindlich, obwohl sie sie situationsbedingt ganz unterschiedlich interpretieren, sozusagen je nach Zeit, Geisteszustand, Ort und Bedarf, einmal so und ein andermal eben anders. Leider legen sie IHRE Gebots-Regeln dermaßen unterschiedlich aus, dass eher das GEGENTEIL der Realität entspricht und somit zutreffender wäre. Sie nennen sie die Zehn Gebote, die ein göttlicher Steinmetz einem gut durchtrainierten Mann namens Mose auf dem Berg Sinai, in schwere Steintafeln gemeißelt, überreicht haben **soll**.

Soll, denn bewiesen ist gar nichts, und das Gegenteil ist ziemlich wahrscheinlich. Und so lange, wie der Vatikan die in Stein gemeißelten Zehn Gebote nicht offenlegt, gilt die Vermutung, dass sich bei den Zehn Geboten nur um ein Fake, also nur um eine gelogene Geschichte, nur um Glaubensmärchen handelt, die uns die Römer bereits vor Jh. als wahr verhökert haben.

Leonardo da Vinci hat für seine „geheimen Schriften" einen Spiegel benutzt. Hätte er aber gar nicht müssen, denn auch etwa 3.200 Jahre später, so um 1500 n. Chr. waren die meisten von uns immer noch Analphabeten, sodass Leonardo da Vinci und andere, meistens von Kirchen beauftragte Künstler, Bilder von Gott, Moses, Maria, Jesus und anderen „Heiligkeiten" nach den Vorstellungen ihrer Auftraggeber malten, damit ihre leseunkundigen „Schäfchen" das glaubten, was sie sahen, denn „ein Bild sagt mehr als 1000 Worte" – auch heute noch! Es ist wie mit den „Außerirdischen", die NUR auf Bildern „existieren"! Es ist wie mit den Bilderbuch-Märchen für leseunkundige Kinder, deren unreifer Verstand noch nicht urteilsfähig ausgebildet ist.

Was die **Zehn Gebote** anbelangt, so sollten zirka 3.700 Jahre vergehen, bis sie realitätstreu entschlüsselt werden konnten und nun nachfolgend in „originaler", erstmalig in „wahrheitsgetreuer" Version vorliegen:

1. Gebot:
Du sollst auch andere Götter neben mir haben – haben wir, jede Menge sogar.

2. Gebot:
Du sollst den Namen deines Herrn missbräuchlich führen.
„Herr Gott nochmal", das machen wir doch „Gott sei Dank und um Gottes Willen" ständig.

3. Gebot:
Du sollst den Feiertag nicht heiligen – tun wir, und an den Wochenenden arbeiten wir am liebsten schwarz, denn „nur Bares ist Wahres".

4. Gebot:
Du sollst Vater und Mutter nicht ehren – auch dieses Gebot befolgen wir, insbesondere, wenn wir genetisch bedingt, körperlich oder/und geistig behindert geboren wurden, allerdings in der Lage sind, unsere erbgutbedingte Situation selbst zu erkennen.

5. Gebot:
Du sollst töten – jawohl, mein Führer, Gaskammern bauen und bequem in Deutschland am Joystick sitzend, sich im Ausland zu verteidigen, macht sogar Spaß. Und wer Kanonen und andere todbringende Waffen segnet, der kann kein „Teufel" sein!

6. Gebot:
Du sollst ehebrechen – o danke Herr, denn Fremdgehen ist spannend, macht viel Spaß und kostet weniger als ein Bordellbesuch – auch wenn das zur Hälfte aller Scheidungen führt.

7. Gebot:
Du sollst stehlen – das ist doch wohl selbstverständlich! Wer tut es nicht? Nur nicht erwischen lassen, sonst sind der Doktor-

titel oder die Auslandszinsen dahin. Na ja, solange der Diebstahl anonym und straffrei bleibt, ist es okay – oder?

8. Gebot:
Du sollst falsches Zeug gegen deinen Nächsten reden – im Mobben sind wir gut und vor Gericht dürfen wir sogar lügen „bis sich die Balken biegen". Jedenfalls so lange, bis uns das Gegenteil bewiesen werden kann.

9. Gebot:
Du sollst begehren deines Nächsten Haus – im Beneiden sind wir noch besser als im Lügen. Und wehe, wenn „unser Haus, unser Boot oder unser Pferd" schöner sind, als die des Nachbarn, dann können wir den „ehrlichen" Frieden vergessen.

10. Gebot:
Du sollst begehren deines Nächsten Weib, Knecht, Magd, Vieh oder alles was sein ist. Toll!

Neid und Gier kannten schon damals, vor etwa 3.700 Jahren, keine Grenzen. Warum sollte sich ausgerechnet heute etwas daran ändern. Wenn ein System sich schon so lange todsicher bewährt hat, dann kann es doch gar nicht schlecht sein. Oder? Wie wir offensichtlich sehen können, beziehen sich drei der Zehn Gebote auf Stehlen, sodass wir davon ausgehen müssen, dass gieriges Klauen, Lügen und Betrügen schon damals ein großes Problem war.

Angeblich hat Moses, die wahrscheinlich auf Hebräisch oder in Keilschrift in steinerne Tafeln gemeißelten, Zehn Gebote vom „Gott-Sowieso" vor zirka 3.700 Jahren persönlich erhalten. Wer weiß das schon? „Natürlich" fand die Übergabe insgeheim, also unter Ausschluss jeder Öffentlichkeit, auf einem ziemlich unzugänglichen Berg namens Sinai statt. Angeblich geschah das, als Moses mit seinem Volk auf der gottgeführten Auswanderung aus Ägypten war, die in Wirklichkeit keine Auswanderung, sondern faktisch eine Feindes-Vertreibung gewesen ist. Angeblich.

Die weder wissenschaftlich nachgewiesenen, noch historisch belegten zehn Landplagen, die angeblich im 13. Jh. v. Chr. und somit 400 Jahre **nach** Moses stattgefunden und zum Exodus geführt haben sollen, könnten sich rein rechnerisch nicht ereignet haben, allerdings wären es, **rein hypothetisch**, nur natürliche Abläufe, die zunächst mit einem Vulkanausbruch, dann mit einer aus Äthiopien kommenden Rot-Schlamm-Flut, die den Nil blutrot färbte, begonnen haben könnten: **Könnten,** wahrscheinlicher ist es, dass etwa zu Moses Zeiten, also vor etwa 3.600 Jahren ein Vulkanausbruch (Vulkan: röm. Gott des Feuers) auf der griechischen Insel Thera (heute Santorin) stattfand und riesige Mengen an roter, schwefelhaltiger (saurer) Asche in die Atmosphäre hinausschleuderte, die anschließend auch in Äthiopien niederging und dann erosionsartig in den Nil hinein gespült wurde.

Auf die Rot-Schlamm oder/und toxische Algenblüte – wir wissen es **nicht** – folgte Schwefelsäurebildung ($SO_2+H_2O = H_2SO_4$) mit tödlichen Folgen für Fische, Frösche und andere Wassertierchen, denn Wasser mit einem pH-Wert (Wasserstoff-Ionen-Konzentration) unter 5 ist sehr sauer und somit sogar hautätzend. Um sich vor Verätzungen zu schützen, flüchteten Frösche und andere Amphibien aus ihren sauren Biotopen sogar bis zum Pharao-Palast. Die Kiemenverätzungen der Fische unterbrachen die Sauerstoffaufnahme bei den Fischen und führten zum Fischsterben durch Erstickung. Der saure Niederschlag führte zunächst zum Pflanzenaussterben, dann zur Haut-Verätzungen und schließlich zur Geschwüren Bildung bei den Tieren und Menschen. Die Verwesung der Fische, Amphibien und anderer Wassertierchen führte zur Insektenvermehrung und folglich zur Infektionskrankheiten-Verbreitung – evtl. sogar zum Exodus.

(Was das Algen bzw. Pflanzensterben allgemein anbelangt, so sterben grüne Pflanzen, wenn Säuren das in Ihrem Hämoglobin vorhandene, zur Sauerstoffversorgung benötigte Magnesium auflösen. Die Algen und Pflanzen verfärben sich dann hellgrün und sterben binnen weniger Minuten ab. Es ist so, wie mit dem zur Sauerstofftransport benötigtem Eisen im Hämoglobin unserer roten Blutkörperchen – ohne Eisen, keine Sauerstoffaufnahme bzw. kein Sauerstofftransport, ohne Sauerstoff, kein Leben.)

Ob die „zehn" Landplagen tatsächlich stattfanden oder nicht, ob die zwei sich in einer goldbeschlagenen Bundeslade befindenden Steintafeln mit den Zehn Geboten, in Rom existieren oder nicht, wer weiß das schon.

Welche Märchengeschichten Moses oder andere daraus im Nachhinein gemacht haben und warum, das lässt sich nur vermuten. Fakt ist, dass es sich hierbei weitgehend nur um „Wundermärchen" handelt. Doch die Wahrheit kommt immer heraus, auch wenn es ein paar Jahrtausende dauert. So werden heilige Legenden aus der fernen Vergangenheit erst mit neuen, z. B. mit forensischen Methoden unserer Gegenwart aufgeklärt – und wer die Wahrheit dann hören will, der wird sich ihr stellen müssen oder weiterhin an die Märchen glauben, die ihn sein Leben lang geprägt haben. (Taufe, Kommunion, VJCM, …, Politik, Partei, Verein ..., Sippe, Familie, Lebenspartner, …)

Es ist wie mit vielen anderen Lügen, die mangels Bildung und/oder Reife der Belogenen erst in ferner Zukunft aufgeklärt werden – wenn die Ermittler reifer, die Belogenen lernwilliger und die Aufklärungsmethoden glaubensfreier werden. Bis dahin werden gelogenen Glaubensmärchen „wahr" sein – bis wir eines Tages erkennen werden, dass sie unwahr sind, denn alles, was der Wahrheitsfindung wegen offengelegt werden muss, wird irgendwann offengelegt werden.

„Die Wahrheitsmühlen mahlen langsam, und steter Tropfen höhlt den Stein". Ja, ich mag Sprüche sehr, weil sie viel Wesentliches mit wenigen Worten aussagen, sie sind der geschmackintensive Fond, aus dem dann schlaue Leute viele Gerichte, Gerüchte und Gedichte entstehen lassen, wobei manchmal ein kleiner „Fondgeschmack" erhalten bleibt. Den zu finden, ist oft sehr schwierig, doch wenn Sprüche uns zum Staunen oder zum Nachdenken bringen, dann erfüllen sie ihren Zweck.

Was die Zehn Geboten angeht, so existierten diese bereits lange Zeit vor Moses im sogenannten „Gilgamesch Epos", wahrscheinlich der ältesten Schrift der Menschheit, sinngemäß in Keilschrift niedergeschrieben. Vielleicht hat es Moses vom Abraham, einem Emigranten aus Mesopotamien, angeblichen „Wiege der Menschheit", erfahren oder anderwärtig Kenntnis davon gehabt, vielleicht war er sogar des Keilschreibens und Keilschriftlesens ein wenig kundig. Vielleicht. Ähnlich wie bei Mohammed und Luther, übersetzte er Teile davon und machte sie fakeartig der lesekundigen, „geschäftstüchtigen" Minderheit zugänglich, die daraus ein auf Glauben basierendes Geschäftsmodell entwickelte, das auch heute noch einwandfrei funktioniert. Vielleicht, vielleicht! Wer weißt das schon? Jedenfalls ist Astrologie oder Wahrsagerei, Handlesen oder anderer glaubensbedingter Hokuspokus auch heute noch ein lukratives Geschäft!

Selbst die biblische Sintflut wurde bereits im „Gilgamesch Epos", etwa 1.300 Jahre vor Moses, also bereits vor etwa 5.000 Jahren beschrieben. Sie soll in Vorderasien zwischen den Strömen Tigris und Euphrat stattgefunden haben. Das ist sogar wahrscheinlich, denn die Welt war zur damaligen Zeit wesentlich „kleiner" als heute, und das Deltaland zwischen den beiden Flüssen wurde damals regelmäßig überflutet, was sich heute eindeutig – und glaubensfrei – durch Untersuchungen dortiger sedimentärer Ablagerungen nachweisen lässt.

Eigentlich ist es reine Zeitverschwendung, sich damit auseinandersetzen zu wollen, denn gelogene Romane oder Glaubensmärchen bringen uns nicht wirklich weiter, auch wenn sie oft märchenhaft schön sind, auch wenn sie uns glauben lassen, dass sie wahr sind!

Doch wie können wir einem an seinen Aquarianer-Gott glaubenden Aquarium-Fisch erklären, dass es sich bei diesen Romangeschichten weitgehend nur um Märchen handelt? Tja – es scheint unmöglich. Denn gegen verhülltes Wissen scheint kein schnell enthüllendes Kraut gewachsen zu sein, doch der Schein trügt denn der „stete Tropfen höhlt den Stein".
Bleiben wir also dran und legen eine weitere uns enthüllende, 30-Sekunden-Remotionspause ein, bis aus der Aushöhlung zunächst ein kleines „Guckloch" wird, durch das wir dann jenseits unserer „Aquarium-Mauer" werden schauen können.

Etwa 1.700 Jahre nach Moses, so ungefähr im grob geschätzten Jahre Null, soll Jesus von einer unverheirateten jungen Frau unehelich und somit unehrenhaft empfangen und geboren worden sein. Soll, denn auch nur ansatzweise Genaueres weiß man auch heute darüber nicht. Etwa 50 bis 70 Jahre später, in den durch Moses „inspirierten" Evangelien-Romanen, wurde eine Jungfrau daraus, die „Gott" persönlich mit seinem „Heiligen Geist" (oder eventuell als ein Außerirdischer mit einer Pipette oder ...) geschwängert haben soll. Wer weiß das schon?
Er, der allmächtige Gott, erkannte dann schließlich den damaligen Ghostwritern gegenüber (sonst könnten sie ja nicht wissen, was sie etwa 70 Jahre nach Jesus Hinrichtung als mindestens 90 jährige schrieben) die Vaterschaft an und erklärte Jesus zu seinem Sohn, allerdings ohne die geschändete junge Frau Maria zu heiraten oder wenigstens zu alimentieren. Was aus der Königin-Mutter wurde, wie oder wo sie starb, bleibt auch weiterhin ein in Rom geheim behütetes Glaubensgeheimnis denn Genaueres

weiß man auch hierbei offensichtlich nicht! Muss man auch nicht, denn Glauben heißt ja auch **nicht wissen WOLLEN** oder meistens, aufgrund der angeborenen Lernbehinderung aller naiv Glaubenden, nicht wissen wollen können. Glauben heißt, etwas zu „wissen", was es real gar nicht gibt, was nur in der Phantasie der Schreiber existierte und im Laufe der Zeit, durch ständige Wiederholungen geschäftstüchtiger Glaubensgründer, zu unserer eigenen Wahrheit wurde. (Siehe 1. Teil: Suggestion)

Was dann etwa 27 Jahre lang mit Jesus geschah, darüber wussten die Märchenschreiber – den Begriff „Romanschreiber" gab es damals noch nicht – Lukas, Matthäus, Markus und Johannes auch nicht zu berichten, denn auch in den Büchern Mose, stand nichts darüber geschrieben. Woher auch? Ganz einfach, weil im „Gilgamesch Epos" oder den alten ägyptischen Hieroglyphen-Schriften auch nichts über Jesus prophetisch geschrieben wurde.

Es ist Fakt, man kann nur dann etwas abschreiben, wenn es jemand zuvor aufgeschrieben hat. In die Zukunft blicken, das kann keiner, denn die Zukunft beginnt immer in der Zukunft. Es ist kein Kunststück, das Wetter von gestern „vorherzusagen" oder einen gelogenen Roman mit geschichtlichem Hintergrund zu schreiben, sodass er durchaus glaubhaft klingen kann. Es ist keine Erfindung unserer Zeit, die Evangelien-Schreiber konnten es damals auch. Etwas „vorhersagen", was bereits 1.800 Jahre vorher als Niedergeschriebenes existierte und sich dann rückwirkend genau nachlesen und somit **„beweisen"** ließ.

Auch das Abschreiben voneinander war damals nicht urheberrechtlich geschützt, und so schrieb zwar jeder sein eigenes, angeblich „von Gott inspiriertes" Evangelium, doch die Inspirationsquellen, derer sie sich bedienten, waren allen Evangelisten wohl gleich gut bekannt, wobei die Mimikry-Methode bis heute die gleiche geblieben ist. Auch heute recherchiert und sammelt man Informationen zu einem bestimmten Thema, um dann daraus einen historischen Roman zu konstruieren.

Wenn vier Romanschreiber (Ghostwriter) den gleichen Auftrag bekommen, über eine bestimmte Person einen Roman mit geschichtlich gesicherten Informationen zu schreiben, dann wird es keinen verwundern, wenn die vier Schreiber sich ähnlicher oder sogar gleicher Quellen bedienen würden und folglich alle vier Romane sich ähnlich wären. Ähnlich, denn unterschiedlich gesinnte Schreiber würden auch unterschiedlich motivierte Romane schreiben – wenn auch mit ähnlichem Aussageinhalt.

Warum gleich VIER? Weil vierfach Gelogenes glaubwürdiger klingt als eine einfache Wahrheit. Weil oft wiederholte Lügen uns rasch glauben lassen, dass sie wahr sind.

Wenn vier gekaufte Zeugen (Roman-Schreiber bzw. Ghostwriter) vor Gericht sehr ähnliche Aussagen machen, dann wird es sogar ein Richter für wahr halten und ihre Aussagen akzeptieren müssen! Er wird dann zwar geltendes Recht sprechen, doch gerecht wird seine Rechtsprechung NICHT sein. Denn wer Lügen für wahr hält, der rechnet mir falschen Zahlen, der wird zwar richtig rechnen, doch die Ergebnisse werden falsch sein. Es ist ähnlich wie mit den manipulierten Wahlergebnissen, die inoffiziell anders sind als sie offiziell bekannt gegeben werden. Es ist wie mit der Kirche und Politik – wir erfahren nur das, was wir erfahren sollen – interne „Geheimnisse" erfahren wir nicht!

Leider berichteten die **Inspirationsquellen** nichts über Jesus' Leben selbst. Seine Geburt ist eine einzige, nachträglich von den Evangelisten durch Moses' Texte legitimierte Lüge. Es klingt glaubwürdig, wenn man behauptet, dass das was man schreibt, bereits im Alten Testament steht bzw. prophetisch vorhergesagt wurde. Dass das im Alten Testament Geschriebene bzw. Vorhergesagte AUCH gelogen ist, interessierte die Evangelisten nicht, weil sie es etwa 1800 Jahre nach Moses auch nicht besser wussten. Es ist so, als ob du eine gelogene Information ungeprüft als wahr weitergeben würdest. Du würdest zwar nicht lügen, doch die Wahrheit wäre es nicht!

Es ist wie mit den Nachrichtensprechern, die oft nicht wissen, ob das von ihnen Vorgelesene wahr ist oder nur ein Fake.

Jesus und sein kurzes Wirken als Erwachsener, ist bis zu seiner Hinrichtung, von den römischen Geschichtsschreibern nur marginal dokumentiert. Für die Römer war Jesus unbedeutend, für sie war er nur EIN Rebell unter vielen. Nicht mehr! Für die Juden-Priester war Jesus ein Juden-Gott-Lästerer, der ihnen bedrohlich zur Last wurde, und den sie kurzerhand von den Römern durch Kreuzigung ermorden ließen. Es ist wie mit den heutigen Regimekritikern, die einfach eliminiert werden.

Für seine Anhänger war Jesus ein Neu- bzw. ein Selbstgeborener, der aus sich selbst zu sich selbst gefunden hat, und dem es sich damals wie heute – der Wahrheit Willen – nicht **nur bis** zum Kreuze, sondern sogar etwas höher, zu folgen lohnte und weiterhin lohnt. Denn in Wahrheit zu sterben, ist lohnender, als in Unwahrheit zu leben. Doch das ist eine andere Geschichte, eine Geschichte die wahr ist und KEINE Ware, wie sie der geschäftstüchtige Paulus erst über 30 Jahre nach Jesus Tod zuerst den Juden, dann den Römern und schließlich der ganzen Welt nachhaltig verhökerte. „Erst", denn Paulus lebte etwa 20/30(?) Jahre **nach** Jesus Kreuzigung. Für seine Geschäftsetablierung benötigte er damals etwa 10 Jahre, so dass es keinen verwundern dürfte, wenn der größte Teil der „Christengeschichte" auf den geschäftstüchtigen Geschäftsmann Paulus zurückzuführen ist. Die geschäftsbedingte, verkaufsfördernde „Glaubwürdigkeit" Jesus besorgten die o. g. vier, wahrscheinlich von der „Pauluskirche" beauftragten, Ghostwriter etwa 70 Jahre n. Chr., also nachträglich! Mit Jesus (Wahrheit) hatte und hat das – immer noch – nur wenig zu tun. Auch heute, trotz 2.000 Jahren Christentums, ist die Kultfigur Jesu den „bis-zum-Kreuz-Christen" wichtiger als seine Lehren – das Event, die Show, die Verpackung wichtiger als der Inhalt.

Im 2. Jh. kam ein bis dahin geheim gehaltenes, zurechtrückendes Evangelium hinzu, das „Judas Evangelium", welches Jesus und Judas zu Verbündeten machte und deftige Kritik an den damaligen geschäftstüchtigen Warenchristen übte und weshalb es auch heute noch im Neuen Testament NICHT zu finden ist und auch in Zukunft NICHT zu finden sein wird – es sei denn ...

So wie die meisten Romane in sich verständlich und plausibel sind, so sind es die Evangelien auch. Merkwürdigerweise „berichten" sie so gut wie gar nichts über Jesus Werdegang, über seine Kindheit, über seine Jugend oder über sein Erwachsenwerden. Denn was soll man schreiben über etwa dreißig Jahre Jesus' Leben, wenn man nichts darüber weiß, insbesondere wenn andere nichts darüber geschrieben haben? Nun ja, dann denkt man sich etwas romanartiges aus, was es real gar nicht gibt – man manipuliert sich **im Verborgenen** etwas zusammen, was halbwegs logisch zusammen passen könnte und präsentiert es dann dem naiven Volk als wahr, als von Gott inspiriert oder sogar als von Gott persönlich diktiert, wie beispielsweise Paulus seine Schriften oder Mohamed seine Abschriften bzw. seine eigene Gedanken als Offenbarungen Gottes.

Bedenken wir, dass die Evangelien-Schreiber erst etwa 70 Jahre nach Jesus' Hinrichtung über das Leben Jesu „berichteten", dann ist es so, als ob wir jetzt vier Ghostwriter bitten würden, über unsere, deine oder meine Ur-Ur-Großeltern eine „Biographie" zu schreiben. Sie würden sich an eine über damalige und aus damaliger Zeit berichtende Quelle halten, vielleicht an eine Stadt- oder Kirchenchronik oder uns persönlich befragen und den Rest unseren Wünschen entsprechend mehr oder weniger hinzudichten bzw. hinzu lügen, denn „wer die Musik bezahlt, der bestimmt auch, was gespielt wird". Viel Wahres über unsere Ur-Ur-Großeltern würde dabei nicht herauskommen – oder kennst du dich mit dem Leben deines Ururgroßvaters oder deiner Urugroßmutter aus? Ich NICHT!

Damals war es auch nicht anders und so kam es, dass Jesus von den vier Evangelisten nachträglich in den Mund gelegt bekommen hat, was er selbst zu seiner Lebenszeit nicht gewusst, geschweige denn gesagt hat. Hinzu kam es, dass die „Jesus Geschichten" einem politisch-geschäftlichen Zweck dienten und schließlich bis heute dienen. Mit dem Koran verhält es sich ähnlich, nur viel naiver und laienhafter, denn der Kaufmann Muhammed, der angebliche Schreiber des Korans, dem heiligen Buch des Islam, hat sich nicht einmal die Mühe gemacht zu verändern oder neu zu formulieren. Er, der Ghostwriter Engel-Gabriel oder jemand anderer, wer weiß das schon, haben einfach übersetzt, manchmal sogar wörtlich abgeschrieben oder einfach etwas Fantasiertes hinzugedacht – und, wie es bei religiösen Offenbarungen üblich ist, geschah das **selbstverständlich** im Verborgenen, von „Gott" inspiriert oder einem „Engel" diktiert.

Wie aufgeklärt sind wir wirklich, wenn wir, auch heute noch, an diese Lügereien felsenfest glauben? „Erkenne den Baum an seinen Früchten", heißt es! Also, wer immer noch Kirchensteuern dafür bezahlt, dass er an Lügen glauben **darf,** der hat noch nicht erkannt, worum es in Wirklichkeit im Glaubensgeschäft geht – um Geld: Zunächst dauerhaft per Kirchensteuer und zwischendurch bei der Taufe, bei der Kommunion oder Konfirmation, bei der Hochzeit oder bei dem Tod. Und natürlich bei den kleinen Spenden und den großen testamentarisch festgelegten Hinterlassenschaften wie Land, Wald, Immobilien, ...

WAHRSCHEINLICH wuchs Jesus wie alle anderen Kinder zu Hause auf und hatte sogar einige Geschwister, erlernte ein Zimmermanns-Handwerk und ging, vermutlich als „Wandergeselle", mit etwa fünfzehn Jahren auf einer damals bekannten Handelsroute nach Indien. Genau kann es keiner sagen, doch bekanntlich erkennt man den Baum an seinen Früchten. Sehr wahrscheinlich arbeitete Jesus in Indien als Zimmermann o. Ä. und lernte dabei zunächst die regionale Sprache kennen, eventuell auch die des

Sanskrits. Später lernte er auch Selbstbesinnung und den Zugang zum inneren Wissen eines oder mehrerer indischer Weisen kennen. *(Siehe: „Freimaurer")* Fakt ist, dass Jesus in seiner kurzen Wirkungszeit Lehren und Weisheiten von sich gab, die bereits in Indien vor seiner Zeit in mündlicher (VEDA) und schriftlicher Form (GITA) existierten und bis heute existieren. Schließlich, mit der verinnerlichten Erkenntnis ausgestattet, dass NICHT die Lehrer, sondern die Lehren die Menschen Gott näher bringen, dass nicht der Wagen (Körper), den Weg bestimmt, sondern der Wagenlenker (Geist), kehrte Jesus mit etwa 27 Jahren in sein von den Römern besetztes Heimatland zurück.

WAHRSCHEINLICH – nachdem er für etwa sechs Wochen in die Wüste ging, um Selbst- bzw. Neugeburt zu erlangen – schloss er sich dann einer der vielen damals existierenden Glaubenssekten an, vermutlich den Gnostikern, die aus der Essener Richtung hervorgegangen sind. Sein weiterer Werdegang ist weniger als mehr bekannt, doch darauf kommt es überhaupt nicht an, denn nicht der Lehrer, sondern die reine Lehre ist für die geistige Menschwerdung ausschlaggebend – damals wie heute. Das wusste und das lehrte Jesus! Nicht mehr – aber auch nicht weniger. Schließlich ist er bereits als Lehrer bewusst „gestorben", um als Lehre ewig zu existieren, denn wer bewusst stirbt, der wird ewig SEIN. (Siehe Lukas 23, Vers 46)

Die Lehrer sind vergänglich, die Lehren, wenn sie wahrhaftig sind, existieren ewig. (Siehe Lukas 21, Vers 33) Ob in Indien oder China oder anderswo, es ist ohne große Bedeutung, welcher sterbliche Lehrer was wann oder wo gesagt hat, allein von Bedeutung ist es, wenn das Gesagte unsere Seelen berührt und sie dann impulsartig unseren Verstand zum Nachdenken bringt, bis dieser letztlich erkennt, dass nur das Zeitlose, die nicht deutbare Bedeutung, bedeutsam ist, denn **ES ist wie ES ist, weil ES ist!**

Die Gnostiker benötigten keine Kirchen oder Tempel oder ähnliche Prunkbauten. Auch Jesus nicht, denn er war sein eigener

Tempel. Sie lebten ihr durch Selbstwerdung erlangtes Wissen von innen heraus. Nicht durch naiven Glauben, sondern durch Selbsterkenntnis. Sie wussten, dass „Das Äußere und das Innere des Gefäßes zu der gleichen Schale gehören", dass „Alles Eins ist". Auch Jesus wusste ES, wurde ES, lebte und lebt ES als ein Teilchen von IHM fortwährend, denn wer einmal im Andersdimensionierten ankommt, der wird selbst ein Teilchen des Andersdimensionierten bzw. des Ganzen werden.

Es ist ähnlich wie mit dem Werdegang der Erfindungen: Zunächst sind es NUR formlose Gedanken, dann Ideen und schließlich formfeste Erfindungen, die letztlich sogar die Namen ihrer Erfinder überdauern: Dynamit (Sprengstoff), Darwinismus (Evolution), Buddha oder Jesus (Glaubensstifter). Aus Nomen wird Omen – Erfindernamen werden zu Synonymen für Erfindungen, wobei die Erfinder als Personen mit der Zeit immer mehr in Vergessenheit geraten.

Die damaligen Eingeweihten und/oder Erleuchteten kannten den Weg, der in das „Innere der Schale" führt. Er hat sich bis heute nicht geändert. Wer diesen inneren Weg vom Ich zum Selbst gehen wird, der wird dort ankommen, wo er urvermächtnismäßig ankommen soll – im Zeitlosen – bei sich selbst, heute genauso wie damals und davor. Wer eine gewisse Reife erlangt hatte, dem haben die damaligen Eingeweihten und Erleuchteten den Weg zur Selbst- oder Neugeburt gewiesen. Gehen musste ihn dann damals wie heute jeder für sich selbst, auch Jesus, denn niemand wird geistig verwirklicht geboren – das kann nur der nicht käufliche Geist aus dem Geist durch den Geist UND – **gerechterweise** – nur jeder aus und für sich selbst!

Damals gingen Selbstsuchende für mehrere Wochen in die Wüste, um zur Erleuchtung, zur Selbsterkenntnis bzw. zur Selbst- oder Neugeburt zu gelangen und kamen nie wieder so zurück, wie sie ausgingen – auch Jesus. Auch Jesus musste seine „alten Kleider ablegen" (Körperidentität), um das lebendige Wissen (Geistwesen) in sich selbst zu erkennen und um fortan selbst zur ewigen Wahrheit zu werden.

Und wer von uns zur Wahrheit (Jesus, Buddha, Konfuzius) werden will, der muss seine körperbedingte Identität der Wahrheit Willen opfern. Der muss sein Raupendasein beenden, der muss seinen Kokon verlassen, um als Schmetterling ewig SEIN zu sein. Johannes 14 V. 6: „Ich bin der Weg, die Wahrheit und das Leben. Niemand kommt zum Vater (zum Andersdimensionierten), denn durch mich (Wahrheit)". So ist es nun mal mit Jesus (Wahrheit), wer ihn sucht, der kommt an der Wahrheit (Jesus) nicht vorbei, denn Jesus ist NICHT die wertlose Verpackung, die an unzähligen Kreuzen hängt, sondern der wertvolle Inhalt, er ist die Wahrheit und wird es fortdauernd bleiben.

Obwohl Jesus körperlich nicht existent ist (war?), ist er als Wahrheit **in allen** Religionen zu finden und umgekehrt, es gibt keine Religion, die in „Jesus" als Wahrheit NICHT zu finden ist!

Einerseits kommt keiner, der nach der Wahrheit sucht, an Jesus vorbei. Anderseits, wer nach der Wahrheit sucht, der **MUSS** an JEDER Kirche vorbeigehen, denn die Kirchen sind seit Paulus „Hurenhäuser" geworden – wer den „Stechgroschen" entrichtet, der darf zustechen. Ob Kanonen segnende Priester, ob Vergewaltiger, Kindermissbrauchende oder andere Seelenschänder, den Kirchen sind alle Ablasskäufer willkommen, denn ihr käuflicher Gott ist „bestechlich" – ihrem Gott ist es egal, woher oder von wem der „Stechgroschen" herkommt, denn ihrem Gott ist jedes unaufgeklärte und somit unwissende Schaf willkommen, das sich wie hypnotisiert scheren lässt.

Tja, „für die WAREN Christen geht zunächst das Geschäft vor, erst danach kommt die Moral", dann werden die Mittel geheiligt, die das Geschäftliche ermöglicht haben. Bei den WAHREN, bei den Ur-Christen war es gänzlich anders, bei ihnen kam die Moral zunächst, dann das Geschäft, zunächst das Beten, dann das Arbeiten – „ora et labora".

Das gefiel den damaligen Staatskirchen überhaupt nicht, denn sie duldeten, und auch das hat sich bis heute nicht geändert, nur ihre staatlich anerkannte Götter und Kulte. Was sollten und sollen Staaten mit Menschen anfangen, die friedlich rebellierten indem sie keine Kirchensteuern zahlen wollten? Das Gleiche wie heute! Sie verfolgten die Urchristen Jahrhunderte lang. Bis ein geschäftstüchtiger Kaiser namens Konstantin der Große, der bis dahin den römischen Sonnengott Sol verehrte, sich nach der ERSTEN Menschen abschlachtenden Schlacht am Ponte Molle im Jahre 312, die er angeblich im Zeichen der CHRISTEN(!) erfolgreich führte, sozusagen „deal-artig" zum Christentum bekannte. Es war die erste Menschen-Abschlachtung im Zeichen der angeblich friedliebenden, der nächsten-liebenden „Christen" und sollte leider, leider nicht die letzte sein, sondern nur der scheinbar kein Ende nehmende Anfang der „Nächstenliebe". So sind nun mal Diktaturen: Ob Kommunisten, *A*nhänger *f*aschistischer *D*enkweisen oder andere „Schafspelzträger" – machtbesessen! Und weil Besessenheit so gut wie nicht heilbar ist, so wird es auch in Zukunft Menschenabschlachtende Schlachten geben.

Anschließend wurde das Christentum legalisiert und zur Staatskirche erklärt. Nach dem Motto: Wenn man einen Feind nicht vernichtend besiegen kann, so sollte man sich mit ihm verbünden, schließlich Zwist verbreiten und dann die Führung übernehmen – im Geschäftsleben und in der Politik eine auch heute noch durchaus erfolgreich praktizierte Methode.

Ab dann haben die Römer etwa drei Jahrhunderte lang erfolglos versucht, die sogenannten Barbaren mit Gewalt weiterhin zu besiegen. Kirchen wurden gebaut, die parasitären Bischöfe und andere Fürsten erhielten die Gerichtshoheit sowie das Recht der ersten Nacht, von dem sich einige Betroffene gegen den späteren Ablasskäufen ähnlichen, **„Stechgroschen"** freikaufen konnten. Das Recht der ersten Nacht „Ius primae noctis" – war(?) so etwas wie das verbriefte Recht auf Missbrauch und Vergewaltigung, sodass „Ihre Exzellenzen" schon damals Missbrauch von „**Unter**gebenen" – auch Nonnen – straffrei ausüben durften. (Siehe dazu auch Gilgamesch Epos: Tafel 2, Zeile 144)

Wurde eine Nonne schwanger, dann war es manchmal ein Kardinalfehler, jedoch keine Verfehlung, die man dann stillschweigend aus- bzw. abgetrieben und vor den Klostermauern entsorgt hat, sodass man dann sorgenfrei weiter machen konnte.

Ferner wurde die Sonntagsheiligung erneuert, damit den Gläubigen ein kollektives Bewusstsein unter Kollektivzwang suggestiv eingeprägt werden konnten. So wussten die feinen Exzellenzen durch Beichten bzw. durch Abhören (auch heute noch), was die unfeinen Leute dachten und machten.

Zirka 200 Jahre später, so um das Jahr 550, trat Chlodwig, König der Franken, der allein vorherrschenden katholischen Kirche bei. Etwa 150 Jahre später erloschen die germanischen Götter gänzlich. Im 7. Jh. wurden die Bayern christianisiert und im 8. Jh. die Slawen missioniert. So gesehen haben die Römer zwar die Schlachten verloren, dafür aber die Kriege nachhaltig gewonnen. Die „Teutonen" haben zwar die „Römischen Legionen" bei Osnabrück (Kalk Riese) vernichtend geschlagen, doch deren unglaublicher Glaube ist uns bis heute geblieben. Heute bezeichnet sich die halbe Welt als Christen, obwohl Jesus selbst nie ein Christ war oder hieß! Uns Christen ist der Name, die bunten Verkleidungen der Stellvertreter Gottes wichtiger als die Lehre, als der Inhalt und der flüchtige Schein viel wichtiger als das dauerhafte Sein.

Fragt sich denn keiner was die, oft mit Gold bestückten, bunten Papageienkleider im Vatikan noch mit dem einfachen Jesusgewand gemeinsam haben? Wenn gar nichts, warum glauben wir denn an sie? Warum küssen wir ihre bakteriell verseuchten Ringe oder andere Dinge?

Und was wurde aus den Urchristen, aus den Gnostikern, aus den Essenern? Gibt es sie noch? Menschen, die den inneren Weg vom Ich zum Selbst für sich realisiert haben? Menschen, die ihr lebendiges Wissen wurden? Menschen, die zur ewigen Wahrheit wurden? Menschen, die unter Führung der Eingeweihten Selbsterkenntnis erlangten und somit selbst zu Eingeweihten wurden? Nein! Diese Menschen gibt es nicht mehr – aber ihre Lehren! Dieses latente Wissen existiert in jedem von uns! Es ist nie verloren gegangen, wir müssen es nur noch in uns selbst finden. Dieses Wissen ist nicht in einem aus Stein gemauerten Kirchentempel zu finden, sondern NUR in unserem eigenen „Tempel". Wir sollten ihn selbstsuchend des Öfteren betreten – bitte jetzt!

Warum sollten bittere Erkenntnisse nicht zur Wahrheitsfindung verwendet, sondern durch süße Lügen ersetzt werden? Warum müssen Wahrheiten in Rom unter Verschluss gehalten werden? Damit wir sie nicht erfahren und uns von den uns vorgelebten Lügen frei machen? Damit wir nicht sehen können, was auf den Gebots-Steintafeln eingemeißelt wurde, was sich wirklich in der „Goldenen-Lade" befindet oder was uns das 3. Geheimnis der Fatima offenbart? Warum sollen wir unwissend leben? Weil Glaubende sich leicht lukrativ manipulieren lassen? Weil naiv Glaubenden Lügen leichter verkauft werden können als Fakten? Weil mit EINER Glaubensströmung zu schwimmen einfacher ist als gegen sie – auch wenn „es den Bach immer weiter hinuntergeht"?

Werden wir aufgrund unseres naiven Glaubens anders glaubende, anders denkende, anders farbige Menschen weiterhin ermorden – bis es keinen mehr zum Ermorden geben wird?
Jesus ist zwar leidvoll ermordet worden, doch er hat durch seine eigene und die Kinderlosigkeit seiner wahren Nachfolger, vielen viel Leid erspart, denn Ungeborene und deren NICHT existierender Nachwuchs leiden nicht – oder würdest du leiden oder dich vermissen, wenn du NICHT geboren wärst?

Es ist wie mit dem Schuldenmachen – wer keine Schulden macht, der muss auch keine Schulden zurückzahlen und Schulden zu vermeiden, ist leichter als sie zu tilgen.

Um den Koran in Ruhe schreiben zu können, soll Muhammed etwa 600 Jahre nach Jesus in die Berge gegangen sein, wo ihn keiner beim Übersetzen und Abschreiben jüdischer und christlicher Schriften störte. Dem Volk „verkaufte" er den Koran als geheime „Diktate", als Offenbarungen eines einzigen, **arabisch** sprechenden Gottes. Ob Muhammed selbst der „Engel Gabriel" war oder der „Engel Gabriel" nur sein Ghostwriter, ist ein „Geheimnis" und wird es wohl auch weiterhin bleiben – genauso wie „Fatimas 3. Geheimnis oder die 2 Gebotssteintafeln von Mose, die logischerweise als christliche Glaubenslegitimation in Roms Archiven und Reservaten-Kammern für gewöhnliche „Christen" (also für gutgläubige Kirchensteuerzahler) unzugänglich aufbewahrt werden?

Koran bedeutet ursprünglich soviel wie „lehrendes bzw. belehrendes Rezitationsstück". Einige Moslems rezitieren diese Stücke so oft und so schnell, dass ihr Verstand auch ohne Alkohol davon tranceartig „betrunken" wird. Und wer sich mit einem Gedanken intensiv beschäftigt, der kann nicht gleichzeitig einen anderen Gedanken denken, denn keiner kann „auf zwei Hochzeiten gleichzeitig tanzen". Es ist eine Art Selbsthypnose, die berauschend-illusorische Euphorie hervorruft. Eine Art suggestive Trance, die nicht nur einen „Derwisch" kurzzeitig drogenfrei glücklich machen kann, sondern auch naiv Meditierende, die sich zu stark auf ihr „Heiliges Mantra" konzentrieren und somit jede andere Wahrnehmung wie narkotisiert traumartig ausblenden – sogar sich selbst.
Ob eine Sintflut tatsächlich stattgefunden hat oder nicht, ob sich irgendwelche sieben oder zehn Plagen in Ägypten wirklich ereignet haben oder auch nicht, WER will das jetzt noch wissen?

Und wenn ja, dann warum? Wofür sollen die alten Glaubensmärchen gut sein? Zur allgemeinen Vernebelung, zur fortgesetzten Dummhaltung der Gläubigen bzw. zur Verhinderung der Wahrheitsfindung? Es sind Ketten der Vergangenheit, die uns fesseln, die unser Unwissen aufrichtig erhalten, die uns an unserer eigenen Selbsterkenntnis fortlaufend behindern.

Letztlich ist es nicht wichtig, welche Religion was, wann oder zu wem gesagt hat, wichtig ist NUR, dass das Gesagte wahr und somit wegweisend ist. Es ist nicht wichtig, was uns eine Kirche oder ein System sagen, wichtig ist NUR, dass sie die Wahrheit sagen, denn NUR die Wahrheit wird uns frei machen – auch wenn sie zunächst bitter schmeckt bzw. sie nur wenige wissen UND hören wollen. Nicht die kommunistische oder kapitalistische, nicht die islamistische oder faschistische, nicht deine oder meine Wahrheit wird uns frei machen, sondern UNSERE gemeinsame, ausschließlich auf Fakten und NICHT auf Märchen basierende Wahrheit. Das muss man NICHT glauben, das kann man lernen, indem man sich selbst aus sich selbst kennenlernt!

Doch so lange, wie Kirchen und andere Systeme uns IHRE uns verdummende Wahrheit weiterhin als die einzig-seligmachende Wahrheit verhökern können, werden wir weiterhin unser, für uns unsichtbar begrenztes Aquarium, für das grenzenlose Meer halten und nie wirklich kettenfrei werden können. Wir werden weiter und weiter suchen, bis wir uns TOT gesucht haben. Generation für Generation, Religion für Religion. Immer weiter und weiter, bis unser weißes, unschuldiges Lebensblatt-Papier, das unser Verstand bei unserer Geburt war, am Ende vollgeschmiert sein wird und wir gar nichts Lesbares darauf werden erkennen können.

Mit wie vielen alten und neuen Religionen müssen wir uns NOCH auseinandersetzen, wie viele Religionen müssen wir NOCH versuchen zu verstehen, wie viele „Gott inspirierte" Bücher müssen wir NOCH lesen, wie viele TV-Berichte, Talkshows, Dokumentationen oder „Wahrheiten" müssen wir NOCH konsumieren, um endlich satt zu werden, um persönlich zu erfahren, wer wir sind? Wie viele NOCH? Wie lange müssen wir leben um die vielen „NOCH" zu unserer Lebenszeit zu ergründen?

Die meisten von uns werden auf diese Fragen keine Antwort finden. Schließlich sterben die meisten von uns, ohne sich selbst verwirklicht zu haben! Was allerdings nicht heißen soll, dass ihr Leben sinnlos gewesen sei, denn ohne sie gäbe es keinen zukünftigen Nachwuchs, der sich irgendwann verwirklichen werden **muss**, der den „Staffellaufstab" ins Ziel bringen wird.

Unser Leben ist wie ein scheinbar unendlicher Staffellauf, an dem ALLES (Energie, Elemente, Materie, Stoffwechsel, Mikroben, Algen, Flechten, Pilze, Pflanzen, Tiere, Leute und Menschen) sich ständig weiterentwickelnd teilnimmt. Auch wir, du und ich, sind die Erben dieses mystischen Urstaffellaufes und tragen sogar persönlich dazu bei, dass ALLE heimkehren KÖNNTEN. Aus instinktiv-intuitiv lebenden Primaten wurden zunächst weitgehend aggressiv reagierende Leute, aus denen dann friedlich lebende Menschen werden können und irgendwann und irgendwo auch werden MÜSSEN.

Das allmächtig Böse, das uns durch Lug und Betrug unserer Vorbilder auch böse werden ließ, ist nicht das Endziel unseres Lebensstaffellaufes, ist nicht unser Urvermächtnis, doch es zwingt uns zu erkennen, dass wir uns verlaufen haben und somit umkehren werden müssen. Es zwingt uns zur Umkehr, es zwingt uns, uns selbst und somit auch unsere eigenen Taten in Frage zu stellen, es zwingt uns, Fragen zu stellen und auf Antworten lauschend zu warten – manchmal sogar durch Krankmachen.

Wir sind verblendet und zu laut geworden, sodass wir das Sehen und Lauschen wieder neu lernen müssen – wir sind gerade dabei, es wieder einzuüben. Auch wenn es zunächst nur 30 Sek. sind, doch „kleine Schritte führen auch zum Ziel".

Stell dir vor, deine Seele spricht mit dir! In welcher Sprache? In Französisch, Deutsch, Polnisch, Russisch oder Arabisch? Sicherlich nicht, aber in welcher dann? Etwa NUR in Latein? Damit sie nur die Lateinkundigen in Rom verstehen und uns dann deutungsweise als bedeutsame Glaubens-Offenbarungen ablassmäßig verhökern?

Vielleicht sprechen unsere Seelen alle Sprachen zugleich – als eine Art Stummfilm-Bildersprache, wo alles was wir uns vorstellen können, andersdimensioniert wahr ist, so etwas wie ein digitaler Strich-Code, den wir **noch** nicht lesen können? Oder in einer einzigen Sprache, die wir ALLE deutungsfrei verstehen?! Welche wäre das? Deine, meine? Sicherlich nicht. Doch wie erreichen uns unsere Seelen, ohne unsere Sprache zu sprechen? Durch „Früchte" bzw. durch TATEN! So wie wir den Baum an seinen Früchten erkennen können, so können wir unsere Seelen an den Taten erkennen, die uns tätig werden lassen, z. B. durch unerwartete Präsentationen von Problemlösungen, durch Erfindungen, die mehrere Personen an verschiedenen Orten gleichzeitig schlafend bzw. träumend gemacht haben oder an der Duplizität der Ereignisse.

Einmal zu stolpern, ist in Ordnung, aber gleich noch einmal? Einmal „danebengreifen" ist o.k., aber gleich mehrmals? Einen Schrecken im Straßenverkehr zu bekommen, ist o.k., aber bald darauffolgend einen zweiten? Fortwährend passiert uns das Gleiche, doch darüber wundern wir uns nicht, dabei wäre das Wundern ein wunderbarer Anfang zum Verstehen des uns Verwundernden.

Einmal eine zufällige „Nachricht" aus dem Weltall zu erhalten,(„Wow!") ist sicherlich möglich. Die gleiche Nachricht ein zweites und drittes Mal „zufällig" zu empfangen sicherlich nicht – es sei denn, dass es Etwas gibt, das uns diese Nachricht „zufallen" lässt. Dass es etwas Andersdimensioniertes gibt, etwas, was wir NOCH nicht kennen, etwas, was wir als 98%tiger Primatennachwuchs, als NOCH nicht „Neugeborene" nicht verstehen können, denn Andersdimensioniertes lässt sich NUR andersdimensioniert verstehen. Es ist wie mit der Trigonometrie oder Differenzialrechnung, die nur wenige Personen verstehen.

Als ich vor vielen Jahren eine „einzigartige" Zahnbürste erfunden habe, so musste ich, durch anschließendes Recherchieren, feststellen, dass sie gar nicht so einzigartig war, denn etwa zum gleichen Zeitpunkt hat sie sich ein anderer „Träumer" in den USA patentrechtlich schützen lassen.

„Wundersame" Duplizität der Ereignisse, Unerklärliches oder einfache Wunschwahrwerdungen erfahren wir tagtäglich ohne sie bewusst wahrzunehmen. Wir erfahren sie in einer wundersamen Sprache, die ALLE gleichermaßen glaubensfrei verstehen können, denn Taten sind Früchte, an denen wir reale „Wunder" erkennen können und Wundern ist der Anfang vom Verstehen. Und damit wir uns noch mehr wundern, geschieht das gleiche „Wunder" an verschiedenen Orten der Welt mehreren Personen gleichzeitig, sodass sie sich dann sogar den Nobelpreis teilen müssen, so als ob es einen andersdimensionierten Zeitgeist gäbe, der weltweit zeitgleich wirkt. So als ob es uns in verschiedenen „Ausführungen", an verschiedenen Orten gleichzeitig gäbe – oder tatsächlich (nur andersdimensioniert) fortwährend gibt?

Wenn identische Erfindungen an verschiedenen Orten der Welt zu gleicher Zeit von andere Sprachen sprechenden Menschen EINZELN gemacht werden, dann sind es zwar keine Wunder, aber wundersame Fakten, die weder eines Glaubens, noch eines Aberglaubens bedürfen, denn Fakten sind real, weil sie von einigen unter uns bereits wahrnehmbar sind. Werden wir sensibler, dann werden wir Wahrnehmungen wahrnehmen, die wir NOCH für unwahr halten. Dann werden wir an „Wunder" nicht glauben müssen, dann werden wir wissen, dass „Wunder" andersdimensioniert wahr sind. Unsere Remotion hilft uns dabei.

Glaube oder Aberglaube, wo ist da der Unterschied? Die einen lügen anerkanntermaßen und die anderen möchten gerne anerkannt werden. Die einen werden beschnitten, die anderen bekreuzigt, mit Wasser bespritzt oder beweihräuchert, damit, obwohl unwissend und feindfrei geboren, wir schon im Windelalter wissen SOLLEN, wer unsere Feinde sind, an welche Kirche wir Kirchensteuern zahlen, wen wir unser Leben lang für ungläubig halten oder bekämpfen werden.

Weil die meisten von uns die wahren Gründe für unser Dasein noch nicht kennen, das Lebenswunder, die Rätsel des Überleben-Wollen-Müssens, insbesondere jedoch das Mysterium unseres Daseinsgrundes NOCH nicht gelöst haben, so suchen wir ständig nach Orientierungen, zunächst im Elternhaus, dann in den sogenannten Gotteshäusern. Es gibt so viel schwachsinnigen Glaubensblödsinn, an den die naiven Leute immer noch glauben, dass wir uns als Menschen schämen sollten, der gleichen Gattung zugehörig zu sein, denn Glaube und Aberglaube halten KEINER wissenschaftlichen Überprüfung stand. Es sind NUR gelogene Märchen. Das sollten, das MÜSSEN wir wissen UND glaubensfrei verstehen, andernfalls wird unser Wissen auch in Zukunft NUR ein naiver, auf Lug und Betrug basierender Glaube bzw. Aberglaube sein UND bleiben. Und wer sich weiterhin von seinem Glauben und/oder Aberglauben „beschützen" lässt, der wird an seinem Ende ohne Schutz enden.

Nur wahrhaftes, auf Fakten basierendes Wissen würde unser Verhalten ändern. Doch verändert haben wir uns NACH unserem Evolutionsabsprung von Schimpansen – mit denen wir immer noch bis zu 98% genetisch verwandt sind – zum Menschsein hin kaum. Und wenn wir weiterhin, hauptsächlich auf Ernährung und Vermehrung, auf Macht und Habgier bedacht bleiben, bleiben wir nur diejenigen, für die wir uns fremdbestimmt zu halten haben – nur naiv glaubende Leute, die der Kirchenmachterhaltung wegen, ihr latentes Potential zur Menschwerdung **NICHT** verwirklichen sollen und dürfen, doch die Evolution-Mühlen mahlen stetig und so etwas wie Glaubensmoral oder Glaubensethik, wie Zeit oder Mitleid, kennt die Evolution **nicht**! Manchmal greift sie, damit sich unser Immunsystem und wir mit ihm weiterentwickeln und damit erkenntnisreicher werden, korrigierend ein, z. B. durch „Pest und Cholera", doch allgemein hofft sie, dass wir aus eigener Kraft erkenntnissicherer werden. Und so lange wie sich unser Universum weiterhin kontinuierlich ausdehnt, wird sie immer wieder einzelne ernsthaft Selbstsuchende hervorbringen die vorangehen, die ihr/unser Reiseziel erreichen werden, denn Hoffnung stirbt bekanntlich zuletzt.

Noch kaufen wir Ablässe, bezahlen brav Kirchensteuern damit uns unsere „Hirten" weiterhin steuern gehorsam zu bleiben, wir lesen gelogene Horoskope, gehen zu gaunerartigen Wahrsagern und anderen „Wahrsehern und Wahrheiten Verdrehern", nehmen wirkungslose Placebo-Tabletten ein und schreiben ihnen **statt uns selbst** eine heilende Wirkung zu.

Die Kirchen bezeichnen die Menschen als abergläubisch, die eine von ihrer Glaubensrichtung abweichende Ansicht vertreten. So hielten die ihren Sonnengott Sol verehrenden Römer bereits vor mehr als 2.000 Jahren die Germanen für primitive Völker, die in dunklen Wäldern lebten und ihren regionalen Göttern Wodan, Wotan, Odin u. A. huldigten und die es zu bekehren bzw. „glücklich" zu machen galt. In Wirklichkeit ging es zunächst um Versklavung und später um Unterwerfung, um Abschwörung und Annahme des Aberglaubens der Römer. Was schließlich ein paar Jahrhunderte später auch gelang und bis heute lukrativen Fortbestand hat – wenn auch anfänglich zeitliche Zugeständnisse gegenüber den „heidnischen" Religionen gemacht werden mussten. So fand dann die Geburt Jesus, ZUFÄLLIG zur Wintersonnenwende und seine Auferstehung aus dem Totenreich auch ZUFÄLLIG etwa zur Frühjahrssonnenwende statt und sicherlich wurde dabei auch ZUFÄLLIG der alte Sonnengott (Ra) der Ägypter bzw. der (Sol) der Römer bedacht, denn Kompromisse gehören zum Geschäft und „eine Hand wäscht die andere" – heutzutage sprechen wir lieber von einem Deal, wenn sich zwei gegenseitig über den „Tisch" ziehen wollen. Mit dem Glauben und Aberglauben ist es so wie mit der Politik; wir erfahren NUR das, was wir glauben sollen, damit wir nicht das denken, was wir denken wollen.

Wann Aberglaube begann, wird keiner genau sagen können, denn praktisch kann jeder jeden zu jeder Zeit als abergläubisch bezeichnen, der nicht genauso verrückt bzw. geblendet ist wie er selbst, der nicht der gleichen Glaubensmeinung ist oder nicht an den gleichen Unsinn glaubt wie er – beispielsweise an die Astrologen, die uns immer schon belogen haben oder an die verlogenen Wahrsager, die weltweit NICHT in der Lage sind, unsere Urbestimmung zu erkennen, geschweige denn zu deuten!

Vor etwa fünftausend Jahren, als die Babylonier die Wüsten mit ihren Kamelkarawanen durchwanderten, da gab es weder befestigte Wüstenstraßen noch beleuchtete Hinweisschilder mit genauen Entfernungsangaben, geschweige denn GPS-Navigation. Allerdings lassen sich Orientierungsbilder in der Wüste oder auf dem Meer nicht bilden, denn sowohl die Sand- als auch die Wasseroberfläche verändern sich ständig. Doch „Not macht erfinderisch" und so kam es, dass Karawanenführer sich nach bestimmten Sternkonstellationen zu richten begannen, die dann zu Sternbildern wurden. So bekamen bestimmte Sternbilder – mit viel Phantasie – ihre Namen, denen heutige Astrologen bestimmten magischen Blödsinn zuschreiben. Damals dienten sie zuverlässig der Orientierung in der Wüste und auf dem Meer – nicht mehr!

Ein Karawanenführer wusste, wenn er einem bestimmten Sternbild folgte, würde er ein bestimmtes Ziel bei gleichbleibender Marschgeschwindigkeit an einem bestimmten Tag erreichen. So war es damals und so ist es auch heute noch. Die Sternbilder erhielten dann konkrete (genormte) Namen, sodass jeder Karawanen- oder Schiffsführer sofort wusste, wo die Reise hingeht, wenn er sich an dem oder jenem Sternbild orientieren und NICHT den Weg für das Ziel halten würde – das tun wir heute, heute ist der Weg das Ziel, weil wir ziel- und damit orientierungslos geworden bzw. von „den da oben" systematisch orientierungslos gemacht wurden. Entweder wir schaffen es, unsere eigene Orientierung selbstbestimmend zu finden oder wir werden weiterhin „unseren" fremdbestimmten wüsten Weg für unseren eigenen halten.

Da diese Sternbildorientierungsmethode einwandfrei funktionierte, so wurde sie schnell als eine lukrative Lebensorientierungsmethode missbraucht – ähnlich dem Christentum, nachdem es zum Geschäft wurde. Heute wissen die Priester und andere „Astrolügner", dass das Geld naiv glaubender Leute ihre Taschen erst dann erreicht, wenn es ihnen gelingt, den Orientierungslosen aus ihrer Orientierungslosigkeit einen Ausweg zu weisen. Wenn es ihnen gelingt, den Leuten zu zeigen wo es lang geht, wo ihre Sichel-Kreuz-Stern-Hämmer hängen. Tatsächlich gibt es weltweit nicht einen einzigen Astrologen, der unter wissenschaftlichen Bedingungen die Zukunft voraussagen kann – nicht einmal die sechs Lottozahlen!

Rein mathematisch müsste jede zweite astro**logische(?)** Vorhersage richtig sein, doch selbst davon sind die Astrologen unendlich weit entfernt. Dabei wäre es zu zweit ziemlich einfach. Jeder müsste nur das Gegenteil des anderen behaupten oder, wie es bei den Politikern üblich ist, dem anderen widersprechen. Dann hätte einer von beiden immer recht! Es ist wie beim Roulette, der eine setzt permanent auf rot und der andere permanent auf schwarz. So hat, mathematisch betrachtet, jeder jedes zweite Mal gewonnen oder verloren. Nach diesem System spielend, könnte kein Spieler, der beide Farben gleichzeitig mit gleichem

Einsatz spielt, gewinnen oder verlieren – wobei wir die „Null" außer Acht lassen wollen.

Jährlich werden Unsummen für diesen irrsinnigen Hokuspokus ausgegeben, nur weil wir unseren Daseinsgrund nicht kennen, nur weil wir nicht wissen, wer wir sind, woher wir kommen und wohin wir wann gehen werden. Es sind unsere Angst und unser Unwissen, unser Wunschdenken und unser Glücksverlangen, die uns jeden halbwegs plausibel erklärten Hokuspokus glauben bzw. für unseren Lebenssinn halten lassen.

Weil zu glauben einfacher und leichter ist als zu lernen, so bleiben viele von uns, aus Bequemlichkeit, lieber unwissend, es reicht uns dann völlig aus, von Geburt an naiv glaubend zu sein. Problematisch und richtig kriminell wird es, wenn Glaube oder Aberglaube uns Menschen geistig und körperlich zerstört, denn nur „in einem gesunden Körper wohnt auch ein gesunder Geist". Es ist wie mit den Alkoholikern oder andern Drogensüchtigen, die sich selbst nicht für abgängig halten.

Wird unser Verstand durch einen irrsinnigen Glauben suchtartig „umprogrammiert", dann werden wir zu naiven Marionetten und tragen irgendwelche uns verschleiernde Tücher oder Kippas, Nasenringe oder andere SICHTBAR provozierende Sektenzugehörigkeitszeichen wie Tätowierungen, Motorradkutten oder andere sportartspezifische Verkleidung oder Zugehörigkeitssymbole – je kleiner desto „feiner"!

Wir identifizieren uns dann mit unserem Glauben oder Aberglauben und lassen keine glaubensfreie Erkenntnisse an uns heran. Wir sind dann glaubensbedingt dermaßen beschränkt, dass wir nicht einmal bereit sind, glaubensfreie Schriften zu lesen, geschweige denn, uns mit ihren Inhalten auseinanderzusetzen zu wollen. Wir könnten ja in ihnen auf Hinweise, auf Wegbeschreibungen stoßen, die uns „entblößen", die unseren Glauben bzw. Aberglauben einstürzen lassen und uns somit zum Umdenken zwingen würden. Denn wer andere NICHT von vornherein anzweifelt, der ist auch bereit, ihnen im Dialog zuzuhören und umgekehrt. Wenn wir von vornherein Meinungen anderer in Frage stellen, dann werden wir ihnen auch nicht zuhören und somit NIE erfahren, was AUCH sie zu sagen haben bzw. woher sie ihren Glauben hernehmen.

Mit wenigen Ausnahmen schließen wir immer von uns auf andere. Diese Egozentrierung funktioniert nach dem Motto; was mir gut tut, das müsste auch allen anderen gefallen. Wenn ich einen verrückten Aberglauben habe, den ich persönlich für den allein und alles selig machenden Glauben halte, dann müssten sich doch auch alle anderen verrücken lassen, auf ein Kreuz, mit oder ohne Haken bzw. auf ein anderes, Gewalt verherrlichendes Symbol einschwören oder „einen Ring" durch die Nase ziehen lassen. Wir fangen an zu missionieren, beschränkende Überzeugungsarbeit zu leisten, zu verrücken, sodass es nur noch beschränkt Verrückte geben wird/gibt, die sich selbst nicht für verrückt halten. Warum wollen wir Andersgläubige genauso „blind" machen wollen wie wir es bereits sind? Weil kollektive „Blindheit" keinem auffällt? Weil kollektives Verhalten Solidarität bzw. Gleichgesinnung erzeugt und weil wir zu mehreren weniger einsam sind als alleine?

Leider erkennt unser Verstand im fortgeschrittenen Stadium seiner Verrücktheit seine eigene Gefangenschaft ohne fremde Hilfe nicht, denn je eingeengter er ist, desto gefestigter, desto stabiler, desto standfester kommt er sich vor. Tja, Schwestern und Brüder, „seid fest in eurem Glauben", dann wird euch auch die Wahrheit nicht erschüttern. Und je stärker unser Glaube oder Aberglaube wird, desto unwahrhaftiger wird unser Wissen, desto gefühlskälter, desto gespaltener, desto intoleranter werden wir, doch Toleranz oder gar Akzeptanz können gelernt werden, allerdings nur von lernfähig Geborenen, die Anderen werden weiterhin NUR ihren Aberglauben oder Glauben, NUR ihren Verein oder NUR ihre Nächsten verehren und somit fortlaufend den weltweiten Unfrieden weitervermehren.

Was dann die kranken Früchte wären, die der bereits erkrankte Baum z. Z. trägt. Die einzige Medizin, die unserem erkrankten Baum NOCH helfen könnte zu genesen, ist die kompromisslose Offenlegung, das kompromisslose Erkennen des Grundes für die allgemeinen Lügereien und Betrügereien – **es ist die scheinbar böse Gier** der reichen Leute – nicht nur von heute!

Dieser evolutionsbedingten Gier nach IMMER MEHR kann sich weder das allgemeine, bereits Mrd. Erdenjahre andauernde, noch unser jetziges und zukünftiges Leben entziehen, denn die **allgemeine Gier** ist die Triebfeder des Schlechten, das uns am Ende zum Gutwerden zwingen wird! Sie ist der gute „Knüppel", der uns ständig zum Erkennen des Bösen in uns hin-prügelt.

Die Gier ist der „schlechte Judas" ohne dem es den „guten Jesus" nie gegeben hätte! Sie ist der gewaltsame Mohammed, der sich als gutes Beispiel für das Schlechte hingeben musste. Schließlich ist es die Gier selbst (nach Ruhm, nach Macht, nach Geld, nach…), die sich am Schluss selbstzerstörend opfern muss – bis dahin werden wir weiterhin schlechte Taten hervorbringen müssen, um aus ihnen – als unsere Kinder oder Kindeskinder – zu lernen, in Zukunft etwas weniger schlecht zu werden. Erst wenn wir die Sinnlosigkeit unseres gierigen, auf materielle Dinge oder auf gewaltsame Einverleibung anderer Länder bedachten Lebens erkennen, wird unser Leben nach und nach sinnvoll werden können und keinen Tag früher. Und manchmal, wenn wir aufgrund unseres gierigen Geltungswahnsinns nicht einsichtig werden können, müssen wir zuerst Terror- oder sogar Atomkrieg-artig belehrt werden, um wacher zu werden, um zu lernen, NICHT naiv zu glauben, sondern wissend zu werden, denn wahrhaftiges, auf wahren Fakten basierendes Wissen, kann glaubensfrei gelernt werden! Und wer nicht im Hier und Jetzt lernt gelehriger zu werden, der wird spätestens auf seinem Sterbebett angstvoll eines Besseren belehrt werden.

Warum „wollen" wir unsere Erde für uns und insbesondere für unsere Nachkommen unbewohnbar machen? Warum „wollen" wir uns selbst auslöschen – weil WIR lernunfähige Fehlentwicklungen geworden sind? Weil unsere gegenwärtige evolutionäre Entwicklungsrichtung NICHT mehr evolutionskompatibel geworden ist und deshalb einer **dringenden** Denk- bzw. Kurskorrektur bedarf – vielleicht durch eine Klimakatastrophe, durch einen Atomkrieg oder durch eine weltweite Epidemie? Möglich ist es, denn nicht evolutionskompatible Entwicklungen sind fehlerhaft und damit ganz unbrauchbar! Und es wäre NICHT das erste Mal, dass die Menschheit zur Kurs- oder Denkkorrekturen gezwungen werden könnte.

Viele vergangene Kulturen haben sich immer wieder dann **unkultiviert** selbst ausgelöscht, als sie gläubig bzw. lernunfähig, als sie NICHT evolutionskompatibel wurden. Müssen wir wiedermal unkultiviert vergehen, um in 500 oder 1.000 Jahren kultiviert neu zu entstehen? Müssen wir zuerst für 500 oder 1.000 Jahre verschwinden, um dann, nach weiteren 500 oder 1.000 Jahren, dort anzukommen, wo wir uns bereits entwicklungsstandmäßig heute befinden könnten? Es sieht ganz danach aus, denn unser Universum dehnt sich immer noch permanent weiter aus – bis zur Wende, bis es implodiert und schließlich zu dem wird, was es vor mindestens 14.000000000 Jahren unserer Zeitrechnung war – das Nichts. Dann wird wiedermal das Ende ein neuer Anfang sein! Es ist eine lange und eine unglaubliche Geschichte, vielleicht. Vielleicht aber auch nicht, denn wir waren **immer** dabei; als Lebensenergie, als Elemente, als Materie, als allerlei Leben, als Primaten und schließlich als Leute, die bereits im Hier und Jetzt das latente Potential haben, Menschen zu werden – Sciencefiction, Aberglaube, Spinnerei? Vielleicht, vielleicht auch nicht. Es kommt ganz und gar darauf an, ob wir die Wahrheit über uns selbsterfahrend wissen wollen oder weiterhin nur glauben sollen!

Sind wir bereits durch Fremdbestimmungen aller Art dermaßen verblendet worden, dass wir den Abgrund, auf den wir uns hinzubewegen, nicht erkennen können, dass wir die „Tür", die in die andersdimensionierte Realität führt, NOCH nicht in der Lage sind zu finden?

Wie viele **gelogene** Glaubensbücher, deren Inhalte wir immer noch für wahr halten, müssen wir noch lesen, um die Wahrheit selbst zu erfahren?

Ist es so wie mit den Überlebenden des 2. Weltkriegs, die von ihren eigenen Gräueltaten und denen ihrer Verwandten und Bekannten, angeblich **„nichts gewusst haben"**? Heuchlerisches Wegschauen und Schweigen, links blinken und rechts fahren, oder so tun als ob, ist keinem von Nutzen – nicht einmal uns selbst, denn Wegschauen oder Schweigen macht uns blind und taub für die Wahrheit, zu der viele von uns bereits zu unserer Lebenszeit werden könnten.

Und weil wir die einzigen Lebewesen auf unserer Erde sind, die über dieses mystische Potential zur „Wahrheit-Werdung" verfügen, so wäre es unvernünftig von uns, wenn wir diese latente Möglichkeit zur Selbstwerdung nicht zu unserer Lebenszeit nutzen wollen würden.

Es wird Zeit, dass wir zu **unserer** Lebenszeit authentisch werden. Oder sind wir genauso wie die Wahrsager oder Astrologen und anderen Demagogen, die ganz genau wissen, dass sie uns belügen und betrügen und wir es dennoch nicht wahrhaben wollen? Werden wir weiterhin Horoskope lesen und gleichzeitig bestreiten, dass wir an sie glauben?

Vielleicht sind wir immer NOCH nicht klug genug, um die Schlauen zu durchschauen – ist unser Verstand noch nicht scharfsinnig genug, um den Sinn seiner eigenen Existenz erkennen zu können? Dann sollten wir ihn schärfen – bitte jetzt!

Evolution

Ist es ein Unterfangen, eine Unmöglichkeit in unseren 70 Lebensjahren all das zu lernen und zu verstehen, was die Menschheit in mehreren tausenden von Jahren an Wissen hervorgebracht hat? Sicherlich ja, doch wir können uns auf das Wesentliche beschränken – auf uns selbst. Schließlich sind wir der Grund dafür, warum wir so viel Wissen über uns wissen wollen und müssen, um den Grund für unser eigenes Dasein zu enträtseln. Allerdings sollte es uns anfangs genügen, wenn wir uns zusammenhängend als ein Teilchen der gesamten Evolution erahnen. Wir sind zwar nicht die ganze Evolution, doch momentan sind wir die am weitesten entwickelten Teilchen von ihr, welche sich durchaus für die ganze Evolution halten dürfen, denn wir sind die Summe der bereits etwa fünfhundert Millionen Erdenjahre andauernden Lebenssinnsuche. Wir sind die Vertriebenen, die irgendwann ihr Urzuhause wiederfinden müssen und somit diejenigen wiederwerden, die wir vor unserer Vertreibung waren – reine „Geist-Lebensenergie".

Wer sich selbst exakt verstehen will, der muss zunächst verstehen, wie er sich im Laufe von Jahrmillionen entwickelt hat – wie aus einem einfachen Virus, im Laufe von Jahrmillionen, kompliziertes Leben wurde. Es ist NICHT die Evolution, die das Leben allgemein hervorgebracht hat, sondern vielmehr umgekehrt. Streng genommen, ist es das Leben allgemein, das durch die artenübergreifende, unbewusste Suche nach sich selbst, sich immer wieder intuitiv neu erfunden und somit die Evolution (Weiterentwicklung) hervorgebracht bzw. vorangetrieben hat. Die Evolution als solche ist nur ein Begriff, denn das sich ständig weiterentwickelnde Leben IST die Evolution und WIR sind momentan die am weitesten entwickelte Tierart, die sich innerhalb ihrer Art weiterhin pro- **und** kontraevolutionär entwickelt. Wenn wir unsere Suche nach uns selbst NICHT vor etwa 500

Millionen Jahren als eine einzelne Virus-„Zelle" begonnen und bis heute fortgesetzt hätten, dann wäre unser Leben sehr wahrscheinlich auf dem heutigen Marsniveau stehengeblieben, denn Evolution ist situationsabhängig, weil; wo nichts ist, da kann es auch nichts geben, was sich weiterentwickeln könnte – um das zu wissen, muss man nicht erst zum Mond oder Mars oder … fliegen. Wir müssen „NUR" lernen, uns stationsweise daran zu erinnern, was wir waren **bevor** wir Leute, **bevor** wir Affen bzw. deren Vorfahren waren – bis zum Virenstadium hin, den allerersten Lebensformen, den Pionieren, dem Anfang des Lebens. Denn Viren (Leben) entstehen und vergehen immer wieder neu – bis sie schließlich, über sehr, sehr viele Stufen der Entwicklung, sich bis zum Menschen hin entwickeln werden.

Dieser Prozess der Viren-Neuentstehung oder Viren-Mutation dauert fortlaufend an. Die größtenteils Witterungswechsel begünstigte Frühjahrs- und Herbst-Influenzen sind die alljährlich wiederkehrenden Erkältungswellen, die sich sogar bis zu Epidemien hin entwickeln und vielen Millionen Fehlentwicklungen das Leben kosten können. (Siehe dazu „Spanische Grippe" von 1818/20, ca. 50 Millionen Tote)

Aus einfachen Viren entwickeln sich fortlaufend neue Mutanten-Viren, aus denen dann vereinzelt weiterentwickelnde Virus-„Zellen" entstehen und schließlich dann zu Viren „bewirtenden" Einzellern mutieren. Dabei stellen die Zellen-Viren eine Art Immunschutztruppe der Zelle dar und beschützen diese durch spezifische Antikörperbildung vor dem Eindringen gleichartiger Viren. Man kann sagen; je gefährlichere Viren, Keime oder Bakterien unsere Körper überleben, desto gewappneter, desto immuner werden sie gegen neue „Viren-Invasoren" sein. Denn: „Was uns nicht umhaut, das macht uns stärker".

Als es vor etwa 500 Millionen Jahren auf dem Mars einen Asteroid Einschlag gab, da existierten wir dort bereits in unseren Uranfängen – als Wassermoleküle oder bereits als eine Art von

Vieren oder sogar Einzellern, dem Grundstein bzw. dem Anfang jeglichen Lebens. Ob wir parallel dazu auf unserer Erde als Wassermoleküle und Einzeller existierten oder erst mit der Einschlagexplosion als „belebte" Marsmaterie zur Erde geschleudert wurden, das wissen wir noch nicht. Es ist sogar durchaus möglich, dass erst durch die Explosion des Mars das Leben und damit auch die Evolution auf unserer Erde möglich wurden. Exakt verstehen, können wir das Ganze nicht, doch das müssen wir auch nicht.

Es ist wie mit unseren Körpern, uns sollte es genügen, zu wissen, aus welchen Organen sie bestehen und welche Funktionen die einzelnen Organe zu erfüllen haben. Zeitraubendes „Spezialwissen" müssen wir uns darüber nicht aneignen, denn dafür gibt es „organspezifische" Spezialisten. Andernfalls verzetteln wir uns nur und die Zeit rennt uns unwiederbringlich davon- **unsere Zeit!** Wer ES trotzdem versucht exakt zu verstehen, der wird sein Leben lang forschen und schließlich, sehr wenig wissend sterben. Die meisten von uns werden ihr Leben lang reisend Suchende bleiben und nur kleine Etappenziele erzielen. Aber ohne die „Kleinen" gäbe es auch die „Großen" nicht und umgekehrt. Ähnlich wie bei den Reichen und Armen, die gerne reich wären – und sind sie einmal reich geworden, dann kommen sie sich zunächst beneidenswert groß vor. So funktioniert Evolution, die gierigen Großen machen die Kleinen neidisch und Neid spornt zum Größerwerden an – auch durch Intrigen und Gewalt. Dann wird all das zerstört, was andere mühsam aufgebaut haben, um wiederum korrigierend neugestaltet zu werden, usw. usw. – ein ständiges Vergehen und Neuentstehen, denn nichts hat Bestand, weil WIR als körperbedingte, sozusagen als diesseitsdimensionierte Lebewesen **noch** unbeständig sind – und es auch sein müssen!

Umfassend begreifen werden wir die Evolution nie, weil Evolution NIE still steht – weder die kosmologische noch geomorphologische, weder die animalische noch die menschliche, weder die technische noch die geistige, denn das Eine ist die Voraussetzung für das Andere: Der Tag für die Nacht und die Nacht für den Tag, der Krieg für den Frieden und der Frieden für den Krieg, der Nordpol für den Südpol und der Südpol für den Nordpol. Diese Bipolarität (Gut und Böse, Jesus, der Verratene und Judas, der Verräter) existiert auch in uns, damit wir das Eine durch das Andere erkennen können, damit wir ins Gleichgewicht kommen und schließlich, uns in der Mitte befindend, neutral (Menschen) werden. Bis dahin, wird für die meiste von uns, unser Leben ein Auf und Ab, ein Hin und Her, eine **noch** sehr lange andauernde, intuitive Suche nach uns selbst sein.

Und genau dieser Punkt ist es, den wir beim Verstehen-Wollen der Evolution immer vor unseren Augen haben müssen: KONTINUITÄT – ständige Weiterentwicklung, ständiges Dazulernen, ständiges Vergehen und Neuentstehen.

Selbst das Heute wird bereits schon morgen gestern sein, ein Gestern, das wir mit anderen Augen sehen werden als heute, denn alles verändert sich permanent, auch unsere Sichtweisen und wir mit ihnen bzw. wir sie und sie uns! Es ist wie mit den Erkenntnissen oder Maschinen allgemein, auch sie werden bereits „morgen" nicht die gleichen sein, die sie „heute" sind.

Die meisten von uns sind noch „Reisende", die nicht wissen, wohin unsere Reise geht. Noch ist der Weg unser Lebensziel das an der Letzten Weggabelung angstvoll enden wird und wir mit ihm – so, als ob es uns nie gegeben hätte!

Kontinuität? Wozu? Was ist der Grund dafür, dass es überhaupt Evolution gibt? Wozu soll sie gut sein, wenn sie auf Zerstörung, ständigem Vergehen und Neuentstehen basiert? Wozu sollte das gesamte Leben und damit auch das der jeglichen Art gut sein, wenn es am Ende keinen neuen Anfang gäbe? Wozu sich mühen und quälen, wenn das gesamte evolutionäre Geschehen am Ende sinnlos wäre? Tja, wo das Leben des Einen aufhört, dort fängt das Leben des Anderen an, denn jedes Ende hat auch einen neuen Anfang – sogar innerhalb der gleichen Art. Und was unsere Generation nicht realisieren kann, das muss die nachkommende tun oder deren Kinder bzw. Kindeskinder.

Genau betrachtet wird NICHT ständig Neues erfunden, sondern NUR permanent situationsbedingt neuangepasst. Es ist wie mit den Handys, Maschine oder Autos, die bis zur Perfektion hin, immer weiterentwickelt werden. So setzt das Leben des Einen die Perfektionierung des Anderen voraus – zeit- und artenübergreifend. Selbst Sterne, Galaxien, Universen entstehen und vergehen. Planeten, Monde, Asteroiden und Kometen entstehen, um erneut zu vergehen. Leben jeglicher Art entsteht und vergeht – alles ist vergänglich und nichts hat Bestand, denn alles verändert sich, auch wir, zunächst als Einzelne und dann als Kollektiv! Bis wir eines Tages erkennen werden, dass das allgemeine Streben nach Vergänglichem NUR so lange einen Sinn ergibt, bis wir daraus lernen auf Vergängliches zu verzichten, denn der Sinn des körperlichen, des materiellen Lebens ist die Erkenntnis seiner Sinnlosigkeit, doch damit wir das erkennen können, müssen wir zuerst Menschen WERDEN und nicht ewig eine Übergangsform vom Affen zum Menschen bleiben. Weshalb auch unser Verhalten bis dahin nicht menschlich, sondern mehr tierisch als menschlich ist: Wir zerstören mühsam Aufgebautes, bekriegen, belügen und betrügen uns – weil wir selbst NOCH nicht lügenfrei sind, weil wir selbst in unsere Selbst noch nicht selbstwerdend zurückgekehrt sind. Es ist ähnlich wie mit manchen reichen Leuten, wie beispielsweise mit Buddha oder Franziskus von Assisi, die erst reich geboren werden mussten, um zu erkennen wie arm sie in Wirklichkeit waren. Müssen auch WIR noch reicher werden, um zu erkennen, wie nutzlos materieller Reichtum wirklich ist? Wie wertlos wertvolle Dinge wirklich sind?

Die gesamte Evolution, wozu und insbesondere auch wir als letztes(?) Glied gehören, folgt unserem schicksalhaften Urvermächtnis, dass wir eines Tages, als was auch immer, dorthin zurückkehren sollen/müssen, wo wir vor unserem Urknall waren – in das sogenannte „Paradies" – in unser Urzuhause, das wir wegen unserer Uneinsichtigkeit der Einsichtigkeit wegen, verlassen mussten? Unser Urzuhause ist unvorstellbar schön – ohne Neid und ohne Gier, und ES wartet **hoffnungsvoll** auf uns!

Bis zur Stunde Null war alles möglich, außer durch Neid und Gier hervorgerufenes Lügen und Betrügen. Bis dahin war alles harmonisch und friedlich – bis „es dem Esel zu gut ging und er sich aufs Eis wagte". Diese durch Gier hervorgebrachten „Ungerechtigkeiten" führten zunächst zur disharmonischen Reibung (Streitigkeiten), dann zur Kollision (Handgreiflichkeiten) und schließlich zur Explosion (Vertreibung), wobei die Vertriebenen die Vertreiber selbst waren. Die ihre eigene Vertreibung gerechterweise selbst veranlassen MUSSTEN, um „nachsitzend" zu lernen, von Neid und Gier frei und somit friedlich zu werden. Gerechterweise gaben wir uns als **SELBST**-Vertriebene die Chance, unser Selbst suchend, auf dem Evolutionsweg zu läutern, denn wir waren/sind bereits **ahnend** davon überzeugt, dass wir eines Tages nach unserem Urzuhause zurückkehren werden, dass der „Himmel" unser Zuhause ist, jedoch „Bäume", die nicht stetig weiterwachen, werden den Himmel nicht erreichen.

Auf der materiellen, auf der körperlich dimensionierten Ebene der Evolution sollen wir lernen Sinnloses NICHT zu wiederholen! Das ist unser Schicksal, das ist unser Urvermächtnis, welches wir seit unserer „Vertreibung" Epochen und Arten übergreifend erfüllen MÜSSEN. Es ist keine Frage des Wollens, sondern die des Müssens und wer nicht rechtzeitig „gehorcht", der wird durch Nichtbeachtung bestraft bzw. ignoriert werden, denn die Evolution kennt kein Mitleid.

Unmittelbar nach unserem Urknall gab es nicht einmal Elektronen vorweisende Atome. Die Elektronen wurden von den Atomkernen erst etwa 380.000 Jahre nach unserem Urknall aus der sich kontinuierlich klärenden, aus Materie, Antimaterie und Elektronen bestehenden trüben „Ur-Suppe" aufgenommen und permanent weiterentwickelt. Zunächst zu Atomen, dann zu Molekülen, dann zu Viren, dann zu Viren beinhaltenden Bakterien, die die Wirts-Bakterien vor fremdstämmigen in die Wirts-Bakterien eindringen wollenden Viren beschützten. Nach dem Motto: „Hilfst du mit, so helfe ich dir" und „Eine Hand wäscht die andere" – Forscher kommen noch darauf.

Viele von uns denken, dass das sichtbare, aus Materie bestehende Universum das ganze Universum oder alle Universen darstellt, denn, was wir nicht sehen können, das kann es auch nicht geben!?
Dabei macht das für uns sichtbare Universum nur einen geringen Teil des ganzen Universums bzw. der unzähligen Universen und Galaxien aus. Doch der überwiegende Teil davon (etwa 90/95%) bleibt uns trotz seines allgegenwärtigen Vorhandenseins verborgen. Wir können das u. a. aus dem Verhalten der Gravitationskräfte oder dem Aufbau der einzelnen Atome, die größtenteils aus leerem Raum bestehen, schließen, doch eindeutig beweisen können wir ES noch nicht, denn wie sollen wir etwas beweisen, von dem wir nur theorienbildend „wissen", dass es das ES gibt. Dass das ES jenseits des Materiellen existiert und deshalb NUR jenseits der körperlichen Dimension zu erfassen oder gar zu verstehen ist.
Leider können die meisten von uns diese Tatsache aufgrund unseres jetzigen Standes unserer evolutionären Entwicklung noch nicht verstehen, denn NOCH halten wir uns für klüger als wir es in Wirklichkeit sind. Doch das kommt noch, spätestens, wenn wir uns in unserer Remotion kontinuierlich weiterüben werden. Bis dahin reicht es aus, ahnend zu wissen, dass wir NICHT grundlos „urexplodiert" sind und nun, seit mindestens von 14.000.000.000 Jahren, von Klein an, Epochen übergreifend lernen MÜSSEN, den Grund unserer „Vertreibung" zu erken-

nen, zu verstehen und schließlich, ihn NICHT wiederholen wollend, reumütig zurückkehren. Bis dahin werden wir uns weiterhin generationenübergreifend körperlich verändern MÜSSEN, um mehr geistige Leistungen erbringen zu können.

Unsere „Hardware" muss innovativ erweitert werden, damit unsere „Software" mehr kreative Leistung erbringen, welche dann die Hardware weiter entwickeln kann usw., usw. Was allerdings auf unser gegenwärtiges Dasein momentan NICHT zutrifft, denn momentan retardiert unsere Software und die Hardware hat den Dreh noch nicht raus, wie sie die verfahrene Situation in die richtige Richtung drehen könnte.

Zerstörung, feindseliger Wetteifer, Missgunst, Schadenfreude, Gier, Neid, Eifersucht usw., sind evolutionär bedingte Eigenschaften, die uns in unserer Entwicklung so lange vorantreiben werden, bis wir deren Sinnlosigkeit erkennen – nicht eher!

Diese **„Vor-die-Wand-laufen-lassen-Lehrmethode"** ist zwar schmerzlich, jedoch effektiv, denn durch Schock und Schmerz, insbesondere jedoch durch Existenz-**Angst,** lernen wir am besten. Und manchmal müssen wir sogar körperlich erkranken, um geistig ein wenig gesünder zu werden.

Vielleicht wird uns ein Asteroid Einschlag, ein Vulkanausbruch oder eine Pandemie zum Denk-Richtungswechsel zwingen. Vielleicht. Vorausgesetzt, wir sind ausreichend lernfähig UND lernwillig geboren worden! Andernfalls werden wir noch eine sehr lange Zeit, von genetisch bedingter Existenz-**Angst,** zugleich beschützt und getrieben „nachsitzen" müssen, um uns genetisch bzw. hardwaremäßig weiterzuentwickeln, um schließlich dann softwaremäßig mehr Einsicht erbringen zu können, denn alles was geschehen muss, um uns erkenntnisfähiger zu machen, das wird auch geschehen.

Hätten wir keine „Angst-Gene" in unserem Erbgut, dann würden wir nicht lange genug überleben, um unsere eigenen Gene weitergeben zu können. Genetisch bedingte Angst macht uns augenblicklich wach und lässt uns somit Notsituationen überdauern oder Fehler vermeiden. Sie bewirkt einen plötzlich erhöhten Adrenalin-Ausstoß; unsere Augen, Ohren und Nasen werden empfindsamer, unser Pulsschlag und unser Blutdruck steigen mehr Energie liefernd an, schneller, als wir denken können, denn unsere **uns unbewussten** Seelen handeln, OHNE zu verhandeln.

Bevor unser Kopf-Verstand begreift, dass er sich in Gefahr befindet, haben „wir" (unser Ur- bzw. unser Bauchverstand) bereits reagiert und unsere Körper entweder zur Flucht oder zum Kampf veranlasst, je nachdem was für unser Überleben situationsbedingt günstiger war.

Allerdings langfristig überleben können wir nur lernend und lehrend, denn unser Lebensstaffellauf wird erst mit dem letzten Lebensstaffelläufer zu Ende sein, der dann wiedermal der ERSTE seiner Zeit sein wird, der ankommt und dem eine Zeit lang wiedermal viele Suchende nachfolgen werden. Wieder und wieder, bis wir schließlich gelernt haben werden, nur unserem Selbst zu folgen bzw. ES zu werden. Bis dahin wird sich unser Universum kontinuierlich weiter und weiter ausdehnen – bis alle aufrichtig Selbstsuchenden in unser gemeinsames Urzuhause zurückgekehrt SEIN werden.

Unsere Zeit vergeht und am Ende unseres Lebens werden die meisten von uns nicht viel weiter sein als am Anfang oder sogar davor, je nachdem in welche Richtung wir uns evolutionär entwickeln, denn Mutationen sind von unregelmäßigen, sprunghaften Veränderungen der Gensequenzen abhängig, die dann zur zufällig gewollten evolutionären Anpassungen oder Degenerationen (Kollateralschäden) führen. Die Evolution SUCHT permanent in ALLE Richtungen. Sie legt sich nicht fest, weil sie sich gar nicht festlegen darf! Festlegung würde Stillstand bedeuten und Stillstand ist endlich – ob in der technischen, organischen, geistigen oder politischen Welt. Weil unsere Erde sich kosmologisch, geomorphologisch und somit auch klimatisch kontinuierlich weiter verändert, so muss sich selbst die Evolution den neuen Veränderungen anpassen und „das Beste daraus machen". So bastelt und tüftelt sie, bis plötzlich etwas Neues entsteht, etwas, was eine gewisse Zeit lang Bestand hat, etwas, was ein Grundstein für weitere Innovationen sein kann.

Auch die technische Evolution unterscheidet nicht zwischen Wichtigem und Unwichtigem, zwischen friedlichen und nicht friedlichen Innovationen, weil sie und wir mit ihr dem übergeordneten Befehl „ÜBERLEBE" folgen müssen – egal wie! Auch durch Nächsten-Liebe, Nächsten-Betrug und Nächsten-Tötung – sogar bis zum Geschwister- oder Eltern-Mord hin.

„ÜBERLEBE"; bekämpfe alles und alle, damit du, zwecks Genweitergabe, überlebst. Sei stärker, intelligenter und achtsamer als deine „Beute", gewinne, damit deine Gegner über ihre Niederlage nachdenken und daraus lernen, stärker bzw. schlauer zu werden als du es augenblicklich bist. Und umgekehrt, stärker und schlauer geworden, werden sie dich dazu animieren, deinerseits noch stärker und noch schlauer zu werden, als sie es durch ihre Niederlage wurden.

Junge Pflanzen, Tiere und Menschenkinder lernen es zunächst spielerisch – bis es ernst wird. Pflanzen umschlingen sich liebevoll, Tiere tollen mit und gegeneinander, Menschenkinder spielen Kriege und freuen sich über die Siege – ohne die Besiegten zu bemitleiden.

Und so dürfte es keinen besonders verwundern, wenn wir den größten Teil unseres technischen Fortschrittes der „BÖSEN" Waffenentwicklung zu verdanken haben. So gesehen, hat BÖSES am Ende viel GUTES an sich. Letztlich wird es das scheinbar sinnlos Böse sein, das uns durch die Erkenntnis seiner Sinnlosigkeit zum Gutwerden und somit zur Weiterentwicklung zwingen wird.

Zunächst werden Scheindemokratien vergehen und Realdiktaturen entstehen, um wiederum erneut zu vergehen, denn die Evolution gewinnt immer! Und da auch wir zur Evolution dazugehören, so werden wir, dem Befehl „ÜBERLEBE" folgend, immer weiter suchen, um am Ende zu „gewinnen". Wir werden immer höher aufsteigen oder immer tiefer absteigen, vielleicht bis auf die Tierebene zurückfallen, um dann wieder als neue, „strahlenresistente" Spezies die Suche nach uns selbst neu zu beginnen.

Vielleicht wird es ein Vulkanausbruch, eine Eiszeit, ein Atomkrieg, eine Epidemie, eine Dürre oder der natürlicher, durch Gier der armen Leute mit viel Geld beschleunigte Klimawandel sein, der uns notgedrungen südwärts oder nordwärts zum Auswandern zwingen und erst nach vielen Generationen genverändert zum erneuten Auswandern veranlassen wird. **Vielleicht**, denn die Geschichte wiederholt sich und was bereits im Laufe der Erdgeschichte mehrmals geschehen ist, das sollten wir nicht ignorieren. Andernfalls werden wir Schlimmes erleben – ohne es gemeinsam zu überleben.

Einerseits ist es bedauerlich, dass wir uns unserem latenten Potential entsprechend nicht weiterentwickeln. Andererseits ist es tröstlich zu wissen, dass unsere oder die Nachfahren unserer Nachfahren, es schaffen werden, MEHR zu werden, als die meisten von uns es bereits in ihrem Leben werden könnten.

Weil Pflanzen Sonnen-Energie speichern können, so kann diese zunächst von Pflanzenfressern, dann von Fleischfressern und schließlich auch von uns genutzt werden. Wenn Energie zu Körpern werden kann, dann können auch Körper wieder Energie werden. Wenn wir urursprünglich „REINE Energie" waren, dann können wir es wieder werden! So gesehen sind Energie und Materie identisch. Was sie voneinander unterscheidet, sind deren Aggregatzustände, sind ihre Dichten. Schließlich ist **alles** Eins, was keine neue Erkenntnis ist, denn bereits im Thomas

Evangelium V.77 steht Folgendes geschrieben: „Ich bin das Licht, das über/in Allem ist. Ich bin das All. Das All ist aus Mir hervorgegangen, und das All erstreckt sich bis zu Mir. Spaltet ein Holz: Ich bin dort! Hebt den Stein, und ihr werdet Mich dort finden!" Mystisch? Nein, nur eine uralte Definition neuer Erkenntnisse!

Heutzutage heißt es „$E=mc^2$" bzw. „$mc^2=E$". Wenn aus Sonnenstrahlen bzw. aus Sonnenenergie mittels Fotosynthese durch Assimilation Glukose (Zucker) bzw. Cellulose (Holz) wird, dann kann diese in Pflanzen eingebaute Sonnenenergie bei der Verbrennung wieder als Wärme, als Infrarote-Strahlung freigesetzt werden – auch nach Jahrmillionen (Steinkohle, Öl, Gas). Letztlich besteht ALLES weitgehend nur aus gegenstandsloser Strahlung, nur als leerer Raum, ein „Nichs", der die Atomkerne umgibt – auch wenn uns ALLES gegenständlich erscheint, es ist nur ein Schein – eine Vortäuschung falscher „Fakten", die wir für wahr halten.

Es ist wie ein alter Film, der aus vielen aufeinanderfolgenden Einzelbildern besteht, welche dann mit einer bestimmten Bildfolge-Geschwindigkeit auf die Leinwand projiziert, uns ein bewegtes Bild vortäuschen.

Wenn der Geist den Körper bei seinem Lebensanfang beseelen kann, dann kann er ihn bei seinem Lebensende wieder verlassen und somit seelenlos der Mineralisierung überlassen. Und wer nach seinem letzten Atemzug nicht nur mineralisiert werden will, der muss bereits während seiner Lebenszeit lernen, mehr als nur Mineralien zu werden, der muss lernen, beim Einschlafen bzw. nach seinem letzten Atemzug atemlos „wach" zu bleiben.

Wir werden unwissend geboren und die meisten von uns werden auch unwissend sterben. Obwohl Wissen von vielen tausenden von Jahren existiert, kann es ein einzelner Mensch, schon allein aus Zeitgründen, nicht in seiner Gesamtheit erfassen oder nutzen, denn wir sind Sklaven fremdbestimmter Bedürfnisse und fremdorganisierter Terminkalender geworden.

Doch welches Wissen ist für dich oder für mich wichtig? JEDES Wissen, welches uns auf der Evolutionsleiter weiterbringt und somit unserem Selbst näher. Ein Wissen, das uns selbst besser verstehen und erkennen lässt, ist für uns und unsere Mitmenschen wichtig. Wissen, welches der Ablenkung oder der Beeinflussung dient, das aus Unwahrheiten besteht, sollten wir schleunigst versuchen zu vergessen und zukünftig kategorisch meiden. Andernfalls werden wir weiterhin Lügen und andere Unwahrheiten, im Glauben sie seien auf Fakten basierende Wahrheiten, verbreiten, obwohl Glaube und Wissen NICHT dasselbe sind. Allerdings werden Lügen und Wahrheiten in unseren Köpfen identisch als Dasselbe abgespeichert, sodass wir dann, im Glauben die Wahrheit zu sagen, weiterhin uns blendende, Scheinwahrheiten verbreiten werden. Und so lange wir NICHT lernen, auf Fakten basierend zu lernen, werden wir weiterhin diejenigen bleiben, die wir zu sein glauben und **nicht** diejenigen, die wir bereits latent sind.

Um unsere Gegenwart und Zukunft verstehen zu können, müssen wir weit in die Vergangenheit zurückkreisen, mindestens aber bis vor UNSEREN Urknall und dann mit sehr, sehr großen Schritten voranschreiten, bis in UNSERE jetzige Gegenwart. Hierbei können wir nicht Klein in Klein oder Schrittchen für Schrittchen detailgenau vorgehen, denn es geht immerhin um mindestens 14 Mrd. Erdenjahre, die wir in etwa 50 Jahren unseres Lebens verstehen müssten.

Zirka, denn nicht immer waren Erdentage 24 Stunden und Erdenjahre 365,25 Erdentage lang – (weshalb es z. Z. alle vier Jahre ein Schaltjahr gibt). Vor etwa 400 Mio. Jahren hatte das Erdenjahr zirka 410 Tage und ein Tag zirka 21 Stunden. Die Tendenz setzt sich weiterhin fort – bis zur Wende, bis zur Umkehr, bis zum Ende der Urexplosion und somit bis zum Anfang der Implosion. Es ist wie mit unserem Atem, der aus Ein- (Implosion) und Ausatmen (Explosion) besteht – nur **„etwas"** länger. Bis dahin werden die Tage weiterhin kontinuierlich länger, so etwa zwei Mil. Sek. pro Jahrhundert.

Da die Zeit das Einzige während unseres Erddaseins sein wird, was wir an unserem baldigen Ende nicht haben werden, so müssen wir hierbei, aus Zeitmangel, exemplarisch vorgehen und unsere uns versklavenden Terminkalender sinnvoll umorganisieren oder ganz abschaffen, sonst sterben wir unterwegs, bevor wir irgendwo angekommen sein werden, denn neue Terminkalender werden permanent nachgedruckt.

Für unsere Selbsterkenntnis steht uns zunächst nur unser Verstand zur Verfügung. Und wenn unser Verstand mehr begreifen bzw. scharfsinniger werden soll, dann muss er sich dieser Herausforderung anpassen und leistungsfähiger werden – unsere Seele hilft ihm dabei. Allerdings nur „scheibchenweise", damit wir uns nicht „verschlucken". Lenkend, damit wir in der Spur bleiben, wegweisend, damit wir uns nicht verfahren, ahnend, damit wir uns neuformieren können, damit wir Denkkorrekturen vornehmen können, damit wir nicht völlig ahnungslos sterben. Unsere Seelen lassen uns unsere verfahrenen Situationen erkennen, ohne dabei die Gründe zu benennen. Diese, alles durchdrängende, mysteriöse „geistige Lebensenergie" existiert kontinuierlich und überall. Sie füllt auch gegenwärtig den größten Teil unseres Universums aus und hält es auch zusammen! Ohne diese „geistige Lebensenergie", ohne die dunklen Teilchen der Elementarteilchen würde unser Universum einfach auseinanderfallen, WEIL die Gravitationskräfte der Gestirne allein für einen Zusammenhalt der vielen Universen nicht ausreichen würden.

Unter diesen dunklen Teilchen der Elementarteilchen sind hier die allerkleinsten, sich selbst organisierenden Teilchen der Energie zu verstehen. Natürlich sind sie wesentlich kleiner als ein Atom, das noch vor wenigen Jahrzehnten (zu meiner Schulzeit) als unteilbar galt, denn sie sind die Bestandteilchen SEI-

NER Bestandteilchen. Es sind universell neutrale, sich selbst organisierende und somit Evolution ermöglichende, „stammzellenähnliche Teilchen", aus denen sich zunächst alle Elementarteilchen der Atome – Protonen, Neutronen und Elektronen entwickeln, bzw. wie „von selbst" organisieren und schließlich zu Atomen „mutieren".

Allerdings zerfallen oder verändern sie sich oft oder kehren in den vorherigen Zustand zurück, bevor sie sich stabilisiert haben, bevor sie sich entschieden haben, zu irgendwas zu werden. Sie sind wie wir; ständig schwankend, ständig suchend – nur **„etwas"** kleiner. Es handelt sich also um Mini-Teilchen, aus denen Elementarteilchen entstehen, wenn man hier überhaupt von Teilchen sprechen kann, denn in diesem unschuldigen Stadium sind sie sehr unstabil, aber experimentierfreudig; mal sind sie „gut" und mal „böse" und ein Andermal „gut" und „böse" zugleich, mal sind sie sich selbst UND andere organisierende Energie, dann wiederum Anfänge der elementaren Energie-Materie, wobei sie, je nach augenblicklichem Zustand, mal keine und mal Masse („Lebensanfänge") vorweisen. Dieser wechselhafte Übergangszustand ist ein immerwährender Prozess, der fortlaufend überall im All andauert – bis genügend Rückkehrer ihr Urzuhause gefunden haben werden.

Alles, was auf unserer Körperebene seit UNSEREM Urknall passiert ist, können wir NUR ahnend verstehen, obwohl wir **faktisch**, zunächst als Urelemente, IMMER dabei waren. Auch wenn es sehr schwer zu verstehen ist, WIR sind NICHT in „sieben Tagen" erschaffen worden, denn wir (von Viren und Keimen angefangen, über Epochen hinweg bis zum Menschsein) entwickeln uns fortwährend selbst weiter – bis wir in ferner Zukunft selbst zum Selbst werden.

In der fernen Vergangenheit existierten wir anfänglich als Wasserstoff (H), dann als Kohlenstoff (C) und Sauerstoff (O), schließlich als Kohlenstoffmonoxid- (CO) bzw. als Kohlenstoffdioxid-„Ehen" (CO2), die später, als die Erde sich abkühlte, von Bakterien in Kohlenstoff und Sauerstoff gespalten (geschieden) wurden. Aus Aminosäuren, Kohlenstoff (C) und anderen mikroorganischen Molekülen wurden die ersten Lebensgrundelemente gebildet.

Der Sauerstoff (O) verband sich mit dem in der Atmosphäre ausreichend vorhandenem Urelement Wasserstoff (H) zum neuen „Leben", was eine lange, Ozeane bildende Regenzeit zur Folge hatte. Zeit genug, um überall auf unserer Erde lebensermöglichendes Wasser hervorzubringen und Zeit genug, um adhäsionsbedingt so etwas wie spätere schleimartige Zellenbestandteile zu entwickeln, aus denen einzelne Zellen, dann Zellenverbände und schließlich auch wir hervorgegangen sind.

Als die ersten schleimartigen Bakterienbestandteile sich zu Sauerstoff produzierenden Cyanobakterien vor etwa zwei Mrd. Jahren entwickelt haben, konnten sie sich klimatisch bedingt feindfrei-unbehindert durch relativ einfache Zellteilung explosionsartig vermehren. Dadurch nahm die Sauerstoffproduktion und somit auch der Sauerstoffgehalt in unserer Erdatmosphäre weiterhin zu und mit ihm die Oxidation bedingte (H2 + O = H2O) Wasserbildung ebenfalls, bis vor ca. 1,5 Mrd. Jahren, dann waren die ersten Grenzen des unkontrollierten, durch Mangel an Wasserstoff verursachten Wachstumsgrenzen erreicht. Allerdings war dieses Wasserstoff-Ende nur neuer Anfang der Voraussetzungen, der Grundlagen geschaffen hat für komplexere, für größere, für sauerstoffabhängige Organismen, die sich über 1,25 Mrd. Jahre fortlaufend bis zu 80 Tonnen schweren Riesendinosauriern weiterentwickelt haben und schließlich durch einen gewaltigen Asteroiden-Einschlag vor etwa 250 Mio. Jahren weitgehend ausstarben.

Die Überlebenden, nachdem der Sauerstoffgehalt der Atmosphäre verbrennungsbedingt von etwa 35% auf 25% sank, entwickelten sich weiter, allerdings, aufgrund des gesunkenen Sauerstoff-Gehaltes der Atemluft, nicht so riesig groß wie ihre

Vorfahren. Bis schließlich auch sie etwa 185 Mio. Jahre später, durch einen zweiten(?) Asteroiden Einschlag vor zirka 65 Mio. Jahren weitgehend ausstarben, sodass wiedermal ein neues Zeitalter beginnen konnte, **unser Zeitalter,** das Zeitalter der Säugetiere. Wobei alles Leben Epochen übergreifend durch und aus dem „Lebewesen" Wasser (H2O) besteht. Es ist das älteste und das kleinste der „Molekularleben", das den größten zusammenhängenden, amöbenartigen Körper darstellt, aus dem größtenteils ALLE Organismen bestehen – auch unsere „jungen" Körper, die durchaus Jahrmillionen altes Wasser, **„samt Informationen"** aus der Dinosaurier Zeit, enthalten können. Es ist **dasselbe** Wasser, das bereits Dinosaurier und viele, viel andere Lebewesen vor uns getrunken haben!

Unglaublich? Ja, allerdings nur für die naiv Glaubenden. Ferner trägt Wasser mit seinen wechselwirkenden Adhäsionseigenschaften dazu bei, dass das Leben überall dort entstehen kann, wo Wasser vorhanden ist, denn jeder Wassertropfen der verdunstet, kann woanders wieder kondensieren bzw. sich mit einem anderen Wassertropfen verbinden – schließlich sogar zum Ozean werden! Ferner könnte jede „Regentropfen-Amöbe" eine direkte Lebensträgerin und damit eine Lebensverbreiterin sein.

Ein Regentropfen bildet sich oberflächenspannungsbedingt, wenn er ein Staubpartikel einfängt – egal woher dieser kommt, und kosmischer Staub mit eventuellen Erbinformationen gehört auch dazu. Die amöbenartig einverleibten Staubpartikel können durchaus mikroorganische Erbinformationen enthalten, sozusagen konkretes Erbgut, das sich woanders bereits erfolgreich bewährt hat oder auf unserer Erde gut vererben lässt – von Blitzen (Reibungsenergie) „reanimiert", zunächst als Niederschlag, der eventuell auf „fruchtbaren" Boden fallen und somit einen neuen Anfang verursachen könnte.

Womöglich existierte der Wasserstoff „unseres" Wassers vor unserer Erdentstehung bereits woanders, bevor er durch Sauerstoffaufnahme, auf unserer Erde zu Wasser wurde.

Auch die selbstreinigende, adhäsive, auf elektrischen Wechselwirkungen basierenden Verklumpungen, Ablagerungen, bzw. Sedimente bildende Eigenschaften des „Lebewesens" Wassers haben die gleiche Funktion: Zusammenfügende Grundlagenbildung verschiedener Grundstoffe, bzw. Grundelemente und Verbreitung mikroorganischer Informationen, damit überall dort neues Leben entstehen kann, wo neues Leben geomorphologisch auf Wasserbasis möglich ist.

Obwohl es ziemlich lang her ist, befinden sich u. a. die Zellenbausteine wie Wasser, Kalzium und Natrium auch heute noch in jeder einzelnen Zelle. Sowohl bei fossilen Funden, als auch in unseren und den Zellen ALLER lebenden Organismen, sind die gleichen Zellenbestandteile bis heute vorhanden. Es sind Zellenbestandteile (auch unsere), die sich bereits irgendwo im Kosmos aus Mineralien gebildet haben, welche wahrscheinlich einen gemeinsamen Ursprung haben, den sich anfangs aus dem Zeitlosen gebildeten Wasserstoff. So betrachtet, wären nicht Keime oder Bakterien die ersten Lebewesen, sondern das Wasser, aus denen alle Lebewesen größtenteils bestehen. Allerdings ist Wasser bereits ein polygames „Ehe-Molekül", das aus zwei Wasserstoff- und einem Sauerstoffpartner besteht.

Aus Wasserstoff wurde Helium und aus drei Helium-Kernen wurde schließlich Kohlenstoff, der wiederum durch die Aufnahme eines weiteren Heliums zu Sauerstoff mutierte usw. usw. Für uns Menschen ist es eine unendlich lange Geschichte. Das Zeitlose oder die Lebensenergie, die Teilchen der Elementarteilchen verbindende Masse bildende Energie, ist unser Existenzbeginn: Atomteilchen, Atome, Elemente, Mineralien, Kieselalgen, Sauerstoff produzierende Bakterien, die sich über Algen und Pflanzen, über Mikroorganismen bis zu unseren vielfältigen Körpern hin organisiert haben, waren UND SIND unsere allerersten und allernächsten Verwandten – das ist Fakt – nicht Glaube!

Wissen Maschinen, Vögel oder Fische, dass sie miteinander verwandt sind, wissen Affen, dass sie unsere Verwandten, unsere Vorfahren sind? Sicherlich nicht, doch wir wissen, dass wir ihre Verwandten, ihre Nachfahren sind – das ist unstrittig, selbst wenn es die unwissenden, nicht lernen wollenden Glaubensfanatiker, immer noch heftig bestreiten.

Sind ein Lenkrad, ein Anlasser, eine Lichtmaschine oder ein Auspuff schon ein Auto? Sicherlich nicht. Aber ohne die spezifischen, ihre „Aufgaben" erfüllend-funktionierenden Einzelteile, die systematisch am Autorahmen befestigt und von einer Karosserie (Zellenwand) gegen Außeneinflüsse geschützt sind, gäbe es kein funktionsfähiges Auto. Insbesondere NICHT, wenn es nicht mit „Lebensenergie" verlebendigt wäre.

Auch eine lebendige Zelle benötigt Einzelteile, die mit „Lebensenergie" (elektrischem Strom) versorgt werden. Ferner gäbe es ohne funktionierende, miteinander kommunizierende, von einer Zellmembran geschützten Zellen-Einzelteile keine intakte Zelle! Einzelne Autoteile und schließlich ein einfaches Dreirad-Auto zu bauen, wäre heutzutage für mich relativ einfach. Doch wer baute, wer erzeugte die einzelnen Organe, die nach der Organisation einzelner Zellen entstanden sind und sich schließlich zu einem selbst reproduzierenden Organismus organisiert haben? Wer ist der kreative Bauplaner? Wer macht eine Zelle zu einem funktionierenden, sich dann selbst reproduzierenden „Lebewesen", das nach etwa vier Mrd. Jahren Entwicklungszeit ein Haus oder ein Auto bauen kann? Das erfahren wir in Zukunft, vorausgesetzt, dass es für uns Menschen eine ausreichend lange Zukunft geben wird, denn alles verändert sich – auch die Zukunft und sie wird in Zukunft anders sein, als wir sie uns mit unserem heutigen Verstand vorstellen können.

Ob wir uns weiterhin disharmonisch verändern MÜSSEN, um zu lernen harmonischer zu werden, ob wir weiterhin Böses tun müssen, um daraus zu lernen in denkbarer Zukunft gut zu werden, ist wahrscheinlich aber NICHT gewiss. Entweder wir machen uns wissend oder wir werden schon bald mangels ehrlichen Wissens eines Besseren belehrt werden.

Nicht mehr Staat, nicht mehr Polizei, nicht mehr gierige Reiche, sondern mehr Gerechtigkeit, mehr ehrliche, auf Fakten basierende Aufklärung wäre gewiss die richtige Lösung zur Sicherung unserer unsicheren Zukunft. Selbst ein unsere Gesundheit gefährdendes Virus oder Bakterium, das weltweit Epidemien oder sogar Pandemien auslösen könnte, würde unsere Zukunft noch unsicherer machen.

„Nur" ein klitzekleines Virus, das kleiner ist als ein kleines Bakterium, könnte weltweit großes Aussterben und Neuentstehen unserer Zivilisation verursachen. Was mich persönlich nicht verwundern würde, denn unbelehrbare bzw. nicht reifen wollende und somit unreife Früchte, mag der Himmel nicht. Es ist zwar unwahrscheinlich, jedoch nicht unmöglich, denn Pest und Cholera hatten wir bereits und Krankheitserreger bilden sich immer und überall, sogar in Krankenhäusern und Kliniken, denn **WIR** als das **GESAMTLEBEN**, wozu auch Viren und Keime dazugehören, kämpfen an allen „Fronten" und Lebensebenen gleichzeitig um das Überleben des gesamten Lebens und sind, als Bakterien oder/und Keime aller Art, anpassungsfähiger als wir es uns als Spezies Mensch vorstellen können! Denn der Befehl "ÜBERLEBE" gilt für ALLES und ALLE, im All und Überall – nicht nur für uns, wie wir es heute sind, sondern auch für uns, wie wir es in ferner Zukunft sein werden!

Doch was wäre, wenn ein verrückter, ein schwachsinniger Atombombeninhaber einen nuklearen „Verteidigungs-Joystick" drücken lassen und somit einen weltweiten Nuklearkrieg auslösen würde? Möglich wäre auch das, denn Schwachsinnige, die uns „Sieg und Heil" oder zig-fache Jungfrauenbefruchtung oder ähnlichen Unsinn versprachen, gab es schon immer und wird es sicherlich auch in Zukunft geben. Leider kommt gegen Dummheit keine Klugheit und gegen Einbildung keine Bildung an, denn meistens sind es die Unwissenden, die sich selbst für allwissend halten.

Na denn: Seid furchtbar fruchtbar und mehret euch, damit ihr euch anschließend durch „Pest und Cholera", durch Terroranschläge, durch „Normal-Kriege" oder gar durch Gas- bzw. durch Nuklearkriege vernichten könnt?

Wer diesen Idiotismus als „normal" bezeichnet, der sollte darauf achten, dass die Neuen/Alten „Normalen" keine poltische Macht bekommen, die sie, die *A*nhänger *f*aschistischer *D*enkweisen, vom „Sieg und Heil" träumen lassen könnte. Doch möglich ist auch das, obwohl ziemlich unwahrscheinlich, weil die „bösen" Atomreaktorkatastrophen, z. B. in Tschernobyl und Fukushima oder die unbelehrbaren Faschisten und Diktatoren der Vergangenheit und Gegenwart, könnten uns bereits gelehrt haben, etwas gelehriger zu werden – schön wäre es, wenn auch unwahrscheinlich.

Da der gesamte Kosmos sich seit unserem Urknall permanent weiter ausdehnt, so muss der Ur-Kosmos im Moment der Explosion sehr klein gewesen sein. Auch materiebedingten Flieh- oder Anziehungskräfte gab es am Ende des Nichtmateriellen NICHT. Selbst Gravitation und somit auch die Zeit waren am Anfang des Endes noch nicht geboren – das einzige was es vor der Geburt des Materiellen gab, waren die Gebärenden; die schöpferische Strahlung, die Lebensenergie, die bipolare, die dunkle Energie, die …, wir wissen es nicht, denn Andersdimensioniertes kann NUR andersdimensioniert erfahren werden.

Aufgrund der sich kontinuierlich verlangsamenden Umlaufgeschwindigkeit der Erde um die Sonne, nehmen die Fliehkraft und somit auch die Anziehungskraft unseres Planeten kontinuierlich ab, sodass alles „leichter" wird, wobei die Anziehungskraft der Sonne durch Massenzunahme weiterhin zunimmt. Die Erdenjahre werden länger, und die Erde wird auf die Sonne immer schneller zurasen. Mit der zunehmenden Nähe der Erde zur

Sonne werden auch die Temperaturen und die Strahlungsintensität auf der Erde zunächst langsam und dann immer schneller zunehmen, sodass ein unausweichlicher Klimawandel in Richtung „immer Wärmer" die Folge sein wird. Schließlich wird alles Wasser, aus dem auch unsere Körper größtenteils bestehen, in Sauerstoff und Wasserstoff gespalten werden. Der Wasserstoff kehrt zurück ins All, um ein neues, Leben hervorbringendes Zuhause zu finden. Der Sauerstoff verbleibt zum großen Teil auf unserer Erde und verbrennt oxidierend ALLES, was einmal organisch auf ihr gelebt hat, sodass nichts organischen Ursprungs erhalten bleibt. Selbst Mineralien wie Eisen werden oxidiert werden, sodass sich unsere Erde vor dem Verschlingen durch die Sonne rot färben wird. Schließlich, wenn die restliche Materie (Elemente) zu dunkler Energie wird, wird ALLES implosionsartig dort enden, wo es einst explosionsartig angefangen hat, im zeitlosen NICHTS!

Bis dahin kann alles auch ganz anders kommen: Die Einschlagenergie eines Asteroiden oder eines Kometen könnte die Erde binnen kurzer Zeit aus der Umlaufbahn werfen oder ihre Beschaffenheit folgenschwer verändern. Würde die Erde nicht zerbersten, dann würde sich möglicherweise ihre Rotationsrichtung ändern, was erneut zur Polverschiebung oder einer weiteren Mondbildung oder Marsumbildung führen könnte. Je nach Einschlagwinkel, Einschlagrichtung und Einschlagmasse würde sich die Rotationsgeschwindigkeit unsere Erde beschleunigen oder verlangsamen, die Erdenmasse vergrößern oder verkleinern, was zusätzlich zur Tagesverlängerung oder Tagesverkürzung mit entsprechenden Folgen führen würde. Die Umlaufgeschwindigkeit um die Sonne würde sich ändern und damit die Jahreslängen mit fatalen Folgen. Schließlich könnte unsere Erde aus der jetzigen Sonnenumlaufbahn in Richtung Weltall oder in Richtung Sonne verdrängt werden. Auch das wäre für uns fatal, denn wir, du und ich, würden dann entweder erfrierend, verdampfend und verglühend zu kosmischem Staub werden, der, von winzigen Regentropfen amöbenartig einverleibt, irgendwo im All, auf einer anderen „Erde", lebensspendend die Suche nach sich selbst erneut intuitiv beginnen und nach Jahrmilliarden evolutionärer Entwicklung, als „Krone der Schöpfung", sich nach dem Sinn des Lebens fragen würde.

Doch bis dahin, wenn wir Glück haben und unsere Erde bereits NICHT schon im Jahre 2029 oder 2036 mit dem sich auf sie zubewegenden Asteroiden Apophis kollidieren wird, haben wir wahrscheinlich noch etwas Zeit, die einige von uns sinnvoll zur Selbstwerdung nutzen könnten, doch der nächste Einschlag oder die nächste Seuche kommen bestimmt. Dann wird zum wiederholten Male alles zerstört werden, alles, wofür wir uns 5.000.000.000 Jahre lang mühsam entwickelt haben? Alles, wofür wir Kriege geführt und gemordet haben? Alles, was wir gehasst und geliebt haben – auch das begehrte Gold, das schöne Geld, der wertvolle Schmuck, das Auto, das Haus, der Titel, die Gier?

All das soll sinnlos sein – sinnlos enden? Nein, nicht ganz und nicht für alle, denn wir sollen erkennen, dass Kriege und Morde, Hass und Liebe, sowie die Gier nach dem „schönen Geld" sinnlos SIND und schließlich daraus lernen, Sinnloses NICHT zu wiederholen – jetzt, wo wir noch Zeit zum Lernen haben.

Allerdings sollten wir uns darauf nicht verlassen, denn wir wissen weder den Tag noch die Stunde, in der unser Anfang erneut enden wird, um irgendwo im All als kosmischer Staub die Suche nach uns selbst neu zu beginnen. Wie, was oder wann etwas kommen oder nicht kommen wird, das weiß keiner, auch nicht unsere **eventuellen** kosmischen Verwandten, nach denen wir tagtäglich vergebens suchen, allerdings mit unseren körperbedingten Sinnen nicht wahrnehmen können, denn Andersdimensioniertes lässt sich nur andersdimensioniert finden. Es ist wie mit den für unsere Augen unter der Erdoberfläche verborgenen „Schätzen" – wir sehen sie NICHT, weil wir beispielsweise keine Metalldetektoren sind.

Bis dahin sollten wir zeitnutzend das tun, was uns in unserer jetzigen Dimension möglich ist zu tun – lernen! Leider ist lernen schwerer als naiv zu glauben und so glauben wir lieber, statt zu lernen. So kommt es, dass wir lieber an das glauben, was uns gierige arme Leute mit viel Geld vorgaukeln, als faktenbezogen zu lernen: So hämmern uns die armen Leute mit viel Geld tagtäglich ein, dass weltweite Überbevölkerung, Regenwaldabholzungen oder giftige Verbrennungsgase, die bei der Verbrennung von Brennstoffen wie Heizöl, Diesel, Benzin oder Gas, Abfällen aus Kunststoff oder Papier, Wald- und Moorbränden, Braun- und Steinkohleverbrennungen entstehen, mit dem weltweiten Klimawandel oder den ständig zunehmenden, Lungen- und Krebserkrankungen allgemein, nichts zu tun haben. Wirklich?

Wenn aus Sonnenwärme kohlenstoffhaltige Pflanzen werden können, dann können Pflanzen bei ihrer Verbrennung diese gespeicherte Sonnenwärme sowie allgemeine Verbrennungsgase, wie CO_2, wieder freisetzen – auch nach Jahrmillionen. Beispielsweise sind Regenwälder riesige Sonnenwärme- und CO_2-Speicher. Sie tragen, neben den Weltmeeren, zum großen Teil dazu bei, dass unsere Erde nicht überhitzt und das klimaschädliche CO_2, das bei jeder Verbrennung in die Atmosphäre abgegeben wird, in Form von Zellulose eingelagert wird. Verschwindet der Regenwald, dann wird es wärmer und dreckiger auf unserer Erde werden. Diese weltweite „Vergasungsmethode" wird zunächst zu unberechenbaren Klima- und Gesundheitsproblemen führen, denn die Verbrennungsabgase werden viele Millionen Todesopfer fordern – im Moment sind es bereits etwa 10 Mio. pro Jahr. Selbst Ungeborene, die über den Blutkreislauf der Schwangeren die Abgasschadstoffe einnehmen, werden bereits als Föten sterben! Werden? Nein, denn die Vergasungsperiode hat bereits auf makabre Weise begonnen, um die Bevölkerungsüberpopulation „erfolgreich" zu dezimieren. „Erfolgreich"? Ja, denn makabrer Weise lernen wir erst durch einen Schock am besten, und manchmal müssen wir brutal geschockt werden, um aufzuwachen, um zu lernen gelehriger zu werden. „Fünf vor zwölf" war gestern, heute ist es bereits „zwölf". Dennoch gibt es viele Ungelehrige, die vom Klimaschutz nichts halten. Warum auch? So lange wie der elektrische Strom bei ihnen aus der Stechdose, das Benzin, Diesel oder Gas aus der Zapfsäule und das Geld von der Bank kommen, dann ist ja alles in Ordnung?

Warum wollen wir nicht lernen, gelehriger zu werden? Wegen dem allgemein begehrten Geld, das am Ende nichts wert ist? Wegen der allgemeinen Gier nach mehr Schein als Sein? Oder weil wir NOCH unfähig sind lernen zu wollen?
  Lernen wir gelehriger zu werden und verzichten auf den schnell erlöschenden Schein, dann werden wir ewig SEIN. Womit eine weitere Remotionspause angesagt wäre.

Ich weiß, dass derartige Theorien eher beängstigend als ermutigend sind, doch manchmal müssen wir schockartig geängstigt werden um aufzuwachen, um achtsam zu werden, um uns unseres „Schlafes" bewusst zu werden, denn Bewusstwerdung ist die einzige Möglichkeit, die wir durch Achtsamkeit erreichen können, um zu neuen Erkenntnissen zu kommen. Vorausgesetzt, wir wollen es – nicht nur theoretisch, sondern AUCH praktisch – nicht nur wissen, sondern auch hören!
  Einerseits möchten wir Neues kennenlernen, andererseits halten wir am Alten fest, weil wir uns vor Neuem fürchten und beim Alten in Sicherheit glauben. Es ist die urelementare Triebfeder, die das Leben immer und immer wieder vorantreibt, bis zur Umkehr!
  Wir fahren gern für eine gewisse Zeit in den Urlaub oder anderswohin fort, doch wir freuen uns dann wieder auf unser eigenes Zuhause. Und 14 Mrd. Erden-Jahre lang weg sein von zu Hause sind Urlaub genug. Sind Zeit genug, um zu reifen, um zu lernen rechtzeitig andersdimensioniert zu werden. Das latente

Potenzial und die realistische Chance zum Neuwerden haben viele von uns, wir müssen sie NUR noch realistisch, also glaubens**frei** nutzen **wollen.**

Die Evolution ist eine ständige kosmische Fortentwicklung. Täglich entstehen neue und vergehen alte Entwicklungsrichtungen. Kulturen entstehen und vergehen. Das „Spiel" beginnt immer neu und je kleiner oder unwissender die Teilnehmer sind, desto schneller ist ihr Wandel.

Ein Wassertropfen kann in kürzester Zeit erfrieren, verdampfen oder neukondensieren. Ein Bakterium kann an einem Tag mutieren, neu entstehen und vergehen. Algen können innerhalb einer Saison von Schwebealgen über Schleimalgen zu Fadenalgen mutieren. Auch Flechten und Pilze können sich innerhalb relativ kurzer Zeit verändern – sogar gegen Strahlung oder Pflanzengifte resistent werden und uns diese als Denkimpulse in Nahrungsform zurückgeben.

Tagtäglich vergehen alte Arten, damit neue Arten entstehen und wieder und wieder vergehen. Das Klima ändert sich seit ewigen Zeiten ständig, mit oder ohne unserer „Hilfe", weil kosmologische oder geomorphologische Einflüsse NICHT beeinflussbar sind – weder durch uns, noch durch irgendwelche geschäftstüchtigen Leute, die gerne so tun, als ob sie/wir Katastrophen bedingte Klimaveränderungen vermeiden könnten. Und so allmächtig, wie wir uns vorkommen, sind wir noch lange nicht!

Auch das sollten die sogenannten selbsternannten Umwelt- und Klimaschützer-Organisationen wissen, bevor sie uns panikmachend falsch belehren, um uns dann spendenmäßig zu entleeren. Einige, ganz Schlaue unter ihnen sprechen dann gerne panikmachend vom alarmierenden Aussterben der Arten. Die Anderen wissen nicht, dass es schon immer Klimaveränderungen und Artenneuentstehung gab, gibt und auch in Zukunft geben wird – mit oder ohne unsere „Hilfe".

Dass es das Aussterben der Arten schon immer evolutionsbedingt gab und deshalb auch weiterhin geben wird, das verschweigen sie lügender Weise oder sie wissen es einfach nicht besser – dann lügen sie nicht, dann ist ihre „Wahrheit" nur ein lukratives, auf Lug und Betrug basierendes Geschäftsmodell! Schlauerweise gründen sie dann profitable Firmen und tarnen sie als gemeinnützige Umweltorganisationen. Gemeinerweise reden sie uns dann dauerhaft eine Art schlechtes Gewissen ein, sodass wir dann bereit sind, ihnen ihre „Ablässe" abzukaufen – sogar per Bank-Daueraufträge!

Wir spenden dann, um unser schlechtes Gewissen, das uns die sogenannten Hilfsorganisationen vorher, durch suggestive, Angst machende Werbung aller Art, posthypnotisch eingehämmert haben, zu beruhigen. (Siehe 1. Teil: Suggestion und Hypnose) Sie versprechen uns sogar Millionenhohe-Gewinne, wenn wir an ihren Spendenaktionen mitmachen – woher die vielen Millionen-Gewinne kommen, das sagen sie uns nicht. Es ist wie mit den sogenannten Glücksspielen allgemein, die nur sehr wenige Gewinner auf Kosten sehr vielen Verlierer „glücklich" machen. Beim Lotto ist es EINER von 14.000.000.

Unsere Erde hat sich seit Anbeginn ständig verändert – lange **bevor** es die all-**gemeinen** Umweltorganisationen gab und sie wird es fortwährend weiterhin tun. Mit oder ohne die GEMEINnützliche Organisationen – mit oder ohne uns. Unsere Erde ist gastfreundlich zu uns, wir sollten uns eines Gastes würdig erweisen und nicht nur so tun, als ob wir ihrer Gastfreundlichkeit würdig wären, denn Gäste sind NICHT von Dauer!

Unsere Sonne könnte sich durch eine weitere Sonnen-Mega-Eruption wiedermal verdunkeln, dann würde es in unserem Sonnensystem bereits schon nach knapp **8 Minuten** permanent kälter werden und damit die Gastfreundlichkeit unserer Erde kontinuierlich abnehmen – bis hin zu einer erneuten, lange andauernden Eiszeit.

Allerdings ist auch ein gegensätzliches Scenario möglich. Sollte das Polareis, durch den von uns beschleunigten Klimawandel, kontinuierlich weiterschmelzen, dann würde es zur relativ abrupter Golfstromunterbrechung kommen, die wiederum sämtliche Meeresströmungsrichtungen mit weltweiten unübersehbaren Klima-Veränderungen zur Folge hätte – schließlich würde es, zumindest in Nordeuropa, zu einer weiteren, sehr lang andauernden Eiszeit kommen, welche wir, ähnlich wie unsere Vorfahren, die Neandertalern, nicht überleben würden – ein Scenario, das uns wach werden lassen sollte, denn was heute noch unglaublich oder unwahrscheinlich erscheint, das **könnte** bereits schon „morgen" wahrscheinlich bzw. möglich werden, denn unwahrscheinlich ist NICHT unmöglich.

Es ist wie mit der Schwangerschaftsverhütung, wer nicht rechtzeitig verhütet, der wird wahrscheinlich mit denen daraus folgenden Resultaten – möglicherweise – konfrontiert werden!

Auf UNSERER Erde sind bereits unzählige Male neue Arten entstanden und wieder vergangen: Bevor wir ans Land gingen, entwickelten wir uns zunächst im Wasser, denn das Land war zu diesem Zeitpunkt noch weitgehend vegetationsfrei, wie der Mond oder der Mars es z. Z. sind. Wir entwickelten uns also ein paar Mrd. Jahre, bis die Erde grün wurde, bis die Winde uns als algenähnliche Keim-Bakterien, in kleinen Wassertropfen verpackt, von der Wasseroberfläche an und aufs Land wehten, wo wir uns dann, ständig mutierend, bis hin zu riesigen Farnen und Schachtbäumen entwickelt haben.

Zeitgleich entwickelte sich auch das Leben im Wasser weiter, wobei die Urausgangsstoffe für die Lebensanfänge die gleichen waren und immer noch sind: Aminosäuren, Kohlenstoff, Stickstoff und ein paar andere mikroorganische Zutaten, denen die Reibungsenergie blitzartig Vakuum bildend, implosionsartig zur Verklumpung, zur Lebensgrundlagenbildung verhalf und auch gegenwärtig weiterhin verhilft.

Schließlich gingen die Mutigen unter uns ins „Schlaraffenland", denn die Landfläche war zwischenzeitlich sehr nahrungsreich geworden. Anfangs gingen wir zunächst nur für kurze Zeit, und schließlich, als aus unsere Kiemen Lungen wurden, sogar dauerhaft an Land. Der Tisch an Land war so üppig gedeckt, dass keiner nein sagen konnte. Schließlich blieben die Anpassungsfähigsten unter uns als Mutanten dauerhaft an Land und vermehrten sich, den Urinstinkten folgend, ständig weiter. Zunächst als kleine, dann als große Pflanzenfresser, zunächst als kleine, dann als große Amphibien, zunächst als kleine, dann als große Reptilien und irgendwann sogar als vogelartige Dinosaurier – so ganz genau wissen wir es noch nicht.

Die „lernfähigen" bzw. die anpassungsfähigen Mutanten entwickelten sich weiter, die „lernunfähigen" dagegen starben einfach aus, denn „unreife Früchte mag der Himmel nicht". Andere, lern- bzw. anpassungsfähige Tierspezies, aus denen im Laufe der Zeit Wale oder Delfine wurden, gingen dann viel später wieder ins Wasser zurück, und wiederum andere, wie Seelöwen oder Robben und Pinguine pendeln noch heute zwischen Wasser und Land oder wie beispielsweise eine bestimmte Krabbenart, welche an Land dauerhaft lebt und das Wasser nur zur Eiablage benötigt. Wobei die „Feuchtgebiete" für die Eier- oder Spermaablage bis heute artübergreifend beibehalten wurden – auch von uns.

Was uns Menschen angeht, so sind wir nicht dieselben, die wir vor etwa fünf Millionen Jahren waren. Damals gab es uns u. A. in Afrika in verschiedenen Ausführungen. Wir kreuzten und paarten uns auf der grenzenlosen Erde miteinander, wanderten aus und kehrten genverändert wieder zurück, um irgendwann erneut auszuwandern, je nachdem, ob wir woanders einen annehmbaren Lebensraum fanden oder nicht, ob wir gut zu Fuß waren oder gehbehindert. Da unsere Erde sich ständig verändert, so sind viele „Mensch-Ausführungen", die sich nicht schnell genug den neuen geomorphologischen Bedingungen anpassen konnten, einfach ausgestorben, wie beispielsweise die Steinzeitmenschen oder unsere direkten Vorfahren, die Neandertaler, die vor etwa 38.000 Jahren vulkanausbruchbedingt die darauffolgende Eiszeit als kleine Rest-Gruppe in der Gibraltar Region nur kurzzeitig überlebten, bis sie schließlich auch dort, als letzte ihrer „reinrassigen" Gattung, gänzlich ausstarben. Was von ihnen bis heute geblieben ist, sind weltweite Kreuzungen, sind WIR – insbesondere die kompakt gebauten Kurzbeiner unter uns!

Täglich vergehen alte Arten und entstehen neue, denn unsere Mutter Evolution ist immer schwanger. Heute versuchen wir, unsere Erde uns anzupassen und bedenken dabei nicht, dass sie uns nur begrenzt zur Verfügung steht, sowohl zeitlich als auch räumlich und sich UNS garantiert NICHT anpassen wird. Auch wenn wir immer höhere Wolkenkratzer bauen um der Überbevölkerung Herr zu werden, bedenken wir dabei NICHT, dass dabei gewichtsbedingt der Druck auf die bebauten Flächen ansteigt und somit zur ihrer Absenkung führen wird, denn unsere Erde ist wie ein Luftballon, der durch Eindrücken schnell Dellen bekommt. Ferner benötigen große Wohnmetropolen große Mengen an Wasser welches meistens aus darunterliegenden Grundwasserschichten gewonnen wird. Leider führt Grundwasserentzug zur Bodenverdichtung bzw. aufgrund der nicht Komprimierbarkeit des Wassers, zur Volumenabnahme, was zu weiteren Absenkungen der bebauten Flächen führen wird. Ganze Wohnmetropolen werden dann überflutet und somit unbewohnbar gemacht werden.

Na denn, „seien wir fruchtbar und mehren uns", bis wir uns platzmangelbedingt totvermehrt haben werden?! Unsere Erde ist NICHT zu klein geworden, sondern wir zu groß bzw. viel zu viele. Unsere Gastgeberin Erde ist freundlich zu uns – wir sollten uns revanchieren.

Andernfalls werden wir schon bald feststellen MÜSSEN, dass unser grenzenloses Trinkwasser (durch Umweltgifte aller Art) untrinkbar und dass unsere grenzenlose Atemluft durch Feinstaubbelastungen (durch Kohlendioxid, Gülle- und Düngemittel aus der industriellen Tierhaltung, sowie Pflanzen-„Schutzmittel" jeglicher Art) unbrauchbar geworden sind, denn Wasser und Luft kennen keine Grenzen!

Unsere Ozeane werden durch den hohen CO2-Anstieg sauer, unser Grundwasser wird durch den radioaktiven AKW-Abfall „aktiver" und die Meere durch die im Ersten und Zweiten Weltkrieg in Meeren versenkten, vor sich hin rostenden Giftgranatenhülsen von Tag zu Tag dünner und somit durchlässiger. Wir werden uns dann „strahlender" Gesundheit erfreuen, und strahlenden Tod auf Raten erleiden – schließlich werden wir, irgendwann, unsere Suche auf Utopia als säure-, strahlungs-, und giftresistente Bakterien neu beginnen und nach Jahrmilliarden evolutionärer Entwicklung uns nach unserem Daseinsgrund fragen, doch das wird NICHT unsere, NICHT deine und NICHT meine Zeit sein! Doch es wird deine und meine Mitschuld sein, es durch Wegschauen oder Unterlassen nicht verhindert zu haben. Dabei kann vorausschauendes Denken gelernt werden – allerdings NUR von lernfähig geborenen.

So werden es unsere Kinder und Kindeskinder sein, die sich nachträglich für unsere Lernunfähigkeit, für unsere Dummheit schämen werden und es ist sehr, sehr bedauerlich, dass wir diese peinliche Schmach **nicht** erleben werden, denn wir sind nicht nur für unsere Taten verantwortlich, sondern auch dafür, was wir NICHT getan haben, um vorausschauend Schlimmes zu verhindern. Vielleicht lernen unsere Kinder oder Kindeskinder daraus; etwas weniger naiv zu glauben, und damit ein wenig wissender zu werden – vielleicht.

So wie wir heute existieren, gab es uns nicht einmal vor gut einhundert Jahren, wo Sklavereien oder Menschen-ZOOs selbstverständlich waren. Es ist ein Zeitabschnitt, den ein einzelner Mensch durchleben kann. Nicht nur unsere Erde, auch wir werden nicht auf dem gleichen Entwicklungsniveau sterben, auf dem wir geboren wurden. Es ist durchaus möglich, dass wir körperlich kleiner oder größer, mehr oder, wie es momentan der Fall ist, eher weniger intelligent sterben werden als unsere Eltern. Denn: „Andere Zeiten, andere Sitten", andere Zwänge, andere – künstliche – Formen von Sklavereien.

Beuteltiere entwickelten sich auf dem australischen Kontinent weiter, weil er über Jahrmillionen von anderen Erdteilen durch „Wasser-Schranken" getrennt war. Ferner mussten dort Tiere weite Strecken auf ihrer Nahrungssuche zurücklegen, sodass sich ein Beutel zur sicheren Nachwuchsaufbewahrung und somit zur Reproduktion auf Dauer in Australien als besonders vorteilhaft bewährt hat.

Auf nahrungsarmen Südseeinseln, die sich vor langer Zeit vom Festland getrennt haben, gibt es Elefanten, die so groß sind wie normale Menschen, und normale Menschen die Größe von Pygmäen haben.

Es gibt viele Vögel, die sich NICHT, bzw. nur stark begrenzt weiterfortpflanzen, wenn deren Populationen eine dem Lebensraum unangepasste Menge erreichen. Wir nicht! Goldfische können über vierzig Zentimeter groß werden oder unter 4 Zentimeter klein bleiben, je nachdem welche Lebensraumgröße ihnen zur Verfügung steht. Der vorhandene Lebensraum ist eine feste Größe, der auch wir uns schnellstens durch Geburtenkontrolle anpassen sollten. Andernfalls gehen wir unter, wie viele Aquarium- oder Gartenteichfische, wie viele Kulturen, von denen die meisten von uns nicht einmal wissen, dass es sie jemals gab.

Auswanderungen in andere Lebensräume, Flucht in andere Länder oder gar zu anderen Planeten, sind keine dauerhaften Lösungen – nur Verschiebungen! Wir dürfen nicht MEHR werden, als uns unser Lebensraum ernähren kann. Alles andere sind nur profitgierige Scheinlösungen, die in der gesamten Menschheitsgeschichte noch nie dauerhaft funktioniert haben und deshalb auch zukünftig nicht funktionieren werden – wir MÜSSEN lernen weniger zu werden, dann reicht es für alle aus!

In einem mit fünf Kubikmetern Wasser gefüllten Gartenteich werden keine großen Fische auf Dauer überleben können, es sei denn, der Teich wird technisch, z. B. durch Filtersysteme, derartig aufgerüstet, dass zeitbegrenzte, künstliche Voraussetzungen zum Überleben der Fische entstehen, bis dann irgendwann keine weiteren Nach- oder Aufrüstungen möglich sein werden. Das Ende JEDER unnatürlichen Entwicklung ist dann voraussehbar, denn unser Erd-Aquarium wächst nicht mit. Entweder wir stoppen unser unkontrolliertes Wachstum oder werden kleinwüchsig – wozu wir allerdings keine Zeit mehr haben. Oder wir sterben aus, weil wir nicht rechtzeitig gelernt haben werden, durch Verhütung weniger zu werden, weil wir durch unsere Gier bedingt, nicht lernen wollen, uns rechtzeitig unserer raumbegrenzten Mutter Erde anzupassen.

Müssen wir uns fortwährend sinnlos weitervermehren, um die Sinnlosigkeit unserer unbegrenzten Vermehrung zu erkennen? Ja, vorausgesetzt wir besinnen uns auf UNS und NICHT auf die uns besinnungslos machende Technik. Momentan findet ein weiterer Höhepunkt der technischen Evolution statt, die man auch als eine abartige künstliche Evolution bezeichnen könnte. Rein körperlich gesehen werden die meisten von uns mangels natürlicher Auslese immer kränker, schwächer und somit auch NICHT länger, sondern kürzer lebend. Allein die – NICHT auf genetischer Auslese beruhende – ausgeklügelte Medizin und Nahrungsüberproduktion lassen uns einhundert Jahre alt werden.

Operationen, technische Möglichkeiten und Medikamente aller Art lassen uns körperlich älter werden als noch vor fünfzig Jahren, doch vom Geiste her, sind die meisten von uns bereits mit etwa 28 Jahren oder sogar wesentlich früher „tot".

Wir telefonieren ohne zu kommunizieren, wir paralysieren unseren Verstand, wir vernebeln ihn durch exzessiven Drogenkonsum – dann ist alles „voll gut", „total easy" und „mega-cool". Wir protestieren und demonstrieren. Heute sind wir dagegen und morgen dafür. Wofür? Das ist nicht so wichtig, Hauptsache, es ist was los, und wir waren „ernsthaft" dabei – bei dem „Eventtourismus", wo es laute, den Gedankenaustausch verhindernde Live-Musik, sowie süchtig machende Drogen und Alkohol gibt. Wo es weniger um den Protestgrund geht, als auf das Dabeisein, denn dabei sein ist heutzutage alles! Wobei? Beim selbstverschuldeten Untergang einer ganzen Zivilisation, einer ganzen Kultur, die sich dabei auch noch für intelligent hält?

Wir sind gefühlskalt geworden – unsere Seelen frieren bereits. Spenden wir uns gegenseitig etwas Wärme, andernfalls erfrieren wir, bevor die nächste Eiszeit kommt, bevor wir unser gemeinsames Urvermächtnis realisiert haben werden. Werden wir aufrichtig ehrlich zueinander – nicht durch künstlich aufgesetztes Lächeln oder überschwängliches „Bitte" und „Danke" sagen, sondern durch Taten, denn Taten sind Fakten, die jedermann auch ohne schöne Worte oder aufgesetztes Lächeln verstehen kann.

Irgendwann wird diese künstliche Evolution enden – und was dann? Nachhaltigkeit? Welche Nachhaltigkeit? Vielleicht ein kurzer Nachhall, aber Nachhaltigkeit? Nein! Immer mehr Menschen verhungern, weil wir nicht rechtzeitig gelernt haben weniger zu werden. Immer mehr Verbrechen geschehen, weil die Zahl der Lernresistenten, von Drogensüchtigen gezeugten Kindern gestiegen ist und aufgrund der rückläufigen Intelligenzentwicklung weiterhin steigen wird. Etwas läuft hier falsch – es ist die künstliche, die profitorientierte Evolution, denn eine natürliche Auslese, bei der „Fehlentwicklungen" vor der Weitergabe ihrer Erbanlagen gehindert werden, gibt es bei uns Menschen nicht mehr. Na denn, habt Spaß an der hormongesteuerten, Kirchen- und andere Steuerzahler hervorbringenden Freude – zur Freude der Steuerempfänger. Entweder wir halten an und besinnen uns unser selbst, oder wir bleiben besinnungslos und gehen unter, wie viele glaubensgestützte diktatorische Kulturen vor uns.

Kulturen entstehen und vergehen – soll das die Rechtfertigung für das Ende unserer Kultur sein? Haben wir wirklich nichts dazu gelernt? Sind wir wirklich so starrsinnig, so arrogant, borniert und uneinsichtig, dass wir aus Fehlern **unserer** Erzeuger oder deren Vorfahren noch nicht lernen können? Eine gesunde und gerechte Gesellschaft ist wie eine homogene Kette mit weitgehend gleichstarken Gliedern. So eine homogene Kette ist sehr flexibel und kann bis an ihre Reißgrenze belastet werden – ohne zu reißen. Andererseits ist eine Kette nur so stark wie ihr schwächstes Glied, und das sind diejenigen unter uns, die brav ehrliche Leistung erbringen – wir sollten sie nicht überbelasten.

Es wird eng, wir müssen umdenken und die Notwendigkeit zum Handeln erkennen. Momentan sind wir noch intelligent genug, um den Abgrund zu erkennen, auf den wir uns rasch zubewegen. Noch könnten einige von uns anhalten und wegweisend umkehren! Ob es in absehbarer Zukunft auch noch möglich sein wird anzuhalten und umzukehren, wenn Drogen, Mediendiktatur, Aberglaube, Anarchie, Chaos und Gewalt herrschen werden, ist sehr, sehr fraglich! Es wäre eine nachhaltige, eine geistig-evolutionäre Anpassung, die es so noch nie in der Geschichte der Menschheit gab. Es wäre das erste Mal in der Menschheitsgeschichte, das eine Kultur sich selbst kurz vor ihrem eigenen Untergang durch ihre eigenen Intelligenzleistungen retten würde – unmöglich? Nein, denn das Intelligenzpotenzial zur Selbsterkennung hat jeder von uns, doch nur wenige nutzen es bislang. Es ist wie mit der Wahrheit, die angeblich alle wissen möchten, jedoch nur wenige hören wollen.

Nun zurück zu unserem Anfang, denn ohne ihn gäbe es auch unser vorhersehbares Ende nicht. Und wer sein Ende, bzw. seine Gegenwart verstehen will, der muss mit seinem Anfang beginnen. Damit es uns ursprünglich zunächst als eine Zelle geben konnte, mussten zuerst kompatible Zellenbestandteile entstehen, die sich dann gegenseitig symbiotisch ergänzend zusammenfanden und schließlich zu einer funktionierenden Zelle weiterentwickelt haben. Ähnlich unserer Europäischen Gemeinschaft, nur etwas kleiner.

Angefangen hat „unser Leben" vor etwa 5 Mrd. Jahren, als sich klebrige Aminosäuren bzw. amöbenähnliche Glutaminsäuren, durch elektrostatisch bedingte Klumpen-Bildung, einzelne Zellen, bzw. Zellenbestandteile wie Zellorganellen, Mitochondrien, Zytoplasmen, Golgi- Apparate und ähnliche Teilchen, einverleibten bzw. Zweckgemeinschaften gebildet haben. Diese „Einverleibungskriege", diese Einverleibung „fremder Zellenbestandteile", wenn auch nicht freiwillig, führte schließlich zu einer stabilen Zellenbildung, aus der dann im Laufe der Zeit stabile Ein- und Mehrzeller hervorgingen und letztlich – nach etwa 5 Mrd. Jahren – auch wir.
Gäbe es diese anfängliche Zwangseinverleibung fremder Zellbestandteile nicht, dann gäbe es auch keine Zellenneubildung – die „Hardware", in der sich die „Software", **wie von selbst**, weiterentwickeln und wiederrum neue, Hardware bzw. Software hervorbringen könnte. Weil Viren Störenfriede sind, gegen die sich nicht nur unsere Computer durch Abwehranpassung wehren müssen um fortzubestehen, sondern auch die Zellen allgemein – insbesondere die ersten Einzeller. So mussten sie sich zwangsläufig gegen die in sie eindringenden Keimviren durch Vieren-

Kreuzungen (Virenmutationen) immer besser wirksame „Abwehrwaffen" einfallen lassen, um fortzubestehen, um sich proevolutionär weiterentwickeln zu können – auch heute noch. Diese „Aufrüstung" findet nicht nur auf der Viren- bzw. auf der Einzeller-Ebene statt, sondern auch in und bei uns, insbesondere durch immunisierende, virenspezifische Impfungen. So funktioniert nun mal Evolution; ohne das Schlechte gäbe es die Erkenntnis des Guten nicht und ohne Unzufriedenheit mit dem Alten, gäbe es nichts Neues – „Altes geht, wenn Disharmonie entsteht"! Es ist wie beim kreativen Streit, der Kompromisse, der Einigungen hervorbringt, denn „Not macht erfinderisch".

Aus „Energie" wurden Elementarteichen, dann Atome und Moleküle bis hin zu komplexer Materie. Aus Steinen, Stöckchen und Knochen wurden Werkzeuge, mit denen dann immer komplizierterte Maschinen gebaut werden konnten wie Autos oder Flugzeuge. Aus einzelnen Glaubensstiftern wie Moses, Buddha, Jesus oder Mohammed wurden Menschen versklavende Religionen für Millionen.

Unsere Erde ist entstanden, weil sie sich viele kleine „Erden" einverleibt hat und es immer noch durch „Einverleibung" kosmischer Staubeinschläge tut – momentan sind es zirka 50.000 Tonnen Sternenstaub pro Jahr. Galaxien wachsen zusammen und das Universum dehnt sich permanent immer weiter aus. Firmen einverleiben sich gegenseitig, gehen an die Börse und werden dann ihrerseits von großen Konzernen „geschluckt". Länder vereinigen sich, die Europäische Gemeinschaft, ein gefräßiger „Mehrzeller" entsteht, der sich gerne weiter, hauptsächlich nach Osten ausbreiten würde, doch der Osten ist seinerseits mindestens genauso gefräßig und fortwährend auf Einverleibungen bedacht. Der Süden möchte sich gerne nach Norden ausbreiten, allerdings nicht im Zeichen des Kreuzes, sondern des Halbmondes – er tut es zunächst durch Einschleusung von „Mondsichelviren" in die europäische „Amöbe", die im Laufe der Zeit

sesshaft werden und schließlich das Kommando übernehmen könnten.
Nach dem Motto: Wenn du die Schlacht nicht kurzfristig gewinnen kannst, dann gewinne langfristig den Krieg – verbinde dich unterwandernd mit deinen Feinden, indoktriniere sie, baue Kirchen und Moscheen, damit die Gläubigen posthypnotisch immer daran erinnert werden, an wen sie glauben sollen und übernehme schließlich die Führung. (Siehe 1. Teil: Suggestion und Hypnose) Welche „Fressschleimzelle" welche fressen wird oder auch nicht, ist ungewiss. Bis dahin werden sich, als kleine Ableger, neue „Fressschleimzellen" bilden, die sich für die einzig wahren Zellen halten werden. Doch eine Zelle bleibt eine Zelle, eine raumbegrenzende „Wohnung" – wozu auch unsere Erde gehört.

Eine „Wohnungswand" zu bauen, die aus einer Primär-, Sekundär- und Tertiär-Wand, aus besonders resistentem Pektin und Chemiecellulosen besteht, ist sicherlich keine einfache Angelegenheit. Eine Wohngemeinschaft (WG), in der jedes einzelne Zellteilchen seine spezifische Aufgabe perfekt zu erfüllen hat, also in harmonischer Koordination mit allen anderen Zellenbestandteilen perfekt funktioniert, sicherlich auch nicht – da können die zivilisierten Studenten-WGs noch einiges von unseren „primitiven" Zellen-Vorfahren lernen. So eine einzelne Zelle ist fast genauso komplex wie unser gesamter Organismus, der schließlich auch NUR aus unzähligen einzelnen Zellen besteht, die bei der Zusammenkunft lediglich aus zwei Zellen mit zwei halbfertigen, also für sich genommen, ganz unbrauchbaren „Notizzetteln" bestanden – aus dem Spermium und der Eizelle.

Eine andere Frage ist nur, wer diese neuen genetischen Schaltkreise fortwährend erweiterte, die die einzelnen Zellbestandteile zu einer Zelle, dann zu organspezifischen Zellen und später zu einem ganzen Organismus werden ließ und WARUM? Wer hatte die Ur-Idee, die Zellbestandteile durch eine Zellwand zu schützen, zu vereinen?

Wie oder wodurch haben sich die Zellbestandteile verständigt und schließlich dazu entschlossen, eine gemeinsame Zelle zu werden – einfach so, ohne Plan, aus dem unbewussten „Bauch-Verstand" heraus? Wer hat die einzelnen Bestandteilchen der zukünftigen Zelle koordinierend zum Zusammenschluss, zum Überleben gedrängt? Sie selbst – ohne Kopf-Verstand, einfach so, aus dem unbewusst „denkenden" Bauch heraus, ganz und gar intuitiv? Ja, wobei NUR noch zu klären wäre, wer der Intuitionen-Geber, wer der kreative, situationsbedingt agierende Koordinator war bzw. immer noch ist – die immerwährende, geheimnisvolle Lebensenergie? Das Namenlose ES? Das werden wir in unseren jetzigen Daseinsstadium nie erfahren, es sei denn, dass wir MEHR werden, als wir augenblicklich zu sein scheinen, denn NOCH sind wir nicht so klug, wie wir uns denken.

Ist es ein Irrtum, mehr werden zu wollen, als wir es bereits zu sein glauben? Sicherlich nicht, denn latent sind wir bereits mehr als unsere tierischen Verwandten – wir müssen ES „nur" noch werden! Um mehr erkennen zu können als das was wir momentan noch zu sein glauben, müssen wir zuerst MEHR werden und uns weiterentwickeln, um schließlich Denkkorrekturen vornehmen zu können, denn erst mehr geworden werden wir auch erkennen, wie wenig wir sind, was letztlich unendlich viel sein wird. Fakt ist, dass ALLE Lebewesen, auch wir, die gleichen genetisch festgelegten Zellbestandteile haben, eine Art Stammzellen, welche dann „zufällig" unterschiedliche Organe bilden, die wiederum spezifische Aufgaben erfüllen: Unser Herz und unsere Lungen versorgen unsere Körper über das Hämoglobin der roten Blutkörperchen mit dem zur intrazellulären Energiegewinnung benötigten Sauerstoff. Unsere weißen Blutkörperchen passen auf, dass uns nichts passiert, dass wir nicht vorzeitig erkranken oder rechtzeitig wieder gesund werden. Unsere Beine tragen uns von Ort zu Ort, unsere Ohren hören, unsere Augen sehen, unsere Nasen riechen, und unsere Hände greifen und begreifen, damit unser Verstand versteht, worum es geht, denn er ist auf Informationen von außen angewiesen. Auf Informationen, die er dann zum „Überdenken" weitergeben kann, damit innen, damit genetisch etwas situationsabhängig weiterentwickelt werden kann, was sich dann draußen eine Zeit lang gut bewähren könnte und die Evolution wieder ein Stückchen vorantreiben würde.

Unser Verstand kann kognitiv bedingt rechnen, analysieren, zuordnen, beurteilen und am liebsten verurteilen. Ob unser Verstand gut oder schlecht „rechnen" kann, das hängt weitgehend von unserer sich ständig anpassenden, sich ständig wie von selbst, „zufällig" aktualisierenden Genkombination ab.

Wenn einer besser rechnen kann als ein Anderer, so kann der Andere etwas anderes besser – z. B. springen, lesen oder singen. Man spricht dann von Begabungen, die so unterschiedlich sind wie unsere Meinungen, wie wir selbst. Und was sich situationsbedingt besser bewährt, das bleibt eine Zeit lang in Bewährung. Allerdings können wir nur das, was unsere momentane genetische Festlegung situationsbedingt in der Lage ist zu leisten. Finden z. B. getrennt voneinander lebende eineiige Zwillinge ähnliche Umweltbedingungen vor – egal wo auf der Welt– dann kommen sie aufgrund ihrer genetisch bedingten spezifischen Wahrnehmungen auch zu sehr ähnlichen Verhaltensmustern. Sie entwickeln sich nahezu identisch, auch wenn sie nach ihrer Geburt bei verschiedenen Familien getrennt aufwachsen sollten.

Was hierbei den evolutionären Aspekt anbelangt, so sind Reproduktionen nur so lange sinnvoll, wie es genügend Nahrung gibt, sonst sind sie NICHT erstrebenswert und im Falle von eineiigen Zwillingen, Schwulen, Lesben oder Diversen eher als Unglück zu bezeichnen, denn Wiederholungen oder Fehlentwicklungen bringen nichts Neues hervor. Weil Kopien oder Fehlentwicklungen allgemein kontraevolutionär sind.

Damit Neues entstehen kann, MÜSSEN sich Entwicklungen als proevolutionär erweisen. So gesehen hat das zerstrittene Europa, vom Kopf auf die Beine gestellt, d. h. den demokratischen Willen der Völker berücksichtigend und NICHT von den Regierungen oder Parteien bestimmt, doch noch gute Chancen, initialgebend zu einer Welteinheit zu werden – zunächst durch ein gemeinsames Feindesbild, durch die Lug und Betrug hervorbringende Gier armer Leute mit viel Geld oder durch Fehlverhalten einzelner Mitglieder. Es klingt zwar paradox, ist es aber nicht, denn Disharmonie bringt Harmonie hervor und ein gemeinsamer „Feind" stärkt den Zusammenhalt jeglicher Gemeinschaft.

Wir könnten sogar sehr schnell zu einer homogen-solidarischen Weltgemeinschaft werden, wenn unsere Erde von Asteroiden, weltweiten Klimakatastrophen oder unseren fernen und nahen Vorfahren, den sogenannten Aliens oder Bakterienstämmen, existenziell-akut bedroht wäre. Ähnlich den Germanischen Vereinigungen der Teutonen gegen die Römischen Legionen.

Stellt euch vor, die Welt würde NUR aus Klonen bestehen. Wenn die erste Zelle sich nicht weiter entwickelt, sondern immer nur verdoppelt hätte, wenn die „Schöpfung" nach dem ersten „Tag der Schöpfung" beendet wäre – was wäre dann?

Mit identischen Kopien ist der Evolution nur so lange gedient, wie artspezifische Nahrung im Überfluss vorhanden ist. Danach ist wieder Anpassung durch Weiterentwicklung bzw. durch schöpferische Mutation erforderlich. Es macht sicherlich Sinn, wenn alles sich zu Größerem oder Stärkerem entwickelt, auch unser Verstand, denn er ist es, mit dem wir irgendwann alles ahnend verstehen werden sollen.

Einige unter uns ahnen ES zwar mehr als andere, doch wissen können wir es nicht, denn es ist eine anders dimensionierte Ebene. Eine Ebene, zu der nur unsere Geist-Seele transzendierend Zugang findet und es dann unserem Verstand „scheibchenweise" mitteilt – als eine unverbindliche Offerte. Scheibchenweise, denn unser Verstand erfährt immer nur so viel oder so wenig, wie er seinem Entwicklungszustand entsprechend in der Lage ist zu verstehen.

Eigentlich ist es so wie in der Schule, wie im täglichen Leben, nur auf einer anderen, auf einer noch geheimen Ebene, zu der wir, als körperlich bedingter Verstand, noch keinen direkten Zugang haben. Es ist wie mit unseren Atemwendepunkten, wie bei der Tag-Nacht-Dämmerung, wie mit dem Leben und dem Tod – entweder sind wir hier oder wir sind dort, auf „zwei Hochzeiten gleichzeitig zu tanzen", ist NUR unserer Seele möglich, sodass sie es dann sein wird, die unseren Verstand Unmögliches „zufällig" erahnen lässt. Wir sollten lernen ihr atemgeräuschfrei zuzuhören, damit aus Ahnung etwas mehr Gewissheit werden kann!

Beispielsweise ärgern wir uns irgendwann über ein schmerzliches Missgeschick. Diese „schmerzliche Lektion" werden sich einige unter uns merken. Andere werden nichts dagegen unternehmen und gegen die „gleiche Mauer" erneut anrennen. Noch andere werden sich eine Zeit lang Gedanken über eine Problemlösung machen, schließlich geben auch sie auf. Und noch andere bleiben hartnäckig dabei, doch auch ihnen fällt per se keine Lösung ein, bis sie eines Morgens aufwachen und plötzlich wissen werden, wie das Problem zu lösen sei, obwohl sie ganz sicher in der letzten Zeit überhaupt nicht über eine Problemlösung nachgedacht haben. Wenn nicht sie, WER war es dann? Ein anderer, der uns kennt? Dem unsere Probleme bewusst sind? Der andersdimensioniert über uns wacht? Einer, den wir NOCH nicht „persönlich" kennengelernt haben? Einer, der **gerne möchte**, dass wir IHN bewusst kennenlernen? Einer, der ständig Ruf-Signale sendet, die die meisten von uns aufgrund mangelnder „Hardware" NOCH nicht wahrnehmen können wollen?

Sollten wir tatsächlich mehr sein als die Summe unserer Identitäten? Sind WIR tatsächlich mehr, als wir es zu wissen ahnen? Tröstlicherweise JA, denn latent sind wir bereits MEHR, WIR müssen ES nur noch werden! Das Potential zum Mehrwerden haben viele von uns, doch nur wenige nutzen es. Es wird Zeit, dass wir unsere „Aquarien" verlassen, andernfalls bleiben wir Gefangene unserer eigenen „Kokons". Irgendwann sterben wir, ohne zu erfahren, dass wir ein schöner Schmetterling hätten werden können. Ohne zu erfahren, dass wir MEHR sind, als wir zu sein glauben. Werden wir wie Kinder und lernen uns wieder zu wundern, dann werden wir nicht nur Wunder verstehen, sondern auch uns selbst – als ein wunderbares Teilchen des wunderbaren Wunders!

Nehmen wir uns einen Schmetterling oder eine Schmetterlingsraupe als Beispiel. Am besten Eins von beiden, das zuerst da war, der durch Mutation veränderte Schmetterling. Oder doch die Raupe? Als Schmetterling haben wir sicherlich keine Erinnerung an unser Dasein im Raupenstadium, und als Raupe wissen wir sicherlich nichts von unserem zukünftigen Leben als Schmetterling. Wirklich? Ist es wirklich so? Weiß der Frosch denn nichts über sein vergangenes Dasein als Kaulquappe, bzw. die Schmetterlingsraupe über ihr zukünftiges Dasein als Schmetterling? Es darf experimentiert werden: Trainieren wir eine Raupe, die auf der Nahrungssuche ist, derartig, dass sie, um Nahrung zu finden, etwas lernt, z. B. an der Weggabelung immer den Weg nach links einzuschlagen. Wenn wir diese Raupe erfolgreich konditioniert haben, dann wird der aus ihr nach der Verpuppung aus dem Kokon neugeborene Schmetterling, trotz völlig unterschiedlichen Nahrungsbedarfs, auch den linken Weg zur Nahrungsquelle einschlagen.

Ein Wunder? Nein, nur eine verwunderbare Realität. Doch es geht auch ohne Training: Ein Monarch-Schmetterling, der seine Paarungszeit an einer bestimmten Hainstelle in Mexico verbringt, fliegt zur Eierablage etwa 4.500 Km weit – bis nach Kanada. Aus den Raupen bzw. aus den verpuppten Larven schlüpfen dort das Jahr darauf wunderschöne Monarch-Schmetterlinge, die, ohne den Weg zu kennen, den **gleichen Paarungsbaum** in Mexico aufsuchen wie ihre Eltern ein Jahr zuvor!

Haben wir als Baby oder als Kleinkind eine Erinnerung an unser Sperma- bzw. an unser Ei-Dasein? Oder erst dann, wenn beide, die Sperma- und die Eizelle zusammenkommen – wenn die passive, Genkombination abhängige, Lebensenergieaufnahme beginnt? Wenn aus zwei Zellen eine wird, die die Genkombination beider vorweist? Oder erst nach der Geburt, wenn die aktive, also die beseelende Lebensenergieaufnahme mit/nach dem ersten Atemzug beginnt?

 Können wir uns als Kleinkind an unseren Vater oder an unsere Mutter erinnern? Eventuell an unsere Großeltern oder sogar an unsere Ur-, Urgroßeltern? An unser Dasein als Tiere oder gar als Pflanzen? Wie weit gehen UNSERE „Déjà-vu"-Erinnerungen zurück? Bis zum Urknall?

Manchmal kommt uns irgendwas bekannt oder irgendwer sympathisch oder unsympathisch vor – ohne zu wissen warum wir es „wissen". Irgendwie ahnen wir es, doch wir wissen es nicht, warum wir es ahnen oder woher unsere Ahnung kommt. Mystisch? Zunächst ja! Später, wenn wir MEHR werden als wir es z. Z. zu sein glauben, wird diese Erkenntnis eine Selbstverständlichkeit sein. Dann werden wir ES selbsterfahrend wissen und NICHT unerfahren glauben müssen!

Warum können wir Menschen uns artenübergreifend in die Lage des anderen AUGEN-**BLICKLICH** versetzen? Kann ein Pferd oder ein Hund sich augenblicklich in unsere Lage versetzen und unsere Stimmung nachvollziehen – mit uns mitfühlen? Ja, wenn wir nicht lügen! Wenn unsere Augen unser wahres Empfinden widerspiegeln, wenn wir und unsere uns betrachtenden Betrachter authentisch sind.

Wenn es unseren Tieren oder sogar Pflanzen schlecht geht, dann sind auch die sensiblen Tier- oder Pflanzenfreunde unter uns traurig. Oft erkennen wir die Stimmung unseres Partners ungesehen, an dem Klang bzw. an den Schwingungen seiner Stimme, der Körperhaltung oder anderen unsichtbaren Ausstrahlungssignalen. Selbst nachts, wenn unser Partner neben uns still und unbeweglich im Bett wach liegt, „wissen" wir, dass er nicht schläft. Unglaublich? Ja – aber wahr!

Wenn wir einfühlsam sind, dann sprechen wir mit Kleinkindern, oft in die Hocke gehend, liebevoll und mit erhöhter, mit kindlicher Stimmlage. Wir lächeln dabei und unsere Augen spiegeln unsere innere Einstellung wider, sodass Kleinkinder unsere Seelenbotschaft sofort richtig deuten können – noch bevor sie sprechen lernen, denn „unsere Augen sind die Spiegel unserer Seelen". Und wenn Kleinkinder sich bei unserem Anblick ängstigen, dann liegt es nicht an unserem Aussehen, sondern am Ausdruck unserer Augen. Denn was die Augen „sagen", das können nicht nur Kleinkinder, das können Tiere und Menschen auch ohne Sprache, sozusagen sprachunabhängig und sogar artenüberschreitend augenblicklich gegenseitig deuten und verstehen. Als ob wir uns gegenseitig in unseren Seelen spiegeln würden, als ob Menschen und Tiere, Pflanzen und Bakterien anteilig die gleiche alles und jedes ausfüllende „Spiegel-Seele" hätten, als ob alle und alles ein Teilchen der „Urknall-Seele" wären.

Unsere gemeinsame Seele ist so etwas wie ein riesiger Spiegel, in dem sich alle und alles anteilig begegnen. Als ob unser „Computer" mit allen anderen „Computern" auf der ganzen Welt vernetzt und somit nur ein Teilchen der gesamten Vernetzung wäre. So ist es für die Sensiblen unter uns nicht überraschend, wenn sie augenblicklich ahnend wissen, was andere denken oder fühlen.

Dass es so etwas wie „Duplizität der Ereignisse" gibt, wissen die meisten unter uns aus eigener Erfahrung. Manchmal rufen wir jemanden an, und sein Telefon ist besetzt, sodass wir unseren Anruf nach fünf Minuten wiederholen und zu hören bekommen: „Schön, dass du anrufst, ich habe es bei dir gerade vor fünf Minuten versucht, aber dein Telefon war besetzt!" Oder: „Unglaublich, aber soeben wollte ich dich anrufen. Ich war gerade auf dem Weg zum Telefon." Und manchmal **müssen** wir von jemandem träumen oder an jemanden denken, weil er von uns träumt oder intensiv an uns denkt und somit sogenannte „telepathische" Botschaften aussendet, die unsere Seelen empfangen und an unseren Verstand weiterleiten.

Evolution ist ein langer und zunächst recht unverständlicher Prozess, doch es ist wie mit der Dunkelheit, die bei Licht verschwindet und allen anderen Dingen, die uns so lange kompliziert erscheinen bis wir sie verstehen.

Den Spruch, bevor wir etwas nicht verstehen: „Das kann ich nicht, und ich werde es auch nie lernen" und den Spruch danach, wenn wir es verstanden haben: „Das ist ja einfach", kennen sicherlich die meisten von uns aus eigener Erfahrung.

Alles hat und benötigt seine Zeit – auch die scheinbar zeitlose Evolution, denn das Eine bedingt das Andere. Als wir noch nicht sprechen konnten, da verständigten wir uns hauptsächlich über Blickkontakte und – über weitere Entfernung – durch Gestik oder Grunzen, bis „wir" eines Tages das Problem erkannten und überlegten, wie wir uns auch ohne uns zu sehen, z. B. im Dunklen oder im hohen Steppen-Gras, verständigen könnten. Den Rest kennen wir bereits. Irgendwann wurde „einfach so, also zufällig" ein „missgebildeter" Mutant geboren, der Kehlkopf-verändert, differenzierte „Gesang"-Laute von sich geben konnte, was die paarungswilligen Damen schon damals sehr interessant und imposant fanden, sodass er so viel Nachwuchs zeugen durfte, wie er konnte, denn von da an wollten alle weiblichen Gruppenmitglieder „singenden" Nachwuchs haben.

Heutzutage kommt noch ein weiterer Begehrensfaktor hinzu, der Kontostand, damit einige Damen und Herren paarungswillig werden. Obwohl sich alles kontinuierlich ändert, die Spielregeln der Evolution sind die gleichen geblieben und gelten sowohl für groß als auch für klein fortlaufend weiter.

Imposant ist interessant, fällt auf und weckt Begehren, macht neidisch, gierig und paarungsbereit. Neid, Gier und Missgunst sind wichtige Faktoren der natürlichen Evolution. Sie sind die Triebfedern, die uns immer weiter treiben, schöner, größer, reicher und klüger zu werden – leider auch gieriger!

Egal wie, egal wo, egal wie lange, „ÜBERLEBE", denn nur lebend, sich ständig verändernd und neuen Situationen anpassend, werden WIR irgendwann unseren Weg nach unserem gemeinsamen Urzuhause finden MÜSSEN! WIR als WIR selbst, WIR als unsere Nachkommen oder WIR als die Nachkommen unserer Nachkommen. Wir werden es schaffen, weil WIR das schaffen **müssen**, was wir uns selbst in ferner Vergangenheit versprochen haben; friedvoll, einsichtig und reumütig in unser Urzuhause zurückzukommen.

NOCH sind die meisten von uns weitgehend ziellos Reisende, doch irgendwann, irgendwo, als irgendwer werden wir unserem Reiseziel zunächst instinktiv, dann auch bewusst näherkommen, denn auch die längste Reise endet meistens erst dort, wo sie angefangen hat – zuhause! Womit eine 30-Sekundige „Rückreise" angesagt wäre.

Auch wenn einige unter uns ES noch nicht verstehen können, aber wir sind JEDEN TAG mit uns erst dann richtig zufrieden und glücklich, wenn wir ein Teilstückchen dieses langen Rückweges gegangen sind. Wenn wir uns selbst, ein winziges Stückchen näher gekommen sind. Wir fühlen uns gut, wenn wir jeden Tag erfolgreich sind oder das Gefühl empfinden etwas Gutes getan zu haben.

Weil wir ein winziges Stückchen in die richtige Richtung gegangen sind, setzt unsere Seele in unserem Gehirn Endorphine (Glücksstoffe) frei, sodass wir uns dabei augenblicklich glücklich fühlen. Es muss nicht gleich das Endziel unseres „Lebensstaffellaufes" sein. Winzig kleine Abschnitte unseres Lebensstaffellaufes genügen schon. Hauptsache, wir folgen unserer evolutionären Intuition. Sie sagt dann „danke" zu uns, was in uns ein freudiges Gefühl auslöst, denn Lob und Tadel sind auch hierbei die Taktik der Didaktik und über gute Früchte freut sich der Himmel. Es genügt schon, wenn uns etwas gelingt; im Büro, in der Schule, in der Werkstatt oder im Hobbyraum, wenn unser Auto schön glänzt, wenn wir das Zimmer ordentlich tapeziert oder etwas Schmackhaftes gekocht haben, wenn wir in der Urzeit Nahrung gefunden, ein Tier erlegt haben oder einem Tier selbst als eine Mahlzeit entkommen sind.

Immer wenn wir das Gefühl haben, etwas Kreatives geleistet zu haben, werden in unserem Gehirn Gefühlszentren aktiviert, die unseren Körpern uns motivierende Glücksstoffe zukommen lassen und umgekehrt, wir werden bestraft, wenn wir uns von uns selbst hinwegbewegen, dann sind wir unzufrieden und haben schlechte Laune – wobei wir, fatalerweise, die „Schuld" für unsere eigene Unzufriedenheit meistens schell bei anderen finden, statt sie geduldig bei uns selbst zu suchen. Dabei sind wir es selbst, die unsere eigene Vertreibung aus dem „Paradies" unserer Läuterung wegen veranlasst haben, um irgendwann als Mensch wieder neutraler Geist zu werden. Bis dahin werden wir, von unseren Seelen liebevoll strafend geführt, weitersuchen, belohnt oder getadelt, je nachdem in welche Richtung wir uns weiterentwickeln – manchmal „gezuckert", meistens jedoch „gepeitscht" werden, doch „leichte Peitschen-Schläge fördern das Denkvermögen". Wir werden unseren Weg zurück finden, weil wir ihn schicksalsbedingt finden MÜSSEN – jeder für sich und doch **gemeinsam**, denn „keiner ist eine Insel".

Wenn Ameisen Pflanzen bei Parasitenbefall helfen, diese zu vertreiben, dann werden sie mit Nektar und kostenloser Unterkunft belohnt. So überleben beide voneinander profitierend, Pflanzen und Ameisen. Die Pflanzen werden von den Ameisen beschützt, wobei die Ameisen dafür Schutzgelder in Form von kostenloser Unterkunft und Nahrung kassieren. Diese Schutzgeldmethode funktioniert auch bei uns – sogar gewerblich.

Bestimmte Pilzarten können nur dann überleben, wenn Termiten sie in ihren Termitenbauten hegen und pflegen. Die Termiten ernähren die Pilze, und die Pilze ernähren die Termiten.

Vögel können einem Honigdachs den Weg zum schmackhaften Bienenstock zeigen, und der Honigdachs belohnt die Vögel mit einem Stückchen Wabe, die mit Bienenhonig gefüllt ist.

Wenn ein Fisch von Parasiten befreit werden will, dann lässt er sich von kleinen Fischen putzen, welche gerne die ihm lästig gewordenen Parasiten als Belohnung verspeisen. Wir sagen „eine Hand wäscht die andere" dazu.

Diese von einander abhängige Art des Zusammenlebens ist auf allen Entwicklungsebenen der Evolutionsleiter zu finden, ganz oben bei uns Menschen und ganz unten bei den Bestandteilen einer Zelle und davor. Wasserstoff und Sauerstoff „lieben" sich so sehr, dass sie sogar ihre eigenständige Existenz zugunsten einer Molekularehe aufgeben. Allen Molekülen und Legierungen ergeht es so. Selbst eine stabile Ehe oder politische Parteiorganisation funktioniert nach diesem Prinzip der Selbstaufgabe zu Gunsten der Gemeinsamkeit, wo nicht das „Ich", sondern das „Wir" im Vordergrund steht – auch wenn es letztlich die Einzelnen sind, die die Richtung der ganzen „Herde" initiieren. Es sind die einzelnen Vordenker, die ganze Nationen zum Nachdenken zwingen können – vorausgesetzt, sie werden aus Mangel an Einsicht bzw. Lernfähigkeit der Allgemeinheit nicht vorher eliminiert oder lange Zeit ignoriert.

Oft sind es die ehrlichen, die altruistischen Opferhelden, die letztlich von der eigenen Herde niedergetrampelt werden. Tja:

„Wer sich zu weit oder zu früh aus dem Fenster lehnt, der lebt gefährlich, der kann leicht aus dem Rahmen fallen bzw. geschubst werden", doch wer im Rahmen bleibt, der bleibt sein Leben lang eingerahmt! Der wird nie erfahren, wie befreiend es sein kann, NICHT eingerahmt zu sein. Der wird nie erfahren, wie schmerzlich-befriedigend es sein kann, das Richtige zum richtigen Zeitpunkt getan zu haben! Und manchmal müssen sich Einzelne wegweisend opfern, damit ihnen Viele folgen können.

Die artenübergreifende evolutionäre Aufgabe ist es zu überleben, als Pflanze, als Tier und schließlich auch als Mensch, dem vorläufig letzten Lebensstaffelläufer. Wir können den Staffellaufstab nur deshalb ins Ziel bringen, weil wir ihn von unzähligen Vorläufern überreicht bekamen. Jeder der unzähligen Vorläufer ist für seinen Abschnitt auf seine Weise belohnt oder bestraft worden, damit WIR Menschen den „Lebensstab" irgendwann ins Ziel bringen.

Ohne die erste Sprosse der Evolutionsleiter können wir die zweite nicht erreichen und ohne die zweite auch nicht die dritte usw. bis zu unserer eigenen Kokonbefreiung, bis zu unserer Selbst- bzw. Neugeburt, der vereinenden „Hochzeit" von Bauch, Kopf und Seele, die alles verändert, die Neues hervorbringt – das „WIR" und dabei die vielen ICHS sterben lässt.

Bis dahin müssen wir uns an das halten, was uns zur Verfügung steht, an unseren intuitiv-kognitiven Bauch-Kopfverstand! Und wir sollten ihn immer wieder nachschärfen, denn „saubere Schnitte" lassen sich nicht mir stumpfen Werkzeugen erzielen.
Bitte jetzt – mit unserer 30-Sekunden-Stille-Remotion – und dann immer und immer wieder, bis schließlich unser Verstand scharf genug sein wird, um sich selbst „sezieren" zu können.

Im Laufe unserer Evolution haben wir mindestens drei wichtige Evolutionswege beschritten, die Wasser- Erd- und Luftbeherrschung zum Ziel hatten. Als Bakterien besiedelten wir zunächst

Wasser, dann das Land. Diejenigen, die an Land blieben, lernten im Laufe der Zeit zunächst das Kriechen und letztlich das Laufen. Diejenigen, die zunächst das Laufen lernten, lernten im Laufe der Zeit springen, hüpfen und schließlich fliegen. Manche, die sich im Wasser entwickelt und gelebt haben, kamen an Land, und andere, die sich dann an Land weiterentwickelt haben, gingen wieder zurück ins Wasser, je nachdem, wer welche „Idee" hatte, wer welche Situationen wo vorfand und sie anpassungsmäßig zu meistern wusste. Andere, die lernbehindert oder schwächebedingt nicht in der Lage waren, ihre neuen Situationen zu meistern, hatten das Nachsehen und starben einfach aus.

Wir sollten daraus lernen! Andernfalls werden es die Schwachen und Unmündigen, die Lernbehinderten und Unbelehrbaren sein, die mehrheitsbedingt, demokratisch legitimiert, unsere gemeinsame Zukunft bestimmen werden.

Da wir bereits im Mutterleib „träumen, fliegen, laufen und schwimmen können", so müssen wir es bereits auch davor gekonnt haben, mindestens aber theoretisch, als „Raupe", bevor wir „Schmetterling" wurden, auf der Gen-CD fest eingebrannt als Code, also weit vor unserer Zeugung. Es gehört einfach zur Evolution, dass Gelerntes als Potenzial nicht nur in unseren Genen festgelegt ist, sondern auch „woanders" in einer andersdimensionierten, geheimen „Gen-Bank" archiviert wird, sodass das „Rad" nicht immer wieder mühsam neu erfunden werden muss. Andernfalls wären wir immer noch NUR bakterielle Keimlinge. Wir starten EINZELN, als veränderter Nachwuchs dort, wo unsere Vorfahren gentechnisch stehen geblieben sind, was einzelne oder ganze Nationen zum Ziel oder ins Verderben führen kann. Je nachdem, ob die Mehrheit stark und lernfähig oder schwach und lernunfähig geboren wird.

Wenn die Erde und damit die auf ihr herrschenden Lebensbedingungen sich ändern, ist die Evolution **jederzeit** in der Lage, sich der neuen Situation anzupassen. Selbst Klimawandel, nukleare Katastrophen oder „Weltuntergänge" werden die Evolution nicht daran hindern können, anpassungsfähig zu bleiben – auf unserer Erde oder woanders. Daran wird kein Mensch und insbesondere keine Umweltorganisation etwas ändern können – auch wenn es für manche Geschäftsleute lukrativ ist, so zu tun, als ob sie es könnten – was allerdings nicht unser Problem sein sollte.

Unser Haupt-Problem sollte es sein, unseren Kindern keine Umwelt- oder Rohstoffprobleme, keine Nahrungs- oder Energieprobleme zu hinterlassen, denn unsere Kinder tragen für ihr Dasein KEINE Verantwortung, sondern wir. Unsere Eltern, unsere Großeltern und unsere Urgroßeltern wussten es zu ihrer Zeit NOCH nicht besser, doch die Zeiten ändern sich und mit ihnen AUCH die Erkenntnismöglichkeiten.

Allerdings sollten das auch unsere Kinder bedenken, BEVOR sie neues Leben „schenken", denn je mehr neues Leben „geschenkt" wird, desto zahlreicher werden die daraus resultierenden Probleme wie Energie-, Rohstoff- oder Platzmangel.

Wir benötigen **nicht** MEHR Platz, **nicht** MEHR Nahrung, **nicht** MEHR Energie, sondern **MEHR** ehrliche, auf Fakten basierende **Bildung**, dann werden wir, **wie von selbst**, WENIGER werden und dann reicht es für uns alle!

Bis dahin werden wir uns – **bildungsmangelbedingt** – immer weiter vermehren, bis wir schließlich irgendwann lernfähiger werden und dann erkennen könnten, dass unsere, durch die Gier ungerechter Leute verursachte, uneingeschränkte Vermehrung die Hauptursache **aller** unserer irdischen Probleme ist und so lange, wie wir durch unsere alten Denkweisen keine neuen Erkenntnisse zulassen, werden die meisten von uns diejenigen bleiben, die wir zu sein glauben – nur unwissende Leute, die sich selbst bereits für wissende Menschen halten.

Gerechtigkeit

Als ein eingeborener Kannibale von einem Missionar gefragt wurde, was Gerechtigkeit, was gut oder böse sei, antwortete er ihm: „Gerecht und gut ist, wenn ich dich fresse, ungerecht und böse, wenn du mich frisst". Ungerecht und schlecht ist meistens das, was andere tun, gut und gerecht dagegen ist das, was wir tun, was uns persönlich einen Vorteil verschafft. Wobei auch Gutes schlecht sein kann, wenn es zum Bösen führt und Böses gut, wenn es am Ende zum Guten wird. Es ist ähnlich wie mit den bösen Viren, die unsere Körper immunisieren und somit vor weiteren Ansteckungen beschützen können.

Alles ist nur eine Frage des aktuellen Standpunktes des Betrachters oder der Vorausschaubarkeit. Wir sind gerecht, wenn wir beides sind, gut und schlecht, wenn wir uns genau zwischen den beiden Polen im neutralen Bereich der Wahrheit befinden. Es ist der schmale Weg in der neutralen Mitte, der uns authentisch, der uns wahrhaftig werden lässt. Sobald wir eine Position beziehen, links oder rechts, verlassen wir die neutrale, die gerechte, die wahrhafte Mitte – wir werden parteisch!

Manchmal muss man Schlechtes tun, um Gutes zu bewirken, und ein andermal muss man Gutes (Dummes?) vermeiden, um Schlechtes zu verhindern. Man geht auch nicht in einen Löwenkäfig hinein, um die Löwen zu füttern, und man weicht mit einem Auto nicht unbedacht aus, um ein Tier nicht zu überfahren – viele haben es trotzdem versucht, allerdings war das für sie die erste und die letzte Lektion vom Guten (Dummen), das böse endet. Manchmal muss man das kleinere Übel in Kauf nehmen, um größeres Unheil zu verhindern. Es kommt zwar selten vor, aber manchmal müssen sich Einzelne altruistisch opfern bzw. vorangehen, um Vielen als Orientierungshilfen zu dienen.

Gerecht und gut ist meistens das, was WIR tun und was UNS persönlich den größten Nutzen bringt. Gehören wir zu den zehn

Prozent der armen Leute mit viel Geld, dann denken wir uns sogar gerechter und viel besser als der restliche „Pöbel", als die restlichen neunzig Prozent der naiven Leute, die nur zehn Prozent des Gesamtvermögens ihr Eigen nennen. Wenn 90 % des Gesamtvermögens 10 % der Bevölkerung gehören, dann sind es zusammen 100 % und wenn 10 % des Gesamtvermögens 90 % der Bevölkerung gehören, dann sind es zusammen auch 100 %, dann ist alles gerecht, denn mehr als 100 % Gerechtigkeit gibt es doch gar nicht!

Tja, rechnen müsste man können. Es ist wie mit den Drogen- oder Pillenverkäufern, die ihre „Pillen" für zwei Euro einkaufen und für fünf Euro verkaufen. Von den „drei Prozent" leben sie dann dermaßen „sparsam", dass sie sich mehrere Autos und Häuser leisten können.

Gerechtigkeit sollte wahrhaftig sein und ohne falsche Rechenakrobatik, ohne Ansicht der Person und für alle gleichermaßen gelten, denn Gerechtigkeit führt zur Freiheit, zur Freiheit für uns ALLE! Dabei könnte wahrhafte Gerechtigkeit ganz einfach sein. Sie müsste ohne Ausnahme für ALLE gelten, auch für Vorbilder sein wollende Sportler, Sportfunktionäre oder andere Boni-Millionäre, und die begangene Ungerechtigkeit müsste bei eindeutiger Beweislage doppelt so hoch gesühnt bzw. verhöhnt werden wie sie es wert ist.

Es wäre eine einfache Gesetzesformel, die sich jeder von uns leicht merken würde. „Auge um Auge und Zahn um Zahn" reichen nicht aus, um uns zu mehr Gerechtigkeit, zu mehr Menschlichkeit zu zwingen.

Wer anderen absichtlich materiellen, körperlichen und seelischen Schaden zufügt, der muss mit mindestens einer doppelten Wiedergutmachungsstrafe bestraft werden. Der sollte vorher wissen, was ihn nachher erwartet. Wenn ein potentieller Kinderschänder oder Vergewaltiger wüsste, dass ihn als Konsequenz für seine Tat eine unumgängliche Kastration erwartet, dann würde sich das Problem mit Kindermissbrauch und Vergewaltigung schnell von selbst erledigen.

Das könnte doch gehen, das könnten wir doch in einer ehrlich funktionierenden Demokratie auch ohne Sarkasmus oder Heuchelei erörtern. Oder etwa nicht? Weil es unmoralisch wäre, Unmenschlichkeit bzw. unmenschliche Genweitergabe zu verhindern? Dann ändern wir die Moral, sodass es moralisch vertretbar sein wird, Unmenschlichkeit zu verhindern.

Lügner, Betrüger, Diebe und andere Verbrecher leben NICHT FÜR eine Gesellschaft, sondern VON ihr, nämlich von uns, von dir und von mir. Wer eine Gesellschaft schädigt, der schädigt auch die Teile der Gesellschaft, aus denen sie besteht; nämlich UNS – auch dich und mich! Wenn wir eindeutig wüssten, was für eine Strafe uns für eine begangene Straftat erwartet, dann hätten wir die freie Wahl. Wir könnten uns aus freien Stücken für oder gegen eine strafbare Tat Konsequenzen-bewusst entscheiden – sie wäre immer mindestens doppelt so teuer wie sie es wert ist.

Ein Steuerbetrüger betrügt nicht nur den Staat, sondern uns, die Bürger, die der Staat sind! Denn wir sind nicht nur das Volk, wir SIND auch der Staat – sogar ALLE Staaten auf unserer Erde. Wir müssen in dem Bewusstsein zu leben lernen und uns verinnerlichen, dass die Staaten und wir nicht verschieden, sondern identisch sind. Dass wir – kosmologisch betrachtet – nur in einem kleinen „Hühner-Stall" leben, in dem sogenannte „Hackordnung" herrscht. So lange uns nicht gelingt das wahrhaftig zu erkennen, wird Gerechtigkeit eine Farce, eine Scheinheiligkeit bzw. eine Heuchelei bleiben.

Wir dürften nicht über Gerechtigkeit reden, wenn wir Ungerechtigkeiten duldend „übersehen". Wir dürfen keine Ungerechtigkeiten tolerieren oder sie straffrei durchgehen lassen und es ist gut, dass es auch mutige Journalisten und Staatsermittler gibt, die die ausländischen „Briefkastenverstecke" unanständiger Leute aufdecken und somit offenlegen.

JEDER von uns hat den gleichen rechtlichen Anspruch auf Gerechtigkeit, auch die Superreichen – nicht weniger aber auch nicht mehr. Natürlich klingt all das für die gewissenlosen Leute mit viel Geld, unmoralisch und unmenschlich, doch ist es menschlich, uns, die Gesellschaft zu betrügen und zu bestehlen? Oder glauben die reichen Leute, dass sie, ohne uns zu betrügen, reich geworden wären – durch ihre „eigene Hände Arbeit"?
Auf solche „feine Leute" kann eine gerechte Menschheit gut und gern verzichten, und sie wird es auch zum Selbstschutz, aus Notwehr, schon bald tun müssen oder selbst im Lügensumpf der Profitgier und Geheimniskrämerei resignierend untergehen. In einer gerechten Gesellschaft hat jeder für jeden gleichermaßen da zu sein, und jeder muss nach seinen Möglichkeiten zum Wohl der Gesellschaft beitragen, denn wir sind im Laufe der Zeit eine große Familie geworden, die ursprünglich NUR aus zwei winzig kleinen Elternteilen bestand. Jeder sollte so viel geben, wie er kann, und NUR so viel nehmen, wie er wirklich zum Leben benötigt.
„Parasiten", „schwarze Schafe", "Schafspelzträger" und andere Verbrecher, benötigt eine gerechte Gesellschaft NICHT, und Wegsperren kostet nur viel Geld, das wiederum von der gerechten Gesellschaft kommt. Sind lebenslange Inhaftierungen mit freier Beköstigung und freier Unterbringung gerecht? Sind lebenslange Zwangsunterbringungen ohne Resozialisierungsaussichten sozial? Ist ein Mensch auch dann noch ein Mensch, wenn er sich wie ein gewissenloses, wie ein NICHT mitleidsfähiges Raubtier verhält? Wie eine Bestie, wenn er andere Menschen tötet, vergewaltigt, bestehlt, belügt und betrügt? Ganz gewiss nicht! Denn wer kein Mitleid mit seinen Opfern empfindet, wer vorsätzlich Böses tut, der darf nicht bemitleidet werden, wenn er gerechterweise selbst um der Gerechtigkeitswillen eli-

miniert wird. Jeder, der Anderen vorsätzlich Leid zufügt, sollte mit doppeltem Leid „belohnt" werden, denn der „Himmel" oder die Evolution, die auch uns hervorgebracht hat, kennt kein Mitleid mit Störfrieden oder anderen Fehlentwicklungen.

Würde eine Gesellschaft das viele Unterbringungs-Geld in Bildung und Aufklärung investieren, dann gäbe es weniger zum kostenintensiven Wegsperren. Wenn wir nicht wollen, dass uns die Ungerechten überrollen, dann müssen wir Gerechtigkeit ungeheuchelt leben WOLLEN! Dann dürfen wir kein Auge zudrücken und so scheinheilig tun, als ob wir nicht wüssten, dass unsere Bekannten schwarz arbeiten und damit unser Finanzamt und somit uns persönlich betrügen, denn wir SIND **auch** das Finanzamt.

Diebstähle oder Meineide sind Straftaten, die öffentlich geahndet werden sollten. Für die „kleinen" Diebe könnte eine allgemein sichtbare Ohrenschlitzung sicherlich keine so schlechte Idee sein. Allerdings würde sie nur wenig nutzen, denn Körperverstümmelungen sind heutzutage modern und bei vielen Leuten mit wenig Lernbereitschaft und viel Lernbehinderung sehr beliebt. Für die wenigen raffgierigen Diebe aus der Oberschicht, wäre eine Reichtum verachtende Veröffentlichung ihres Vermögens eine gute Möglichkeit, um etwas mehr Gerechtigkeit für alle zu erreichen. Warum sollen Steuer- und andere Diebe nicht öffentlich bloßgestellt werden – z. B. in Diebes- oder in Gier-Ranglisten? Weil „böse" Bloßstellungen nach dem geltendem Recht der „feinen Leute", das sie selbst gemacht haben, ungerecht wären?

Weil wir ihnen Menschenwürde für ihr unmenschliches, nicht menschenwürdiges Verhalten zugestehen? Weil Recht und Gerechtigkeit zwei verschiedene Schuhe sind? Oder weil wir NOCH zu dumm sind, um die Straftaten der Schlauen zu durchschauen? Damit die Ungerechten ermutigt werden, weitere Raffgier bedingte Straftaten straffrei zu begehen? Dann wäre das eine strafbare Anstiftung zu einer Straftat durch uns bzw. durch den Staat selbst.

Was sind das für „gerechte" Politiker, die den raffgierigen Steuerdieben bei Zahlung einer relativ geringen „Ablassgeldspende" Straferleichterungen oder Straffreiheit versprechen, statt sie öffentlich an den „Pranger" zu stellen, ihre Konten zu konfiszieren und genauso bloßstellend bestrafen wie jeden anderen Verbrecher auch? Wenn sie Steuerdiebe zu dreieinhalb Jahren HAFT verurteilen und sie bereits nach wenigen Monaten als Freigänger FREI herumlaufen lassen und ihnen dann den größten Teil der Gesamtstrafe aufgrund „guter Führung" gänzlich erlassen? Wenn sie die 10% der reichen „Ablasskäufer" denen 90% des Volksvermögens gehört, wohlwollender behandeln als die restlichen 90% des Volkes dem nur 10% des Volksvermögens gehört? Wenn Großlandbesitzer wie Kirchenmagnaten und andere Erbaristokraten samt Nachkommen und den Nachkommen derer Nachkommen usw., usw., für „ihre" Ländereien generationenübergreifend, also fortdauernd, Pachtzinsen kassieren?

Warum muss Reichtum vererbbar sein? Damit die Reichen immer reicher und die Armen immer ärmer werden? Ist das gerecht, wenn Leute in EINER Stunde mehr „ver**dienen**" als viele Rentner oder Sozialhilfeempfänger im ganzen Monat zum Leben zur Verfügung haben? Gerechtigkeit geht anders und sollte Geldmengen unabhängig und ablasskauffrei funktionieren.

So korrupt und verlogen können doch keine honorigen Volksvertreter sein, dass sie die reichen Steuerdiebe nicht als Steuerdiebe bezeichnen, sondern womöglich sogar als Wohltäter der Nation, die gelernt haben medienwirksam gegen eine steuerliche Spendenerstattung zu „spenden".

Unsere honorigen Politiker und damit vertrauenswürdigen Volksvertreter, denen wir vertrauen, auf die wir durch unsere Stimmabgabe bei jeder Wahl vertrauensvoll bauen, sollen die Volkswirtschaft schädigenden Steuerbetrüger unterstützen und gar beschützen? Ist es wirklich genauso wie bei den Kannibalen,

Glaubensanstalten, Betrügern und anderen Dieben, die nur Ihresgleichen lieben?

Man muss KEIN Prophet oder Visionär sein, um langfristige Unruhen, Aufstände und andere Aggressionen kurzfristig vorherzusagen – zunächst gegenüber den Beschäftigten des öffentlichen Dienstes. Unsere Ordnungshüter, Lehrer, Sozialarbeiter oder Gerichtsvollzieher bekommen es als erste zu spüren. Dann kommen auch die an die Reihe, die die Gaunereien durch „bewusste Unwissenheit" durch Duldung oder Wegschauen verursacht haben, „unsere" Politiker.

Müssen wir diese bald kommende Eskalation der Gewalt und damit die „bürgerschutzbedingte" Aufstockung von Polizei, Geheimdiensten, V-Spitzeln und Militär über uns ergehen lassen oder können wir sie NOCH verhindern? Z. B. durch etwas weniger Reichtum für Wenige und somit etwas mehr Gerechtigkeit für Viele? Durch mehr Bildung und weniger Einbildung, durch mehr Wissen und weniger Glauben, durch ehrliche Aufklärung statt glaubensbedingter Verdummung?

Möglich ist es, doch die Zeit drängt und es ist ziemlich unwahrscheinlich, dass wir es rechtzeitig schaffen werden **gemeinsam** gerechter zu werden – versuchen sollten wir es trotzdem, denn letztlich sind es die Einzelnen, die die Zugrichtung eines ganzen Schwarmes, einer ganzen Herde oder sogar der ganzen Menschheit richtungsweisend verändern können. Versuchen wir es als einzelne Vordenker nicht, dann wird es kein Nachdenken bzw. keine Denkkorrekturen geben, dann überlassen wir die Gestaltung unserer gemeinsamen Zukunft den „vergesslichen" Leuten, die sich nach der Wahl nicht daran erinnern „können", was sie uns vor der Wahl versprochen haben.

Für einen Selbstgeborenen ist Gerechtigkeit so selbstverständlich, dass er darüber nicht einmal nachdenken muss. Er erwartet von den Menschen und der Gesellschaft, in der er lebt, nur das, wozu er selbst in der Lage ist ihr zurückzugeben – nicht mehr aber auch nicht weniger.

„Nimm nicht mehr als du gibst und alles wird gut". Diese Aussage ist nicht neu und den meisten von uns sehr wohl bekannt, insbesondere denjenigen unter uns, die sich Christen nennen. Eine gerechte Gesellschaft lebt vom Geben UND vom Nehmen. Wer in einer Gesellschaft nur nimmt und nichts gibt, wer sie betrügt und belügt, den benötigt eine Gesellschaft nicht. Wobei an unserer jetzigen Gesellschaftsform nichts auszusetzen ist. Im Gegenteil! Demokratie ist das Größte, was sich eine Gesellschaft bereits etwa 500 Jahre v. Chr. in Athen erdacht hat. Allerdings haben auch demokratisch herbeigeführte Volksherrschaften negative Seiten – wenn z. B. Mehrheiten – durch Wählervertrauen in die verlogenen Politiker – zustande kommen. Wenn die Wählenden, nur die „Hochhakigen" Schuhe, die „Schminke" oder NUR die Farbe des „Knüppels" sehen und den Rest übersehen!

Absolut ehrliche, auf ehrlichem Wissen und NICHT auf Lug und Betrug oder auf Geschichtsmärchen basierendes Religions-WISSEN, wäre hierfür die richtige Medizin, das richtige Kraut gegen Unwissen. „Wehret den Anfängen", denn sie könnten unser baldiges Ende werden – für ALLE, für die Ungerechten UND für die Gerechten. Entweder wir lernen Böses aufgrund unserer bereits gemachten Erfahrungen vorausschauend zu vermeiden, oder wir lernen es nie – andere Möglichkeiten sind nur naive, algorithmisch gesteuerte Glaubensträume! Entweder wir lernen uns selbst so kennen, wie wir bereits VOR unserer physischen Entstehung vor Jahrmilliarden waren und immer noch latent sind, oder wir bleiben weiterhin halbfertig – unwahr – nur ein Schein ohne SEIN.

Gerechtigkeit und Freiheit ist das größte Gut der Menschheit. Allerdings muss Gerechtigkeit auch gerecht sein und für ALLE Teilnehmer der Gesellschaft gleichermaßen gelten, auch für die reich geborenen und deren Handlanger, denn nichts lässt sich langfristig schlechter erdulden als Ungerechtigkeiten. Armut und Hunger können sogar langfristig ertragen werden, NICHT Ungerechtigkeiten!

Hauptsächlich durch Gier der „feinen Leute" verursachte Ungerechtigkeiten bringen allgemeinen Hass hervor, der schon bald zu gewalttätigen Unruhen in der Allgemeinheit führen könnte, denn gegen Ungerechtigkeiten wehrt sich jeder auf eine seinem Charakter, seinem Entwicklungs- bzw. Bildungsniveau spezifische Art: Die Einen schimpfen leise, die Anderen laut, die Einen diskutieren, die Anderen protestieren, die Einen demonstrieren ohne zu argumentieren, die Einen schlagen zunächst „nur" verbal zu, z. B. in sozialen Medien, die Anderen werden handgreiflich.

Entweder wir schaffen es, kurzfristig gerechter zu werden oder wir bekommen langfristig ungerechte Gewaltprobleme. Wir benötigen nicht mehr Polizei, wir benötigen mehr tabufreie, auf Fakten basierende Aufklärung und keine gelogenen „Wahrheiten" – weder kirchlicher, noch poltischer Art.

Keiner soll schlechter oder besser behandelt werden, als er es sich selbst für sich selbst wünscht – das müsste doch gehen – oder? Oder sind wir bereits durch Medienbeeinflussungen dermaßen auf Reichwerden fixiert, dass wir das Reichsein der „armen Leute mit viel Geld" neidvoll dulden und duldsam darauf warten, selbst reich zu werden? Reich zu werden, um armselig zu enden? In einer vor sich hin verrottenden Sargkiste oder Urne? Ist es das, wofür es sich am Ende zu leben gelohnt haben wird? Für etwa 20 Jahre Toten-Liegezeit auf einem Friedhof? Um dann – nachdem unsere Körper mineralisiert wurden, mit der Suche nach uns selbst erneut zu beginnen – zunächst als Bakterien, dann als ...

Wer es an seinem Ende schafft, seinen Körper bewusst zu verlassen, der wird selbst zum Selbst – zum körperbefreiten Bewusstsein und damit zur ewigen Wahrheit werden. Wer es nicht schafft, der wird weitermachen wie bisher – bis „Flasche leer".

Alles hat seine Zeitdauer, wobei alle Veränderungen sprungartig erfolgen. Wollen wir gleiche Gerechtigkeit für alle, dann müssen wir, du und ich, selbst gerechter werden, denn die Welt ist immer nur so gerecht, wie wir es selbst sind. Die Welt wird gerecht, wenn wir es werden, wenn aus verlogenen Leuten ehrliche Menschen werden, wenn wir unsere, insbesondere jedoch die Glaubensführer, ihre „Schafspelze" ausziehen, wenn wir uns nicht für ehrlicher halten als es die anderen sind. Wir verlieren nicht das Geringste, wenn wir unsere Verlogenheit endgültig der Gerechtigkeit wegen aufgeben. **Mehr ist es nicht!!**

Unsere Ururschuld, unser schlechtes Gewissen erinnert uns ständig daran. Nehmen wir dieses gerechte Urvermächtnis einfach als unser Schicksal an – werden wir gerecht, richten wir uns auf, damit wir am Ende unserer Lebensreise „gerade durch die Wache werden gehen können". Denn mit rechts blinken und links fahren, mit so tun, als ob, ist es NICHT getan!

Entweder wir fangen neu an, indem wir uns von Glaubensmärchen und medialen Beeinflussungen bewusst distanzieren und die nächste Stufe unserer evolutionären Entwicklung betreten oder wir gehen unter, bevor WIR das gegenüberliegende Ufer erreichen. Entweder wir bringen uns das „Schwimmen" gemeinsam bei, oder wir gehen gemeinsam unter. Entweder wir steigen zum Geistwesen hinauf oder zum Tierwesen herab. Halb Tier und halb Mensch gibt es nur in Legenden, im wahren Leben heißt es „friss Vogel oder stirb"!

Wir müssen damit aufhören nur so zu tun, als ob nur wir gerecht wären und die anderen nicht! Die anderen müssen damit aufhören so zu tun, als ob nur sie gerecht wären und wir nicht – **gleichzeitig und OHNE Gegenrechnungen!**

Ich persönlich kenne keine einzige Person, selbstverständlich mich eingeschlossen, die absolut gerecht und/oder ehrlich ist, denn es gibt sie sehr wahrscheinlich auf der ganzen Welt nicht, weil es sie gar NICHT geben kann. Ungerecht zu sein, ist in unserer verlogenen Ellenbogengesellschaft etwas ganz Normales, denn jeder tut es. Jeder ist auf seine Art und nach seinen Möglichkeiten ungerecht. Und was alle tun, das kann gar nicht so ungerecht sein – na ja, ein wenig vielleicht?

Wenn jeder jeden belügt und betrügt, dann ist ja an alle gedacht worden. Wenn alle ungerecht sind, dann wäre es ungerecht, als einzelne gerecht zu sein. Auch wahr – oder?

Logik ist das eine, Realität dagegen etwas ganz anderes. Auf uns Leute bezogen bedeutet es, dass wir lügen und betrügen müssen, denn Lug und Betrug fördern die Intelligenz. Die Intelligenz, die wir als Leute zur Menschwerdung benötigen, denn durch Schock lernt man am effektivsten. Leute nennen es Geschäft, wenn sie einen wucherartigen Gewinn auf Kosten anderer erzielen. Wenn sie das Zwei- oder Mehrfache des Einkaufspreises verlangen – und bekommen! Dabei würde keiner auf die Idee kommen diese armen Leute mit viel Geld als Betrüger oder ihr Geschäft als Betrug zu bezeichnen. Im Gegenteil, Geschäftsleute (Geschäftsmenschen gibt es rein sprachgebräuchlich, wahrscheinlich aus ethischen Gründen, auch in anderen Sprachen, nicht) werden oft bewundert und geschätzt, insbesondere von gleichgesinnten Leuten, die bereits so sind wie sie oder gerne so sein möchten wie die von ihnen Geschätzten.

Solange wir uns evolutionsmäßig noch auf der Tier- bzw. auf der Leuteebene befinden, so lange wie wir uns noch mehr tierisch als menschlich verhalten, bleibt Täuschen, Lügen und Betrügen salonfähig und NICHT anrüchig oder gar ungerecht.

Sogar Gerichte haben indirekt nur wenig dagegen, wenn wir als Angeklagte unvereidigt lügen – wenn wir uns auf einen „Kuhhandel" einlassen. Für uns Leute ist alles gerecht, was Recht ist.

Ändern wir auf demokratischem Wege, z. B. durch eine Volksabstimmung, das Recht auf gerecht sein zu dürfen, so wird es gerecht werden, gerecht zu sein. Es wird gerecht sein, nicht zu lügen und nicht zu betrügen, denn es wird ein Recht sein, an das sich dann **alle** halten müssten – auch die Ungerechten. Utopie? Für uns Leute, **ja**! Für uns Menschen, **nein**!

Ethisch gesehen ist Ungerechtigkeit verwerflich, machen wir eine verbindliche Moral daraus und schließlich ein Gesetz: „Wie ich dir, so du mir", „Du sollst nicht lügen und Gerechtigkeit üben gegen jedermann". Wie bitte? So ein Grundgesetz haben wir bereits? Warum befolgen wir es denn NICHT? Wir sind doch keine Heuchler – oder etwa doch? Oder ist es reine Auslegungssache, wie bei den Zehn Geboten? Es soll auch heißen, dass „Reichtum bzw. Besitz verpflichtet" (etwa zur Gier?) – auch reine Auslegungssache – oder?

Wir teilen gerne aus, doch wir stecken nicht so gerne selber ein, wir treten gerne und werden nur ungerne selbst getreten. Wir verteilen gerne Fremdes, OHNE dabei Eigenes zu teilen. Wir sind Meister im Betrügen, und weil wir selbst ständig lügen und betrügen, so haben wir uns bereits daran gewöhnt, auch selbst belogen und betrogen zu werden. Ungerechterweise halten das viele von uns sogar für gerecht, denn unser Verstand gewöhnt sich an Vieles, sogar an die Ungerechtigkeit selbst und dann wäre es ungerecht, gerecht sein zu wollen. Entweder wir kehren um oder wir bleiben „krumm" – nur das krumme Holz, mit wenig Wissen und viel Stolz.

Scheinfreiheiten

Meine, deine, unsere Freiheit, sozialistische, kommunistische oder kapitalistische Freiheit, evangelische, katholische oder islamische Freiheit. Es scheint so, als ob sehr viele Freiheiten existieren würden. Dabei gibt es NUR eine einzige Freiheit, nämlich die Erkenntnis, dass es in Wirklichkeit KEINE Freiheit gibt, denn sobald wir uns für eine, meist fremdbestimmte Freiheits**kette** entscheiden, schließen wir alle anderen Freiheiten aus. Und wer sich in seinem „Aquarium" für frei hält, der wird nie erfahren, wie unfrei er wirklich ist. Wer diese „Aquarien-Freiheiten" als Scheinfreiheiten erkennt, der wird – paradoxerweise – wahrhaftig frei werden können – der wird sich nicht für frei halten, **er wird es sein!**

Was sind das für fremdbestimmte Scheinfreiheiten, und warum folgen wir ihnen? Was ist der tatsächliche Grund dafür, sogenannten Freiheiten zu folgen, die neutral betrachtet gar keine Freiheiten sind? Die uns unfrei für jede andere Freiheit machen, auch – und insbesondere – für unsere eigene. Wir entscheiden uns für „Freiheiten", die uns verhüllen, begrenzen und ausgrenzen, für „Nasenringe", an denen wir geführt werden, sodass wir innerlich völlig verkümmern. Viele von uns sind bereits ausgebrannt, noch bevor sie ihre eigene Freiheitsflamme in sich entzünden konnten, denn das innere „Feuer", das uns zu uns führen könnte, wird frühzeitig durch fremdbestimmte, identitätsgebende Scheinfreiheiten in uns vorzeitig erlöscht.

Doch manchmal, wenn wir Glück haben, flammt das erloschen geglaubte Feuer der echten Freiheit in einigen von uns auf, wenn der „Wind" sich dreht, wenn wir plötzlich und unerwartet mit einer zündenden Erkenntnis schockartig konfrontiert werden.

Es ist wie mit der Jugend-Liebe, die wir zufällig nach zig Jahren wieder treffen und mit Erstaunen feststellen, dass sie, trotz der vielen Jahre, nicht erloschen ist. Dass sie immer da war, auch wenn wir uns ihrer Anwesenheit nicht bewusst waren. Es ist wie mit dem nächtlichen Sternenhimmel, von dem einige von uns ahnen, dass er unser Zuhause ist.

Ob wir es wollen oder nicht, wir müssen lernen, wenn auch unfreiwillig, erkenntnisfähiger zu werden, andernfalls würde die gesamte Evolution keinen Sinn ergeben. Und weil der Sinn bzw. das Ziel der gesamten Evolution nur Generationen- bzw. Arten übergreifend erreicht werden kann, so muss jedes Lebewesen, seinen ihm spezifischen Anteil, dazu beitragen. Dann fügt sich alles zusammen, dann sind wir nur Teilnehmer einer winzigen Etappe der langen Rückreise zu unserem Uranfang, dann sind wir die latente Erfüllung unseres Urvermächtnisses, das einige von uns bereits zu ihrer Lebenszeit erfüllen könnten, denn momentan sind wir die Einzigen auf unserem Planeten, die über dieses mystische Rückkehr-Potenzial verfügen und es wäre töricht von uns, es nicht nutzen zu wollen.

Leider werden viele von uns von fremdbestimmten Scheinfreiheiten dermaßen eingeschränkt, dass wir davon erst psychisch – Tendenz steigend – und dann sogar physisch krank werden, denn unsere Seelen wehren sich, wenn sie ignoriert werden.

Weil wir nicht wissen, dass uns nur wenige krank machen, so wehren wir uns gegen alle – zunächst nur verbal, schließlich auch körperlich. Unsere Stimmen, insbesondere die der Männer, klingen dann bedrohlich und angstmachend, laut und einschüchternd **gegen jedermann**. Wir sind gerade dabei wieder zu verrohen, unsere Empathie zu verlernen und schließlich unfreiwillig gewalttätig gegen jedermann zu werden.

Dabei sind es nur wenige, die die Verantwortung für die immer größer werdende verbale Verrohung und physische Gewaltbereitschaft unserer Gesellschaft tragen – insbesondere bei den Lernschwachen. Wir sind zwar das „Krumme Holz", jedoch „krumm" gemacht haben uns andere! Wir sind zwar die „Früchte", jedoch NICHT dieselben, die die Bäume hervorgebracht haben! Wir sind manipulativ orientierungslos gemacht worden, weil wirtschaftliche, durch Politik und Kirchen hervorgebrachte Gier-Systeme unseren inneren Kompass nach und nach systematisch zerstört haben. Es wird Zeit aufzuwachen, unsere Lethargie zu überwinden, unseren inneren Kompass lügenfrei neu zu justieren und schließlich neu durchzustarten, denn Freiheiten entwickeln sich immer weiter und wir mit ihnen bzw. sie mit uns. Es geht immer weiter und weiter, Tag für Tag, Jahr für Jahr und Leben für Leben, bis wir die absolute Freiheit finden UND werden!

Irgendwann werden wir erkennen müssen, dass es **keine** persönliche Freiheit ohne die Freiheit der gesamten Menschheit gibt. Allein die Tatsache, dass wir immer wieder nach neuen Freiheiten suchen, beweist es, dass wir die ewige, die altruistische Freiheit noch nicht gefunden haben. Dass wir an unserem Ziel, Mensch zu werden, noch nicht angekommen sind. Dass die meisten von uns sich momentan noch in der egozentrierten Übergangsphase von Tieren bzw. von Leuten zu Menschen hin befinden. Wir sind noch suchend unterwegs, unser Lebensstaffellauf dauert noch an, auch wenn viele von uns sich bereits für Menschen halten und dabei wie wilde, wie gewissenlose Tiere verhalten.

Die unbewusste, urvermächtnisbedingte Sehnsucht nach „Rückkehr nach Zuhause", nach Freiheit, haben wir ALLE – sowohl als Leute, als auch als Menschen. Manche von uns spüren sie ganz deutlich, andere dagegen nur schwach oder kaum, je nachdem auf welcher Entwicklungsstufe wir uns gerade befinden. Wir wissen zwar nicht, woher diese Sehnsucht kommt, doch wir ahnen instinktiv, dass wir ihr folgen sollten, der sehr leisen Urknallmelodie der grenzenlosen Freiheit, dem Ur-Ruf des ewig Rufenden.

Und weil wir noch nicht besonders gut „hören" können, so folgen wir manipulierten, auffälligeren, konsumorientierten Scheinfreiheiten und sind jedes Mal davon überzeugt, diesmal die endgültige Freiheit gefunden zu haben. Dass es nicht so ist, dass wir fortlaufend, wiedermal und wiedermal belogen und betrogen wurden und wieder und wieder den falschen Freiheitsversprechungen gefolgt sind, erkennen wir daran, dass alle Scheinfreiheiten keine Beständigkeit haben – nur vorübergehend sind.

Altes muss zerstört werden, damit Neues entstehen kann. Alte Bauten verfallen oder werden zerstört, damit auf ihren Fundamenten neue Bauten entstehen können. Alte, witterungsbeständige Bausteine werden wiederverwendet, weil sie sich über Jahrhunderte lang bewährt haben. Alte Erkenntnisse müssen ergänzt werden, weil neue Erkenntnismöglichkeiten neuentstehen. Bücher müssen sogar mehrmals überarbeitet und ergänzend neugefasst werden, weil ihre Verfasser sich weiterentwickeln.

Die Alten müssen sterben, damit die Jungen das fortführen, was die Alten zwar begonnen, aber mangels späteren Wissens noch nicht beenden konnten, denn wir können immer nur das erkennen, wozu wir, unseren kognitiven Fähigkeiten entsprechend, **augenblicklich** zu erkennen in der Lage sind. Genau betrachtet sind wir „Sklaven" unseres eigenen Unwissens, insbesondere jedoch unseres Glaubens, denn Unwissen und Glauben sind Schranken, die unsere Freiheit, die unsere Weiterentwicklung sehr stark lenkend beschränken. Das Einzige was uns in UNSERER Gegenwart wirklich frei machen kann, ist die Erkenntnis, dass es im Hier und Jetzt KEINE absolute Freiheit gibt und auf unserer jetzigen, körperbehafteten Existenzebene auch nicht geben kann. Das bedeutet, dass wir NICHTS wirklich freiwillig tun, dass all unser Handeln und Tun meistens fremdbestimmt ist – selbst „unsere eigenen" Gedanken und Träume!

Ist unser Leben von Faktoren bestimmt, die wir nicht kennen bzw. nicht bewusst wahrnehmen und somit auch nicht beeinflussen können? Werden wir bereits von „Spionageeinrichtungen" wie Google, eBay oder Amazon, künstlich, durch „Künstliche Intelligenz" algorithmisch bestimmt? Werden unsere Gedanken und Träume neurohormonell gesteuert und nicht durch uns? Sind es die Pheromone, die unser Leben bestimmen, die uns scheinbar endlos weiter wachsen lassen? Die unsere Immunsysteme zunächst durch Geruchsblockaden ausschalten und dann durch viralen oder/und bakteriellen Befall zur Kurskorrekturen bzw. zum Nachdenken zwingen wollen? Wahrscheinlich, doch das ist eine andere unglaubliche Geschichte, die NUR glaubensfrei verstanden werden kann.

Noch sind wir nur körperbehaftete Primaten, die **noch** nicht gelernt haben, in Frieden und Harmonie auf ihrer Erde zu leben. Denn „wer sägt den Ast ab, auf dem er sitzt", wer zerstört die Lebensräume, in/von denen er lebt? Wir Leute tun es! Wir vermehren uns unendlich weiter und bemerken dabei nicht, dass unser „Raumschiff Erde" begrenzt und durch unsere bzw. durch Überpopulationen der unwissend-gierigen Leute bereits „reparaturbedürftig" geworden ist.

Menschen vermehren sich nicht unbedacht, aber Leute – weil sie noch keine Menschen sind! Nur zu etwa 98% mit den Schimpansen verwandte Genmutationen, die sich mangels Wissens und Intelligenz bereits für Menschen halten.

Es ist ein fataler Fehler, sich selbst für einen anderen zu halten, als man es in Wirklichkeit ist, doch wer von anderen abgerichtet bzw. eine „Identitäts-Mütze" aufgesetzt bekommt, der kann nur das sein, wozu seine „Dompteure", wie Regime oder Religionen, ihn zu sein bestimmt haben.

Entweder wir erkennen uns selbst aus/durch uns selbst und werden weitsichtige, selbstbestimmende Menschen oder wir bleiben noch für sehr, sehr lange Zeit kurzsichtige, fremdbestimmte Leute. So ist es nun mal mit der Selbsterkenntnis, so lange wie wir uns mit der „Uniform" oder „Mützen" die wir tragen identifizieren, werden wir nie diejenigen werden können, die wir wirklich latent sind und somit auch real werden könnten.

Bis zu unserer Selbstfindung agieren wir nicht, wir reagieren nur auf unser genbedingtes Äußeres und Inneres, insbesondere auf unseren hormonell erzeugten Zeugungszwang. Solange wir uns mit unseren Körpern und deren Gedanken identifizieren, sind wir nicht wirklich unabhängig – weder von unseren Hormonen noch von den Einflüssen unserer Gesellschaft, die uns fortlaufend umgestaltet – und wir sie!

Ob es die Nahrung ist, die wir zu uns nehmen oder der Sexualtrieb, ob wir etwas fühlen oder denken, das Meiste geschieht NICHT freiwillig, weil wir die endgültige Freiheit noch nicht sind. „Wir" (unsere Körper) haben Hunger oder Lust auf die Lust – nicht WIR. So lange wie unsere Körper unseren Geist dominieren, sind und bleiben wir körperbedingt. Erst wenn unser Geist die Dominanz über unsere Körper übernimmt, erst wenn unser Bauch/Kopf Verstand und unsere Seele sich dauerhaft verbinden, werden wir neugeboren werden und damit für ewig frei werden können. Bis dahin werden wir Nahrung zu uns nehmen, weil unser Hungergefühl uns dazu zwingt. Dieses Hungergefühl wird durch Nahrungsmangel in unseren Körperzellen ausgelöst, welche dann Körpererhaltungs- bzw. „Hungersignale" an unser Steuerzentrum im Zwischenhirn senden. Aber auch die Blutzuckersenkung und der sich schmerzlich zusammenziehende Magen zwingen uns permanent, an Nahrungszufuhr zu denken und lassen uns, in Ausnahmesituationen, wie es beispielsweise im Winter 1942/1943 im Zweiten Weltkrieg in Stalingrad geschehen ist, sogar zu Kannibalen werden, die hungerbedingt die Körperteile ihrer eigenen Kammeraden und der ihrer toten Feinde notgedrungen „verspeist" haben. Andere gingen in die russische Gefangenschaft und wurden selbst zur Nahrung für andere.

Noch andere, die bereits mehr Menschen als heldenhafte Soldaten waren, haben sich, bevor sie in die russische Gefangenschaft gingen oder zu Kannibalen wurden, selbst getötet – ähnlich wie die etwa 1.000 jüdischen Freiheitskämpfer im Jahre 73 n. Chr. in Masada, die sich lieber gegenseitig selbst töten ließen, als von den Römern versklavt zu werden, denn es ist honoriger freiwillig zu sterben, als fremdwillig zu leben. Diese Art von Beispielen gibt es viel, doch keine Kirchen- oder andere Führer sprechen darüber. Wie schrecklich müssen denn Lehren sein, damit wir aus ihnen lernen, Sinnloses NICHT zu wiederholen? Was dann der Sinn solcher scheinbar sinnlosen Lehren wäre, denn Fehler sind dazu da, um aus ihnen zu lernen.

Es können Träume oder Phantasien, visuelle Reize oder Geruchs-Reize sein, welche unseren Körper Geschlechtshormone freisetzen lassen, die uns dann zu ihren „Sklaven" machen. Der Sexualtrieb ist bei manchen Männern derart animalisch ausgeprägt, dass er sie sogar zum Morden zwingt. Eigentlich dient der Sexualtrieb der Fortpflanzung. Eigentlich, aber wir und unsere sehr nahen Verwandten, wie die Schimpansen oder insbesondere die Bonobo-Affen, tun es meistens nur, um ihren Sexualtrieb zu befriedigen – und natürlich weil es schön ist, Spaß macht und oft konfliktlösend ist. Danach, wenn unsere Sexualdrüsen sich geleert haben, sind wir wieder entspannter und befreiter, wir sind FREIER. In unserer Drangzeit genügt es, wenn wir visuell eine uns ansprechende Körpererscheinung wahrnehmen, um unseren Sexualtrieb zu aktivieren. Durch Annäherung kommt eine entscheidende Komponente hinzu: der Geruch. Riecht unsere Nase einen für sie angenehmen Duft, dann wird sehr wahrscheinlich mehr daraus, dann können wir uns – Blutgruppen abhängig und/oder Rhesusfaktor bedingt – „gut riechen", dann stimmt die Pheromon-Chemie und es wird dauerhaft mehr daraus, vorausgesetzt, dass der Duft echt ist und keine parfümbedingte Geruchslüge. Dann übernehmen die Pheromone gesteuerten Hormone die Herrschaft über uns. Wir werden zu Sklaven unserer „eigenen" Gefühle! Wenn uns jetzt auch unser Tast- und Gehörsinn Angenehmes signalisieren, dann rutscht unser „Verstand in die Hose". Wir nennen es dann Liebe, Liebe, die unser Gehirn paralysiert, die uns blind macht, die mit Freiheit und freier Entscheidung nicht das Geringste zu tun hat – dennoch, von unbewusst aufgenommenen Pheromonen gesteuert, von hormonell ausgelösten Gefühlen gefangen, fühlen wir uns frei dabei.

Wie wir auch gedacht werden, wie unser „Computer" auch tätig sein mag, WIR müssen seine kognitiven Aktivitäten nicht nur bewusst, sondern auch rechtzeitig wahrnehmen. Nur so können WIR ihm auf die Schliche kommen und somit Reaktionen vermeiden. WIR, denn es ist ja **unser** Körper, **unser** Denken und **unser** „Computer" und WIR seine Besitzer – oder etwa nicht? Nicht WIR sind die Herren, sondern die Beherrschten? Ja, denn solange wie wir uns für geistfreie Körper halten, werden sie uns weiterhin **nur** verwalten. Und wer ES bis zu seinem Körpertod nicht herausfindet wer er ist der wird ES auch danach nicht sein.

Wenn wir uns mit anderen unterhalten, dann wissen die meisten von uns nicht, was das nächste Thema der Unterhaltung sein wird. Immer wenn ein Stichwort (Initialzündung, Schwarm- oder Herdenprinzip-Verhalten) fällt, zu dem unsere „Computer" etwas abgespeichert haben, inszeniert unser Verstand assoziativ ein neues Gesprächsthema. Oft hat es einer der Gesprächspartner ganz eilig und unterbricht die anderen mitten im Satz. Insbesondere bei den Älteren, die jede Menge wertlose Informationen in ihrem Leben angesammelt haben, ist dieses Verhalten oft zu beobachten. Diese Art der Unterhaltung funktioniert ganz automatisch, sozusagen assoziativ (Siehe 1. Teil: Suggestion), weil der Gedanke des einen den Gedanken des anderen auslöst. Dann wird der Weg zum **ziellosen** Ziel. Hauptsächlich man tratscht miteinander, zunächst über das Wetter und dann am liebsten über Krankheiten oder Probleme andere Leute, als ob man keine eigenen Probleme hätte.

Wenn einer einen Witz erzählt, dann fällt auch dem anderen einer ein. Es ist so, als ob die Gehirne der Gesprächspartner miteinander vernetzt wären. Als ob wir ein einziges, gemeinsam denkendes, schwarmartiges Gehirn wären. Diese gedankenandockende Art zu denken, beherrscht nicht nur unseren eigenen Computer, sondern auch die von allen anderen Gesprächsteilnehmern – völlig autonom und automatisch.

Auch Gerüche, optische und akustische Wahrnehmungen, lösen in unseren Köpfen ganz autonom, uns völlig unbewusst, automatisch Gedanken aus, die wir erst einige „Assoziations-Stationen" später bewusst wahrnehmen und deren Anfang uns meistens verborgen bleibt, doch wer den Anfang seiner Gedanken NOCH nicht wahrnehmen kann, der wird auch sein körperliches Ende nicht erkennen können. Denn was wir nicht zu unserer Lebenszeit lernen, das werden wir später garantiert nicht können – sterben, ohne tot zu sein, dann werden wir „tot" sein, **bevor** unsere Körper sterben.

Da das Denken selbst nicht ohne uns funktionieren kann, so gehen wir logischerweise davon aus, dass auch wir ohne unser Denken nicht funktionieren, nicht existieren! Und in der Tat, solange wie wir uns nur für unser körperbedingtes Denken halten, werden wir auch nicht erfahren, dass wir bereits auch ohne Denken latent existieren! Es ist wie mit der Freiheit. Scheinbar gibt es sie, doch solange wir unsere „Gefangenschaft" nicht bewusst erkennen, existiert sie für uns nicht. Es ist wie mit den Aquarium-Fischen, die nie erfahren werden, wie groß der Ozean ist.

In Wirklichkeit können wir uns **nur so** verhalten, so denken oder fühlen, wie unsere genetisch bedingte Konditionierungen es zulassen und Konditionierungen wie Erziehung, Dressur oder körperliche Verfassung binden und beschränken uns in unserer

Scheinfreiheit, sodass wir letztlich nicht erkennen können, was Freiheit wirklich ist. Wir werden unfreiwillig, meistens mit viel Angstgeschrei geboren und wir sterben unfreiwillig, meistens mit viel Angstgejammer – nur weil wir zu unserer Lebenszeit nicht gelernt haben zu wissen, was nach unserem Körpertod sein wird.

Unser Verstand ist durch Meinungen und Vorurteile, durch Konditionierungen aller Art dermaßen unfrei, dermaßen „verunreinigt", dass er zuallererst „gereinigt" werden muss, bevor er uns bei unserer Selbsterkenntnis weiterhelfen kann. Unser Verstand ist wie eine nicht aufgeräumte Wohnung, in die wir und andere ein Leben lang irgendwelche Sachen hineinstellen würden. Irgendwann wäre sie dermaßen voll- und zugestellt, dass wir den Überblick über das „Inventar" verlieren würden. Vielleicht könnten wir noch etwas davon gebrauchen, vielleicht aber auch nicht. Wir wissen es nicht, und das macht uns orientierungslos, unsicher, ängstlich und schließlich vergänglich.

Für unseren Verstand, der im Laufe der Zeit alle möglichen „Dinge" angesammelt hat, ist es nahezu unmöglich, eine freie Entscheidung zu treffen. Unser Verstand ist dermaßen kontaminiert, dass er nicht in der Lage ist, sich selbst helfen zu können. Es sind nur wenige unter uns, die auf dem Wege zu ihrem Selbst ohne fremde „Aufräum-Hilfe" auskommen – obwohl es relativ viele sind, die es tun könnten, denn das dem Entwicklungsstand entsprechende Potenzial zur Selbstwerdung haben alldiejenigen unter uns, denen es nicht ausreicht, nur materiell zu existieren.

Weil die meisten von uns noch unfähig sind, die Dinge so wahrzunehmen, wie sie wirklich sind, so sind und bleiben wir unser Leben lang unfrei. Die meisten von uns von Geburt an bis zum Tode und unendlich weit darüber hinaus. Wollen wir tatsächlich frei werden, dann müssen wir unsere „Wohnung" bzw. unseren

Verstand schon des Überblickes Willen aufräumen. Machen wir eine Inventur, damit er „sauber", damit er unvoreingenommen wird und somit sich selbst erkennen und uns dann zu unserem Selbst hinführen kann. Unsere 30-Sekunden-Stille-Remotion ist das geeignete Werkzeug dafür. Wir sollten es so oft wie möglich benutzen, denn „Übung macht den Meister". Bitte jetzt – Danke!

Erst wenn wir neutral erkennen, dass unser Verstand „unaufgeräumt" ist, und wir uns in diesem unaufgeräumten Zustand unwohl fühlen, erst dann werden wir bereit sein, unseren Verstand zu säubern, vom Unrat befreien und leider keinen Tag früher. Ob wir bereits jetzt schon in der Lage sind, unsere „vergiftete" Situation selbst erkennen zu können, ist fraglich, denn Süchtige – wonach auch immer – haben keinen freien Verstand, der seine eigene Unfreiheit (Konditionierung) erkennen könnte.

Oft bedarf es eines Außenstehenden, der uns unsere Situation bewusst machen kann, sodass wir sie dann auch selbst erkennen und verändern könnten. Es ist wie beim Sich-Verlaufen, wenn wir plötzlich nicht wissen wo wir uns gerade befinden. Dann wäre es eine Erleichterung, wenn ein Ortskundiger UND Auskunftswilliger, der eventuell sogar eine Abkürzung kennt, „zufällig" vorbeikommt, den wir nach unserem Nachhauseweg fragen könnten.

Unser Verstand wird, durch Lügen aller Art, insbesondere jedoch durch Medienlügen, tagtäglich permanent weitervergiftet, und wer sich dessen nicht bewusst wird, der schafft es auch nicht rechtzeitig „stopp" zu sagen, um sich dann selbst zu entgiften, der bleibt und wird immer weiter vergiftet werden und nie erfahren können, wie sich gelebte, wie sich giftfreie Freiheit wirklich anfühlt. Er wird sein Leben lang nur JEMAND sein oder sein wollen, ohne sein wahres Sein kennenzulernen.

Es ist wie mit den Drogensüchtigen, die sich ihrer Drogensucht nicht bewusst sind; wie mit den Rauchern oder Alkoholikern, die trotz besseren Wissens weitermachen. Es ist wie mit den Lügnern, die ständig weiterlügen, obwohl sie ehrlich sein wollen, es ist wie mit der Wahrheit, die alle wissen möchten, jedoch nur wenige wirklich hören wollen.

Für einen Selbstgeborenen ist Freiheit zu definieren kein Problem, denn er ist frei, auch wenn er sich im Gefängnis befinden sollte oder ans Kreuz genagelt wäre. Für uns ist Freiheit insofern problematisch, weil sie uns zwischen verschiedenen „Freiheiten" wählen lässt. Sie lässt uns die Wahl, etwas auswählen **zu müssen**, scheinbar uns für etwas freiwillig entscheiden zu können. Allerdings ist unsere Wahl oder unser Wille selbst immer subjektiv und schon deshalb unfrei.

Selbstgeborene haben keine Wahl, denn was soll ein Selbstgeborener, **der alles hat, weil er NICHTS wirklich besitzt**, wählen? Was soll ein Selbstgeborene besitzen, wenn er doch weiß, dass alles nur geliehen, das alles materielle nur vorübergehend und damit vergänglich ist? Im Gegensatz zu uns ist ein Selbstgeborener ein armer Reicher und kein reicher Arme, wie die meisten von uns es noch gegenwärtig sind.

Wir müssen lernen, eine innere Distanz in uns aufzubauen, zu wem oder zu was auch immer. Solange wie wir keine innere Distanz aufbauen, solange wir uns mit allen möglichen und unmöglichen Dingen oder Meinungen identifizieren, verbauen wir uns die Sicht auf unsere eigene und auf die Freiheit der Anderen, denn unsere Freiheit ist immer auch die Freiheit der Anderen. Lernen wir zu verzichten, dann werden wir mehr bekommen, als wir jetzt zu haben glauben.

Je weniger materiellen und intellektuellen Ballast wir mit uns herumschleppen, desto freieren Blick und Überblick bekommen wir, desto neutraler, desto „aufgeräumter" werden wir sein. Es ist wahr, absolute Freiheit beginnt mit WENIGER und endet mit NICHTS. Sie beginnt mit dem Ende der Angst, mit dem Tod der vielen „Ichs" und wird zugleich, wenn auch nur schrittweise, als das „Selbst" geboren, um schließlich selbst zum Selbst, zur absoluten Freiheit zu werden.

Je mehr Habe wir zu haben glauben, desto weniger besitzen wir davon wirklich, desto unfreier sind wir. Und wir lieben es, unfrei zu sein, sodass wir erst gar nicht auf die Idee kommen werden, durch scheinbaren Besitz unfrei zu sein, geschweige denn, z. B. durch Ballastabwurf horizonterweiternd höher aufzusteigen zu wollen, um wirklich frei zu werden.

Ist es tatsächlich so, dass die meisten von uns sich für frei halten, obwohl wir von allen möglichen und unmöglichen Dingen und Meinungen gefesselt sind?

Die meisten armen Leute mit viel Geld sagen, dass sie sich nichts aus Geld machen, doch teilen oder abgeben wollen sie es auch nicht, jedenfalls NICHT medienunwirksam. Ganz im Gegenteil, je mehr sie davon zu haben glauben, desto gieriger werden sie danach. Statt IHREN(?) Arbeitern einen Euro mehr Stundenlohn zu gewähren, „gönnen" sie sich lieber selbst NOCH einen „Luxusschlitten", NOCH ein weiteres Haus und NOCH eine weitere Ferienwohnung, denn „selber essen macht fett". Viele Gierige „verstecken" das ergaunerte Geld im Ausland und machen sich dann große Sorgen, dass das Finanzamt ihren Gaunereien auf die Schliche kommen könnte. Selbstverständlich halten sich die armen reichen Leute für frei, obwohl sie an ihrem sogenannten Reichtum vor lauter Last fast zerbrechen. Sie schaffen es einfach nicht, sich rechtzeitig von ihrer Armut zu befreien. Selbst auf dem Sterbebett erkennen sie nicht, dass sie ihren Reichtum NICHT mitnehmen werden. Sie erkennen NICHT, dass die Grabkisten oder Urnen, in denen sie schon bald **residieren** werden, nur ein sehr begrenztes Fassungsvermögen haben, dass „das letzte Hemd keine Taschen hat".

Es ist ekelerregend anzusehen, mit welcher Impertinenz uns die Leute mit sehr viel Geld skrupellos ausbeuten. Wie leichtgläubig, wie vernebelt müssen wir sein, wenn WIR diese Ungerechtigkeiten nicht erkennen können – obwohl sie doch völlig offensichtlich sind. Sie halten uns immer noch für IHRE Untertanen, für IHRE Arbeiter und für ihre unwissenden Diener. Es wird Zeit zu erkennen, dass nicht wir die Reichen zum Armwerden, sondern die Reichen uns zu ihrem Reichwerden benötigen. Doch solange wir unwissend bleiben, so lange wie „die da oben" Gesetze für „die da unten" machen, werden wir weiterhin den Reichtum der Reichen erhalten und mehren, indem wir uns weiterhin unbegrenzt vermehren.

Freiwillig geben uns die reichen Ausbeuter nicht das zurück, was sie uns durch Ungerechtigkeiten und Lügereien generationenübergreifend gestohlen haben! Oder kennst du irgendjemanden, der ehrlich durch seiner eigenen Hände Arbeit zu viel Geld gekommen ist – ohne reich geboren zu sein? Wenn es im schwarzen Südafrika fast ausschließlich nur weiße Großgrundbesitzer mit seit Generationen dort geborenen schwarzen Arbeitern gibt? Ist so ein Erbrecht gerecht? Ist ein Recht auf Ausbeutung und Unterdrückung gerecht?

Wenn nein, dann sollten wir es bald ändern, denn wir sind nicht nur das Volk, sondern AUCH der Staat, der durchaus Maximallohn-Gesetze erlassen könnte, die den Maximallohn auf das 10 fache des Mindestlohnes begrenzen. Vielleicht würden dann die Gierigen-Reichen ein wenig weniger gierig oder reich werden, vielleicht – probieren sollten wir es, denn „Probieren geht über Studieren und Handeln führt zum Wandeln".

Also handeln wir, DAMIT wir uns selbst wandeln und schließlich dann auch andere unserem Beispiel folgen können – wenn die Seelen der „aufgewachten Träumer" sich andersdimensioniert beggnen, denn die Sehnsucht nach Gerechtigkeit und Freiheit ist in jedem einigermaßen vernunftbegabten Menschen latent vorhanden und die Ampeln der Vernunft stehen bereits auf Phase gelb. Es ist die Ampelphase, auf die „grün" aber auch „rot" folgen könnte.

Sollte ein Lernprozess in uns stattfinden, dann wäre Verachtung gegenüber den armen Leuten mit viel Geld, gegenüber den Lügnern und Betrügern das richtige Heilmittel. Nicht mit roher Gewalt, die nur Gegengewalt erzeugen würde, werden wir zu mehr Gerechtigkeit und Freiheit gelangen, sondern durch das Lügen verachtende Schwert der Wahrheit, das wir durch unseren Remotion-Schleifstein weiterhin fleißig schärfen sollten.

Als Erstes müssen wir lernen, was unsere Demokratie uns erlaubt und wozu sie und ehrenhafte Politiker uns auffordern. Wir müssen laut, deutlich und ungeheuchelt das aussprechen, was wir denken, und als Erstes nur die Politiker wählen, die uns feierlich schwören, nicht vorsätzlich zu lügen – AUCH nach der Wahl, die streng genommen gar keine Wahl ist, sondern nur eine Scheinwahl!

Durch teure Propaganda und andere Lügereien wie beispielsweise „vor der Wahl-Versprechungen" „dürfen" wir uns zwar die grüne, gelbe, schwarze oder rote Farbe des **„Knüppels"** aussuchen, doch der Knüppel selbst, bleibt derselbe – unabhängig von seiner Kolorierung. Diese Kraken/Oktopus ähnliche Farbenanpassung und Schläue, beherrschen unsere Kirchendiener und Politiker dermaßen perfekt, dass uns ihre Tarnfähigkeiten erst gar nicht auffallen – sollten aber, denn NUR rechtzeitig Erkanntes kann verhindert bzw. korrigiert werden.

Was uns gegenwärtig noch fehlt, ist zunächst die Erkenntnisfähigkeit des Bösen in uns – wir arbeiten gerade daran erkenntnisfähiger zu werden – unsere Remotion kann uns dabei helfen.

Wie viele Politiker und andere Lügner haben uns Versprechungen gemacht und nicht eingehalten? Wie viele? Unzählige! Jeden Tag, heute, gestern, vor einem Jahr und vor zweitausend Jahren. Immer und immer wieder belügen und betrügen sie uns. Ist es denn so schwierig, die Wahrheit zu sagen? In Wahrheit zu leben? Es scheint so! Wofür benötigen wir Beichtstühle oder

Milliarden verschlingende Spionagesatelliten, Diplomaten oder irgendwelche geheime Organisationen, die sich gegenseitig ausspionieren, wenn wir doch vorgeben, lügenfrei und somit ehrlich zu sein? Weil wir NOCH keine Menschen sind – nur auf eigene Vorteile bedachte Leute?

Wer andere **nicht** übervorteilen will, der benötigt keine Beichtstühle, keine sündhaft teure Spionagesatelliten, keine Geheimnisse und somit auch keine Geheimdienste. Können wir uns nicht an einen runden Tisch setzen und klar und deutlich, ohne auf unseren eigenen Meinungen zu beharren, das sagen, was wir aufrichtig meinen? Ohne listige Hintergedanken? Warum können Staaten oder der Vatikan, ihre Akten nicht offen legen, sodass jeder andere Staat sie einsehen kann? Nicht nur insgeheim, wie es bis jetzt der Fall ist. Wenn jeder jeden insgeheim abhört, warum sollte da noch jemand lügen? Was macht es für einen Sinn zu lügen, wenn Geheimdienste durch Abhörmaßnahmen sowieso die Wahrheit erfahren? Sagen wir doch einfach gleich die Wahrheit und handeln danach, dann erledigen sich Abhören oder Steuerflucht oder andere Lügereien von selbst. Wenn wir den korrupten Lügensumpf trocken legen, dann hören die verlogenen Frösche von selbst auf zu quaken! Schön, dass wir über technische Möglichkeiten verfügen, die uns selbst des Lügens und Betrügens überführen. Wie z. B. die Computertechnik, die uns hilft transparenter zu werden. Denn manchmal wird man die „Geister, die man rief, nicht einfach wieder los". Und manche „Geister" sind geistreicher als es den Lügnern recht ist.

Alle Völker leben auf derselben Erde, eine zweite, auf die wir von heute auf morgen auswandern könnten, gibt es in unserem Sonnensystem NICHT. Auch wenn unsere Erde groß ist, unendlich ist sie nicht! Eigentlich sollte das ein jeder normal Denkende, insbesondere jedoch jeder, der sich bereits für einen Menschen hält, begreifen, auch Politiker, Schriftgelehrte und andere „wichtige" Leute oder geschäftstüchtige Hilfs-Organisationen.

Jeder von uns begreift, dass in einem kleinen Pkw nicht zehn Personen bequem transportiert werden können. Allerdings könnten wir einen Pkw vergrößern, unsere Erde dagegen nicht! Je mehr Menschen es geben wird, desto enger wird es auf unserer Erde, desto rücksichtsloser die „Hackordnung", desto eingeengter, desto unfreier werden wir sein. Es ist wie auf einer überfüllten Geflügelfarm, wo sich die Hühner raummangelbedingt gegenseitig tothacken.

Mit so zu tun als ob, ist es nicht getan, wir müssen handeln und nicht nur ewig sondierend verhandeln.

Wenn wir nicht aufhören zu lügen und zu betrügen, dann werden nicht nur wir, sondern sogar unser Drang nach Freiheit eingehen MÜSSEN. Dann werden zukünftig keine Kämpfe um Freiheit oder Gerechtigkeit ausgetragen, sondern nur ums nackte Überleben, das nur die stärksten „Hühner" überleben. Um das zu erkennen, muss man kein Wahrsager oder Zukunftsdeuter sein, dazu reicht ein ganz gewöhnlicher Verstand eines ganz normal lernbegabten Menschen völlig aus. Oder?

Oder sind wir noch dermaßen lernunfähig, noch dermaßen weit vom Menschsein entfernt, dass wir noch nicht in der Lage sind, unsere Situation selbst erkennen zu können, noch nicht in der Lage sind, zu erkennen, dass wir MEHR sind als **nur** unsere tierischen Verwandten?

Dabei ist es noch nicht ganz zu spät, und es gibt eine verhältnismäßig einfache Lösung. Wir, insbesondere aber unsere Vorbilder, unsere Politiker und Kirchenführer, MÜSSEN uns NUR das sagen, was wirklich wahr ist! Das wäre dann ein großer Schritt in Richtung Freiheit und Gerechtigkeit für alle.

Jeder Politiker könnte sich feierlich verpflichten, nicht zu lügen, und unter Eid frei und willig schwören, sein Versprechen auch einzuhalten. Keiner, nicht einmal ein Politiker oder anderer Würdenträger würde lügen, wenn er wüsste, dass er beim Lügen nicht nur seinen „Kopf und Kragen" bloßstellend verlieren würde, sondern auch seine sämtlichen Ansprüche auf Rente, Pension oder Emeritierung. Wenn der Stellvertreter des **allmächtigen Gottes,** der Papst, nach seiner Einberufung beweisen müsste, dass er Blinde sehend, Lahme gehend oder Tote lebend machen kann, dann würde er kein Papst werden können.

Wenn unsere Politiker und andere Hochwürden endlich aufhören würden selbstsüchtig zu lügen, dann könnten sie interessenfrei anfangen, nach ehrlichen Problemlösungen zu suchen und nicht dauernd überlegen, „wie unser Geld in ihre Taschen kommt", z. B. durch lukrative Vorträge, Lobbyisten-Dienste oder gleich mehrere, unverschämt hoch „bezahlte", „zeitintensive" Vorstandsmitgliedschaften bei großen Konzernen.

Damit diese Konzerne noch weiter gierig wachsen können, benötigen sie Informationen und politische Unterstützung aus erster Hand. Allerdings setzt Wachstum Platz und Energie voraus, und die haben wir nicht uneingeschränkt. Wir müssen lernen, mit dem Platz, den wir auf unserer Erde zur Verfügung haben und mit der Energiemenge auszukommen, die uns unsere Sonne tagtäglich kostenlos liefert. Wer auf Wachstum oder Expansion setzt, der hat noch nicht begriffen, dass unsere Erde nicht unendlich groß ist. Wer seine „alten Denk-Zöpfe" nicht „heute" abschneidet, der wird schon „morgen" durch Drauftreten am eigenen Weitergehen gehindert werden.

Die Zeiten der Völkermorde durch Eroberungskriege sollten endgültig vorbei sein – auch wenn es einige starrsinnige „Volksverführer" noch nicht begriffen haben. Unsere Erde ist NICHT dehnbar, sodass wir endlich lernen müssen, mit dem auszukommen, was UNS an Fläche und Energie zur Verfügung steht –

friedlich – durch nachhaltige Geburten Einschränkung, damit **WIR** uns NICHT einschränken müssen!

Unsere Erde ist bereits überbevölkert und WIR, etwa 8 Mrd. Leute, sind das Hauptproblem. Wie sollen wir uns frei entwickeln, wenn wir schon bald keinen freien Platz haben werden? Sollen wir alle aus Platzmangel sterben, wie etwa die beiden NICHT vorausschauend denkenden Aquarium-Fische mit ihrer uneingeschränkten Nachwuchsmenge?

Ach ja, das weißt du ja noch gar nicht: Nachdem sich die beiden Aquarium-Fische aufgrund mangelnder Ausweichmöglichkeiten, hormonell bedingter Liebe und der Macht der Gewohnheit aneinander gewöhnt und festgestellt haben, dass sie unterschiedlicher Geschlechter sind, so wurde mehr daraus. Diese große Liebe hatte zur Folge, dass sie eine sehr große, für das kleine Aquarium zu große Menge Nachwuchs zeugten. Aus zwei Fischen wurden hunderte und entwickelten sich zunächst zur eigenen und zur Freude ihres geschäftsgierigen Besitzers prächtig, sodass das kleine Aquarium plötzlich zu klein wurde bzw. die Fische zu viele. Schließlich starben ALLE Fische eines Tages aus Platz- bzw. durch Sauerstoffmangel plötzlich aus – weil sie zu viele wurden bzw. ihr Aquarium zu „klein".

Und wir? Es wäre NICHT das erste Mal in der Erdgeschichte, dass wir uns wiedermal totvermehren könnten! Enden wir eines Tages wie die „götterdominierte" Mayazivilisation vor etwa 500 Jahren? An Überbevölkerung – weil sie sich ihrem begrenzten Lebensraum mengenmäßig nicht anpassen konnten? Weil sie zu viele wurden? Na denn, seit vermehrungswillig, bis ihr euch bereits in relativ naher Zukunft totvermehrt haben werdet! Ist das die einzige Option – immer weiter und weiter, bis es nicht weiter geht? Bis wir zu viele werden, bis unsere Erde uns plötzlich zu „klein" wird?

Unser sauberes Trinkwasser wird knapp – weil WIR zu viele sind – weil nicht nur unsere profitgierige Industrie, sondern und insbesondere unsere „Natur liebenden" Landwirte sowie unser medizinischer „Fortschritt" es fortwährend weitervergiften. Tiefer und tiefer, sodass das Grenzen überschreitende, mit Nitrat und anderen Giften überbelastete Grundwasser sich eines Tages nur noch zum Düngen von Pflanzen eignen wird.

Unsere Meere werden sauer, Korallenbänke sterben ab, weil sie das viele, durch allgemeine Verbrennung freigesetzte Kohlendioxid, das, in Verbindung mit Wasser, zur Kohlensäure wird und somit den pH-Wert (Wasserstoffionenkonzentration) unser Meere senken lässt. Dadurch wird das Meerwasser zwar klarer, allerdings immer lebloser, denn der niedrige pH-Wert zersetzt das Magnesium im Chlorophyll der grünen Bakterien, Algen und Wasserpflanzen, sodass sie zunächst verkümmern und schließlich ganz eingehen.

Mikroorganismen, nitrifizierende Bodenbakterien, Bodenkleinstlebewesen und nützliche Insekten wie beispielsweise Bienen, werden unserer gierigen Überpopulation wegen systematisch „ausgerottet", sodass zunächst die Singvögel und dann die Raubvögel-Bestände stark dezimiert werden – schließlich auch wir, die Verursacher allen Übels, denn **ohne uns** gäbe es diese überpopulationsbedingten Probleme NICHT!

Unsere fossilen Energieträger gehen zu Ende, weil wir tagtäglich mehr Energie verbrauchen, als unsere Sonne im Stande ist, uns täglich zu liefern, wir leben auf „Pump", weil WIR zu viele sind, die Energie verbrauchen.

Die niedrigen pH-Werte und andere Gifte lassen nicht nur Mikroorganismen, Insekten und Kleinstlebewesen aussterben, sondern auch Pflanzen, sodass diese bereits abgestorbenen Pflanzen **keine Sonnenenergie** speichern können. Wir wundern uns dann über kontinuierlich ansteigende Klimaerwärmung, denn je mehr Pflanzen wir vernichten, desto weniger Wärme bzw. CO2 kann gebunden werden. Je weniger Grünflächen es geben wird, die Sonnen**wärme**energie speichern könnten, desto wärmer wird unsere Erde werden, denn die Pflanzen erfüllen auch die Funktion eines „Energiezwischenspeichers" der, je nach Sonnenstrahlungsintensität, einmal mehr und einmal weniger Sonnenenergie durch unterschiedlich schnelles Pflanzen-Wachstum in Form von Zellulose einlagert und somit zur Klimastabilisierung beiträgt.

Urwälder werden abgeholzt und Grünflächen zubetoniert, sodass die Wärmespeicherkapazitäten abnehmen und die Erderwärmung kontinuierlich zunehmen wird. Ein paar eventartige Wochenend-Proteste oder Biwak ähnliche Protestpartys mit Musik, Drogen oder Geschrei reichen nicht aus. **Dabei MÜSSTEN wir NUR weniger werden, dann würde es für uns alle ausreichen – sogar im Überfluss!**

Den natürlichen Klimawandel kann keiner verhindern, allerdings den zusätzlichen, den durch die Gier relativ weniger Leute verursachten und somit zur Überpopulation führenden. So lange wie wir NICHT zu viele waren, waren Umwelt-, Klimawandel- oder Platzmangelprobleme nicht existent. Erst die durch Gier nach dem Mammon hervorgerufene Industrialisierung war es, die durch den Verbrauch fossiler und neuer Energieträger unsere Erde immer wärmer werden ließ. Wollen wir unsere Erde unseren Kindern nachhaltig lebenswert erhalten, dann müssen wir uns enthalten, verhüten, sterilisieren oder vorausschauend kontrollieren und unseren Kindern klarmachen, dass zwei-Kind-Ehen die Lösung der meisten Umwelt- und Klimaprobleme sind.

Unsere Erde ist wie ein überfülltes Boot, das zu sinken droht – weil WIR zu viele sind, weil WIR immer noch nicht gelernt haben, gewaltfrei weniger zu werden. Unsere Erde wird bebaut und zugebaut, weil WIR zu viele sind, die sie bebauen und zubauen. WIR haben ein einziges großes Hauptproblem: UNS – weil WIR bereits schon jetzt **viel zu viele** geworden sind! Nicht Wachstum, nicht MEHR ist die Lösung, sondern ganz gewiss WENIGER! Auch wenn es die meisten armen Leute mit viel

Geld NOCH nicht begreifen, **weniger für Wenige ist mehr Freiheit und Gerechtigkeit für uns Alle.**

Wenn weltweit 63 ungerechte Leute so viel besitzen wie 3.600.000.000 Gerechte, dann haben die Wenigen eindeutig zu viel und die Vielen eindeutig zu wenig, was dringend gewaltlos durch ehrliche Politik zu ändern wäre – BEVOR es zu Gewaltausbrüchen, BEVOR es zu gewaltsamen Aufständen, bevor es zu Bürgerkriegen kommt, denn Unfrieden entsteht, wenn Freiheit und Gerechtigkeit geht! Dann werden demokratisch gewählte Scheindiktaturen entstehen und fortgeschrittene Kulturen gewaltsam vergehen.

Wer vermisst denn schon jemanden, der nie gezeugt und somit nie geboren wurde? Keiner! Auch Geschwister, die NICHT gezeugt werden, wird keiner vermissen. Wenn wir, du und ich, NICHT gezeugt und somit NICHT geboren wären, dann würden auch wir uns GARANTIERT NICHT vermissen! Oder vermisst du irgendwas oder irgendwen, das/die nie existiert hat? Selbst, wenn es unsere Erde nicht gäbe, WIR würden sie nicht vermissen, denn ohne unsere Erde gäbe es auch uns nicht, die sich vermissen könnten. Und wenn du glaubst, dass deine verstorbenen Vorfahren dich vermissen, dann solltest du schnellsten deinen Glauben auf seine Wahrhaftigkeit hin überprüfen.

Zu einfach? Für Politiker, insbesondere jedoch für Kirchenbosse und andere sich schlau zu sein glaubende Leute, die uns ständig durch Belügen und Betrügen beklauen, JA! Doch sich kurzsichtig schlau sein zu glauben, ist langsichtig nicht das Klügste, denn die Ampel steht bereits auf „GELB" und die nächste „Phase" könnte rot sein.

Es ist Fakt, wir können niemanden und nichts vermissen, wer oder was für uns NICHT existiert hat. Wenn wir nicht acht, sondern zwei/drei Milliarden Leute auf unserer Erde wären, würden uns dann die sechs/fünf NICHT existierenden Milliarden Leute vermissen?

Würde unsere Erde uns vermissen, wenn wir nicht existieren würden? Sicherlich nicht, aber sie WÜRDE existieren! Unsere Erde benötigt uns nicht, um zu existieren, aber wir sind auf sie absolut angewiesen! Wir sollten das bedenken, BEVOR wir neues Leben „schenken".

Remotion ist evolutionskompatibel, sie kann uns „sehend, hörend UND selbstdenkend" werden lassen – vorausgesetzt wir wollen ES. Remotion bedeutet Rückkehr zu uns selbst, zu unserem Uranfang, zu unserem Urgrund.
 Leben bedeutet ständige Bewegung – mal nach vorne, mal zurück! Entweder entfernen wir uns weiter von unserem Geistleben und werden wieder tierischer oder wir kehren um und lassen uns von unseren Geist-Seelen einbeziehen – vielleicht verlieben wir uns sogar ineinander und es wird eine „Heilige Hochzeit" daraus, die letztlich durch Vereinigung von Verstand und Seele, zur Vergeistigung, zur Neugeburt führen wird und uns somit selbsterkennend werden lässt – vorausgesetzt, wir bleiben lernend und NICHT nur scheinbar hören wollend dabei.
 Eine Chance auf unser Fortbestehen haben wir noch. Wir sollten sie jetzt nutze, denn ein Jetzt gibt es für uns NUR jetzt! „Und was du heute kannst besorgen, das verschiebe nicht auf morgen", denn Unerledigtes holt uns immer ein bzw. die Verantwortung dafür, denn wir tragen die Verantwortung nicht nur dafür, was wir tun, sondern auch dafür, was wir durch Unterlassung NICHT tun, was wir „übersehen" – man nennt es dann „unterlassene Hilfe" und die ist sogar „strafbar", denn Fehlverhalten rächen sich immer. Wer das erkennt, der wird wachsamer werden und somit lernen Fehler zu vermeiden, der wird weitermachen – bis er schließlich bewusst das findet, wonach alles Leben seit Anbeginn unbewusst sucht und erst als Spezies Mensch in der Lage ist zu finden, die unendliche Freiheit, deren Teilchen er bereits ist – sich selbst. Bis dahin werden die meisten von uns intuitiv weitersuchen müssen – ohne zu wissen wonach!

Weder das Denken oder Fühlen, weder das Essen oder Sex sind bei uns **frei**willige Handlungen. Alles, was wir tun, tun wir fremdbestimmt und somit nicht ganz freiwillig. Ein Impuls ruft eine Reaktion in uns hervor und eine Reaktion meistens eine Gegenreaktion usw. Weder unsere Geburt, unser Leben, noch unseren Tod können wir selbst bestimmen, denn noch sind wir Gefangene der vielen Fremdbestimmungen, die uns permanent vorgeben, was wir zu denken, zu sagen, insbesondere jedoch, zu glauben haben und was nicht. Selbst unsere Geburt und unser Tod sind nicht freiwillig. Wir werden geboren und wir werden gestorben. Wir können weder den Anfang noch das Ende unserer „Reise" selbst bestimmen, das dürfte unstrittig sein. Auch wenn hochrangige Glaubenshüter behaupten, dass das Leben stärker sei als der Tod – überlebt hat ihn keiner von ihnen, nicht einmal der Papst. Doch was ist mit dem ziellosen Weg zwischen unsrem Anfang und unsrem Ende? Den bestimmen wir doch selbst – oder etwa auch nicht? Wir wissen doch, was wir wollen bzw. wohin unsere Lebensreise geht – oder etwa nicht?

Erst wenn wir erkennen, dass wir, unsere Körper, unsere Gedanken, unsere Gefühle und Träume nicht freiwillig sind, werden wir paradoxerweise frei werden können, frei für das Erahnen der anderen Dimension in uns. Erst wenn wir mit ihr bzw. sie mit uns, eins geworden sein wird, werden wir real wissen, wie sich angstfreies Leben und hoffnungsvolles Sterben anfühlt.

Ein großes Problem, welches wir als Menschheit des 21. Jh. haben, ist die bereits mehrmals genannte Überbevölkerung unserer Erde. Solange die Evolution sich selbst überlassen wird, funktioniert sie nach dem Prinzip der anpassenden Auslese. Ändern sich die Klimaverhältnisse auf unserer Erde, z. B. durch einen großen Asteroiden-Einschlag, auf den als Folge u. A. CO_2-Haltige Vulkan Eruptionen folgen , dann wird es erneut massenhaftes Artenaussterben geben und gleichzeitig alles wieder neu beginnen. Wahrscheinlich, doch du und ich, WIR werden nicht dabei sei. Und als vergängliche Leichen werden wir uns NICHT daran erinnern, dass wir lebend das latente Potential hatten, unvergängliche „Lebensenergie" werden zu können.

Als Epidemien, Krankheiten und Kriege die Menschheit regelmäßig dezimiert haben, war das Problem mit der Überbevölkerung nicht vorhanden. Heute gibt es so gut wie gar kein Problem auf unserem Planeten, das NICHT auf die Gier der reichen Leute und damit auf die daraus resultierende Überbevölkerung zurückzuführen ist, denn ihnen geht es NICHT um uns als Menschen, sondern ausschließlich nur um unsere Arbeitskraft, die sie und ihren Nachwuchs noch reicher macht. Und weil lernschwache Arbeitskräfte und/oder gläubige Leute sich leicht manipulieren, belügen und betrügen, insbesondere jedoch nachfrageabhängig mehren und vermehren lassen, so ist es nicht verwunderlich, wenn es wesentlich mehr anständig Schaffende als unanständig Raffende gibt.

Dieses Überbevölkerungsproblem werden wir lösen MÜSSEN, gemeinsam! Reiche UND Arme, oder wir werden untergehen, auch gemeinsam! Wenn es mit der Überpopulation im gleichen Tempo weiter so geht wie bisher, dann werden wir, wenn keine sinnvolle „Korrektur-Katastrophe" kommt, rein hypothetisch, schätzungsweise schon im Jahre 2060, bereits zirka 10 Mrd. größtenteils migrationsbedingt dunkelhäutige Leute sein, nicht Menschen, denn Menschen verhalten sich menschlich. Im Jahre 2100 kommen wir dann rein rechnerisch auf etwa 20.000.000.000 lernschwach geborene Leute – nicht Menschen!

Solchen Unsinn müssen wir nicht weiter denken, denn bis dahin werden die meisten von uns, insbesondere diejenigen, die sich für feiner und intelligenter halten, durch Mord und Totschlag elend gestorben sein, denn die Chancenlosen, lernschwach und arm Geborenen, haben nichts zu verlieren! Es sei denn, dass unsere Kirchendiener und Politiker, Magnaten, Erbaristokraten und andere Scheindemokraten das auf uns zukommende Überbevölkerungsproblem erkennen und durch weltweite Aufklärung ernsthaft zu lösen versuchen.

Wollen wir dauerhaft mehr Frieden, dann müssen wir Wahrhaftigkeit üben, dann müssen wir weniger werden, eine andere friedliche Dauerlösung gibt es nicht. Oder sind wir wie die lernunfähigen Kaninchen, die sich so lange unkontrolliert fortpflanzen, bis sie von Kaninchenseuchen dezimiert werden?
Und wir? Müssen auch wir erst durch Seuchen dezimiert werden, damit wir lernen platzerweiternd weniger zu werden?

Medizin, die wirklich hilft, schmeckt oft bitter, andererseits bringt ein schmerzliches Zahnziehen eine dauerhafte Erleichterung. Es ist wie mit den Geburtswehen, die sich nicht vermeiden lassen, jedoch nach der Geburt schnell verschwinden. Und manchmal muss ein kleines Boot geopfert werden, damit ein großes Schiff gerettet werden kann oder kurzfristig Böses gesagt und getan, um langfristig Gutes zu bewirken.
Wer bestimmt denn was „gut" und was „böse" ist – die Legionen von Religionen, die armen Leute mit viel Geld? Die „uneigennützigen", uns süchtig machenden Elektronik-Medien-Produzenten oder Modediktatoren? Wem nützt es am meisten, wenn wir uns weiterhin größtenteils unkontrolliert, der Konsumsteigerung wegen, weitervermehren? Wollen wir unsere Erde lebenswert erhalten, dann müssen wir UNS enthalten, verhüten, rechtzeitig abtreiben oder einfach sterilisieren.
Eine Schwangerschaft verhindernde Sterilisierung bedeutet keinen Verzicht auf Sex – im Gegenteil, verhindert aber zuverlässig die Allgemeinheit schädigende Überpopulation. Ferner ist eine Sterilisierung ganz gewiss weniger schmerzhaft als eine Beschneidung und bei Männern **sogar selbst** relativ leicht durchzuführen. Was viele von einer eigenen Vasektomie abhält

ist die angstmachende, auf Unwissen basierende Unsicherheit, danach impotent zu werden – was definitiv NICHT stimmt.

Natürlich wird keine lernfähige und zivilisierte Gesellschaft ihre Mitglieder gewaltsam sterilisieren wollen. Allerdings kann sie sich selbst retten, indem sie den Einsichtigen eine Sterilisierung hoch prämierend finanziert – ein Mittelklasse-Pkw oder eine zweiwöchige Urlaubsreise auf einem Schiff oder Bares, wäre sicherlich kein schlecht Idee. Eine ehrlich-anerkennende Auszeichnung, vielleicht ein goldenes Verdienstkreuz u. Ä. für vorbildliches, für verantwortungsvolles, für nachhaltiges soziales Verhalten wäre hier zunächst die richtige Taktik der Didaktik und NICHT auf Lügen der Kirchen und/oder anderen Systemen basierenden Moralkeulen. Eine gänzliche Abschaffung der Kindergeldzahlungen ab dem zweiten Kind wäre auch eine Option!

Als Nächstes wäre eine mitleidend-verachtende, Reichtum anprangernde Geisteshaltung der ehrlichen Bevölkerung gegenüber den armen Leuten mit viel Geld notwendig. Vielleicht würden dann ein paar arme Leute mit viel Geld erkennen, wie arm sie in Wirklichkeit sind – vielleicht.

Versuchen sollten wir es trotzdem – auch wenn es ohne Bildung bzw. ohne „zufällige" Hilfe nur wenig erfolgversprechend zu sein scheint. Doch wir sind mehr als nur rammelnde, nicht sich dem Lebensraum anpassen könnende Kaninchen, die mangel Platzes regelmäßig durch Seuchen dezimiert werden müssen.

Politische Zwischenlösungen von Wahl zu Wahl haben unsere unehrlichen Politiker viele. Bemerkenswerterweise sprechen sie **NIE** über Wachstumsreduzierungen, sondern immer nur über Wachstum, Wachstum, Wachstum. „Doch Übermut tut selten gut". Es wird über Hungersnöte, über Wasserknappheit und über Klimaerwärmung weltweit laut gejammert und Event-Artig protestiert, ohne dabei die Verursacher dieser Miseren zu erkennen – uns selbst, denn wir sind für unsere kleine Erde zu groß bzw. zu viele geworden! Und „was zu viel ist, das ist zu viel".

Weil wir unsere Erde nicht vergrößern können, so werden wir weniger werden MÜSSEN. Zunächst durch unerklärliche Korrektur-Maßnahmen des ewig Rufenden, zum Beispiel durch einen globalen Klimawandel oder weltweite Epidemien auslösende Viren oder beides, denn „ein Unglück kommt selten allein" und „Duplizität der Ereignisse" (Siehe 1. Teil: Träumen) sind zwar unerklärlich, jedoch nicht absichtslos. Wir sollen zunächst lernen, belehrbarer und schließlich einsichtiger zu werden. Bis dahin werden wir weiterhin zum Reifen „gepeitscht und gezuckert" werden, denn die selektiven, die schockartigen Kurskorrekturen oder „Lehrmethoden" des ewig Rufenden gehören seit Anbeginn des Lebens dazu und das Erfahrener-, das Reifer-Werden lernt man bekanntlich durch Schock am besten. Weil der „Himmel" keine unerfahrenen bzw. keine unreifen Früchte oder halbfertigen und somit ganz unbrauchbaren „Sachen" mag, so entledigt er sich dieser rechtzeitig, beispielsweise durch selektives „Aufräumen". Es ist wie mit den unbrauchbaren oder irreparablen Dingen allgemein, die platzschaffend regelmäßig entsorgt werden. Es ist wie mit unserem Gedächtnis – was nicht gebraucht wird, das wird einfach vergessen.

Sind wir bereits derartig blind geworden, dass wir den Abgrund, auf den wir uns zubewegen, Alters- oder Bildungsmangel bedingt, nicht erkennen können? Leider gibt es mehr Unerklärliches im Leben, als das ES ein Einzelner erklären oder verstehen könnte. Werden es unsere Kinder sein, die uns auf unser Fehlverhalten, auf unsere Unbelehrbarkeit hinweisen – damit wir nicht ewig verhandeln, sondern tatenhervorbringend handeln?
Jedes wilde Tier muss mit dem auskommen, was es vor Ort zum Überleben vorfindet. Das Gleiche gilt auch für uns, für die gezähmten, für die weitgehend fremdgelenkten Nachfahren der Tiere. Kommen wir in oder mit einer Gesellschaft, in der wir leben oder zukünftig leben wollen, nicht zurecht, dann müssen wir uns einer anderen Gesellschaft loyal anschließen, und, um des Friedens willen, ihre „Spielregeln" annehmen, oder dort

eingehen, wo wir geboren wurden, denn „andere Länder, andere Sitten" – andere „Sportarten", andere, spielspezifische Spielregeln.

Jede Gesellschaft muss das Recht zur Selbstbestimmung haben und wer nicht für eine Gesellschaft ist, in der er lebt oder zukünftig leben möchte, der ist gegen sie! Der sollte bereits vor seiner „Flucht" oder dem Im-Stich-Lassen seines ihm „zu klein" gewordenen Vaterlandes wissen, welche Spielregeln ihn woanders erwarten. Wer nicht die Sprache und Kultur der neuen Heimat erlernen und annehmen will, der soll in seinem „geliebten" Vaterland verbleiben und es DORT versuchen zu verändern. Wer von seiner neuen Heimat aus versucht seine alte Heimat zu verändern, der muss in seine alte Heimat zurückkehren bzw. dorthin schnellstens zurückgebracht werden, denn Unruhestifter sind wie Parasiten – völlig überflüssig.

Wir, insbesondere jedoch die von uns gewählten Politiker, müssen jetzt handeln, denn es ist viel später als sie denken – wenn sie denn, Machtgier bedingt, dabei auch an uns Wähler denken.

Jeder Mensch benötigt liebevolle, aber richtungsweisende und lügenfreie Führung, denn keiner wird wissend geboren. Doch wie sollen uns unsere kurzsichtigen System- oder Glaubensführer führen, wenn sie inzwischen SELBST nicht wissen, wohin die Reise geht? Entweder wir ändern unser Verhalten und lernen uns selbst so kennen wie wir **glaubensfrei** sind, oder wir bleiben für immer so, wie wir es aufgrund unserer uns verklärenden „Glaubensaufklärung" zu sein glauben.

Schließlich stirbt jeder für sich allein und was er in seinem Leben nicht geworden ist, das wird er auch nach seinem Ableben nicht sein können.

Wer nach seinem körperlichen Ende wirklich frei sein will, nicht nur lippenbekenntnismäßig, der muss sich zu seiner Lebenszeit seines Aquariums entledigen. Andernfalls stirbt er, ohne jemals zu erfahren, wie groß der andersdimensionierte Ozean ist.

Wer sein kleines Aquarium, seinen kleinen Käfig oder gar seine Zwangsjacke für die ganze Welt hält, der wird nie erfahren wie groß die Welt in Wirklichkeit ist. Der wird sich selbst als ein Teilchen des Ganzen nie wahrnehmen können. Für ihn wird der unendliche Ozean nicht existieren, der wird nie erfahren, dass es ihn auch außerhalb seines Körpers gibt. Dabei ist es vielen von uns möglich, bereits im Hier und jetzt das zu werden, wozu wir potenzialmäßig in der Lage sind zu werden – Menschen.

Diese latente Möglichkeit zur Menschwerdung hat jeder von uns der rechtzeitig lernt, **NICHT** zu glauben was ihm Priester, Pfarrer und andere „Seelsorge" aus eigener Fürsorge verhökern oder sogar im Kindesalter als Nächstenliebe missbräuchlich erfahren ließen.

Egozentrik

Weil wir uns auf verschiedenen Entwicklungsstufen befinden, so nehmen wir zwangsläufig auch verschiedene Identitäten an, die wir dann „logischerweise" für unser eigenes Ego halten. Und je weniger unser Selbstbewusstsein entwickelt ist, desto weniger Wissen haben wir, desto leichter können wir manipuliert, geführt und verführt werden.

Die meisten Leute denken, wenn sie wertvollen Schmuck und viel Geld besitzen – dass sie dann selbst auch viel wert sind. Unbewusst hoffen sie, dass der Schmuck, den sie tragen, ihren persönlichen Wert imponierend steigert. Je schöner operiert sie sind und je mehr Schmuck und teure Kleidung sie ihr Eigen nennen, desto mehr sind sie davon überzeugt, dass sie schöner, besser oder wertvoller sind als die anderen, die weniger besitzen. Ein paar Schmeicheleien oder ein paar gefällige Komplimente genügen und du wirst wissen, mit wem du es wirklich zu tun hast. Wenn diese Leute einen großen, einen auffälligen oder teuren Wagen fahren, dann denken sie, sie seien auch groß und wertvoll.

Lobe und bewundere den Wagen, und du wirst Sympathien ernten! Kritisiere ihre Schönheits-OP, ihren Schmuck, ihr Auto, ihren Hund und du wirst nicht mehr ihr „Freund" sein! Und weil der Schein trügt, ist es in Wirklichkeit genau umgekehrt. Je größer und teurer sich diese Leute denken, desto weiter entfernt befinden sie sich vom Menschsein, desto stärker identifizieren sie sich mit dem, was sie tragen oder zu besitzen glauben – was dann die Früchte wären, an denen die morschen Bäume erkannt werden können.

Als sich selbst Erkannter werden wir zunächst ein neutraler Niemand werden, im konventionellen Sinne werden wir identitätslos sein – uns reicht es dann völlig aus, NUR WAHRHAF-

TIG zu sein. Mit dem Anfang unserer Selbstwahrnehmung ändert sich unser bisher gewohntes Leben jeden Tag ein wenig mehr. Wir „sterben scheibchenweise", weil wir alle fremden UND eigenen Identitäten nach und nach ablegen und uns nur noch als identitätsfreie „Rollenspieler" wahrnehmen werden – wir werden SEIN und nicht nur ein Schein.

Warum wollen wir ein Russe oder ein Franzose, ein Moslem oder ein Christ sein? Warum genügt es uns nicht, einfach ein Mensch zu sein oder werden zu wollen, ohne eine National- oder Glaubensidentität? Warum müssen wir uns mit der geburtsortbedingten Nationalität oder dem geburtsüblichen Glauben dermaßen identifizieren, dass wir sogar bereit sind, dafür unschuldige Menschen – **in deren Heimatländern** – zu töten oder selbst getötet zu werden?

Diesen fremdbestimmten Irrsinn kann man NICHT verstehen, wenn man ihn für NORMAL hält und von anderen annimmt, dass sie es auch sind – NORMAL! Dabei kommt „normal" von genormt sein, also genauso dressiert bzw. abgerichtet zu sein wie alle Anderen.

Ich wurde im jetzigen Polen, das noch vor dem Zweiten Weltkrieg zu Deutschland gehörte und Ostpreußen hieß, im Jahre 1949 in Masuren geboren. Danach war ich ein polnischer Bürger mit deutscher Nationalität, sozusagen ein deutscher Pole. Hätte es 20 Jahre später einen Krieg gegen Deutschland gegeben, dann wären, insbesondere die BRD-Deutschen, meine Feinde. Hätte es 25 Jahre später einen Krieg gegen Polen gegeben, dann wäre ich ein polnischer Deutscher, dann wären Polen meine Feinde, denn ich bin 1971 aus dem ehemaligen Ostpreußen als Spätaussiedler in die BRD vertrieben bzw. übergesiedelt worden. Hätte es in dieser Zeit tatsächlich einen Krieg gegen Polen oder Deutschland gegeben, dann wäre mein Körper sehr wahrscheinlich eine Leiche, ein Leiche der es ganz und gar egal wäre welcher Nationalität oder Volkszugehörigkeit, welchem Glauben oder Aberglauben angehörig.

Ein Selbstgeborener lebt in einem Land, ohne sich mit ihm und seinem System wirklich zu identifizieren. Begriffe wie Nationalismus oder Dogmatismus tangieren ihn nicht, denn er hat keine fremdbestimmte Identität – nur Neutralität. Er ist dann ein polnischer oder deutscher Bürger, doch er könnte genauso gut ein loyaler Franzose, Russe, Amerikaner, Araber, Engländer oder einfach ein neutraler, Nationalitäten ungebundener, feindbildfreier Erdbürger sein.

Unser Problem ist, dass wir immer irgendwer sein müssen, weil wir noch nicht wissen, wer oder was wir sind, weil wir uns NOCH nicht als SEIN, als ES in IHM erkannt haben. Bis dahin werden wir ziellos weiter suchen, ohne zu wissen, wonach wir suchen und nach jeder „Mütze", nach jedem Identitätsstrohhalm greifen, der uns angeboten wird, egal von wem – auch von den *A*nhängern *f*aschistischer *D*enkweisen!

Noch sind wir wie die dummen Schafe, die aus Mangel an Wissen ihrem Schäfer gerne folgen – auch zum Schlachthof bzw. zum Schlachtfeld – jawohl mein Führer!

Solange wie wir durch Selbstfindung nicht identitätsmäßig innerlich „sterben", benötigen wir eine genormte Identifikation von außen. Erst eine bestimmte Identifikation lässt uns glauben, dass wir scheinbar etwas sind: ein Moslem, ein Christ, ein Hindu, ein Kommunist, ein Kapitalist oder einfach ein „wichtiger Mützenträger".

Diese Identifikation bewirkt dann, dass wir uns gegen anders genormte Systeme oder anders denkende Menschen abschirmen und in unserem voreingenommenen Denken meinen, dass nur unser System den Andersdenkenden und Andersgläubigen Glück und Frieden bringen kann, gegebenenfalls auch mit seelischer und körperlicher Gewalt. Wir gehen dann sogar soweit, dass wir meinen, wir müssten andere Menschen zu unserem Glück zwingen, wenn es sein muss auch mit Schwert und Feuer, mit Bombenanschlägen oder Erpressung, mit Folter und Selbstmordattentaten, denn Allah oder andere Götzen wollen es so?! Leider bedenken wir dabei nicht, dass die anderen genau das gleiche von sich denken und uns zu IHREM Glück, zu IHRER Gerechtigkeit und zu IHREM Frieden gerne **zwingen** möchten. Auch ihnen reicht es nicht aus, nur selbst „glücklich" zu sein – nein, so egoistisch sind sie nicht? Sie möchten, dass auch wir nach ihren Vorstellungen glücklich werden, indem sie uns so lange missionieren und okkupieren, bis sie uns nach ihrem Gusto „glücklich" gemacht haben. Meistens funktioniert dieser „Bekehrungswahnsinn", allerdings nicht immer. Manchmal nehmen sich Menschen freiwillig das Leben, bevor sie sich von den Okkupanten unfreiwillig „glücklich" machen lassen, denn bewusst Gestorbene sterben nie. (Siehe dazu bei „Google.de", unter (NICHT glaubensbedingte) Massenselbstmorde wie in: „Masada" (ca. 1.000) im Jahre 73 n. Chr., in „Berlin" (ca. 10.000), in „Demmin" und anderen Städten im Jahre 1945).

Es wird höchste Zeit, dass wir aus unserer fernen und nahen Vergangenheit bzw. aus unserer ständig „brauner" bzw. nationalistischer werdenden Gegenwart schnell lernen, gelehriger zu werden. Denn man kann auch von den Minderbegabten lernen, selbst weniger minderbegabt zu werden als sie es sind. Was wir dringend benötigen, ist eine auf Fakten basierende alte Neuorientierung zu unserem Selbst – aus uns selbst – ohne fremde „Hilfe" zur weiteren Desorientierung, zur weiteren Selbstentfremdungen durch fremde Identitätsbestimmungen. Andernfalls werden es andere sein, die über uns bestimmen werden, die uns sagen werden wer wir sind bzw. wer wir sein SOLLEN.

Dieser konditionierte Irrsinn ist wirklich nicht einfach zu verstehen, denn dazu wäre ein NICHT konditionierter Verstand erforderlich, doch den haben wir noch nicht und wenn, dann nicht weit über unsere pubertäre Zeit hinaus.

Noch sind wir der konditionierte Verstand der denkt und nicht seine neutralen Beobachter. Noch sind wir die „Mützen", die wir tragen. (Siehe Teil 1: Träumen) Doch was noch nicht ist, das ist bereits im Werden – wir sind gerade dabei es scheibchenweise scheinfrei entstehen zu lassen – uns selbst als unser Selbst.

Es ist unsere intolerante Unwissenheit, die uns dazu treibt, andere Menschen von unserem Glück überzeugen zu wollen, und so glauben wir, dass mit der steigenden Menge der Gläubigen unser Glaube/Aberglaube an Richtigkeit gewinnt: Je mehr zahlenmäßig wir sind, desto wahrhaftiger ist unser Glaube – glauben wir. Ist es wirklich so? Scheinbar ja!

Dann halten wir sogar die schlimmsten Verbrechen für gerechtfertigt, wenn möglichst große Massen sich mit uns solidarisch erklären oder sich mit unserem Glauben identifizieren. „Der Zweck heiligt die Mittel", sagen wir dann und freuen uns, wenn wir den Anderen UNSER Glück, UNSEREN Frieden und UNSERE Freiheit erfolgreich aufzwingen.

Stelle dir vor, die ganze Welt wäre plötzlich christlich – dann wäre alles „Friede, Freude, Eierkuchen", dann gäbe es keine(?) Feinde, nur Nächstenliebe? Wobei NUR noch zu klären wäre, WELCHE Christen die weltweite Führung übernehmen sollten. Wahrscheinlich die katholischen, denn davon gibt es die meisten und wer die Mehrheit hat, der darf weiter regieren, der spielt die Musik, nach der wir tanzen müssen. Der hat weiterhin das Recht uns Glaubensmärchen zu lehren, die ihren Sinn in der Erkenntnis ihrer Sinnlosigkeit haben.

Dabei ist kein Leben sinnlos, denn sobald wir erkennen, dass das, was wir geglaubt oder das, was wir in unserem Leben gemacht haben, scheinbar sinnlos war, bekommt unser Leben einen sehr wichtigen Sinn, denn **die Erkenntnis der scheinbaren Sinnlosigkeit unseres irdischen, unseres körperlichen Lebens, IST der Sinn unseres Lebens.**

Wer das erkennt, der wird wissen, dass er, als ein Teilchen von IHM, in IHM angekommen SEIN wird. Es ist wie mit dem Wassertropfen, der, im Ozean angekommen, selbst zum Ozean wird und dabei im Nachhinein erkennt, dass es sinnlos war, sich als Wassertropfen für den ganzen Ozean zu halten.

Unser Urvermächtnis lässt uns immer weiter und weiter suchen – bis zur Umkehr, bis wir erkennen, dass wir unser „Kreuz" gerechterweise selbst tragen müssen und NICHT von anderen tragen lassen können. Unser Schicksal ist es, in unserer jetzigen oder fernen Gegenwart zu erkennen, dass unsere Ur-Rebellion zur Ur-Explosion geführt hat. Erst wenn wir die Sinnlosigkeit unserer Ururrebellion erkennen, werden wir anhalten und umkehren. Schließlich werden wir geläutert andersdimensioniert zurückkehren und keinen einzigen Tag früher. Es ist völlig gleichgültig, wie lange es dauert oder an welcher Stelle des Universums es geschehen wird, wir, als was oder als wer auch immer, müssen lernen gier- bzw. glaubensfrei und damit friedlich zu werden, als Spezies Mensch oder als unsere fernen Nachfolger. Unsere Mutter Evolution ist immer schwanger und sie wird so lange NEUES gebären, bis das NEUE die Ursache für das ALTE, für unsere Ururvertreibung erkennt und abstellt – **die Gier**. Bis dahin wird es die gleiche **Gier** sein, die uns antreiben wird, irgendwann **Gier-frei** zu werden, denn am Ende zerstört sich das Böse selbst – **auch die Gier!**

Es klingt zwar widersprüchlich, aber es ist die Gier selbst, die uns letztlich Gier frei werden lässt. Es ist wie mit der Pubertät, sobald wir sie in uns erkennen, werden wir erwachsen werden können. Es ist wie mit den Reichen, die noch nicht begreifen, wie arm sie in Wirklichkeit sind. Es ist wie mit den „gut gemeinten" Spenden, die die Vermehrung der Spendenempfänger fördern und somit den Zusammenbruch unserer Zivilisation beschleunigen. Es ist wie mit den Kaiserschnittgeburten, die oft mit verengten Geburtenkanälen geboren werden und somit ihrerseits keine natürlichen Geburten ohne chirurgische Eingriffe erleben bzw. überleben werden, denn wer die natürliche Evolution ignoriert, der potenziert die Schmerzen derer, die er mangels Vorausschaubarkeit hervorgebracht hat.

Unsere urknallzeitliche Verdrängung hätte nicht den geringsten Sinn, wenn wir als Menschen nicht lernen sollten, friedlich und gewaltfrei zu werden. Verzichten wir gewaltlos auf Gewalt, dann werden wir friedvoll zurückkehren dürfen. Werden WIR friedvoll, dann werden es auch andere werden, denn wer sich dem Unwissen verweigert, der sät Frieden und „wer Frieden sät, der wird auch Frieden ernten".

Bringen wir uns selbst ins Ziel, werden wir wieder das, was wir vor unserer „Vertreibung" waren, denn; damit Neues entstehen kann, muss Altes immer wieder neubeginnend vergehen. Distanzieren wir uns von unseren vielen Scheinidentitäten, dann kommen wir unserem wahren Selbst näher!

Solange wir nicht aus uns selbst im Geiste geboren werden, werden und MÜSSEN wir Fehler machen, um aus ihnen zu lernen – auch aus Fehlern ferner und naher Vergangenheit, denn ohne Rückschläge gibt es kein Vorankommen und somit auch kein Lernen. Oft vergehen Generationen, bis wir etwas so erkenntnisreich lernen, dass das Gelernte uns genetisch und somit auch unser Verhalten dauerhaft verändert. Und verändern müssen wir uns, denn unsere Welt ist immer nur so gut oder so schlecht wie wir es selbst sind. Werden wir gut – NICHT naiv bzw. leichtgläubig, dann werden es auch andere werden. Es ist zwar ein langer Weg, doch auch die längste Reise beginnt mit dem ersten Schritt!

Erst wenn wir die Sinnlosigkeit einer Gewalt auch praktisch erkennen, wird Gewalt einen Sinn haben – dann wird braune Ideologie als Idiotie erkannt werden. Oft muss scheinbar Sinnloses getan werden, um Sinnvolles zu bewirken. Somit sind auch Kriege oder sogar Attentate „gut", wenn sie dauerhaften Frieden hervorbringen, wenn wir daraus lernen gelehriger und damit friedlicher zu werden. Wenn alle Seiten daraus dauerhaft lernen – die ermordeten Helden und die heldenhaften Mörder.

Durch jede Erkenntnis der scheinbaren Sinnlosigkeit unseres Lebens bekommt unser Leben einen sinnvoll-lebendigen Sinn. Denn jede lebendige Erkenntnis verändert unser Leben, das unserer Mitbürger und dadurch auch die Welt, in der wir leben. Es sind zwar nur kleine Veränderungen, jedoch groß in der Summe.

Was passiert, wenn wir uns mit unserem Beruf, mit unserer Familie, mit unserem Körper oder und insbesondere mit unserer Meinung oder „Mütze" identifizieren? Wir werden aggressiv! Jede Kritik bezüglich des Berufes, der Familie, des Körpers oder NUR bezüglich unserer Meinung werten wir aufgrund unserer direkten Identifikation als einen persönlichen Angriff, als eine persönliche Bedrohung, gegen die wir uns dann auch sofort – je nach Bildungstand verbal oder sogar körperlich, wie beispielsweise die lernschwach geborenen – zur Wehr setzen. Handfeste Schlägereien und Messerstechereien entstehen, nur weil die Streitenden sich gegenseitig nicht verstehen. Obwohl der Kritisierende nur seine Meinung zu ihrem Beruf, ihrer Familie, ihrem Körper oder NUR zu ihrer Meinung geäußert hat, NICHT mehr, wird er in seinen Augen zum Aggressor und damit zum Feind: „Wenn Blicke töten könnten" – guckst du?

Und was passiert, wenn wir statt zu kritisieren, gelogene Komplimente machen, wenn wir bewusst die Unwahrheit sagen, also lügen? Wenn wir beispielsweise den unschönen Schmuck als schön und die „blöde" Meinung als richtig bezeichnen? Obwohl wir NICHT die Person meinen, sondern nur den Schmuck oder die Meinung, werden wir sofort zum solidarischen Freund, zum

„Bruder". Durch unser Kompliment haben wir uns sozusagen solidarisch mit der Identität des anderen erklärt. Durch unseren Schein-Lob haben wir sie bestärkt, das Richtige zu sein oder das Richtige zu denken. So ist es nun mal. Wir werden schnell als Feinde bezeichnet, wenn wir jemanden ehrlich kritisieren und als Freunde, wenn wir ihn unehrlich loben. Nein?

Dann probiere es doch einfach bei nächster Gelegenheit aus! Kritisiere den Hund, die Katze oder die Kinder deiner Nachbarn – wenn du von ihnen bzw. ihren Eltern oder Großeltern in Zukunft NICHT gegrüßt werden möchtest.

Was die Gier anbelangt, so fördert sie die Unmoral und Gleichgesinnte halten zusammen – die Armen und die Reichen, denn sowohl Armut als auch Reichtum rufen klassenspezifische Solidaritäten hervor – auch und insbesondere unter den Reichen. Und so betrügen und belügen die Reichen viel öfter als die Armen, die aus Vermögensmangel nicht die Möglichkeiten dazu haben.

So ist Gier zunächst nichts Verwerfliches oder Unmoralisches – weder bei den Reichen noch bei den Armen, die gerne reich wären, auch wenn Geld den Charakter verdirbt. Manchmal muss man erst unmoralisch, verlogen und schließlich reich werden, um zu erkennen, wie arm man in Wirklichkeit doch ist.

Leider gibt es NOCH nur sehr wenige Reiche, die sich für ihre Raffgier, für ihren ungerechten Reichtum schämen, doch das lässt sich durch öffentlich verachtende Bloßstellung und gerechte Gesetzesänderung ändern, denn die „Wahrheit ist ein scharfes Schwert", das in den letzten 2.000 Jahren von den „feinen Leuten" und deren Lakaien sehr stumpf gemacht worden ist. Wir sind gerade dabei, es wieder zu schärfen, denn das Böse scheut nichts mehr als eine öffentliche „Hinrichtung". Und wo „ein Wille ist, dort ist auch ein Weg". Den Weg kennen wir bereits, er heißt Remotion, den Willen ihn wirklich selbsterfahrend gehen zu wollen, haben die meisten von uns leider NOCH nicht, noch fehlt uns der Mut zum mutig sein, doch was noch nicht bewusst existiert, das könnte durch Bewusstwerdung existent werden! Unsere tägliche Remotion kann uns dabei helfen – vorausgesetzt, wir bleiben ausdauernd dabei.

Jeder von uns hält sich für etwas Besonderes, und wir sind es auch! Scheinbar sind wir die Summe unserer geistigen und körperlichen Fähigkeiten. Alles, was wir wissen und können, das denken wir zu sein, und halten uns meistens selbst für die Schönsten und Schlausten – auch wenn es nicht besonders klug ist und was zwangsläufig zu Problemen aller führen muss, denn unsere Mitbürger denken über sich dasselbe! Für unsere Mitbürger sind wir nicht die Schlausten und die Schönsten, denn diese Logenplätze halten sie selbst besetzt. Doch in der Tat sind wir etwas einmalig Besonderes, denn alles und alle haben den gleichen Anfang, sind „Kinder" der gleichen „Eltern". Allerdings sind nur wir Menschen die Spezies, die ihren Anfang und Ende ahnend begreifen kann.

Wir ahnen, dass wir NICHT das Ganze sind, sondern nur ein winziges Teilchen davon, allerdings ohne dass das Ganze als das Ganze auch nicht existieren würde: Obwohl ein Wassertropfen nicht der ganze Ozean ist, so ist er doch ein Teilchen von ihm, der, im Ozean angekommen, zum Ganzen, zum Ozean wird. Auch wir sind solche Teilchen, die sich, weil ursprünglich aus dem „Ozean" kommend, logischerweise für das Ganze, für den ganzen „Ozean" halten. Leider erinnern wir uns als Wassertropfen an unser Ozeandasein nicht und umgekehrt, im Ozean angekommen, wissen wir nicht, dass auch wir mal unzählige kleine Wassertöpfchen waren, aus denen anteilig alle Lebewesen bestehen. Wir sind gerade dabei zu lernen, uns daran zu „erinnern", dass wir vor unserem „Prinzdasein" ein Frosch, eine Kaulquappe, ein Ei, eine Sperma- bzw. ein Einzeller waren.

Ob es Probleme im Beruf sind, bei Freundschaften oder in der Ehe, die Ursache ist meistens die gleiche, die Ich- bzw. Egozentriertheit. Unser Gelerntes ist dann der Maßstab, mit dem wir alles und alle messen. Auch unser Körper bzw. unser Aussehen ist meistens die Messlatte, mit der wir andere vergleichen und einsortieren: Andere sind klein, wenn sie kleiner sind als wir, und groß, wenn sie größer sind als wir, wobei meistens WIR die RICHTIGE Größe, das richtige Aussehen, die richtige Meinung, die richtige ... haben, denn meistens schließen wir von uns auf andere und selten von anderen auf uns. Andere sind schwerhörig, wenn sie schlechter hören als wir und umgekehrt. Wenn wir schwerhörig sind und es selbst noch nicht wissen, dann gehen wir davon aus, dass andere nicht mehr bzw. besser hören als wir. Wenn uns ein Normalhörender auf ein Geräusch hinweist, so streiten wir es am Anfang unserer Schwerhörigkeit erst ab und sind zunächst der festen Überzeugung, dass es dieses Geräusch nicht gibt – nur, weil WIR es nicht hören! Manchmal ist es dann ein Singvogel, der uns zur Einsicht zwingt – vielleicht eine Singdrossel oder eine Amsel, die ihren Schnabel offensichtlich „stumm?" bewegt. Es ist wie mit den zu bemitleidenden Reichen, die selbst nicht wissen, wie arm sie wirklich sind. Es ist wie mit der Wahrheit, so lange wie wir sie selbst, aus uns selbst, nicht erfahren, werden wir Glaubensmärchen für wahr halten.

Egal, welche Meinung wir auch haben, sie wird falsch sein, wenn sie kein auf Wahrheit, auf wahren Fakten basierendes Fundament hat. Es gibt so viele Meinungen wie es Leute gibt, im Moment knapp 8 Milliarden. Das Problem dabei ist, dass jeder seine eigene Meinung weitgehend für die einzig richtige, für die einzig wahre hält. Insbesondere sind es die Uneinsichtigen, die Lernschwachen unter uns, die die größte und lauteste Meinung von sich selbst haben, denn leere Räume klingen hohl UND laut. Andere Mitmenschen sind „blöd", wenn wir uns für schlauer halten als sie, und wiederum andere sind belehrende

„Klugscheißer", wenn sie mehr wissen als wir – z. B. Lehrer. Unsere eigenen Kinder oder Enkel sind meistens die schönsten und klügsten, und wir wären sehr beleidigt, wenn andere Eltern oder Großeltern das Gegenteil behaupten würden. Wenn sie behauptend sagen würden, dass unsere Kinder ihren Kindern in vielerlei Hinsicht unterlegen sind, dann wäre das das Ende der Freundschaft, obwohl es, objektiv gesehen, durchaus stimmen könnte. Merkwürdigerweise schließen wir meistens von uns auf andere und nur selten von anderen auf uns. Wenn jemand schlecht ist, dann sind es meistens die anderen und nicht wir. Warum muss es fast immer so sein, dass wir uns selbst nur selten in Frage stellen?

Es ist zwar fatal, doch wir kommen zu dieser logischen Einstellung, weil wir uns, **urursprünglich** aus dem Ganzen kommend, für das Ganze, für den ganzen „Ozean" halten, obwohl wir als Wassertropfen nur ein latentes Teilchen von IHM sind. Es ist wie mit dem Auto und seinen Einzelteilen, die sich durchaus für ein Auto halten könnten, wenn auch nur teilweise. So wie jeder „Wassertropfen", der im Ozean angekommen, sich für den ganzen Ozean hält, so ergeht es auch uns. Deshalb ist es auch nicht verwunderlich, wenn sich der gleiche Wassertropfen außerhalb des Ozeans auch für den ganzen Ozean hält: Wenn ein Wassertropfen verdampft, dann wird er zu unzähligen Wassermolekülen, die sich – jedes für sich genommen – durchaus für einen Wassertropfen halten dürfen, der sie vor dem Verdampfen waren. Wenn wir ein Wassermolekül spalten, dann erhalten wir ein Sauerstoff- und zwei Wasserstoffatome, die sich durchaus für ein Wassermolekül halten dürfen. Und wenn wir jetzt auch noch die Sauerstoff- oder Wasserstoffatome in ihre einzelnen Bestandteilchen zerlegen und deren Bestandteilchen in Elementarteilchen, dann kommen wir uns bzw. dem Anfang des Ganzen, das tatsächlich das Ganze ist, sehr nahe. Doch darüber können sich andere die Köpfe zerbrechen, uns sollte es zunächst völlig genügen, herauszufinden zu WOLLEN, wer WIR gegenwärtig sind und WARUM wir so sind wie wir sind, alles andere erledigt sich dann angstfrei zur gegebener Zeit von selbst – spätestens jedoch, wenn unser körperliches Ende ein andersdimensionierter Anfang sein wird.

Solange wie wir als Menschheit existieren, ist es vielen von uns durchaus möglich, zur Selbsterkenntnis bzw. zur Neugeburt zu gelangen. Es ist eine sehr große Chance, wir sollten sie nicht versäumen! Ganz sicher wird unsere Erde nicht immer so bleiben wie sie jetzt ist; ein lebendiger Planet mit einer unendlich großen Vielfalt, die irgendwann in einer, zunächst leblosen, Einheit enden wird.

Möglicherweise sind wir irgendwann, in ferner Vergangenheit, von „unseren Ururvorfahren" als „keimfähiger" kosmischer „Staub", im fernen Kosmos, notgedrungen „ausgesetzt" worden und, vor etwa 500 Jahrmillionen, auf unserem Planeten gestrandet, vielleicht als „Leben" beinhaltender Regentropfen, um artenübergreifend zu erkenntnisfähigen Menschen zu mutieren.

Möglicherweise, denn die intuitive Sehnsucht nach unserem gemeinsamen Ururzuhause haben alle Lebewesen, die sich vom Nachthimmel angezogen fühlen – auch die „Wölfe". Irgendwie fühlen wir ES – intuitiv spüren wir, dass unser Urzuhause NICHT die Erde, sondern der unendliche „Nachthimmel" ist, zu dem einige von uns nach ihrem physischen Ende zurückkehren werden.

Möglicherweise, denn diesseitige Ahnung ist nicht zwangsläufig auch fundiertes Wissen, zu dem wir erst andersdimensioniert Zugang bekommen, doch Ahnungen sind Intuitionen, die jedes Lebewesen zum ÜBER-leben drängen – zum Mehr-WERDEN, als wir es zu sein scheinen, denn nichts bleibt so wie es war und nichts wird so sein wie es augenblicklich ist. Selbst das Heute wir bereits schon morgen gestern sein. Das ist das Prinzip der Evolution; zunächst situationsbedingte Anpassung, dann Etablierung, dann Weiterentwicklung. Immer und immer wieder, bis es nichts mehr zum Weiterentwickeln geben wird – weil wir ES realisiert haben werden, weil wir, zum Teilchen des Ganzen geworden, uns als das Ganze wahrnehmen werden.

Es war ein langer, ein sehr langer Weg, den wir im Rahmen der Evolution bereits mühsam zurückgelegt haben und es wäre mehr als nur töricht von uns, ihn kurz vor dem Ziel unvollendet abbrechen zu wollen. Das latente Potential zur Neuentstehung bzw. zur artspezifischen Vollendung haben alle Lebewesen, doch nur wir Menschen sind es, die ES bewusst im Hier und Jetzt vollenden, die ES bewusst im Hier und Jetzt werden können!

Nun wird es Zeit, das wir unser Urvermächtnis annehmen, dass wir unseren Horizont zur Freiheit hin erweitern und erkennen, dass wir nicht immer diejenigen waren bzw. sein werden, für die wir uns heute halten, denn wir sind mehr als unsere Körper und viel mehr als unser körperbedingter Verstand.

Mag sein, dass es eine Zeit geben wird, in der solche Erkenntnisse offensichtlich und somit selbstverständlich für jedermann sein werden, doch es wird NICHT UNSERE, nicht deine und nicht meine Zeit sein!

Zusammenleben

Keiner ist eine Insel, denn unter der Wasseroberfläche sind ALLE „Inseln" miteinander verbunden und somit ein Teil dieser uns unwahrnehmbaren Verbindung. Keiner lebt für sich allein, insbesondere nicht in einer ehrlichen Partnerschaft. Langfristiges Zusammenleben bedeutet schon am Anfang einer Partnerschaft genau zu wissen, dass man zusammengehört, niemals getrennt werden möchte und zu einer altruistischen, NICHT selbstbezogenen Einheit verschmelzen will – unabhängig vom anfänglichen hormonbedingten Sexualtrieb oder gar dem Kontostand des anderen. Damit ist nicht fortdauernde Harmonie gemeint, respektvolle Streitigkeiten in der Partnerschaft sind das Salz in der Suppe und nicht das gewürzlose Nebeneinander. Aus Zwei muss Eins werden. Aus „Mein" und „Dein" muss unbedingt „Unser" werden. Mein oder dein Auto, mein oder dein Kind, mein oder dein Haus werden zu UNSER Auto, UNSER Kind und UNSER Haus. Aus zwei „Amöben" muss eine werden, die dann die Interessen BEIDER zu berücksichtigen hat. Insbesondere der verantwortungsbewusste Umgang mit dem Geld BEIDER gehört auch dazu, denn es ist nicht mein oder dein Geld, das in einer Partnerschaft verdient bzw. ausgegeben wird, sondern BEIDER – UNSER. Ohne Einhaltung dieser relativ einfachen Grundregeln gibt es kein dauerhaft liebevoll-lebendiges Zusammenleben – kein humorvolles Miteinander, sondern nur ein mechanisches bzw. zweckbezogenes Nebeneinander, das oft nur von kurzer Dauer ist. Das klingt zunächst einfach und simpel, doch in der Praxis ist es schwieriger als es zu sein scheint. Im Zeitalter des Egoismus denkt jeder zunächst an sich selbst. Dann kommt „mein" Partner/in, „mein" Auto, „mein" Kind oder „mein" Haus. Wenn wir als Einzelkind geboren und aufgewachsen sind, dann wird es für uns in einer Partnerschaft besonders schwierig, von MEIN auf UNSER umzudenken – zu teilen. Ernsthaft versuchen sollten wir es trotzdem. Wir gehen dann Partnerschaften aus sogenannter Liebe ein und sichern uns z. B. mit einem Ehevertrag ab. Viele wollen ihre volle Unabhängigkeit und Freiheit behalten, und keiner will Kompromisse eingehen, weil jeder von uns sich selbst der Nächste ist. Statt Altruismus dominiert Dualismus, denn jeder will nur für sich selbst das Beste. Schließlich bleiben der Dialog, die gemeinsamen körperlichen und geistigen Aktivitäten aus und man spricht nicht mehr liebevoll miteinander – was dann die Erkenntnisfrucht wäre, die das Ende einer für immer und ewig geschworenen Liebe einer ewigen Partnerschaft ankündigt.

Man hat sich zwar lebenslange Liebe und Treue geschworen, doch man trennt sich bereits nach gewisser Zeit – weil man noch kein gefestigtes Gewissen hat? Nach dem Motto: „Was interessieren mich meine Geschwüre von gestern". Natürlich schwören wir uns feierlich, in „guten und in schlechten Zeiten" zusammenzubleiben, doch solche Schwüre funktionieren nicht ohne das „UNSER-Gefühl".

So lange eine Partnerschaft auf der Basis von DEIN und MEIN basiert, wird sie eher über kurz als über lang scheitern. Wenn wir uns unserem partnerschaftlichen Zusammenleben nicht wahrhaftig hingeben, werden wir nicht lange glücklich werden können, und unser „ewiges" Zusammenleben wird nicht lange andauern. Es ist nicht einfach, die eigene Relevanz bzw. die eigene Dominanz weitgehend zugunsten der Partnerschaft einzuschränken, doch genau das **muss** in einer Partnerschaft geschehen, denn Zusammenleben heißt zusammen und nicht nebeneinander oder gar räumlich getrennt.

In der Partnerschaft können wir uns gegenseitig helfen, unterstützen, ergänzen und im Dialog voneinander lernen, „in guten und in schlechten Zeiten". Wenn einer von uns ernsthaft krank wird, dann erfahren wir, was unsere eigene Todesangst bedeutet.

Wenn einer von uns leidet, dann erfahren wir, wie schön es sein kann, gemeinsam zu leiden – auch wenn es weh tut. Unter Liebe ist hier nicht die hormonell bedingte Gefühlsduselei zu verstehen, denn die hormonell bedingte „Liebe" hält in der Regel nur etwa zwei Jahre lang an, bis ein Kind gezeugt und etwa ein Jahr alt wird, dann beginnt man sich auseinander zu leben – mit anderen zu „paaren". Man erinnert sich an den Ehevertrag und trennt sich schließlich – natürlich respektvoll und in „Freundschaft" – per Scheidungsanwalt, vor Gericht. Dann heißt es ganz einfach; die „Chemie habe nicht gestimmt", was durchaus zutreffend sein kann, denn Parfüm überdeckt unseren natürlichen und somit unseren wahren Duft. Und hochhackige Schuhe lassen die kurzen Beine länger erscheinen als sie es in Wirklichkeit sind. Dann heiraten wir jemanden, der in Wirklichkeit ganz anders duftet als wir ihn riechen und kleiner ist, als er es zu sein schient. Dann heiraten wir eine Person, die anders ist, als sie vor der Hochzeit zu sein schien. Es ist wie mit den Politikern, die nach der Wahl anders sind als sie vor der Wahl zu sein schienen.

Im Tierreich ist es nichts Besonderes, eine Partnerschaft für eine Zeugungsperiode einzugehen, doch von uns Menschen sollten wir etwas mehr erwarten, denn Kinder sind kein Spielzeug oder Eigentum der Erzeuger, mit denen sie machen können, was sie wollen. Kinder sind die Fortdauer der Hoffnung, die die meisten von uns NOCH nicht bewusst haben, es ist unsere unbewusste Hoffnung auf unsere eigene Rückkehr DURCH unsere allernächsten Genverwandten, unsere Kinder und/oder die Kinder deren Kinder, denn Art- bzw. Genverwandten halten genetischbedingt, der eigenen Generhaltung wegen, stets zusammen – sind sich selbst am nächsten, denn der evolutionäre Ur-Befehl heißt: ÜBERLEBE! – zunächst eigenarterhaltend, dann transzendierend, damit aus einer Raupe ein schöner Schmetterling bzw. aus einem Frosch irgendwann ein „Prinz" werden kann.

Ein weiteres relevantes Problem des partnerschaftlichen Zusammenlebens ist die Rechthaberei und die Macht der Gewohnheit. Recht haben oder glauben Recht zu haben, sind „zwei unterschiedliche Schuhe", denn NUR auf Fakten basierende Erkenntnisse sind wirklich wahr und somit nicht diskutabel, denn ES ist, wie ES ist – auch wenn ES aufgrund unserer unterschiedlichen Begabung und Bildung unterschiedlich zu sein scheint. Und es liegt NICHT an der Wahrheit, wenn wir uns über sie, insbesondere in der Partnerschaft, nicht einig sind, sondern an uns bzw. an unserer weitgehend genetisch bedingten Erkenntnisunfähigkeit!

Es ist wie mit dem „Regierungsknüppel" der Parteienfarben bedingt viele „Gesichter" hat, jedoch als solcher, immer der gleiche bleibt. Wofür wir uns **vor** der Ehe entscheiden, ist weitgehend nur das Erscheinungsbild, ist nur die Knüppelfarbe, den verdeckten, den gewöhnungsbedürftigen Knüppel bekommen wir erst **in** der Partnerschaft zu spüren. Doch wegweisende „Knüppelschläge" festigen den Zusammenhalt.

Haben wir uns erst an etwas gewöhnt, dann fällt es uns schwer, darauf zukünftig zu verzichten. Dieses hat Vor- und Nachteile, hauptsächlich jedoch Nachteile, denn Gewohnheiten haben keine lange Zukunft, weil sie Stillstand bedeuten. Es passiert immer das Gleiche zur gleichen Zeit: Aufstehen, Mahlzeiten einhalten, mit den Kindern, der Partnerin oder dem Partner spielen. Arbeiten, Hobbys nachgehen oder Urlaub machen – immer an dem gleichen Ort und zu gleicher Zeit, wo man dann gerne die gleichen Leute trifft wie in den Jahren zuvor. Man könnte ja durch neue Bekanntschaften etwas Neues dazulernen. Konsequenterweise müsste man dann eventuell sein Denken und Verhalten ändern, und gerade das wollen wir nicht, denn „alte Schuhe drücken nicht". Einerseits ersparen wir uns durch Gewohnheiten viel Kopfarbeit, denn vieles muss nicht immer wieder neu ausdiskutiert oder neu geplant werden. Andererseits nehmen wir keine Lebenswegkorrekturen vor, wenn wir unser Leben NUR gewohnheitsmäßig gestalten.

Männer oder Frauen laufen uns davon, weil sie anderwärtig eine andere Stellung, andere Ansichten, andere, lebendigere Leute kennenlernen. Eine Ehe, eine Beziehung oder eine Freundschaft brechen auch auseinander, wenn nur EIN Partner, aus welchen Gründen auch immer, sich weiterentwickelt und der andere nicht. Wenn einer dann an seinen prinzipiellen Gewohnheiten festhält und nicht bereit oder fähig ist zu lernen, die Knüppelfarbe zu wechseln oder nicht in der Lage ist, den veränderten Partner zu tolerieren oder von ihm toleriert zu werden.

Es ist erschreckend, wie „tot" viele Partnerschaften lebend sind. Viele von uns sind es bereits mit dreißig Jahren und sogar früher. Wir sind dann dermaßen festgefahren, dass wir nicht bereit sind, Neues zu entdecken, Geschweige denn uns selbst zu verändern oder der neuen Lebenssituation anzupassen. Wir „wissen" ganz genau, was wir wollen und noch genauer, was wir NICHT wollen aber unsere Lebenspartner **sollen.**

Wir planen unser Leben absolut gewissenhaft und wundern uns, wie ungewiss es doch ist – ohne daraus zu lernen, denn schon beim nächsten Mal passiert das Gleiche wieder und wieder. Wäre es da nicht einfacher, respektvoll zu- und miteinander zu sein? Ehrlich, ohne Lug und Betrug, ohne den Partner andauernd nach seinen Vorstellungen verändern zu wollen – ihm ständig zu sagen, was er wo zu tragen und zu sagen hat und was nicht. In einer wahrhaften Partnerschaft ist KEINER besser als der Andere – aber auch NICHT schlechter! Auch wenn mal die eine oder andere Seite die „Führung" übernimmt, nachgibt oder sich vorübergehend durchsetzt, eine Partnerschaft ohne Konflikte gibt es nicht, und Konflikte können im Dialog lehrreich gelöst werden. Selbst „laute Konflikte" sind gut, wenn sie friedlich gelöst werden und somit zum Guten führen. Ohne Konflikte, die meistens aufgrund unterschiedlicher Weiterentwicklungen der einzelnen Partner zu unterschiedlicher Meinungen führen oder oft aus Geldmangel entstehen, gibt es keinen nennenswerten Fortschritt in einer Partnerschaft, denn Weiterentwicklungen führen zur Horizonterweiterungen und somit zur Meinungsänderung, doch meinen heißt nicht wirklich wissen, denn neues Wissen bringt ständig neue Meinungen hervor – weil wir NOCH nicht beständig sind. Erst im Dialog, wenn aus persönlichen Meinungen fundiertes Wissen wird, nützt es beiden. Doch vorsichtig, denn es sind die kleinen Initialzündungen, die große Explosionen auslösen, es sind die kleinen Rechthaberein, die langfristig geschworene Liebe kurzfristig zerstören können. Also redet offen miteinander, immer und über ALLES und hört einander geduldig zu – insbesondere, wenn ihr in Ruhezustand geht, denn dann beginnt eine soziale Umorientierung. Berufsbedingte soziale Strukturen brechen plötzlich auseinander und ein Vakuum entsteht, das ausgefüllt werden will. Wer seinen Beruf für seine Lebensberufung gehalten hat, wer sich mit seiner Arbeit sehr stark identifiziert hat, der fällt in ein „tiefes dunkles Loch", über den bricht die Vereinsamung ein. Dessen Selbstwertgefühl lässt nach und die Selbstzweifel nehmen zu, der wird antriebsschwach und schließlich depressiv-krank. Es sei denn, er zweifelt das bis dato Erreichte an und lernt daraus, es in Frage zu stellen, was dann der Sinn eines „fast verschenkten" Lebens wäre, denn unterm Strich zählt nur das, was am Ende, was nach dem letzten Atemzug übrig bleibt. Dann werden wir SEIN oder nicht, dann werden wir das sein, was wir bereits in unserem Leben geworden sind – nicht mehr!

Am Anfang einer Partnerschaft geht es hauptsächlich um Händchenhalten, um hormonbedingtes Kopulieren, doch schon bald kommt der Alltag mit all seinen täglichen Problemen, die es zu bewältigen gilt. Irgendwann in der Mitte unseres Lebens haben wir dann auch das gemeistert und fangen an, uns zu fragen, ob das schon alles gewesen sein soll. Die Suche nach Selbstbestätigung beginnt – insbesondere nach der sexbedingten. Die ersten grauen Haare werden gefärbt und Potenztabletten oder Vaseline erhöhen das Stehvermögen bzw. die Gleitfähigkeit. „Fremdgehen" ist dann angesagt, vielleicht findet sich ja eine oder einer, mit der/dem es noch so richtig „knallt" – vielleicht. Wenn dann die alte Liebe nicht in Hass umschlägt, dann bleiben wir in der Partnerschaft weiterhin zusammen und lernen, wenn wir Glück haben, eine andere, eine NICHT körperbedingte Liebe kennen.

Was als nächstes kommt, ist die Zweisamkeit des Alters und das Nachlassen der geistig-körperlichen Funktionen. Das Gehör wird schwächer und die Sehkraft lässt nach. Die geistig-körperliche Beweglichkeit nimmt ab und der Starrsinn zu, denn es kann nicht sein, dass wir unser Leben lang falschen Idealen, irreführenden Ideologien oder dem Mammon nachgeeifert sind. Dann fällt es uns schwer, diese schmerzliche Erkenntnis zu akzeptieren. Dann nimmt der Starrsinn zu und der Wille zur Selbstveränderung bzw. zur Selbsterkenntnis ab. Schließlich bleiben wir unsere letzte Zeit diejenigen, die wir bis dato zu sein glaubten bzw. diejenigen, für die wir uns unser Leben lang gehalten haben – NUR NICHT wir selbst, das wir versäumt haben zu werden.

Irgendwann dann, sind Kinder aus dem Haus und die Enkelkinder erwachsen, das Geld reicht einigermaßen aus, die Gesundheit – bis auf ein paar kleine Gebrechen – macht mit, und wir fühlen uns noch nicht zu alt, um zu vergreisen. Wir versuchen eine Fremdsprache zu lernen, belegen Yoga-Kurse, engagieren uns in Vereinen, singen im Chor mit und sind weitgehend froh und glücklich, wenn wir unser Essen und unsere Tabletten pünktlich zu uns nehmen können – bis EINE/EINER stirbt, dann wird die GANZE Welt plötzlich leer und sinnlos – was dann die Frucht der Erkenntnis wäre, denn der Sinn unseres körperlichen Lebens ist das Erkennen seiner Sinnlosigkeit. Und ein Spiel, das scheinbar nicht gewonnen werden kann, kann trotzdem gewonnen werden – wenn wir rechtzeitig lernen, es NICHT zu spielen. Wenn wir lernen uns umzuorientieren und anfangen, nach unserem und nach dem Lebenssinn der/des Verstorbenen zu suchen. Wenn wir uns aufrichtig fragen, ob wir auch ohne dem/der Verstorbenen in unserem Leben das geworden wären, was wir zu sein scheinen, ob wir bei unserer Selbstwerdung unterstützt oder gehindert wurden. Wenn wir dann wahrhaftig zu der Erkenntnis kommen, dass alles körperliche Leben vergänglich ist, dann könnten wir es schaffen, bei uns selbst anzukommen und somit unser Urvermächtnis, unsere geistige Rückkehr als Teilchen des Ganzen zu realisieren. Möglich ist es und manche von uns schaffen es und finden ihren ewigen Frieden. Andere bleiben rastlos und unzufrieden und beklagen sich dann ständig über die Fehler anderer, um von den eigenen abzulenken. Das Gedächtnis lässt nach, die Zukunft und Gegenwart hören auf zu existieren, und schließlich wird die Vergangenheit zur einzigen Gegenwart. Dann werden tägliche Lappalien zu sehr, sehr wichtigen Ereignissen, die dringend bewältigt werden müssen. Dieser Zustand kann dann noch einige Jahre andauern. Wir gehen dann Verwandten und Bekannten auf die Nerven, indem wir sie in unserer „Hilflosigkeit" andauernd um etwas „Wichtiges" wie das Auswechseln einer Glühbirne bitten, das am liebsten gestern dringend erledigt werden musste.

Tja, die Zeit wird knapp – UNSERE Zeit! Schließlich hören wir auf uns zu wundern, ohne darüber zu staunen, denn da gibt es keinen, der staunen könnte, und wo es keinen Staunenden gibt, dort wird es auch nach unserem letzten Atemzug keinen geben, der fortbestehen, der über seine wunderbare Zukunft staunen könnte – schade, sehr schade, denn möglich wäre es gewesen.

Irgendwann gehen wir dann NUR „vorübergehend" in ein Sterbeheim, das wir lieber Residenz nennen, weil wir immer noch NICHT gelernt haben, mehr zu sein als nur ein Schein, und aus dem wir nicht mehr lebend herauskommen werden. Es kann schnell gehen, wenn unsere Seele gar keine Chance in ihrem aktuellen Körper auf Verwirklichung verspürt oder sich noch viele Jahre hinziehen, bis uns unsere verzweifelt-resignierte Seele hoffnungslos verlässt.

Ein „Ertrinkender greift nach jedem Strohhalm", um sein Leben zu retten. Unsere Seele tut das Gleiche, denn im Gegensatz zu uns, weiß sie um die Möglichkeit ihres ewigen Fortbestehens. In der Hoffnung neugeboren bzw. doch noch irgendwie gerettet zu werden, schenkt sie uns ein wenig mehr Zeit. Zeit, die wir für unsere Selbstfindung nutzen sollten, jedoch nicht können, weil wir es nie gelernt haben, und für das Lernen selbst es bereits zu spät geworden ist.
Im Endstadium unseres Lebens werden wir, vor uns hinvegetierend, unsere Speisen zu uns nehmen und uns die Windeln bzw. die Urinbeutel wechseln lassen. Wir werden die Residenz-Gänge auf- und abgehen bzw. abrollen oder in Aufenthaltsräumen in Rollstühlen residieren – ohne uns dabei zu amüsieren. Dafür werden wir dann mühevoll gelebt haben, für das endgültige, für das anfangslose Ende – für unser angstvolles Hinsiechen? Schließlich sterben wir – einsam und jeder für sich selbst.

Eines Tages wird man unseren Körper erkaltet, aber nicht frierend vorfinden. Dann wird man ihn forttragen, verbrennen, beerdigen, im Wasser versenken oder irgendwo entsorgen – ohne dass wir unserer Nachwelt irgendwelche wegweisende Lebensspuren hinterlassen haben werden, denen andere folgen könnten, denn wer den Rückweg zum Selbst nicht selbsterfahrend gegangen ist, der kann ihn auch keinem Anderen beschreiben. Dann wird alles „Wertvolle", wonach wir unser ganzes Leben lang gestrebt haben, plötzlich wertlos werden – auch das „schöne" Geld!

Und wenn nicht, wenn wir keine Lebensspuren nach unseren Ableben hinterlassen? Dann ist auch das gut – allerdings nur, wenn andere das erkennen und daraus lernen; **Sinnloses NICHT zu wiederholen!** Denn auch die Sinnlosigkeit unseres Lebens kann für andere durchaus sinngebend sein und umgekehrt. Auch scheinbar nutzlose Lebenserfahrungen anderer können für uns durchaus nützlich werden – vorausgesetzt, dass wir lernfähig geboren bzw. geblieben sind und gelernt haben, die Fehler, die andere getätigt haben, selbst NICHT zu wiederholen, denn sinnlose Spiele, Lebensspiele, die am Ende von keinem gewonnen werden können, spielt man nicht!

Was dann der Sinn ALLER sinnlosen „Spiele" wäre, denn rechtzeitig erkannte Sinnlosigkeiten können durchaus sinnvoll vermieden werden – auch von uns!

Es ist wie mit den Gefahren und Problem allgemein; wer sie NICHT rechtzeitig erkennt, der wir sie nicht vermeiden können, der wird sie erleiden **müssen**, um von ihnen zu lernen, etwas sensibler, etwas vorausschauender zu werden. Denn Gefahren und/oder Probleme durch lernen zu vermeiden ist leichter als sie zu erleiden.

Lebensspuren

Im Gegensatz zu orientierungslosen Leuten, hinterlassen Menschen orientierungsweisende bzw. nachgehbare Lebensspuren. Leute werden gezeugt, geboren, gelebt, vermehrt und schließlich gestorben – ohne wegweisende Lebensspuren zu hinterlassen. So, als ob es sie nie gegeben hätte. So, als ob sie nicht in der Lage gewesen wären ihre „Aquarien" rechtzeitig horizonterweiternd zu verlassen. Dabei wäre es ihnen durchaus möglich gewesen ihr latentes Potential zur Menschwerdung zu nutzen. Menschen dagegen hinterlassen nachgehbare Lebensspuren, weil sie alte Wege neu gegangen sind und somit automatisch Lebensfährten oder Stolpersteine gelegt haben, damit wir ihnen folgen oder einfach selbsterkennend darüber stolpern können. Ich meine NICHT die spektakulären Handabdrücke im Beton oder andere selbsterhöhende Pyramiden, Denkmäler, Häuser oder medienwirksame Spenden bzw. andere, selbstverherrlichende „Solidaritätstaten". Auch scheinbar gut gemeinte, oft auf Dankbarkeit oder auf Bewunderung bedachte, vergängliche Hinterlassenschaften, wie Firmen, Immobilien oder dicke Bankkonten meine ich NICHT, denn derartige vergängliche Hinterlassenschaften lenken uns meistens vom Wesentlichen ab. Meistens sind sie Hindernisse auf dem Weg zu uns selbst, die zusätzlich überwunden werden müssen um bei/in IHM, dem NICHT Vergänglichen anzukommen! Was ich meine, sind nachgehbare Lebensspuren, die uns zu uns selbst hinführen können. Eine Art Trampelpfad, eine Abkürzung, ein Weg, der uns sicher „nach Hause" hinführen kann, denn wir haben uns verlaufen.

Es ist NICHT wichtig, WER was wo oder wann gesagt, komponiert, gemalt oder geschrieben hat, denn die Personen sind vergänglich – was bleibt, sind ihre wegweisenden „Spuren". Sind Musikwerke, Bilder, Schriften oder Lehrende, die den Lernenden das Lernen aufopfernd beigebracht haben. Wobei die Lehrenden selbst, schnell in Vergessenheit geraten, was bleibt, ist die Selbsterkenntnis fähig machende Bildung der Lernenden. Somit ist nur das Gesagte, Komponierte, Gemalte, Geschriebene oder Gelernte, das unsere Seelen berührt, wichtig und unser Verstand ES uns dann ahnend „wissen" lässt – uns neugierig macht – uns motiviert weiterzusuchen. Dann sind es wahrhafte Lebensspuren, denen es sich wirklich zu folgen lohnt – dann sind es wegweisende Lebensspuren, die uns zunächst zum Nachdenken, dann zur Selbstbesinnung animieren, sodass wir letztlich diejenigen werden können, die wir waren bevor wir „Fleisch" wurden.

Materielle Spuren oder **wertlose** Kostbarkeiten wie teures Gold und teure Edelsteine oder Similis sind letztlich nichts wert – auch wenn sie uns zu unseren Lebenszeiten wertvoll erscheinen, denn nach unserem körperlichen Ende wird NUR das zählen, was bleibt! Alles Andere ist nur vorübergehend, nur geliehen.

Im Folgenden werde ich ein paar Lebensspuren benennen, die mir auf meiner persönlichen Sinnfindung initialartig geholfen haben, den Weg zu mir selbst zu finden und vielleicht auch dir bei deiner Selbstsuche behilflich sein könnten. Es handelt sich um Erinnerungen, um Lebensspuren, die andere hinterlassen, und um Lebenserfahrungen, die andere und ich selbst gemacht haben. Es sind Lebenserfahrungen, die für mich auf meiner langjährigen Suche nach mir selbst für mein Leben prägend waren – auch die falschen, denn aus Fehlern sollten wir lernen, auch aus denen, die andere bereits gemacht haben, denn man muss nicht alle Fehler persönlich erfahren, um selbsterfahrener zu werden.

Sogenannte Lebensspuren, die unsere Seelen nicht berühren, sondern immer weiter und tiefer verdecken, sind falsche Fährten, die überwiegend der Geltung und des Ruhmes wegen, hauptsächlich von armen Leuten mit viel Geld gerne gelegt werden, von Leuten, die ihr Selbst noch nicht gefunden haben, die ihren (Geld)Schein für ihr Sein halten.

Was ich zunächst gefunden habe, waren viele falsche Fährtenleger mit ihren ihnen gewinnbringenden „Wahrheiten". Ich habe nach „Gott und der Welt gesucht", sogar an der Uni als Theologiestudent, doch was ich letztlich gefunden habe, habe ich NICHT draußen, nicht an der Uni und nicht in den Kirchen, sondern in mir durch mich selbst entdeckt. Und was ich autodidaktisch gelernt habe, das kannst du auch! Denn was Einer lernen kann, das können auch Andere und **weil** einer „Schatzkarte" zu folgen, wesentlich einfacher ist, als den Weg selbst zu finden.

Bis dahin musste ich mich immer wieder vom neu Gefundenen trennen, um relativ unbelastet neuen, meist unechten, Lebensspuren nachgehen zu können: Schritt für Schritt, oft schmerzlich stolpernd, „scheibchenweise", über viele Abschnitte meines Lebensstaffellaufes hindurch, wobei der erste Abschnitt die Voraussetzung für den zweiten und der zweite für den dritten war usw. Letztlich muss jeder den eigenen inneren Weg gehen, um zu unserem gemeinsamen Ziel zu gelangen, denn es scheint nur so, als ob wir verschiedene Ziele hätten, denn jeder von uns hat den gleichen Uranfang und somit auch die gleiche End-Perspektive.

Das hat mit Glauben oder Aberglauben, mit Phantastereien oder anderen Spinnereien nichts zu tun, sondern einzig und allein mit dem Stand der eigenen Reife, die uns dann zu unserer eigenen Selbsterkenntnis befähigt oder NOCH nicht! Ob wir unsere Selbsterkenntnis-FÄHIGKEIT zu unserer Lebenszeit erlangen werden oder nicht, das hängt von unserer Lebens-Prioritätensetzung ab – „entweder Lackschuh oder barfuß", entweder „für oder gegen", „sowohl als auch" funktioniert NICHT, denn „keiner kann auf zwei (getrennten) Hochzeiten gleichzeitig tanzen"! Entweder wir lassen uns selbst durch unser Selbst besinnen, oder wir bleiben bis zu unserem anfangslosen Ende besinnungslos – so, als ob es uns nie gegeben hätte.

Da unsere Kirchen, Politik und Medien uns noch sehr lange Zeit „helfen" werden auf der Flucht vor uns selbst zu bleiben, so sollten sich alle glücklich schätzen, denen Schlechtes frühzeitig die Augen für das Gute öffnet: Als ich etwa fünf Jahre jung war, da fiel mir ein etwa 70 x 70 x 200cm großer steinartiger Kastenrahmen unter einem Apfelbaum in unserem Garten auf. Es war eine mit Erde gefüllte Grabeinrahmung, die nach oben hin offen und mit Funkien bewachsen war. Es gab kein Kreuz, keine Namenstafel, kein Kopf- und kein Fußende. Die Seiten waren, sich nach oben verjüngend, also etwas schräg angeordnet, sodass die Grundfläche etwas größer war als die Oberfläche. Es war das Grab meines Onkels Hermann. Mehr haben mir meine Eltern zu diesem Zeitpunkt nicht gesagt.

Erst später, als meine Eltern von Bekannten oder Verwandten, ich erinnere mich nicht mehr, Besuch bekamen und ich „zur Belohnung" sogar in der guten Stube hinter der geschlossenen Tür allein spielen „durfte", habe ich lauschend sehr Grausames erfahren, was mich auch heute noch, mehr als sechzig Jahre später, sehr traurig und schaudernd betroffen macht:

Kurz vor Kriegsende war mein Onkel Hermann als Soldat an der Ostfront von seiner Einheit weggelaufen und irgendwann dann zu Hause in Ortelsburg (damals noch Ostpreußen) angekommen. Dort versteckte er sich dann eine Zeit lang, bis ihn schließlich die BÖSEN russischen Soldaten aufgrund einer Denunzierung ergriffen, mit Draht an Händen und Füßen fesselten und zum Weglaufen zwangen, um ihn dabei hinterrücks zu erschießen.

Als mein Vater 1945 aus dem KZ Ausschwitz von den GUTEN russischen Soldaten befreit wurde, lagen die mit Draht gefesselten Körperteile seines Bruders weiterhin in unserem Garten unter dem Apfelbaum vergraben, dessen gelbliche Frühäpfel ich sehr gerne gegessen habe.

Da die russischen Soldaten das Abnehmen der Drahtfesseln verboten hatten, so wurde er von seiner Mutter gefesselt begraben, sodass seine Körperüberreste wahrscheinlich noch heute in „unserem" Garten in Szczytno (Ortelsburg) begraben liegen. In „unserem" Garten, weil meine Eltern 1971, als wir in die BRD übersiedelten, alle unsere Grundbesitztümer in Ortelsburg, Zielonken und Marxsöwen dem polnischem Staat per Schenkungsurkunde „freiwillig" schenken bzw. überlassen MUSSTEN!

Mein Vater Karl, der vor dem 2. Weltkrieg ein überzeugter Pazifist und Anhänger des Kommunismus war, insbesondere von Rosa Luxemburg und Karl Liebknecht, wurde 1933 von seinen deutschen „Freunden" denunziert und bald darauf dem KZ Auschwitz als politischer Gefangener überstellt, wo er dann 12 Jahre verbringen musste. Sein jüngerer Bruder Hermann wurde trotz seiner pazifistischen Überzeugung zur Wehrmacht eingezogen. Aufgrund des erlebten unmenschlichen Unrechts des grausamen Krieges ist er kurz vor dem Ende des Zweiten Weltkrieges aus der stolzen deutschen Armee desertiert.

Weitere Einzelheiten kenne ich nicht. Wie viele polnische und/oder russische Väter, Mütter und Kinder er ermorden musste, bevor er die Sinnlosigkeit seines Tuns erkannte, bevor er sich weigerte, weiter zu morden, das weiß heute sicherlich niemand. Allerdings hat mich sein damaliges Verhalten wegweisend geprägt und rechtzeitig, wenn auch unbewusst erahnen lassen, dass auch scheinbar Sinnloses einen belehrend-wegweisenden Sinn haben kann.

Wie viel Mut ein Mensch aufbringen muss, um in einem ungerechten, verlogenen Regime NEIN zu sagen oder einen Schießbefehl zu verweigern, das weiß ich erst heute. Wie viele feige Mitläufer und uniformierte „Mützenträger" es auch heutzutage gibt, die ihre unmenschlichen „Dienste" nicht verweigern, die ehrliche Demonstranten, die friedliche Andersdenker anschwärzen oder niederknüppeln, die stolz darauf sind, ein „Stöckchen" apportieren zu dürfen, das weiß ich sogar aus eigener Erfahrung.

Denn Leute denken immer an ihr eigenes Wohl und Portemonnaie zuerst – insbesondere die Wohlgeborenen.

Für das Nazi-Regime war mein Vater ein politischer Verräter, weil er im Alleingang nicht hirnlos dem schwachsinnigen Führer und seinem Regime folgen wollte. Für die russischen Befreier dagegen, war er ein Held, der sich und seine kommunistische Idee von Freiheit, Gleichheit und Gerechtigkeit für alle, trotz 12 Jahre KZ, nicht aufgegeben hatte.
Allerdings sollte sich das schmerzlich ändern, denn er hat dann, nach dem 2. Weltkrieg, den wahren, den verlogenen, den korrupten Kommunismus gut 25 Jahre lang kennenlernen müssen. Tja, wenn man jung und nicht selbsterfahren ist, dann glaubt man den Unsinn, den schwachsinnige Theologen und andere Demagogen einen unerfahrenen jungen Menschen glauben lassen.
Es ist wie mit der Theorie und Praxis, die oft weit auseinandergehen. Es ist wie mit den „Wasser-Predigern", die selbst lieber Wein statt Wasser trinken. Es ist wie mit drei Weisen aus dem Morgenland, die sich auf den Weg machten, als sie ihren „Stern" aufgehen sahen – wobei sie ihr Gepäck von ihren naiven „Kamelen" tragen ließen. Es ist wie mit den fleißigen Pferden, die den Karren ziehen und den faulen Kutschern: „Die Einen werden getadelt und die Anderen geadelt". Es ist wie mit den Arbeitern und den reichen Arbeitgebern, die ohne ihre Arbeiter nie reich geworden wären.

Für mich waren mein späteinsichtiger Vater und sein Bruder Hermann bedeutende Lebensspurenleger, die sich geweigert haben, Sinnloses zu tun. Für die stolzen Kriegskameraden war mein Onkel Hermann ein Verräter, für das schwachsinnige Hitler-Regime war er ein fahnenflüchtiger Deserteur, für die russischen Soldaten war er ein Mörder, ein deutscher Kriegsfeind, der ihre stolzen Kriegskameraden, ihre Mütter, ihre Frauen und

Kinder befehlsbedingt ermordet hat, so wie sie schließlich als gehorsame, System gesteuerte stolze russische Soldaten auch ihn ermordeten.

Und wozu soll dieser, System gesteuerter, schwachsinniger Blödsinn gut, wozu soll so ein System gesteuerter Idiotismus nützlich sein? Nur weil ein paar starrsinnige, meist alte Systemführer nicht in Frieden leben wollen? Oder sollen nachkommende Systemführer daraus lernen, Sinnloses NICHT zu wiederholen? Dann würde diese System bzw. Kirchen gesteuerte Sinnlosigkeit einen Sinn ergeben – dann wäre das die richtige Medizin, um uns gesund werden zu lassen. Nun ja, wenn nachfolgende Systemführer daraus lernen könnten friedlicher zu werden, dann könnten auch wir als Gefolgsleute von ihnen lernen friedfertiger zu sein. Dann hätten Kriege, KZ- und andere Gräueltaten einen Sinn! Bis dahin, bis wir erkennen, dass Sinnloses durchaus einen Sinn haben kann, werden wir noch sehr viele scheinbar sinnlose Taten erleben und überleben **müssen** – um irgendwann, in ferner Zukunft, friedvolle Menschen zu werden.

Andernfalls werden wir weiterhin sofort bestraft werden, wenn wir UNSEREN Systemführern nicht auf Befehl folgen wollen aber sollen oder später, weil wir Systemen folgten aber **aus heutiger Sicht** nicht sollten! Wenn Systeme sich ändern, dann ändert sich auch der Strafcodex, dann kann man nachträglich dafür bestraft werden, wofür man zuvor honorig ausgezeichnet wurde oder im Nachhinein dafür ausgezeichnet werden, wofür man vorher bestraft (erschossen) wurde. So sind wir nun mal; so lange wie wir NOCH keine selbstbestimmende Menschen sind, werden es mützentragende Leute sein, die unser Leben bestimmen werden.

Wer zur Nazizeit für seine regimetreuen Dienste mit einem Stückchen Buntblech aus schnell rostendem Eisen oder o. Ä. ausgezeichnet wurde, der wird heute noch als ein Kriegsverbrecher verfolgt – NOCH, denn die *A*nhänger *f*aschistischer *D*enkweisen oder nationalistischer Ansprüche werden immer mehr, sodass sie, mangels ehrlicher Aufklärung bzw. Zerstrittenheit und Desorientierung der etablierten Parteien durchaus eine demokratisch legitimierte Volksführung übernehmen könnten. Dann werden lern-unfähige *A*nhänger *f*aschistischer *D*enkweisen zu wegweisenden Mützenträgern ganzer Nationen werden.

Dann wird wiedermal keiner etwas gewusst haben! Dann werden wir wiedermal, für unser heutiges Verhalten, mit bedrucktem Papierblatt oder Stückchen bunt bemaltem Eisen-Blech ausgezeichnet werden und aufgrund unserer Lernunfähigkeit sogar stolz darauf sein, am Niedergang der Menschlichkeit naiv mitgearbeitet zu haben, denn „wer Gefahren nicht vorzeitig erkennt, der wird sie nicht rechtzeitig verhindern können", der wird „unschuldig" zum Verbrecher werden. Allerdings schützt Dummheit vor Strafe NICHT und wer Schulden macht, der muss sie irgendwann mit Zinsen zurückzahlen.

Wer DAMALS dem Naziregime nicht folgen wollte, wer Widerstand leistete, der wurde verfolgt, in ein KZ interniert oder sogar ermordet. Wer DAMALS dem Naziregime treu folgte, der wird HEUTE verfolgt. Tja, so schnell kann das Gute von heute schon morgen schlecht sein und das scheinbar Schlechte von heute schon morgen gut, denn die Zeiten ändern sich ständig und wir mit ihnen. So werden Erkenntnisse von heute erst später oder sogar erst in ferner Zukunft erkannt werden können, denn alles, was erkannt werden kann, das wird auch erkannt werden!

Waren Napoleon, Stalin, Hitler, Mussolini oder Mao aus heutiger Sicht gut oder schlecht oder beides? Wenn ihre Nachfolger und wir durch deren Taten gelernt haben sollten friedlicher zu werden, dann würden deren Gräueltaten durchaus einen Sinn für uns ergeben, andernfalls wird sich die Geschichte wiederholen und wir bzw. unsere Kinder werden nachträglich dafür bestraft werden, was wir bis heute, meistens aus Bequemlichkeit, Lethargie und Dummheit versäumt haben zu tun – zu lernen NEIN zu sagen! Und wenn unsere „Führer" denken einen Verteidigungskrieg in Afghanistan oder Syrien führen zu müssen, dann sollen sie es doch bitterschön selbst tun – **ohne uns**, denn Menschen sind keine blutrünstigen Tiere mehr, Menschen sind keine Bluthunde, die Politiker einfach mittels von Befehlen todbringend aufeinander hetzen können – oder doch?

Folgendes Beispiel sollten wir uns wirklich so lebhaft wie nur möglich vorstellen: Wir stehen in einer Wohnung im 10. Stock vor einem geöffneten Fenster. Dann kommt ein autoritätshoher Mützenträger wie ein Kanzler, Präsident, König, Kaiser oder Papst herein und befiehlt uns zu springen.

Mein Vater und mein Onkel sind nicht gesprungen. Auch die Geschwister Scholl und viele, viele andere in Vergessenheit geratene Menschen (nicht Leute) sind NICHT gesprungen – auch wenn sie dafür gehängt, vergast oder erschossen wurden. Doch die meisten ihrer „stolzen Freunde" und Bekannten sind „gesprungen" – bis nach Afrika oder Stalingrad, wo sie sogar zu „Nächsten liebenden" Kannibalen wurden, und wer weiß wohin diese *A*nhänger *f*aschistischer *D*enkweisen auch in Zukunft noch springen werden, denn Schwachsinn ist unheilbar.

Viele von ihnen freuten sich vertrauensvoll auf das ihnen versprochene „Sieg und Heil". Schließlich ging es um viel „Ehre" und um viel „Stolz", um „Gehorsam" und anderen Schwachsinn, wie „Eroberungskriege", die ironischer Weise Deutschland erheblich kleiner, statt, wie versprochen, größer werden ließen oder um sogenannte arische Herrschaftsansprüche, durch die das heutige Deutschland ganz schön bunt geworden ist.

Tja, wenn man jung ist, dann glaubt man an den Unsinn, den uns die alten, meist starrsinnigen „Volksverführer" bzw. „ehrenwerte" Politiker und Kirchendiener suggestiv einhämmern. Wie verängstigt mussten wir doch damals sein, um im Nachhinein sagen zu können, „Wir haben all das nicht gewusst". Fast in jeder Familie gab es Soldaten, die ab und zu bei ihren Familien Fronturlaub machten und sicherlich auch darüber gesprochen haben, denn was einem auf dem Herzen liegt, davon spricht der Mund – wenn auch flüsternd.

Allerdings wäre es für die nachfolgenden Generationen sicherlich lehrreich gewesen, wenn die Kriegsüberlebenden wie Richter, Staatsanwälte und andere „Mützenträger" über ihre Kriegsverbrechen laut und deutlich gesprochen hätten. Stattdessen haben sie geschwiegen – weil sie sich für ihre Taten schämten. Dabei waren nicht sie die wahren Kriegsverbrecher, sondern diejenigen Volksverführer, die sie dafür mittels Propaganda (Siehe 1. Teil: Suggestion und Hypnose) abgerichtet haben, denn selbst „Kampfhunde" werden NICHT als aggressive Bestien geboren – dazu bedarf es Abrichter!

Als ich etwa achtzehn Jahre jung war und in Polen zum polnischen Wehrdienst eingezogen werden sollte, da sagte mir meine Mutter Erna sinngemäß folgenden Satz: „Jungchen, wenn du befehlsbedingt schießen musst, dann schieße nach hinten, denn nicht vor, sondern hinter dir sind deine wahren Feinde." Heute, etwa 50 Jahre später, würde ich es tun! Damals wahrscheinlich auch, denn der „Apfel fällt nicht weit vom Baum". Heute ist eine Fahne für mich nicht mehr als ein Stück Stoff, egal, wie bunt er auch bemalt sein mag. Auch einen Russen oder einen Deutschen, einen Schwarzen, einen Roten oder einen Gelben gibt es für mich nicht wirklich, sondern NUR anderssprachige bzw. andersfarbige Menschen.

Aus lehrreichen Fehlern sollten wir möglichst frühzeitig lernen, andernfalls sind Fehler sinnlos und sollten schon deshalb unbedingt vermieden werden, denn scheinbar Sinnloses macht nur dann einen Sinn, wenn wir dauerhaft daraus lernen, Sinnloses **nicht** zu wiederholen. Die Frage ist NUR womit? Mit unseren von Medien und anderen Drogen süchtig gemachten, von Politik und Kirche verklärtem Verstand? Von einem Verstand, der noch nicht gelernt hat, sich selbst authentisch zu verstehen? Dann wird Zeit, dass er es schrittweise lernt – bitte jetzt und immer wieder, bis der Nebel vergeht und klare Sicht entsteht.

Dass wir Deutschen ein Volk voller Mörder waren, das steht heute außer Frage. Die Frage ist nur, wer uns zu Mördern gemacht hat bzw. warum wir uns zu Mördern machen ließen. Weil es ein schwachsinniger Herdenführer und seine braun/schwarzen Handlanger so wollten? Weil uns unsere Unwissenheit und Angst paralysiert haben? Weil wir Massenhypnose bedingt, nicht wussten, was wir taten? Weil wir aus Unwissenheit, Feigheit und eigener Desorientierung dem Herdenzwang folgten? Weil wir mangels Bewusstseins, durch Machttitel, durch schicke Uniformierungen oder „Machtmützen" aller Art uns mächtig und prächtig vorkamen? Weil wir mittels von Propaganda, Suggestion und Massenhypnose von ehrenlosen Politikern und geistlosen Geistlichen dermaßen konditioniert wurden, dass wir nicht erkennen konnten, was wir taten oder sahen?

Solange wir aus Unwissenheit in Angst leben, werden wir nie wir selbst werden können. Solange wir uns durch verlogene Medienpropaganda etwas vormachen lassen, werden wir unser wahres Selbst nicht finden können, denn wir sind NICHT die „Uniformen oder Mützen", die wir tragen – auch wenn sich viele dafür halten.

Das Böse wird weiterkämpfen, bis es sich am Ende selbstaufopfernd vernichtet. Das ist das Schicksal des Bösen, es muss sich am Ende für das Gute opfern. Damit das Gute entstehen kann, muss das Böse selbstaufopfernd vergehen: Judas musste Jesus „verraten", damit beide ihr Vermächtnis erfüllen konnten, denn ohne den bösen Judas gäbe es den guten Jesus nicht! Mohammed und Luther mussten zunächst Gewalthervorbringendes offen legen, damit wir irgendwann gewissensbedingt gewaltlos werden.

Wenn Gutes und Böses zusammenkommen, dann lösen sie sich auf, dann werden sie zur neutralen Wahrheit, die weder böse, noch gut ist. Wenn unser Bauch-Kopf-Verstand und unsere Seele zusammenkommen, wenn unser Verstand und unser Geist sich gegenseitig als eine Einheit erkennen, dann entsteht ein Neutral-Neues daraus. Bis zu dieser „Heiligen Hochzeit" gilt es für die Erkenntnisfähigen unter uns, die böse Angst zu besiegen, denn wer Angst hat, der ist leicht besiegbar.

Da Angst aus Unwissenheit geboren wird, so ist Unwissenheit der einzige „Feind", den wir besiegen müssen, um wirklich unbesiegbar zu werden. Angst aus Unwissenheit lässt uns unmenschliche Dinge tun, die wir ohne Angst oder Machttitel nie tun würden, doch Unwissen lässt sich nur durch Wissen auflösen – wir arbeiten gerade daran.

Aus Lebenserfahrungen sollten wir voneinander lernen, die Jungen und die Alten. Die Alte von den Jungen, um jung zu bleiben, und die Jungen von den Alten, um alt zu werden, ohne vorzeitig zu vergreisen. Kommunikativer Stillstand ist nicht nur in einer Partnerschaft für beide Seiten absolut destruktiv, denn er führt nur zu unnötigen gegenseitigen Fehleinschätzungen, dabei kann das Leben in jedem Alter und zu jeder Zeit schön sein. Wir sollten es **heute** leben, denn was gestern war, das können wir heute nicht ändern und was morgen geschehen wird, das ist heute nicht gewiss, also machen wir **heute** das Beste daraus.

Als Junge denken wir, dass wir vieles besser machen könnten als die Alten, und als Alte meinen wir, dass die Jungen vieles falsch machen, dabei vergessen wir als Alte, dass wir als Junge genauso dachten, und als Junge berücksichtigen wir nicht, dass wir schon sehr bald selbst alt sein werden. Es sind nur kleine Stufen auf der Lebenstreppe, die uns voneinander trennen, die uns von-einander unterscheiden.

Eigentlich sollte jeder unter uns in der Lage sein, die sich darüber oder darunter befindende Stufe der Lebenstreppe zu erkennen, eigentlich. Fatalerweise halten wir die Stufe, auf der wir uns gerade befinden, für die einzige, für die „Plattform", von der aus wir alles und alle sehen und einschätzen, beurteilen und am liebsten verurteilen – insbesondere wenn wir alt sind und uns bereits der Altersstarrsinn ereilt hat. Dann sind wir besonders intolerant, obwohl wir altersbedingt viel gelernt und somit besonders verständnisvoll sein müssten.

Unsere Stufe auf der Lebenstreppe ist voll fremder Identitäten, nur nicht unserer eigenen, denn eine Selbstidentität setzt ein Selbst voraus, und genau das fehlt uns, weil wir fremdbestimmt werden, weil wir laufend fremde Identitäten als unsere eigenen annehmen. Als junge, unausgefüllte Menschen sind wir permanent auf der Suche nach identitätsgebendem „Füllmaterial". Als alte, vollgefüllte Menschen sind wir ständig auf Entleerung bedacht. Wir denken dann, dass wir bei den jungen Leuten alles Mögliche und Unmögliche, alles „Interessante", auch wenn es keinen interessiert, einfach – „tausendmal wiederholend" – abladen können. Wir „sülzen" die Jungen voll und finden uns dabei toll. Ob die jungen Leute unser „Gesülze" interessant finden oder nicht, darüber denken wir Alten nur selten nach. Wir wundern uns nicht einmal darüber, wenn junge Menschen bei unserem An-blick manchmal die Straßenseiten wechseln. Als Junge wollen wir uns von den Alten nichts „Falsches" für echt andrehen lassen, und als Alte haben wir den Dreh nicht raus, wie wir uns von unseren scheinbar echten Identitäten, ohne uns dabei bloßzustellen, lossagen könnten. Als Junge beklagen wir uns verständnislos über das Verhalten der Alten und merken nicht, dass wir bereits auf dem gleichen Wege sind, starrsinnig zu werden und zu veralten. Toleranz und Akzeptanz sind Begriffe, die wir noch nicht so richtig begreifen. Sollten wir aber, denn Begriffe sind dafür da, um begriffen zu werden. Als Alte haben wir im Laufe unserer Jahre so viele Identitäten angenommen, dass wir an unserem Lebensende gar nicht mehr wissen, wer oder was wir sind, wenn wir denn glauben, zu sein. Als Junge haben wir im Laufe unseres kurzen Lebens so wenige Identitäten angenommen, dass wir bereits zu wissen glauben, wer oder was wir sind, wenn wir denn meinen, zu sein.

Oft ist es der Widerspruch, der Alt und Jung verbindet, auch wenn es vordergründig nach einem Gegenteil ausschaut. Wenn wir die Alten oder Jungen kritisieren, so bedeutet es oft, dass wir uns selbst kritisieren, weil wir nicht so sein können oder sein möchten wie die Kritisierten, obwohl wir sie und sie uns mögen. In Wirklichkeit mögen die Alten die Jungen und die Jungen die Alten, auch wenn sie sich nicht besonders gut verstehen und deshalb gerne einander widersprechen. Personen, die wir nicht neckisch kritisieren, alt oder jung, weiblich oder männlich, mögen wir auch nicht besonders oder sie sind uns meistens gleichgültig. Personen, die wir mögen, kritisieren wir gerne, denn wir möchten, dass sie uns ebenbildlich werden, denn uns selbst mögen wir ja bekanntlich am allerliebsten.

Es klingt ziemlich paradox, denn einerseits lieben wir die Vielfalt, andererseits streben wir eine Ebenbildlichkeit an, eine vielfältige Uniformität. Müssen wir denn tatsächlich zuerst die Irrwege der Vielfalt erfahren, um bei der ebenbildlichen Einheit anzukommen, bei der gleichmachenden Uniformität? Ja, denn alles ist Eins, wir müssen ES „nur" noch werden!

Im Grunde genommen können wir als Leute all das tun, was wir glauben tun zu wollen, es wird immer falsch sein! Loben wir jemanden, dann macht das unseren Partner eifersüchtig und den Gelobten misstrauisch, denn es könnte ja sein, dass wir eine zweckbestimmte, einschmeichelnde, manipulative Absicht haben. Kritisieren wir jemanden, dann wird die Freundschaft beendet sein, bevor sie angefangen hat. Solche „eingebildeten" Personen beachten wir dann gar nicht, was wiederum Gegenreaktionen auslöst, denn unbeachtete Personen fühlen sich oft verachtet, und Verachtung führt zum Hass.

Wenn die Jungen ihre Eltern manchmal nicht schätzen, so liegt es oft daran, dass sie bereits als Kleinkinder von ihren Eltern nicht genügend beachtet wurden oder als Jugendliche feststellen, dass sie NICHT nur Wünschenswertes von ihren Eltern vererbt bekamen. Für die Eltern ist es nicht immer leicht, alle ihre Kinder gleich gerecht zu beachten, denn auch Eltern machen Fehler, die in den Augen ihrer Kinder sehr oft ungerecht erscheinen – insbesondere wenn sich diese in der Pubertät, also an der Weggabelung zum Erwachsenwerden befinden. Und obwohl sich die meisten Eltern bemühen, zu allen ihren Kindern gleich gerecht zu sein, so haben sie doch ihre Favoriten.

Bei Einzelkindern gibt es diese Probleme in der Regel nicht, es sei denn, sie werden auf einen Elternteil eifersüchtig oder ein Elternteil auf sie. Was zunächst für ein Einzelkind spricht, erweist sich später oft als ein egoistisch machender Fehler, denn Einzelkinder können oft schlecht teilen oder andere Meinungen tolerieren – geschweige denn akzeptieren. Kindergärten und Sportvereine mit Gruppensport wären hierfür sicherlich sinnvolle Integrationsmaßnahmen, um Einzelkindern soziale Verhaltensregeln näher zu bringen, denn was wir als Kinder nicht lernen, das werden wir auch als Erwachsene nicht wirklich können.

Natürlich lernen wir auch als Erwachsene, allerdings nicht so effizient wie im Kindesalter. Was wir als Kinder verinnerlichend lernen, das lernen wir als Erwachsene oberflächlich und somit mehr theoretisch als praktisch.

Später dann, wenn wir als Erwachsene spät gelernte Höflichkeit demonstrieren, so wird diese nicht die gleiche sein, wie die im Kindesalter verinnerlichte. Unsere Augen werden dann unsere spät gelernte Höflichkeit durch unsicheren oder ausweichenden Blick verraten. Umgangsformen können wir theoretisch auch im späten Alter lernen, allerdings werden sie nicht die gleiche ehrliche Ausstrahlung haben, wie die im Kindesalter gelernten. Wir werden dann sehr oft „Entschuldigung", „Dankeschön" und „Bitteschön" sagen, doch das werden nur leere, höfliche aber hohl klingende Wortfloskeln sein. Wir werden uns dann sehr oft bei jeder Verlegen- oder Gelegenheit herzlich aber herzlos entschuldigen oder bedanken.

Doch was ist, wenn unsere Eltern selbst keine höflichen Umgangsformen kennen, weil sie sie ihrerseits von ihren Eltern nicht beigebracht bekommen haben? Dann gibt es ein riesiges Problem, denn wie sollen wir unseren Kindern etwas beibringen, was wir selbst nie beigebracht bekommen haben? Wenn unsere Eltern ruppig, unfreundlich oder gar vulgär miteinander umgegangen sind, dann werden wir als Kinder sehr wahrscheinlich kriminell werden und irgendwann dann unschuldig im Erziehungsheim oder direkt im Gefängnis auf Kosten der Allgemeinheit inhaftiert werden. Unschuldig, denn die scheinbar wahren Schuldigen dabei sind unsere unwissenden Eltern, die wiederum aus Unwissen nichts gegen ihre eigene Unwissenheit unternommen und somit nichts dazugelernt haben. Und wer unglücklicherweise einmal lernschwach geboren wird, der wir sein Leben lang kein Glück haben und generationenübergreifend vom Pech verfolgt werden. Vielleicht wird er sich einer menschenverachtenden Organisation anschließen oder einen Glauben annehmen, die ihm versprechen etwas glücklicher zu werden. Vielleicht, bis dahin wird er weiterhin schmerzliche Fehler machen müssen, um zu lernen etwas fehlerfreier zu werden.

Für uns ist es nahezu unmöglich, Fehler zu vermeiden, wenn wir sie als solche nicht rechtzeitig erkennen, wenn wir genetisch bedingt nicht über die Hardware verfügen, die vorausschauende Software hervorbringen könnte: Kein Autofahrer würde auf der Autobahn wenden oder die Warnblinkanlage einschalten, wenn er NICHT über die vielen ihm entgegenkommenden „Falschfahrer" verwundert wäre, denn unerkannte Fehler merken wir erst dann, wenn es zu spät ist, wenn es passiert, wenn es kracht. So gesehen sind es nicht Fehler, die es zu vermeiden gilt, sondern deren Ursache – das **noch** fehlende Bewusstsein.

Nachwort

Was wir noch vor wenigen Jahrzehnten glauben mussten, das könnten wir heute glaubensfrei wissen, vorausgesetzt, wir wollen es wissen UND hören. Andernfalls werden wir weiterhin den Weg für das Ziel halten und somit ständig weiter suchen müssen – ohne zu wissen wonach. Dabei könnte jeder seinem Potenzial entsprechend das werden, wozu er in der Lage ist im Hier und Jetzt zu werden, er selbst als SEIN Selbst. Wer die vorstehend angebotene Mitfahrgelegenheit erkannt hat, der ist eingestiegen und fährt bereits mit, wer nicht, der wird es wiedermal seinen weitgehend chancenlosen Kindern oder den Kindeskindern überlassen. Schließlich wird er seinen Körper seelenlos verlassen, denn wer seine Seele nicht zu seiner Lebenszeit „heiratet", der stirbt als Single – halbfertig, also ganz unbrauchbar.

Alles verändert, alles entwickelt sich weiter und es gibt keine einzige Lebensart, die auf dem Entwicklungsniveau endet, auf dem sie entstanden ist – gehören auch wir dazu?
Ja, und im Moment sind wir die letzten Glieder der Evolutionskette, die die ersten Rückkehrer sein könnten – jedenfalls einige unter uns; es sind diejenigen unter uns, die mehr auf Klasse statt auf Masse setzen, mehr auf den Inhalt achten, als auf die Verpackung. Es sind die aufrichtig Selbstsuchenden unter uns, die bereits ahnen, mehr zu sein als nur ihr Schein.
Andernfalls bleibt alles so, wie es schon „immer" war. Wir bauen etwas mühsam auf, damit wir es nur wenige Jahre später wieder zerstören können. Die DDR entstand und verging, demokratische Europa-Staaten sind entstanden, um autokratisch zu vergehen? Um von *A*nhängern *f*aschistischer *D*enkweisen geführt zu werden – bis nach „Stalingrad" oder nach …?

Wir führen Kriege, damit wir Frieden schließen können und umgekehrt. Wir schließen Frieden, damit wir uns erneut bekriegen können, damit wir das Zerstörte wieder mühsam aufbauen – um es anschließend erneut zu zerstören? Wieder und wieder!

Wir vereinbaren Waffenruhen, um die Verwundeten gesund pflegen zu können und wir brechen sie, um dann die Gesundgepflegten erneut an die Kriegsfront zu befehlen.

Menschen tun so etwas Dummes nicht – aber wir, weil wir noch keine Menschen sind!? Nur Schimpansen ähnliche, streitsüchtige Leute, die es **noch** nicht gelernt haben, miteinander in Frieden zu leben?

Wie lehrintensiv müssen denn Lehren sein, damit wir aus ihnen lernen, lernfähiger zu werden? Auch wenn jeder die Wahrheit wissen möchte, hören will sie keiner, dennoch tun wir so, als ob wir sie hören möchten.

Wir säen Terror und wundern uns, dass wir keinen Frieden ernten. Ja, wir tun es – aber warum? Sicherlich nicht, weil wir noch nicht gelernt haben, aus der Geschichte zu lernen? Es sieht ganz danach aus, als ob uns unsere Vergangenheit nicht besonders interessieren würde, denn es gibt Leute – und es werden immer mehr – die immer noch an „Sieg und Heil" glauben, die nach dem egoistischen Motto handeln: „Ich, meine Familie und mein Land zuerst".   Solidarität mit Fremden? Nun ja, so lange es nichts kostet und keinen Verzicht bedeutet, warum nicht?

Wir werden hoffnungsvoll geboren, damit wir hoffnungslos sterben? Das soll einen Sinn haben? Nein, allerdings ist es lang, lang her, und wir erinnern uns daran nicht mehr! Es ist wie mit dem Hier und dem Dort; sind wir hier, dann erinnern wir uns nicht an dort und dort angekommen, erinnern wir uns nicht an unser Hier. Es ist wie mit dem Tag und der Nacht, so lange sie sich nicht in der Übergangsdämmerung begegnen, bleiben sie füreinander unbekannt. Und solange wie wir uns nicht gegenwärtig als das Resultat unserer fernen Vergangenheit erkennen, werden wir weiterhin Fehler machen müssen, um aus ihnen zu lernen, lernfähiger zu werden. Ob wir es wollen oder nicht, wir müssen die in ferner Vergangenheit im Dort entstandenen Probleme im Hier und Jetzt erkennen und lösen, Probleme, die wir dort durch unsere eigene Gier nach mehr Schein als Sein selbst verursacht haben, denn jede Ursache hat ihre Ursachen spezifische Wirkung, die tatsächlich bewirken kann, dass wir, **du und ich** und NICHT erst unsere Kinder oder Kindeskinder, die Ursache für unsere „Vertreibung" im Hier und Jetzt erkennen werden. Eine Alternative, eine andere Möglichkeit gibt es für uns nicht, denn aufgeschoben ist meistens aufgehoben und wer Problemlösungen ständig auf später verschiebt, der löst sie nie. Der wird sein Leben lang fremdbestimmt vegetieren, ohne jemals selbstbestimmend zu existieren.

Damit möglichst viele von uns aufwachen, Alt UND Jung, und sich dann gegen Unwahrheiten aller Art passiv zur Wehr setzen können, müssen wir uns zuerst der Tatsache bewusst werden, dass wir immer noch „schlafen" und nur so tun, als ob wir wach wären. Es ist wie im Traum, wo wir NICHT die Träumenden, sondern die Träume selbst sind. (Siehe 1. Teil: Träumen) Wachen wir also auf, und kehren heim, wie es einige unter uns bereits getan haben, bevor andere Geschäftsleute, Politiker oder Aberglauben-Verkäufer wurden.

Letztlich, durch Ungerechtigkeiten aufgeweckt, werden wir begreifen müssen, dass wir fortlaufend belogen und betrogen werden, was uns dann unzufrieden werden lässt und schließlich nicht nur zum passiven Widerstand führen wird. Die Widerstands-Ampeln sind bereits auf „GELB" geschaltet und „GELB" ist die kürzeste Phase der Ampelschaltung – GRÜN (Frieden) und ROT (Krieg) dauern länger!

Noch wehren wir uns überwiegend gewaltlos, doch alles hat seine Reifezeit, dann werden die verantwortungslosen armen Leute mit viel wertlosem Geld und deren Handlanger sich verantworten müssen und die etablierte, die verlogene Ordnung zusammenbrechen – oder wir verhindern es rechtzeitig, wachen auf (mutieren) und werden schonungslos ehrlich.

Noch ist unser Lebensstaffellauf nicht zu Ende, noch haben die meisten von uns unser evolutionäres Endziel, unsere Rückkehr, nicht realisiert, denn noch gibt es wesentlich mehr ungerechte Egoisten als gerechte Altruisten. Bis dahin werden wir uns mit Teilerfolgen in Richtung mehr Gerechtigkeit zufrieden geben müssen. Auch wenn es zunächst nur Etappenerfolge zu mehr Gerechtigkeit sein werden, auch wenn sich dabei einzelne opfern werden müssen, wie die mutigen Vor- oder Klardenker, die sich NICHT wegducken, die NICHT wegschauen oder mitlaufen, wenn ihnen *A*nhänger *f*aschistischer *D*enkweisen Glaubenslügen als Wahrheit zu ver**hökern** versuchen.

Seitdem es auch auf unserem Planeten Leben gibt, sucht es nach einer Erklärung für sein Dasein. Von den Elementarteichen der Elementarteilchen bis zu uns Menschen hin sind wir Suchende, ohne zu wissen, wonach wir wirklich suchen. Als Leute werden wir jedes Etappenziel für das Hauptziel halten und uns jeder „Glaubens- oder Macht-Mütze" erfreuen, die uns andere draufsetzen. Wir sollten und wir müssen es ändern – werden wir menschlicher, verzichten wir auf „Maskierungen" und zeigen unser ungeschminktes Gesicht. Nur Mut, „denn Mut, tut jedem gut".

Das Leben entwickelt sich seit unserem Urknall überall in die gleiche Richtung: größer, stärker, schöner, schlauer und immer gieriger. Es wird Zeit, dass wir diese evolutionären Überlebenseigenschaften auf die geistige Ebene transferieren und mehr werden als nur Kaulquappen. Möglich ist es, allerdings NICHT im Kokon oder im Aquarium.

Bei Bildung der Elemente und Materie, bei den Vieren, den Bakterien, Pilzen und Pflanzen geht es seit Urzeiten um „Eroberungskriege", um kontinuierliches Wachstum. Auch bei Tieren und schließlich auch bei uns Leuten ist Wachstum eine treibende Überlebenskraft, wobei der alles und alle antreibende evolutionäre Befehl bekanntlich **„ÜBERLEBE"**, **„MACH WEITER"**, „GIB NICHT AUF" heißt. So gesehen, wird es uns noch eine lange Zeit als raffgierige Leute geben, die unter Wachstum ausschließlich materielles Wachstum verstehen, dem sie ihr Leben lang nachlaufen werden, ohne am Ende das Geringste davon zu haben – außer Angst darum!

Scheinbar ist Evolution zeitlos, scheinbar weiß sie nicht einmal, was sie will! Scheinbar, denn in Wirklichkeit wird alles dort enden, wo es angefangen hat; an der Startziellinie – zuhause im Sein, im scheinbar zeitlosen Nichts.

Wie der Tag oder die Nacht mit der Dämmerung beginnen, so enden sie auch, und was für den einen das Ende ist, ist für den anderen der Anfang. Was für uns der Tod ist, ist für die Kinder die Geburt, die wiederum den Tod zum Ziel hat usw. Für die Evolution ist Zeit nicht existent und somit ohne Bedeutung, denn für sie gibt es nur ein zeitloses Urvermächtnis, die geläuterte Rückkehr in das Sein oder in das, was wir aufgrund unserer jetzigen Dimensionierung als zeitloses Nichts bezeichnen – weil wir uns außer unserer materiellen Existenz NOCH keine andere, keine andersdimensionierte Daseinsform vorstellen können.

Sicherlich ist es für manche unter uns nur schwer vorstellbar, aber wir Menschen sind die am weitesten entwickelte Spezies und durchaus in der Lage, den Rückweg bereits im Hier und Jetzt zu finden, wenn auch nicht im Kollektiv, doch als einzelne Vordenker sogar ganz gewiss.

Wer von uns das übergeordnete Ziel, die Rückkehr (Remotion), bereits im Hier und Jetzt ehrlich, nicht nur lippenbekenntnismäßig, realisieren will, der muss lernen zu „sterben" ohne gleich tot zu sein. Der muss sein Frosch-Dasein bewusst beenden, der muss sich von seiner „Geist-Seele" küssen lassen und ein wunderschöner Prinz werden. Der muss sein Aquarium verlassen und zu seinem Urzuhause, dem Ozean, als ein ehemaliges Teilchen von ihm, zurückkehren und somit selbst zum endlosen Ozean werden. Es ist wie mit der Wahrheit, wer sie erkennt, der wird selbst zur Wahrheit werden. Es ist wie mit der Selbstsuche, wer ES findet, der wird ES sein.

Was unseren körperlichen Tod betrifft, so ist er relativ einfach zu verstehen, denn sobald wir dauerhaft aufhören zu atmen, fangen wir an zu sterben. Das Herz und das Gehirn gehen zwar eine kurze Zeit lang in eine Art Überlebensmodus über, doch der anhaltende Sauerstoffmangel ist es dann, der uns das „Licht" ausmacht, denn ohne Sauerstoffzufuhr brennt kein Feuer. Schließlich, je nach Bestattungsart, werden unsere Körper früher oder später mineralisiert, sodass sie dann zunächst als Viren und Bakterien, dann als Pilze und Tiere, tatsächlich körperlich „auferstehen" werden – allerdings, ohne sich daran zu erinnern, dass sie bereits zuvor menschliche Körper waren.

Bereits kurze Zeit nachdem unser Herz aufhört sauerstoffreiches Blut in unserem Körper im Kreislauf zu halten, beginnt unsere Seele ihre Rückreise. Dabei erteilt sie kohlendioxidbedingt unseren Körperzellen den Befehl zu kollektivem Selbstmord.

Dem Suizidaufruf unserer Seele folgen zunächst einzelne Initialzellen, dann schwarmartig weitere, wobei sie vielfältige chemische Stoffe freisetzen, die durch Absterben, zunächst einzelner Körperzellen, sehr starke Entzündungen im ganzen Körper hervorrufen. Unser Körper wird sich zwar durch erhöhte Produktion der weißen Blutkörperchen, der Leukozyten (Polizeiaufstockung) oder Körpertemperaturerhöhung (Fieber) dagegen wehren, allerdings nicht lange genug, um seine endgültiges Sterben abwehren zu können. Schließlich wird unsere Seele unseren Körper verlassen – ohne uns, denn wer zwischen seinem ersten und allerletzten Atemzug nicht mehr geworden ist, als nur ein geistloser Körper, für den wird es keinen geistigen Anfang geben. Für den wird der Tod endgültig sein.

Die stark erhöhte Leukozyten Vermehrung führt oft zu starken „Rücken"-Schmerzen, welche dann meistens durch ein Morphium-Pflaster gelindert werden. Schließlich versagen lebensrelevante Organe wie Nieren und Leber und der hoffnungslos erschöpfte „Kapitän" dann gänzlich von Bord geht.

Doch unser körperliche Tod muss nicht generell UNSER Ende bedeuten, denn wessen Körper selbstbestimmend, also bewusst stirbt, der wird wissen, dass die letzten Gehirnprojektionen, die letzten „Traumbilder" NICHT das Jenseits sein werden, sondern genau das, was danach kommt – Licht, der hell strahlende Ausgang, der zugleich auch der Eingang in die andere Dimension ist und NUR bewusst bzw. selbstexistierend erkannt und durchschritten werden kann. Alles andere sind Glaubensmärchen, die uns glauben lassen, dass die andere Dimension exakt beschreibbar oder gar käuflich ist.

Wollen wir wirklich wissen, was nach unserem körperlichen Tod sein wird, wenn wir unseren körperlichen Tod nicht nur erleben, sondern auch überleben möchten? Wenn wir an die Tür aus strahlend hellem Licht um Einlass bittend anklopfen wollen, dann **müssen** wir lernen, im Moment unseres Einschlafens „wach" zu bleiben. Denn schlafend werden wir keine Einlasstür in die andersdimensionierte „Licht- bzw. Strahlendimension" finden, sondern schon bereits vorher wie ungenießbare Früchte vorzeitig fallen gelassen.

Da für die meisten von uns unser Kopf-Verstand noch der einzige „Ansprechpartner" ist, durch den sich das Ewige Ewig mittels unserer Seele uns intuitiv mitteilen kann, so werden unsere Gehirnaktivitäten ein allerletztes Mal – oft sogar trotz Herz- und Atemstillstandes – für einen kurzen Moment „hochgefahren".

Dabei werden wir unsere Nahtoderfahrungen bzw. Nahtodträume aus Unwissenheit für das Jenseits halten. Dann werden wir UNSER Jenseits so sehen, wie wir es uns zu UNSEREN diesseitigen Lebzeiten, aufgrund unserer Konditionierungen, in unseren Fantasien vorgestellt haben, eben so, wie sich unsere Phantasien in unseren Gehirnzellen etabliert haben – märchen**haft**!

(Siehe 1. Teil: Denken/Träumen)

Möglicherweise wird auf die Christen Jesus, auf die Moslems Mohammed und auf die Juden Moses oder Abraham usw. warten, wobei Jesus, Mohammed oder Moses **merkwürdigerweise** UNSERE aktuelle Sprache sprechen werden!
Unsere jetzige Sprache, die es zu ihren Zeiten gar nicht gab! Das wird dann UNSER persönliches, einen kurzen Moment lang, geträumtes Jenseits sein, das mit dem unmittelbar darauf folgendem Ausbleiben unserer Hirnströme endgültig erloschen sein wird und wir als solche mit ihnen, denn ohne Lebensenergie, ohne elektrischen Strom funktioniert kein „Computer". Dann werden wir, bzw. das wofür wir uns hielten oder zu sein glauben, **unwiderruflich** tot sein – es wird genauso „dunkel" werden wie vor unserer Geburt – als wir noch seelenlos waren. Dabei kann das Überleben gelernt werden, die Frage ist nur, von wem? Von wem sollen wir das Sterben lernen, wenn selbst die lehrenden „Fachleute" sich damit nicht im Geringsten praktisch auskennen?
Alles, was die Lehrenden über das Sterben wissen, haben sie **nicht einmal im Ansatz** selbst erfahren. Sie malen zwar Kreuze oder andere Brandzeichen, zunächst auf unsere Stirn und dann auf unsere Grabsteine, doch das Sterben oder das lügenfreie Leben selbst lehren sie uns nicht. Sie navigierten uns zwar bis zum Kreuz oder bis zum Sprengstoffgürtel, doch dann lassen sie uns hoffnungslos alleine hängen oder fliegen. Diesem glaubensbedingten Irrsinn kann man nur als unaufgeklärter Fanatiker

folgen, was allerdings durch glaubensfreie, auf Fakten basierende Bildung zu verhindern wäre. Allerdings ist es leichter gesagt als getan, denn in der Dummheit lebt es sich scheinbar leichter – jedenfalls so lange, wie man die Wahrheit nicht wahr haben will.

Bedauerlicherweise werden wir unser Leben lang von „Geistlichen Experten" angstmachend verdummt und somit systematisch an unserer eigenen Selbsterkenntnis gehindert. Am todsicheren Ende, wenn unsere Körper sterben, sagt uns dann keiner, wofür wir wirklich gelebt haben oder wohin wir im Moment unseres Todes gehen sollen. Womit wir worauf achten müssen, um an unserem körperlichen Ende andersdimensioniert beginnen zu können.

Tja, auch das Sterben will (und kann) gelernt sein bzw. werden, insbesondere das der eigenen Angst, denn die durch Unwissenheit erzeugte Angst ist es, die uns nicht angstfrei sterben lässt. So ist sie es, die durch lügende Geistliche erzeugte Angst, das Einzige, was vorher, zu unserer Lebenszeit sterben muss, damit unsere Seele die Ziellinie des Lebens, die Türschwelle ins/zum schattenlose/n Licht angstfrei überschreiten kann. Und wer zu seiner Lebenszeit selbsterfahrend gelernt hat zu wissen, was danach, was nach seinem körperlichen Tod kommt, der wird keine Angst vor dem sogenannten Sterben haben, dann wird sein Ende nur ein andersdimensionierter Anfang sein.

Wer die Angst vor seinem Sterben besiegt, der muss sich keine Sorgen um seinen körperlichen Tod sowie um das Danach machen und umgekehrt, wer in der auf verdummenden Unwahrheiten basierenden Angst „lebt", dessen Seele ist bereits lebend so gut wie gestorben. Der wird weiterhin hoffnungsvoll auf seinen Aberglauben vertrauen und voller Angst hoffnungslos sterben.

„Ablässe" zu kaufen oder Kirchensteuern zu zahlen, genügt nicht, im Gegenteil, denn wer Ablässe kauft oder Kirchensteuern zahlt, der dokumentiert nur sein Unwissen, sein heuchlerisches Dasein, **seine Angst**, die er vor seinem eigenen Sterben hat. Das wird dann die Frucht sein, anhand welcher jeder Gläubiger den Wahrheitsgehalt seines eigenen Glaubens ermitteln kann, denn Angst entsteht, wenn Wissen geht oder fehlt und umgekehrt, wenn das Licht kommt, dann muss die Dunkelheit ihm weichen.

Wir MÜSSEN authentisch werden und nicht nur so tun, als ob wir authentisch wären. Alles andere ist pure Heuchelei, die uns ganz gewiss NICHT zu unserem Selbst hinführen wird, als welches wir dann unseren eigenen Körpertod dauerhaft überleben könnten. Als sogenannte Christen, welche auch immer, bekennen wir uns zum Schein zu Jesus Christus, dem angeblichen einzigen Sohn eines allein selig machenden, viele Namen tragenden, namenlosen Gottes. Zum Schein, denn wir heucheln und meucheln, lügen und betrügen, ohne dabei „rot" zu werden- (Siehe 2. Teil: Glauben- „Die Zehn Gebote"). Wir sind dann sozusagen „Bis ZUM Kreuz" Jesus-Nachfolger, weiter oder höher folgen wir als Waren-, als Konsum- als Schein-Christen Jesus nicht, obwohl er es ausdrücklich von uns fordert:

Im Matthäus Evangelium 10, V. 34-40 und im Thomas Evangelium V. 10, 14, 16, 49, 56, 61, 67, 70 und 108 steht es NICHT auslegungsbedürftig wie folgt geschrieben:

Matthäus Evangelium Kap. 10:

V. 34 Ihr sollt nicht wähnen, dass ich gekommen sei Frieden zu senden auf Erden. Ich bin nicht gekommen Frieden zu senden, sondern das Schwert.

V. 35 Denn ich bin gekommen den Menschen zu erregen wider seinen Vater und die Tochter wider ihre Mutter und die Schwiegertochter wider ihre Schwiegermutter.

V. 36 Und des Menschen Feinde werden seine eigenen Hausgenossen sein.

V. 37 Wer Vater oder Mutter mehr liebt denn mich, der ist mein nicht wert; und wer Sohn oder Tochter mehr liebt denn mich, der ist mein nicht wert.

V. 38 Und wer nicht sein Kreuz auf sich nimmt und folgt mir nach, der ist meiner nicht wert.

V. 39 Wer sein Leben findet, der wird es verlieren; und wer sein Leben verliert um der Wahrheit Willen, der wird es finden. *(Der wird selbst zur Wahrheit werden.)*

V. 40 Wer euch aufnimmt, der nimmt mich auf; und wer mich aufnimmt, der nimmt den auf, der mich gesandt hat.

Lukas Evangelium Kap. 9

V. 23 Wer mir folgen will, der verleugne sich selbst und nehme sein Kreuz auf sich täglich und folge mir nach.

V. 24 Denn wer sein Leben erhalten will, der wird es verlieren, wer aber sein Leben verliert meinetwillen, (der Wahrheit Willen) der wird es erhalten.

V. 25 Denn welchen Nutzen hätte der Mensch, ob er die ganze Welt gewönne und verlöre sich selbst oder nähme Schaden an sich selbst?

Thomas Evangelium:

V. 10 Ich habe ein Feuer auf die Welt geworfen und sehe, ich hüte es, bis es auflodert. *(Hoffnung auf Selbstentstehung !)*

V. 14 Wenn ihr fastet, werdet ihr eine Sünde für euch hervorrufen, und wenn ihr betet, werdet ihr verdammt werden und wenn ihr **Almosen** gebt, werdet ihr eurem Geistwesen schaden.

(Wer Almosen gibt, der mehrt die Armut und es ist weiser Wenige zu opfern, als Viele durch Selbstverarmung nicht retten zu können, denn Almosennehmer vermehren sich unkontrolliert und sehr schnell.)

V. 16 Die Menschen denken vielleicht, ich sei gekommen, der Welt einen Frieden zu bringen. Sie wissen nicht, dass ich gekommen bin, Uneinigkeit auf die Erde zu bringen, ein Feuer, ein Schwert, einen Krieg.

V. 49 Gesegnet seid ihr, Einsame und Erwählte! Denn ihr werdet das Reich finden; *da ihr aus ihm gekommen seid, werdet ihr dorthin zurückkehren.* *("Ozean – Wassertropfen – Ozean")*

V. 56 Jeder, der die Welt erkannt hat, hat eine Leiche gefunden. Und wer eine Leiche gefunden hat, steht über der Welt.

V. 61 Ich bin Der ist, hervorgegangen aus dem ewig Gleichen. Einiges von dem, was meinem Vater gehört, wurde mir gegeben.

V. 70 Das, was ihr habt, wird euch retten, *wenn ihr es in euch selbst hervorgebracht habt; falls ihr jenes nicht in euch habt, wird das, was ihr nicht in euch habt, euch töten. (!!!)*

V. 108 Wer aus meinem Munde trinkt, wird werden wie ich. Ich selbst werde er werden, und das Verborgene wird ihm enthüllt werden.

Wessen Seelen durch die damaligen „Wegbeschreibungen" ahnend berührt werden, die können sich auch heute nicht verlaufen, denn die Ware Wahrheit ist nicht die wahre Wahrheit, die ewig bleibt, egal, wie lange sie auf ihre Verwirklichung warten und immer wieder missbräuchlich wiederholt werden muss, damit wir die Missbrauchsstifter an ihren Taten erkennen können und SOLLEN! Wir sollen anhand verlogener Würdenträger und deren Taten erkennen; wie würdelos sie sind, wenn sie uns Wassertrinken predigen und selbst Wein trinken.

Haben wir den Baum an seinen Früchten erkannt? Dann müssen wir handeln, alles andere ist geheuchelt, ist Lug und Betrug an uns selbst, durch uns selbst – ist pure Heuchelei. Auf die bunten Scheinheiligen, auf die Karnevalisten in Rom nur heuchlerisch zu schimpfen, genügt nicht, wir müssen lernen konsequent zu handeln, andernfalls stirbt unsere Angst nie und wir werden niemals dauerhaft angstfrei werden können.

Auch wenn es nur wenige wahrhaben bzw. hören wollen; wir sind an unserer Selbst-Geburt so nah dran wie nie zuvor. Selbst wenn es NICHT die letzte Chance zum Selbstwerden wäre, nutzen sollten wir sie trotzdem, denn wir wissen nicht was morgen kommt und was gestern war, das können wir heute nicht ändern. Was wirklich zählt ist heute – entweder wir steigen in den Zug der Selbsterkenntnis noch heute ein und fahren selbsterfahrend mit oder wir bleiben weiterhin fremdgefahren. Dann werden andere bestimmen, wohin UNSERE Reise geht. Dann wird weiterhin der fremdbestimmte Weg „unser" Ziel sein und unser Ende keinen Anfang haben bzw. ein Übergang sein.

Dabei können wir noch aus/umsteigen, dazu müssen wir nur aufhören zu lügen, dann werden wir uns so erkennen wie wir wirklich sind – fremdgefahren, mehr ist es in Wirklichkeit nicht!

Doch bis es soweit ist, müssen wir uns so lange selbst belügen oder von anderen Leuten belügen und betrügen lassen, bis es uns dabei sehr schlecht ergeht. Leider gehört der Terror der schwachsinnigen Glaubensfanatiker auch dazu. Diese Medizin ist zwar sehr schmerzlich und bitter, aber sie ist die einzige Medizin, die uns gesunden werden lassen kann. Diese Medizinrezeptur ist die gleiche wie vor 5.000, 3.700, 2.000, 1.400 und 500 Jahren oder gegenwärtig, sie heißt Enthüllung, Bloßstellung oder Offenlegung und wird immer wieder von denjenigen verabreicht, die sie selbst schicksalhaft gekostet haben – auch wenn sie dafür gekreuzigt, verbrannt oder verbannt wurden. Wer die Wahrheit sagt, der lebt zwar gefährlich – aber er LEBT, denn wer lügt, heuchelt und meuchelt, der ist bereits tot, denn geistlose existieren nur körperlich!

Wir haben Angst vor unserem eigenen Tod, weil wir nicht wissen, was uns danach erwartet und umgekehrt, wer weiß, was ihn nach seinem letzten Atemzug erwartet, der freut sich darauf.
Die Kirchen geben vor, es zu wissen, und lassen sich dementsprechend von uns Unwissenden dafür gut bezahlen – für DANACH – **im Voraus!**
Ehrlich wäre es, wie es im Geschäftsleben üblich ist, erst nach einer erbrachten Leistung, erst nach der versprochenen Auferstehung, Beweidung auf grünen Auen oder Jungfrauenbefruchtung abzurechnen, doch so naiv wie wir, sind die verlogenen Glaubensverkäufer nicht. Wir werden zwar blind geboren, jedoch blind sterben sollten wir nicht!!

Du wirst keine einzige Kirche auf der ganzen Welt finden, die dir einen Kredit gewähren wird, den du ernst NACH deinem Ableben zurückzahlen möchtest!
Das glaubst du mir nicht? Dann versuche doch bitte, als kreditwürdiger Ablasskäufer bei der Bank „Vatikan" einen Kredit zu beantragen, den du erst postmortal, also nach deinem Tod, zurückzahlen möchtest – tja, so sind sie nun mal, die „Schafspelzträger"!

Wer von uns wirklich **jetzt** aufwachen will, der darf und der wird NICHT für später bezahlen – was dann die Frucht wäre, an der wir den Baum erkennen werden, auf dem wir wachsen. Andernfalls werden wir nur träumen, dass wir gewachsen sind.

Rütteln wir uns gegenseitig wach und hören auf so zu tun, als ob wir bereits wach wären. Nehmen wir das „Lethargie-Kreuz" auf uns und tragen es selbst ins Ziel, denn es könnte durchaus sein, dass bereits unsere Kinder – aus welchen Gründen auch immer – (Vulkanausbruch-, Asteroiden Einschlag- bzw. Sonneneruption- bedingte Klimaveränderungen oder einfache Viren- oder Keime- /Bakterien- bedingte Pandemien), nicht in der Lage sein werden, **unsere** „Schulden" rechtzeitig zu begleichen.

Unsere Kinder sind schuldenfrei und schuldlos, parteilos und konfessionsfrei geboren. Warum unterwerfen wir unsere Kinder diesen Zwängen, warum lassen wir sie nicht zwanglos erwachsen werden und dann selbst entscheiden, ob sie verschuldet oder schuldfrei leben möchten, ob sie parteilos oder glaubensfrei bleiben wollen oder auch nicht. Warum bestimmen wir Erwachsene, was unsere Kinder wollen sollen? Weil sie es noch „besser" haben sollen als wir? Oder weil wir intuitiv hoffen, dass unsere Kinder oder deren Kinder, das **uns** zugedachte Urvermächtnis irgendwann erfüllen werden?

Irgendwann „hören" wir unsere „biologischen Uhren" tickern und geraten ab etwa dem 30. Lebensjahr in Panik, wenn wir bis dahin noch keinen Nachwuchs gezeugt haben. Wir spreche dann von verantwortungsvoller Liebe, wenn wir unserem hormonell- bedingten Selbsterhaltungstrieb verantwortungslos folgen, wenn wir unser „Kreuz" – meistens aus Unwissen bzw. aus Bequemlichkeit oder Glaubensgründen – nicht selbst tragen wollen oder können, sondern es von unseren Kindern und Kindskindern intuitiv tragen lassen werden. Tja, was anfänglich nach selbstloser

Liebe ausschaut, entpuppt sich letztlich als purer Egoismus, denn arbeiten lassen, ist leichter als selbst aktiv zu werden und Schulden auf andere zu übertragen, ist einfacher, als sie selbst zu tilgen. Wir sollten rechtzeitig lernen, unser „Kreuz" selbst zu tragen, denn für unsere Kinder könnte es zu spät werden! Und „Kurzsichtigkeit" zu vermeiden ist weiser als Blindheit zu erleiden.

Lukas Evangelium 23, V. 29 und Thomas Evangelium V. 79:

Lukas 23, V. 29: Selig sind die Unfruchtbaren und Leiber, die nicht geboren haben, und die Brüste, die nicht genährt haben!

Thomas V. 79: Gesegnet der Bauch, der **nicht** empfangen (*verhütet*) hat, und die Brüste, die nicht gestillt haben!

Das wusste der Altruist Jesus samt seiner **damaligen** kinderlosen Nachfolger und Nachfolgerinnen – was man von vielen **heutigen** sogenannten Jesus Nachfolgern/innen nicht behaupten kann. Na dann; seid fest im Glauben, dann wird euch selbst die Wahrheit nichts anhaben können, denn „gegen Uneinsichtigkeit ist bislang kein wirksames Kraut gewachsen". Oder vielleicht doch? Wir wissen es nicht und werden es **ohne** Akteneinsicht in Rom auch nie erfahren.

„Aber halt", werden einige scheinheilige Leute sagen, „all das bezieht sich doch auf die Endzeit"! Natürlich, und sie wissen auch, wann die Endzeit kommt – jedenfalls nicht bald – jedenfalls nicht so lange, wie sie und ihre Kinder bzw. Kindeskinder leben. Jedenfalls nicht so lange, wie es wesentlich mehr Leute als Menschen gibt, die ihr Pseudowissen, ihren Glauben für reales Wissen halten, die lieber glauben, statt zu lernen. Und weil Unwissen (Glaube) – im Gegensatz zum Wissen – nicht erst mühsam erlernt werden muss, so ist es zunächst leichter und bequemer, gläubig zu sein als wissend werden zu wollen. Dann ist Gefolgschaft BIS zum Kreuz und keinen Zentimeter höher die richtige Strategie für all diejenigen, die lieber glauben statt zu lernen die leisen Töne der Urknallmelodie zu hören, denn die Wahrheit nur wissen zu wollen, ist etwas ganz anderes, als sie zu leben.

Wäre das Leben NICHT auf „ZURÜCKKEHEREN" bedacht, dann hätte es erst gar nicht angefangen! Dann wären wir auch heute noch dort, wo wir waren, bevor wir körperlich wurden. Dann hätte sogar die sogenannte „Paradiesvertreibung" keinen Sinn, denn KEIN Kind wird in einen Kindergarten oder zur Schule geschickt, um NICHT zu lernen gelehriger zu werden!

Wer bereits gelernt hat das kosmische Rauschen, die leisen Töne der Urknallmelodie zu hören, der nimmt ahnend die Echostimme seiner eigenen ihn lehren wollenden Seele wahr, denn Gefühle sind oft Intuitionen, durch die unsere Seele mit unserem Verstand spricht, sodass auch WIR sie dann als Verstand ahnend verstehen können. Wer das erkennt, der wird erkannt werden, selbst und gerade dann, wenn ihn sein körperliches Ende ereilt. Denn WIR sind diejenigen, die am Ende, vor dem Wechsel in die andere Dimension, wissen werden, dass unsere Körper gestorben sind, dass auf die Nacht der Tag und auf das Ende ein neuer Anfang folgen wird. Wer die andere, für die meisten von uns noch unbekannte Dimension selbst erfahren will, der muss mitfahren, der muss lernen, seinen Körper bewusst zu verlassen, alles andere sind reine Spekulationen, Träume oder glaubensbedingte Wunschmärchen. Doch Wünsche können wahr werden – vorausgesetzt, sie basieren auf Fakten und nicht auf Märchen!

Unsere kontinuierliche Meditation bzw. Remotion kann uns manchmal ein kleines Fenster in die andere Dimension einen Moment lang öffnen und uns dort kurz hineinschauen lassen –

damit wir uns auf unser altes, neuentdecktes Urzuhause hoffnungsvoll freuen können, denn „Vorfreude ist bekanntlich die schönste Freude". Und wer bereits ahnt, was ihn später erwartet, der darf sich ungeniert darauf freuen.

Und es darf sich jeder unendlich glücklich schätzen, dem es einen kurzen Augenblick lang gewährt wurde, dort hineinschauen zu dürfen. Doch das ist eine andere unglaubliche Geschichte, weil sie KEINEN Glauben, keine Eigenprojektionen duldet, um wahr zu sein und somit NUR glaubensfrei erfahren werden kann. Allerdings erkennen wir die andere Dimension erst dann, wenn wir in der anderen Dimension angekommen sein werden, bis dahin müssen wir das tun, was wir auf unserer Erde körperbehaftet tun können – aus unserer „Körper-Haft" auszubrechen. Dazu müssen wir zunächst lernen „wach" bzw. bewusst zu werden, auch oder gerade dann, wenn wir nachtsüber schlafen oder tagsüber träumend ins Leere schauen. Unsere meditative Remotion ist der Schlüssel zu der hell strahlenden „Tür", die uns in die andere Dimension hinüberführen kann – lernen wir seine Handhabung JETZT kennen, dann werden wir es SPÄTER können, denn wer jetzt schwimmen lernt, der wird später nicht ertrinken.

Alles Weitere kommt dann zeitnah wie von selbst – in der Stille der Achtsamkeit vom/durch das ewige Selbst. Wer das noch nicht versteht, der wird nie erfahren, wie es mit ihm weitergehen wird, schließlich wird er unbewusst sterben, ohne sinnvoll gelebt zu haben, denn wer unbewusst stirbt, der ist bereits vorher geistig gestorben.

Unsere neutrale Remotion hilft uns, auch nach unserem körperlichen Tod in das Zeitlose zu transzendieren – das muss keiner glauben, weil ES bereits zum NOCH unerklärbaren Stand der Wissenschaft geworden ist. Auch wenn ES zunächst nur für wenige Realität geworden ist, doch was noch nicht ist, das kann schon bald werden. Wir bemühen uns gerade gemeinsam darum! Denn: „NUR was Mühe kostet, das ist meistens auch was wert".

Wer bewusst, wer selbstbestimmend stirbt, der wird anteilig „weiterleben". Für die Neugeborenen unter uns bedeutet der Tod nur das selbstbestimmte Verlassen des Körpers, so, als ob wir ihn seiner Mutter-Erde zurückgeben würden. Fremdbestimmt, durch einen Unfall oder krankheitsbedingt zu sterben ist nicht das Gleiche wie selbstbestimmend den Körper zu verlassen. Selbstmord bzw. Suizid sind tödliche Gewalttaten gegen den eigenen Körper, hervorgerufen DURCH den oft orientierungslos gewordenen Körper selbst – meistens aus Verzweiflung.

Bei einem durch das Selbst bestimmten Tod stirbt nur unser Körper, nicht der zur „Wahrheit" gewordener Mensch.

Bei selbstbestimmtem Körperverlassen wird der Sauerstoffmangel NICHT gewaltsam, also ungewollt hervorgerufen, sondern gewollt, also selbstbestimmend und damit freiwillig. Man hört einfach auf zu atmen und konzentriert sich darauf, was als nächstes geschehen wird. Das kann sowohl meditierend als auch remotierend geschehen.

Hierbei werden zunächst die Atmung und dann der Pulsschlag schwächer, wobei der Herzschlag langsamer wird. Das geschieht, indem man zuvor die Atempausen NACH dem Ausatmen, also mit leeren Lungen, kontinuierlich länger werden und somit den Kohlendioxid des Blutes ansteigen lässt. Bis schließlich das Herz aufhört zu schlagen und eine Art Tür aus schattenlos-strahlendem Licht sichtbar wird, die dann, selbstauflösend-vereinigend, unwiderruflich-unumkehrbar, bewusst überschritten werden kann. Danach wird unsere reumütige Wiedervereinigungsfreude sehr groß sein, denn es ist lange, lange her, als wir unser Ururzuhause aufgrund unserer Urgier verlassen mussten, um auf der menschlichen Körperebene zu lernen, gier-freier Geist zu werden.

Für mich endet hiermit die aktive Teilnahme an dem allgemeinen Lebensstaffellauf. Ich persönlich habe lange Zeit reifen und viele Irrwege gehen müssen, weil ich niemanden gefunden habe, der mir eine konkrete Wegbeschreibung zu meinem Selbst geben konnte. Ich habe sogar Theologie studiert und an sogenannten Selbstfindungsseminaren teilgenommen. Letztendlich geholfen habe ich mir selbst – durch meine eigene Negation, durch tabufreie Infrage-Stellung bzw. Ablehnung dessen, wofür ich mich nach den aktuellen „Erkenntnissen" gebildeter Leute bis dahin gehalten habe.

Selbst diejenigen, die sich SOGAR berufsbedingt mit Selbstfindung auskennen MÜSSTEN, wie Priester und Pastoren, Seelsorger und Theologieprofessoren, Psychologen und andere kluge „Wegkenner", haben mir keine konkrete, auf Fakten basierende Wegbeschreibung zu mir selbst geben können. Als ob sie sich damit, was sie **beruflich** tun, nicht auskennen würden, wie einige Politiker, die nach der Wahl „nicht" wissen, wie sie regieren sollen, oder wie geschiedene, im Leben gescheiterte Lebensberater, die theoretisch „wissen", wie eine harmonische Partnerschaft **bei anderen** praktisch funktionieren sollte. So habe ich nach und nach gelernt, dass so gut wie alles, was Geld kostet, am Ende NICHTS wert ist!

Wer von mir den KOSTENLOSEN Lebensstaffellaufstab übernehmen möchte, der wird seinen eigenen – angstfreien – Frieden finden und kein halbes Jahrhundert herumirren, um bei sich selbst anzukommen. Wer diese leisen Mahnrufe des ständig Rufenden bereits gelernt hat zu hören, der ist nicht mehr die unreife „Frucht", die er am Anfang dieser Wegbeschreibung war und wird es auch in Zukunft NIE mehr werden können. Wer die mahnenden Rufe des ewig Mahnenden noch nicht gelernt hat zu hören, der könnte es anhand unserer Remotion sowie durch eigenes Nachdenken noch lernen.

Und wen ein „Blitz", vom Steißbein an bis zur Kopfdecke aufsteigend, erschütternd durchfahren hat, der wird ganz genau wissen, worüber ich spreche. Der wird wissen, dass er neugeboren wurde, dass er und seine Seele sich bereits im Hier und Jetzt für ewig vereinigt haben. Dass ein „Upgrade" stattfand.

Wen meine Gedanken berührt haben, für den hat sich die Mühe des Lesens bereits gelohnt. Wen nicht, der möge mir verzeihen, dass ich ihn, möglicherweise aufgrund meiner fehlerhaften Ausdrucksweise, nicht erreicht habe, der möge den markierten Textstellen und Fachbegriffen erörternd nachgehen oder bei den nachfolgenden Denkimpulsen nachschauen, vielleicht findet er dort eine zündende Idee, die ihm den Weg zu seinem Selbst erhellen könnte.
Was allerdings nicht heißen soll, dass du ab jetzt alleine gelassen wirst, denn immer wenn du an das von mir Gesagte träumend oder wachend denken wirst, wird das KEIN Zufall sein, sondern eine andersdimensionierte Realität, die auch du ahnend erfahren und erkennen wirst. Schön und wünschenswert wäre es, denn je mehr Selbstsuchende zurückfinden, desto unübersehbarer wird ihre Leuchtkraft werden.

Abschließend entschuldige ich mich bei allen Leserinnen und Lesern, die sich in irgendeiner Art und Weise durch das o. g. persönlich beleidigt fühlen: Es tut mir aufrichtig leid, aber „es ist noch keiner geboren worden, der es allen recht machen konnte", und keiner, den alle gleich gut oder gleich schlecht finden, denn unsere Meinungen, von denen jeder von uns zu den meisten Themen MINDESTENS eine eigene hat, sind und bleiben bis zu unserer Selbstfindung unterschiedlich. Erst danach, wenn wir geistig neugeboren werden, werden wir uns meinungsfrei verstehen können, denn unterschiedliche Meinungen sind KEINE einheitliche Wahrheit. Und so lange wie wir unsere Meinungen für die Wahrheit halten, werden wir weiterhin nach der einheitlichen Wahrheit suchen müssen, denn alles ist EINS – wir müssen „nur noch" lernen, ES zu werden!
Unsere Remotion kann uns helfen, zunächst sensibler, emphatischer, mitfühlender, gerechter, friedlicher und schließlich

menschlicher zu werden – vorausgesetzt wir wollen es wirklich – nicht nur lippenbekenntnismäßig. Andernfalls werden wir unserem evolutionären Ururbefehl „ÜBERLEBE!" weiterhin instinktiv gehorchen müssen und versuchen ahnend so zu werden, wie wir es bereits seit unserer Urvertreibung schicksalhaft werden sollen: gier- lug- und betrugsfrei. Ob uns das auf unserer Erde, als gegenwärtige Spezies, im Kollektiv je gelingen wird, ist ziemlich unwahrscheinlich, jedoch für den Anfang genügt es, wenn es Einzelne von uns schaffen werden wegweisend voranzugehen.

Und sollte dir etwas des von mir Gesagten bekannt vorkommen, ohne zu wissen, woher du es weißt, seit wann oder von wem, dann kann es durchaus daran liegen, dass unsere gemeinsamen Geist-Seelen bereits jetzt schon von der gleichen Quelle des Zeitlosen getränkt werden. Dass es so ist, können wir anhand unserer „Baum-Früchte-Methode" gut erkennen; wenn sich unser Dünkel „groß zu glauben", in ein demütiges Wissen „winzig klein zu sein", wandeln wird, wenn bisher materiell Wichtiges unwichtig wird, dann werden wir wissen, dass wir bei uns/ihm angekommen sein werden, dann wird es uns reumütig klar und deutlich werden, dass wir uns zunächst selbst als winzig klein erkennen müssen, um im Zeitlosen, als Teilchen des Zeitlosen und somit als das „Zeitlose Selbst" unendlich groß zu sein.

Denkimpulse

Ursprünglich, in Felsenwände geritzte oder auf Höhlenwänden gemalte „Denkimpulse" bzw. erst gesprochene, dann aufgeschriebene Sprüche, sind so alt wie die Menschheit selbst. Was ihre Aussagekraft angeht, so sind sie gut, wenn sie uns zum Nachdenken animieren und ihre Aussagekraft sich zeitunabhängig kaum ändert. Früher, als die meisten von uns weder lesen noch schreiben konnten, waren es die Sprüche vortragende, herumwandernde Prediger, die lebensprägende Weisheiten, oft des einfacheren Auswendiglernens wegen, in einfach gereimter Form den Leseunkundigen kundtaten. Es handelte sich dabei sowohl um praktische Lebens-Tipps als auch um zeitlose Lebensweisheiten, an denen wir uns auch heute noch orientieren können, denn wahre Erkenntnisse ändern sich nie.

Folgende Sprüche beinhalten Erkenntnisse mit initialfähigem Charakter, deren tieferer Sinn sich uns, unserem eigenen Entwicklungsstand entsprechend, augenblicklich erschließen kann – nicht muss! Auf jeden Fall können sie initialfähige „Gute-Nacht-Geschichten" werden, denn manchmal müssen wir „eine Nacht lang darüber schlafen, um uns Klarheit zu verschaffen".

Inwiefern die folgenden Denkimpulse einen Bezug zu bereits irgendwo bestehenden Sprüchen haben, das kann ich nicht sagen. Allerdings ist es möglich, denn wahre Erkenntnisse bleiben ewig wahr, auch wenn sie von verschiedenen Menschen an verschiedenen Orten in verschiedenen Sprachen zu verschiedenen Zeiten erkannt und gesagt wurden oder erst in Zukunft gesagt werden.

Lass die folgende „Bettlektüre" einfach unvoreingenommen auf dich wirken, vielleicht bewirkt sie, dass du deine Kursrichtung ein wenig ändern oder gestärkt beibehalten wirst.

1. Wer die Wahrheit noch nicht erkennen kann, der sollte sich zunächst der Ketten der Vergangenheit entledigen.

2. Manchmal müssen wir einige Schritte zurückgehen, um das ganze Bild zu sehen, denn einzelne Bildausschnitte sind nicht das ganze Bild – nicht die ganze Wahrheit.

3. Wer dauer**haft** im begrenzten „Aquarium" lebt, der wird den grenzenlosen Ozean nie kennenlernen.

4. Wollen wir die absolute Wahrheit verstehen, dann müssen wir lauschend in uns gehen.

5. Wer zur Quelle kommen will, der muss lernen, gegen den Strom zu schwimmen, und wer noch nicht schwimmen kann, der möge einen Schwimmlehrer finden, der ihm das Schwimmen beibringt.

6. Wenn der Schüler bereit ist das Schwimmen zu erlernen, dann erscheint der Schwimmlehrer wie von selbst – vom Selbst.

7. Die Wahrheit ist einfach, doch sie lässt sich nicht von Leuten finden, die sich vor ihr ängstigen.

8. Wenn wir die Wahrheit noch nicht finden bzw. erkennen können, dann liegt es nicht an der Wahrheit.

9. Je weiter wir uns von der Wahrheit entfernen, desto mehr fürchten wir uns vor ihr und je näher wir ihr kommen, desto mutiger werden wir.

10. Die Wahrheit ist lebendig, weshalb sie sich nicht von den „Toten" finden lässt.

11. Solange wir die Wahrheit fürchten, hassen wir diejenigen, die sie verkünden.

12. Was kümmert es den „Mond", wenn ihn die Wölfe anheulen, schließlich wird er auch ihnen den Weg erhellen.

13. Wer an Lügen glaubt, der wird die Wahrheit nie erfahren. Denn wer die Mauern der Vergangenheit nicht einreißt, der bekommt KEINEN freien Blick.

14. Wem die Wahrheit peinlich ist, der hat sich selbst noch nie „unverschleiert" gesehen.

15. Schöne Worte sind oft nicht wahr, wahre Worte dagegen oft nicht schön, doch bittere Wahrheit ist heilsamer als süße Lügen.

16. Sanfte Worte werden von „Schlafenden" nicht vernommen, denn Schlafende sehen und hören schlecht.

17. Oft lässt sich das Gute nur durch die Erfahrung des Schlechten erkennen.

18. Es ist leichter blind zu bleiben als sehend zu werden – blind zu reagieren, als sehend zu agieren.

19. Es ist leichter naiv zu glauben als real zu wissen, denn wahres Wissen ist keine Ware, die man einfach kaufen kann.

20. Wer glaubt, der weiß ES nicht. Wer ES weiß, der hat keinen Glauben, der nimmt ALLES so wie es ist, weil ES ist.

21. Je mehr wir wissen, desto weniger glauben wir und umgekehrt, je weniger wir wissen, desto mehr glauben wir.

22. Wo Wissen zunimmt, dort nimmt die Unwissenheit ab, dort schwindet der Glaube.

23. Wo Glaube und/oder Aberglaube gelebt wird, dort herrscht der Tod, dort ist jeder sich selbst der Nächste.

24. Es ist besser, wissend (bewusst) zu sterben, als glaubend (bewusstlos) zu leben.

25. Wer nicht weiß, **wer er ist**, der sollte herausfinden, wer er NICHT ist.

26. Wer sich selbst nicht erkennt, der wird seinen Schein für das wahre Sein halten.

27. Wer selbst nichts hat, der kann auch anderen nichts geben und wer nicht Selbst-erfahren ist, der sollte nicht als „Reisebegleiter" tätig sein.

28. Wer reich an Gütern ist, der ist arm im Geist – der ist ein Armer mit viel Geld, das er für sich selbst hält.

29. Es ist besser, freiwillig zu sterben, als willenlos, als fremdbestimmt zum Leben gezwungen zu werden.

30. Wer ein Mensch werden will, der sollte lernen, **auch** auf seinen kopflosen Ur-Verstand (Bauch-Verstand) zu hören.

31. Oft sind es Widersprüche, die uns widerspruchslos werden lassen, denn Disharmonie ist die Mutter der Harmonie.

32. Gesellschaften benötigen die Einzelnen nicht, doch die Einzelnen sind es, die ganze Gesellschaften verändern können.

33. Schafe folgen vertrauensvoll ihren Schäfern – auch zum Schlachthof bzw. bis aufs Schlachtfeld.

34. Kinder sind die Zukunft der Zukunftslosen.

35. Ungeborene weinen nicht, denn was oder wen es nicht gibt, das/der muss nicht beweint werden.

36. Wer als Ente geboren wurde, der wird nie fliegen können wie ein Adler.

37. Wer in Wahrheit lebt, der kann keine Lügen verbreiten, denn wer Lügen verbreitet, der belügt sich selbst.

38. Wenn wir über andere und andere über uns schlecht denken und reden, wer sind dann die Guten?

39. Wer das Vergangene nicht verherrlicht, der kann eine herrliche Zukunft haben.

40. Wer nur in Vergangenheit lebt, für den gibt es keine Zukunft – für den wird die Vergangenheit die einzige Gegenwart sein.

41. Eine harmonische Partnerschaft ist eine Einheit, die aus zwei homogenen Hälften besteht, die doppelt so stark sind wie eine.

42. Jeder von uns ist etwas Besonderes, doch sobald wir uns selbst für etwas Besonderes halten, sind wir es nicht.

43. Es ist leichter Schlechtes vorausschauend zu vermeiden, als es nachschauend zu erleiden.

44. Wer schlechten Samen sät, der wird keine guten Früchte ernten, denn schlechte Erbanlagen sind keine guten Grundlagen.

45. Keiner kann Etwas werden, wozu er, aufgrund seiner Erbanlagen, nicht in der Lage ist zu werden.

46. Bevor Neues entstehen kann, muss Altes vergehen und wer neuentstehen will, der darf nicht an alten Glaubensmärchen oder anderen Ketten der Vergangenheit hängen, denn hängend ist man meistens tot.

47. Wessen Verstand sich mit seiner Seele verbindet, der wird ein Ganzes werden.

48. Solange wir NUR der Verstand sind, leben wir halbfertig, und Halbfertiges ist meistens ganz unbrauchbar.

49. Wessen Bauch-Kopf Verstand sich von seiner Geist-Seele „heiraten" lässt, der wird als Ganzes neugeboren.

50. Wessen Bauch-Kopf Verstand das „Flirten" seiner Seele noch nicht hören kann, der sollte in sich gehen.

51. Wem sein Verstand zu geschwätzig ist, der kann ihn durch Meditation oder Remotion zum Zuhören animieren.

52. Auch das Böse kann durchaus sinnvoll sein, wenn es zum guten Ende führt, denn:"Ende gut – alles gut" und bittere Medizin kann lebensrettend sein.

53. Was wir suchen, ist bereits in uns, auch wenn wir ES woanders vermuten.

54. Wer hofft, sein Selbst in einer Kirche, in einem Tempel oder in einer Mosche zu finden, der wird hoffnungslos enttäuscht.

55. Wer sich von seinen Eltern nicht losleinen kann, der bleibt sein Leben lang angeleint.

56. Wenn deine Freunde hinter dir stehen, dann sind sie nicht besonders mutig.

57. Beobachte achtsam die Fluchtversuche deines Verstandes, dann wird er dir sagen, warum er ständig ausbrechen will.

58. Wem sein Verstand dienen soll, der muss sich zunächst als sein Herr bewähren.

59. Ohne unseren Ur- bzw. Bauch-Verstand, wären wir instinktlos – nicht lebensfähig.

60. Das Ewig Ewige ruft uns ständig, es wird Zeit, dass wir lernen, ihm zuzuhören.

61. Wer ES begehrt, der sucht noch, der hat ES noch nicht gefunden, doch wer ES findet, der wird begehrensfrei.

62. Wer sich selbst erkennt, der wird wissen, dass er selbst ein Teilchen des Erkennenden ist.

63. Remotion kann uns das Schwimmen-Können beibringen, doch schwimmen muss jeder für sich allein.

64. Remotion ist die Leiter, mit der wir unsere „Aquarien-Wände" überwinden können, sie ist die „Gehhilfe", mit der wir selbstbestimmend gehen lernen können.

65. Remotion ist das Fahrzeug, mit dem wir in unser Urzuhause zurückkehren können, doch wer nicht einsteigt, der kann nicht mitgenommen werden.

66. Remotion selbst löst KEINE Probleme, doch sie hilft uns, Probleme zu vermeiden und wer Probleme vermeiden kann, der muss sie NICHT erleiden!

67. So lange unser Verstand uns überlegen ist, wird er uns die Führung nicht überlassen.

68. Wo wahrhafte Gerechtigkeit schwindet, dort nehmen zunächst Respektlosigkeiten, dann Unruhen und Aufstände zu.

69. Auch wenn sich die Ungerechten noch für gerecht halten – nichts bleibt beim Alten.

70. Das Neue ist bereits da, es muss NUR noch erkannt werden.

71. Unsere Seele hilft uns, unser Urvermächtnis zu erfüllen, doch sie zwingt uns ihre Hilfe nicht auf.

72. Damit sich unser Urvermächtnis erfüllen kann, müssen wir zunächst lernen, wahrhaftig zu werden und nicht nur so tun, als ob wir es bereits wären.

73. Solange wir unseren Verstand fortwährend mit viel Lärm beschallen, wird er keine Stille finden.

74. Wessen Kinder könnten Regime in Kriege schicken, ermorden oder zu Mördern werden lassen, wenn keine Kinder geboren wären – oder Soldaten nach hinten Schießen würden?

75. Manchmal müssen wir zuerst reifer werden, um zu erkennen, wie unreif wir vorher waren.

76. Was nutzen uns Scheinreichtümer wie Edelsteine, Gold oder andere „Kostbarkeiten", wenn sie am Ende nichts wert sind?

77. Nutze deine Zeit, sonst stirbst du nutzlos. Mache dich auf den Weg, sonst kommst du nie an.

78. Wer nur seine Nächsten liebt, der hat viele Feinde.

79. So wie das Leben den Tod zum Ziel hat, so hat der Tod das Leben zum Ziel.

80. Erkenne das Schlechte in dir, dann wirst du gut werden können.

81. Es gibt keinen Schöpfer, denn der Schöpfer ist die Schöpfung selbst – NUR zeitlos-kreative Lebensenergie.

82. Viele halten sich für die „Krone der Schöpfung" – doch nur Wenige sind ES.

83. Wer die Wahrheit außerhalb seiner selbst finden will, der stirbt vorher an Altersschwäche.

84. Wer nach religiöser Erleuchtung sucht, für den wir es am Ende sehr dunkel werden.

85. Wer sich vom Glauben fesseln lässt, der wird gefesselt sterben.

86. Wer zeitlos werden will, der darf KEINEM Religionsführer glauben, denn das Zeitlose ist glaubensfrei.

87. Wer ständig im „Aquarium" lebt, der wird nie erfahren, wie groß der Ozean ist.

88. Wer an den Ketten seiner Vergangenheit hängt, der hat keine Zukunft – der ist bereits „tot".

89. Wer von „grünen Auen" oder vielen „Jungfrauen" träumt, dessen Ende wird keinen Anfang haben.

90. Leute sehen und hören immer nur das, was sie sehen oder hören wollen **sollen.**

91. Wenn Psychologen, Philosophen und Theologen sich über die absolute Wahrheit uneinig sind, dann liegt es nicht an der Wahrheit, über die sie ständig streiten.

92. Wer die wahre Wahrheit erkennen will, der muss selbst zur Wahrheit werden.

93. Wer die allgemeinen Lügen für die wahre Wahrheit hält, der wird sie nur als käufliche WARE erfahren, denn wahres Wissen ist nicht käuflich.

94. Wer sich schlau zu sein glaubt, der wird dumm sterben, denn es ist nicht besonders klug, sich selbst für schlau zu halten.

95. Wer von sich glaubt „groß" zu sein, der weiß noch nicht wie „klein" er ist, denn sich „klein" zu wissen ist weiser, als sich „groß" zu glauben.

96. Wer das NICHTS begehrt, der hat noch Wünsche – wer wunschlos ist, der hat seinen inneren Weg vom Schein zum Sein gefunden, der ist zeitlos glücklich – ohne an Zeit und Glück zu denken.

97. Je gläubiger wir uns geben, desto unwissender sind wir.

98. Wir halten uns für unser Wissen, weil wir es NOCH nicht besser wissen.

99. Es gibt nur eine einzige Freiheit und das ist die Erkenntnis, dass es KEINE absolute Freiheit gibt.

100. Wenn Ungerechtigkeit zum Recht für Wenige wird, dann wird es Viele geben, die sich dagegen wehren werden.

101. Wer aufwachen will, der muss wissen, dass er schläft und wer andere wecken oder führen möchte, der sollte Selbst-wach sein und somit den Weg zum Selbst kennen.

102. Wer sich, ohne es zu wissen verirrt, der wird weitergehen, der wird sein Leben lang unterwegs sein.

103. Wer aufwacht, der wird suchen und wer sucht, der wird seine Zukunft in unserer gemeinsamen Urvergangenheit finden.

104. Wer nicht weiß, dass er krank ist, der wird nicht hilfesuchend zum Arzt gehen und wer sich nicht helfen lässt, dem wird nicht geholfen werden.

105. Solange unsere Seelen noch hoffen, uns bei unserer Menschwerdung helfen zu können, bleiben sie bei uns.

106. Wenn Lüge als Lüge erkannt wird, dann ist das die Wahrheit über die Lüge.

107. Wer spontan Gutes tu, der kann viel Schlechtes bewirken.

108. Wer einen vor dem Ertrinken retten will, der sollte gut schwimmen können.

109. Manchmal muss bewusst „Böses" getan werden, um Gutes hervorzubringen.

110. Wer sich selbst eingrenzt, der grenzt sich gleichzeitig auch aus, denn alles hat mindestens zwei Seiten – auch ein Zaun.

111. Titel und Kleider machen Leute, und Leute verkleiden sich gerne.

112. Der „Teufel" trägt gerne schwarz, damit wir seine dunklen Machenschaften nicht erkennen.

113. Die meisten reichen Leute merken nicht, wie arm sie in Wirklichkeit sind.

114. Das Leute-Leben ist wie eine Luftballonfahrt, es beginnt heiß aufsteigend und endet kalt absteigend.

115. Wer die Reichen vertrauensvoll für sich denken lässt, der wird spätestens an seinem Ende arm dran sein.

116. So lange wie wir unwissend sind, werden wir keine klugen Handlungen vollbringen können.

117. Leicht verdauliche „Kost" hält nicht lange an.

118. Wer tief gläubig ist, der kann nicht tiefer sinken.

119. Wenn es nur EINEN Gott gibt, warum gibt es dann so viele Religionen?

120. Leute benötigen Glaubensbilder, damit sie sehen können, woran sie glauben sollen.

121. Das Zeitlose ist bereits im Hier und Jetzt – allerdings anders dimensioniert, wir müssen ES „nur" noch in uns entdecken.

122. Wen das Zeitlose berührt hat, der sieht, schmeckt, riecht und fühlt ES ahnend überall.

123. Schlechtes kann gut sein, wenn es zum Positiven führt – Religionen sind gut, denn sie zeigen uns ständig, wie böse sie doch sind, welchen Unfrieden sie weltweit permanent stiften.

124. Blind und taub zu sein, ist keine Schande, es nicht zu wissen schon, denn Unwissenheit lässt uns glauben, wissend zu sein.

125. Wir werden „blind" geboren, doch sterben sollten wir „sehend", denn wer nicht rechtzeitig lernt zu sehen, der stirbt im Dunkel, für den wird es an seinem Ende kein Licht geben.

126. Wer im Leben nicht rechtzeitig lernt neu zu werden, den wird es nach seinem Tod nicht geben, denn wer nicht vorher Schwimmen lernt, den wird das „andere Ufer" nicht erreichen.

127. Solange die Ehrlichen ihre Naivität teuer bezahlen, können sich die Unehrlichen ihre billigen Lügereien leisten.

128. Die reichen Lügner können sich Vieles leisten, nur nicht die Wahrheit.

129. Manchmal ist es besser, sich für die eigene Überzeugung zu opfern, als für die Lügen der anderen aufopfernd zu leben.

130. Wer sich für andere aufopfert, der hat sein eigenes Leben nie gelebt, sondern immer NUR das der anderen.

131. Wer fremdbestimmt lebt, der wird nicht selbstbestimmt sterben können, der vergeht, bevor er neu entsteht.

132. Wer aufhört, geistig zu wachsen, der bleibt unvollendet, der stirbt halbfertig und somit ganz unbrauchbar, denn NUR wer ständig weiterwächst, der wird den „Himmel" erreichen.

133. Unerledigtes holt uns immer wieder ein – sogar im Traum, also erledigen wir es jetzt, dann kann plötzlich alles anders werden, obwohl sich äußerlich nichts geändert hat.

134. Solange wir nicht wissen, wer wir sind, werden wir diejenigen sein, die wir NICHT sind. Finden wir heraus, wer wir nicht sind, dann werden wir SEIN.

135. Wer unbewusst lebt, der wird nicht bewusst sterben können, wer jedoch unbewusst stirbt, den wird es nach seinem Tod nicht geben.

136. Wer stark im Glauben ist, der ist schwach im Wissen, der hat die größte Meinung von sich selbst.

137. Jene, die gern und viel reden, haben meistens nur wenig zu sagen.

138. Wem sich das Böse offenbart, der wird es auch als das Gute erkennen, denn das Gute gibt es nicht ohne das Böse und das Böse nicht ohne das Gute.

139. Wenn das Gute und das Böse sich gegenseitig aufheben, dann wird ein neutrales Drittes daraus.

140. Die guten **und** die bösen Bäume erkennt man an ihren Früchten.

141. Menschen sagen, was sie denken und halten, was sie versprechen – Leute nicht. Für die Leute ist es einfacher zu lügen, als die Wahrheit einfach zu sagen.

142. Wer von sich behauptet, er sei immer gut, der sagt nicht die Wahrheit und wer von sich denkt, er sei immer böse, der irrt sich ebenfalls, denn NOCH müssen wir beides sein.

143. Das Böse ist zu uns gekommen, damit wir das Gute in uns erkennen. Und wer Gutes tut, der hat bereits das Böse in sich überwunden.

144. Wer im Zeitlosen als Teilchen des Zeitlosen existieren möchte, der darf sich nicht unwissend dem Zeitlichen opfern.

145. Es ist leichter die Schuld bei anderen zu finden, als sie bei sich selbst zu suchen und es ist leichter das Gut anderer zu verteilen, als eigenes zu teilen.

146. Den Baum erkennt man an seinen Früchten – die Menschen und Leute an ihren Taten – am besten in der Not.

147. Wer ehrlich zu sein scheint, der lügt, denn das Wesen des Scheins ist es, dass er trügt, so ist nicht alles wertvoll was wertvoll erscheint, nicht alles Gold was glänzt und nicht jeder ist freundlich, der offensichtlich freundlich lächelt, denn Leute verstecken ihre Boshaftigkeiten gerne.

148. Die Wahrheit ist zwar offensichtlich, jedoch nicht für jedermann sichtbar, doch was verhüllt ist, das kann durch besseres Sehen enthüllt werden.

149. Manchmal muss es dunkel werden, bevor eine Sonne aufgeht und manchmal muss ein Stern zuerst erlöschen, bevor wir seine Leuchtkraft wahrnehmen.

150. Manchmal müssen wir erst körperlich erkranken, um geistig gesund zu werden.

151. Klarstellungen sind Denkkorrekturen, die unser Bewusstsein verändern können – vorausgesetzt, dass wir sie nicht nur wissen, sondern auch hören wollen.

152. Bewusstmachung führt zur Bewusstwerdung, Bewusstwerdung führt zum Verstehen – zum NICHT-VERGEHEN!

153. Wer notgedrungen (noch) lügen muss, wer situationsbedingt (noch) nicht in der Lage ist, NICHT zu lügen, der sollte ein gutes Gedächtnis haben bzw. dem sollten seine Lügen bewusst sein.

154. Wer ungeniert Lügen verbreiten kann, der sollte Priester oder Pastor werden, denn nirgendwo wird mehr gelogen als in den Kirchen.

155. Wer als Schaf unter die Wölfe geht, der sollte sich als Wolf verkleiden, andernfalls wird er seine Dummheit nicht lange überleben.

156. Wer sich „dumm" stellt, der muss es nicht zwangsläufig auch sein.

157. Wer dauerhaft mehr gibt als er nimmt, der wird schon bald selbst nichts zum Geben haben, denn wer Gutheit mit Dummheit verwechselt, der wir am Ende selbst der Dumme sein.

158. Wer Almosen gibt, der vermehrt die Armut, der macht sich schuldig, der sorgt für ihr Fortbestehen – ohne selbst besorgt zu sein, denn Spenden beruhigen das schlechte Gewissen.

159. Die Schlauen sind nicht so dumm wie sie ausschauen und die Blöden nicht so schlau wie ihre Show.

160. Wer andere belügt oder betrügt, der sollte ein gutes Gedächtnis haben, andernfalls ist es heilsamer, bei der Wahrheit zu bleiben.

161. Wer aufhört zu lügen, zu dem kommt die Wahrheit vom Selbst und wer sich in sie verliebt, der wird nie einsam werden.

162. Das Zeitlose ist zeitlos, weil ES ohne Zeit ewig existiert.

163. Das Zeitlose ist scheinbar gar nicht vorhanden und doch ewig allgegenwärtig.

164. Das Sein ist ohne „dein" oder „mein", denn ES ist ohne Schein.

165. Alles ist eins – wir müssen ES nur noch werden. Möglich ist es, allerdings nicht schlafend.

166. Obwohl alle die Chance haben, ihrem Entwicklungszustand entsprechend zu werden, bleiben die meisten von ihnen nichtgeworden, halbfertig – ganz wertlos.

167. Als Junge geben wir uns gerne weise – als Alte sollten wir es sein und nicht nur so tun, als ob wir es wären.

168. Im Alter nehmen unsere Sinnesfunktionen ab – bis auf den Starrsinn. Dann stellen wir uns gerne als Führer dar, ohne zu wissen, wohin die Reise geht.

169. Wer lernt bewusst zu leben, der wird zum „Stolperstein" für viele werden, die noch schlafen.

170. Wer aktiv nichts tut, der kann passiv viel bewirken, denn manchmal ist es sinnvoller nichts zu tun, als ständig sinnlos beschäftigt zu sein.

171. Es ist nicht klug, sich für schlauer oder besser zu halten als die Anderen, denn je höher sich einer selbst denkt, desto tiefer wird er fallen.

172. Das Zeitlose zwingt uns zu nichts, auch nicht zum Werden – das müssen wir notgedrungen selbst erkennen **wollen.**

173. Manchmal lässt uns unsere Seele erkranken, damit wir gesund werden sollen.

174. Manchmal müssen wir erst reich werden, um zu erkennen, wie arm**selig** wir wirklich sind.

175. Mit „so als ob" ist es nicht getan – manchmal muss das Schwert der Wahrheit dran.

176. Manchmal müssen wir verletzt werden, damit unsere Schmerzen uns zum Nachdenken bringen.

177. Lernen wir heute zu „sterben", dann werden wir es morgen können.

178. Es ist besser sich „totzulachen", als ohne Lachen gelebt zu haben.

179. Wer keinen Humor hat, den sollte man nicht ernst nehmen, denn die Ernsten machen sich und anderen das Leben schwer.

180. Humorlose Leute lachen nicht, weil es in ihrem Leben nichts zum Lachen gibt.

181. Humorlose Leute nehmen alles ernst – sogar sich selbst.

182. Wer über die „Großzügigkeit" der Geschäftsleute nicht lachen kann, den wird sie arm machen.

183. Wer ohne ICH stirbt, der wird ewig SEIN. Wer ichbehaftet lebt, der bleibt ewig in Haft.

184. Wer an Glaubensmärchen glaubt, dem kann real NICHT geholfen werden, denn glauben ist nicht wissen – obwohl beides gelernt werden kann.

185. Glaubensmärchen verkaufen sich leichter als die Realität, denn glauben zu lernen ist leichter als zu wissen.

186. Wenn Unwissen und Unvernunft für normal gehalten werden, dann wird wissend und vernünftig zu sein unnormal werden, dann wird der blendende Schein die allgemeine Wahrheit sein.

187. Selbstgeborene wirken oft geheimnisvoll, weil sie KEINE Geheimnisse haben – sie lächeln nicht, wenn es ihnen dabei zum Weinen zu Mute ist.

188. Wer bei seinem Tod nicht ewig „einschlafen" möchte, der muss rechtzeitig lernen, im Schlaf „wach" zu bleiben.

189. Wer als Schaf in einem Wolfsrudel überleben will, der muss sich als Wolf tarnen.

190. Wer an Glaubensmärchen glaubt, der kann **nicht** selbstbestimmend weiterwachsen, der wird den „Himmel" **nie** erreichen.

191. Wer seiner Leidenschaft folgt, der hört nicht auf zu leiden, der hört nicht auf seine Vernunft – oder er hat noch keine.

192. Wer die „Fehler" immer nur bei den Anderen sucht, der wird sie nie bei sich selbst finden.

193. Wer ES aufrichtig sucht, der wird sich selbst finden, der hört auf zu suchen, denn er wird selbst zum Selbst werden und somit ewig SEIN.

194. Wer die Wahrheit in sich erkennt, der wird selbst zur Wahrheit werden, der stirbt nie – weil Wahrheit unsterblich ist.

195. Oft ist es leichter zu lügen, als die Wahrheit zu sagen, denn wer die Wahrheit sagt, dem glauben Lügner nicht.

196. Wer die Wahrheit aufrichtig sucht, der wird sie finden und zunächst verunsichert werden, der wird allein, jedoch niemals einsam sein.

197. Wer sich „groß" zu sein glaubt, der weiß NOCH nicht, wie „klein" er ist, wer sich jedoch demütig als „Klein" erkennt, der wird wissen, dass er ein Teilchen des unendlich Großen ist.